문명의 행로

도시 소유 돈과 철학

한찬욱 지음

공감북스

서문

문명은 도시에서 발생한다. 도시생활은 안락함, 편리함, 다종다양한 직업적 인격, 과학과 예술 문학 등을 제공한다. 도시는 사람들을 끌어당긴다. 도시의 본성을 알고 싶은 마음은 아마도 많은 사람들의 마음속에 있을 것이다. 다른 한편 인간의 사회적 관계는 소유 관계에 의해 특징지어진다. 소유권과 사유재산권의 기원과 정당성에 관한 호기심을 많은 사람들은 느끼고 잇을 것이다. 또한 돈은 우리 사회적 관계의 곳곳에서 나타난다. 도시와 소유가 없는 생활을 상상하기 힘들 듯이 돈 없는 사회란 상상이 쉽지 않다. 돈은 고대에서 현대까지 사람들의 세계관과 사고방식에 지대한 영향을 미쳤다.

제1부 도시 1장에서 도시의 정의, 루이스 멈포드와 막스 베버의 정의를 살펴본다. 멈포드는 도시를 사회교류를 극대화 하는 극장으로 이해했고 베버는 도시는 본질적으로 하나의 시장으로 보았다. 우리는 도시가 먼저 생겨난 후에 신전이 나타난 것이 아니라 신전이 세워지고 난 후에야 농사와 도시가 생겨났음을 본다. 종교의식, 짝짓기와 교역을 목적으로 신전은 도시와 비슷한 기능을 수행했다.

2장에서 수렵채집생활은 최초의 풍요로운 사회였으며 고든 차일드의 도시의 특징화–노동 분업, 위계질서, 경제적 잉여의 집중. 대외무역, 친족에서 지역으로의 정치적 대포의 이동. 기념비적 공공건축물, 문자 기록, 천문학과 수학에서 시작한 정밀과학의 발달, 자연주의적 예술의 발달을 살펴보고. 차탈회위크는 농촌 마을이지만 그런 특징이 전혀 없었음을 본다. 농업이 가져온 해악들을 검토하고 농업으로 이동하게 된 배경에 관한 가설들을 본다. 마빈 해리스의 자본가 대인 이론, 헤이든의 권세욕자 이론, 플래너리의 사회논리 변화 이론들이 제시된다.

3장에서는 국가가 성립하기 위해서는 곡물, 노예. 문자가 필요하다고 주장하는 스콧의 가설을 소개하고 검토한다. 곡물은 과세의 전제조건이었고 기록은 과세와 관리에 필수적이었다. 일할 인력 부족은 국가 형성에 큰 장애물이었다. 중국 도시들은 언제나 계획도시였다. 정방형 지구를 모방하여 도시계획이 이루어졌다.

4장에서는 우리는 도시가 사회, 환경, 자연에 미치는 영향을 길가메시 서사시로부터 살펴본다. 삼나무 숲의 파괴 신화와 길가메시의 도시 찬미가 대조된다. 다음으로 우리는 도시가 기술혁신, 아이디어의 창조에서 하는 역할을 살핀다. 도시는 녹색이다. 도시는 분업과 협업을 하고 정보와 지식의 집중되어 순환하는 곳이고 더욱 더 창의적이고 혁신적임을 본다. 제이콥스의 도시의 수입대체 경제성장론을 소개하고 "제이콥스의 사다리 오르기"를 검토한다.

도시의 엔트로피생산 문제가 다루어진다. 최대 엔트로피 생산법칙에 따르면 도시는 엔트로피 생산 속도를 최대화하기 위한 자연법칙의 발현으로서 하나의 소산구조임이 밝혀진다.

제2부의 1장에서는 소유의 역사와 사상에서 먼저 수메르의 소유권 제도를 다룬다. 고대 메소포타미아는 가구 경제로서 대형 가구들-신전들과 왕궁들이 경제의 주요 행위자였다. 이 사회에서 로마의 개념 같은 개인 사유재산은 없었다. 토지 대비 노동이 희소했기 때문에 고대 메소포타

미아에서는 지배자들은 부역에 대한 대가로 토지를 제공하여 소유권은 부역에서 발생했다.

다음에 로마법에서의 소유권 개념이 거론되는데, 로마법에서는 소유권은 절대적으로서 물리적 대상에 대한 무제한의 권리이고, 이 권리를 갖는 자는 누구든 그가 소유하는 것이 어디에 있든, 누가 그것을 점유하든지간에 그것을 주장할 수 있고 소유권은 신성불가침이었다.

초기 교부들의 소유권 사상도 검토한다. 사유재산권은 허용되지만 절대적이지 않고 공동선에 맞게 사용되어야 한다는 것이 교부들의 토지 소유 사상이었다.

2장에서 우리는 중세 가톨릭의 소유권 사상 그리고 소유권 자체의 변화를 다룬다. 신법-자연법의 공동소유 대 인정법(세속법)의 사유 간의 대립으로 아퀴나스의 사유재산 옹호와 파리의 존의 노동재산설은 수도원 운동과 대립된다. 탁발수도회의 소유권 해법과 영국에서 사적소유권 해법이 발달하고 결국에는 왕국은 신민들의 사유재산을 보호하기 위해 존재하고 왕은 그의 신하들의 동의를 얻어 합법적으로 과세하여 납세된 돈은 공동선을 위해 쓰이도록 하자는 사상으로 사유재산제 및 세금 해법이 대세가 됨을 추적한다.

3장에서 우리는 재산과 인격 그리고 자유의 문제를 거론한다. 다른 누군가에 의해서 방해받지 않는다는 관념으로서의 자유라는 고전적 자유주의의 제 관점을 검토한다. 이 자유 관념이 수동적인 관념인데, 대조되는 자유 관념으로서 경제학자 센의 역량으로서의 자유개념을 살펴보고 아리스토텔레스로부터 시작되는 역사를 섭렵한다. 칼 마르크스도 형식적 자유를 비판하고 실질적 자유, 적극적 자유를 옹호한다. 비슷한 관념을 제기한 영국 철학자 겸 정치사상가인 토머스 그린의 자유 관념도 소개된다. 철학자 헤겔의 재산과 인격 자유에 관한 사상도 소개된다.

4장에서는 단체(corporation)의 소유권 문제를 검토된다. 주주가치 이론의 역사와 배경 그 다음으로 팀 생산 이론이 소개되고 팀 생산이론이 법과 현실에 더 부합됨을 검토한 후에 단체의 소유자는 바로 단체라는 주장이 소개된다.

정약용의 경자유전 소유권 주장은 가톨릭 사상에서도 중심적인 역할을 해왔음을 살펴본다. 가톨릭 사회사상에서 현대 사회의 부조리와 갈등을 해결하는 중요한 수단으로서 소유권 문제를 다룬다. 이것은 "새로운 사태"와 같은 회칙에서 거론되는데 노동이 자본보다 더 우선한다는 원칙에 기초한다. 다른 한편 독일 예수회 사제 하인리히 페쉬의 경제사상과 소유권 사상도 소개된다.

양도불가권리와 노동재산설의 역사적 전개를 추적한다. 허치슨은 다른 사람들에게 실제로 이전될 수 있는 사실상의 양도 가능한 재화들과 사실상 양도 불가한 재화들을 대비하는데 그는 개인적 판단 권리와 양심의 자유는 그 누구도 다른 사람의 감정, 판단 및 내적 느낌을 바꿀 수 없기 때문에 양도불가임을 논증했음이 상세하게 다루어진다. 마지막으로 이 양도불가논리를 노동에 적용하면 현재 단체제도에서 노동자들의 양도불가한 권리를 부당하게 박탈당하고 있음이 보여 진다.

다음으로 대안적 단체 소유의 여러 형태와 역사가 다루어진다. 협동조합의 원칙들과 역사 그리고 몬드라곤 협동조합이 거론된다. 클리블렌드 모델과 한국에서의 협동조합 역사도 간략하게 소개된다. 그 후에 종업원지주제가 소개된다. 켈소가 ESOP 개념을 창안하고 실행하게 되는 동기와 과정을 살펴보고 밑바탕이 되는 철학을 검토한다. ESOP이 근로자들과 지역사회의 부를 축적시키는 방법을 탐구한다.

제3부에서는 우선 돈이 사람에게 미치는 심리학적 영향과 힘들을 살펴본다.

2장에서는 리디아에서 최초의 주화가 탄생한 배경을 다룬다. 관리 급여, 용병 및 병사의 급여 지불 같은 지출과 벌금과 세금 징수가 용이해지고 비용도 줄어들고 시장이 커지면 언제든지 그 곳에서 원하는 물자를 동원할 수가 있어서 주화가 탄생하게 되었을 것이다. 관료주의가 성립하기 위한 필요조건들에는 문자와 돈이 있고 화폐경제의 발전은 관료제의 전제임을 검토한다.

그리스 도시들에서 새로운 주화의 도입을 활용한 시장 상인들은 큰 부를 축적하고 폭군이 되었다. 기게스의 반지는 돈의 보이지 않는 힘을 비유한 이야기이고 플라톤의 동굴의 비유는 마음의 상인인 소피스트들에 대항하는 논리로 개발되었지만 플라톤 자신도 돈 비유를 차용했다.

3장에서는 계산단위로서의 돈은 고대 메소포타미아 신전에서 기원했고 고대 그리스에서의 주화도 비슷하게 국가-종교적 공동 희생 제사에서 기원하고 주화가 유통되는 과정을 살핀다. 가치는 황소단위로 황소 고기의 평등한 분배는 고대 그리스 제사의 강력한 전통이었고 주화는 거기에 쓰인 쇠꼬챙이를 상징했을 것이다.

주화는 귀족의 안정적인 위계질서에 대한 엄청난 위협으로서 주화 귀금속이 평민들에게 유통되므로 위계적이고 배타적인 귀족들만의 교환 권역 시스템이 와해되고, 이제 교환은 폴리스의 상징적 권역 하에서 이루어지며 한 각인된 시민의 토큰으로서, 주화는 귀족 엘리트들의 자연적이고 천부적인 권력이라는 관념에 도전하여 민주주의 발달에 기여하였음이 검토된다.

돈의 가치의 원천에 관한 금속주의 대 증표주의 이론을 살펴본다. 증표주의는 돈은 공공부문에서 기원했을 것이라고 본다. 그 본성상 돈은 특정한 종류의 사회적 관계 즉 채권채무 관계로서 돈은 그 무엇보다도 추상적인 계산단위로 기능하고, 그 다음에 그것은 지불 및 빚 결제 수단으로 사용된다.

4장에서는 주화 사용이 그리스 사회에 미친 충격으로 철학과 비극이 예시된다. 민주주의는 아테네에서 주화가 도입된 지 1세대 후에 나타났으며 돈 거래 당사자들은 평등한 관계로서 등가교환을 한다. 주화는 개인적 자립을 촉진시켰다. 돈이라는 현상은 기원전 6세기 그리스의 철학과 비극이라는 두 가지 위대한 발명을 뒷받침하고 자극했다. 비인격적 시스템으로서의 우주라는 관념이라는 의미에서 “철학”은 최초의 화폐사회 이오니아 특히 밀레토스에서 생겨난다. 그들은 돈이라는 사회적 구성물의 특징을 자연과 우주에 적용했다. 보편적인 힘은 인격적인 것이 아니라 비인격적이고 근본적이며 반-추상적인 실체라는 관념은 이오니아학파의 우주론 철학에서 공통적으로 뚜렷하게 나타난다.

비극은 아테네에 주화가 도입된 직후에 만들어졌다. 이것은 비극에 관한 가장 중요한 사실 중 하나이다. 비극적 폭군들은 돈에 집착했다. 돈의 완전히 새로운 특징은 그것을 소유하면 원리상 화폐 이전의 사회관계의 모든 형태들-호혜 재분배, 친족관계, 의례 등을 불필요한 것으로 만든다는 것이다. 돈으로 모든 필요를 채울 수 있다. 돈은 균질하고 비인격적이었고, 추상적이면서 구체적이었고, 그 자체가 목적이자 보편적인 목표를 위한 수단이었다. 적어도 원리상으로는, 폭력, 상호주의, 재분배, 혈연관계, 의례 등, 화폐 이전의 다른 모든 사회적 관계의 형태로부터 벗어나서 마음대로 모든 것을 구매할 수 있다는 인식이 만연하게 되었다. 그리스 비극작가는 아이스킬로스, 소포클레스 및 에우리피데스의 작품들이 이런 관점에서 검토된다.

5장에서는 이오니아 계몽과 아낙시만드로스의 아페이론 개념과 돈과의 유사성을 대비한다.

헤라클레이토스의 유전, 대립물의 통일, 로고스 사상은 보편적 등가물인 주화와 비슷함이 보여 진다.

6장 은행과 조폐창으로서의 신전에서는 고대 그리스 도시의 조폐창[造幣廠]은 특정한 신전에 부속되어 있었음을 본다. 로마도 유노 모네타 신전에서 화폐가 주조되었다. 중국에서는 당나라 시대에 삼계교에서 무진장이라는 전당포(은행)을 운영했고 서양 중세시대에서는 신심의 산이라는 자선전당포가 운영되었다.

7장에서는 원시시대에는 물물교환이 아니라 신용거래를 했으며 물물교환에서 돈이 진화했다는 신화를 검토하고 돈은 국가의 피조물로 발생했음을 본다. 축의 시대에 물질주의–배금주의 사상이 득세하여 위대한 종교들은 이러한 물질주의-배금주의에 대한 반동으로 생겨났음을 살핀다. 그렇지만 위대한 종교들은 그들이 대항하여 대처하려고 한 시장&돈 관계에서 많은 사고방식과 언어들을 빌려와야 했다.

8장에서 화폐경제는 기독교신학 교리의 핵심적인 측면에 심대한 영향을 미쳤음을 본다. 돈 위에 새겨진 황제상은 아버지를 닮은 아들을 이해하고 정당화하는데 사용된다. 인간과 예수는 신의 주화로 생각된다. 교부 그레고리우스와 오리게네스는 예수를 몸값으로 내놓는 원본주화로 보았다.

9장에서는 니시 아마네에 의한 "철학"이라는 용어의 도입과 동아시아로의 전파 그리고 중국의 화제한어 차용 과정을 살펴본다.

10장에서는 중세 상업혁명이 일어나면서 대학들의 발흥을 주도하고 화폐화에 대한 불만으로 탁발수도회 운동이 불지만 전문가들과 상인들이 지배하는 도시사회에서는 돈벌이가 비난되었고 수사들은 전적으로 착취적인 도덕적으로 용납이 안 되던 것으로 여겨지던 이런 활동을 정당화하는 역할을 하게 됨을 본다. 그들은 지배계급을 위해서 그 전에는 비난되었던 활동들의 정당성을 제공하는 이론을 정초했다. 이 문제가 해결되자 종교 교단은 활력을 잃고 쇠락하기 시작했다

11장에서는 수학과 자연철학을 결합한 이론들을 제창한 계산가들의 업적을 살핀다. 영국의 머튼학파는 수치적 잣대와 수학적 방법을 모든 종류의 철학적 질문의 해답에 적용하였다. 수량화 광기로 양적인 것과 질적인 것 모두에 정량화를 시도했고 고대 그리스 수 개념과는 다르게 수와 크기 간의 개념 구별을 무시했다. 브래드워딘은 수가 자연철학의 핵심요소라고 주장했고 헤이테스베리는 머튼 법칙(평균속력정리)을 처음으로 발표했다.

파리대학교의 장 뷔리당은 돌진력 개념을 항성들의 운동에 적용하고 상대성 원리 배 사고실험을 제창했다. 니콜 오렘은 위도와 경도로써 그래프를 창안했고 강도의 수량화를 시도하고 머튼학파의 "평균속력정리"를 증명했으며 공통척도 문제를 천착하고 상대성원리로 구 자전 운동을 논하였다.

12장에서는 14세기 원시과학의 발흥의 배경으로 화폐화가 작용했음을 검토한다. 그 당시에 가장 혁신적이고 영향력 있는 학자들은 거의 언제나 비공식적 공무를 맡아서 대학 행정에서 시작하여 교회의 관료제의 고위직이나 시민정부의 고위직으로 올라갔다. 그들은 화폐화되고 상업화된 세계에 살았고 환전 계산을 해야만 되었다. 돈과 원시과학은 기하학과 연속성, 공통척도, 상등화와 자생적 질서라는 면에서 서로 닮았다.

13장에서는 돈은 에너지를 대표하고 수학기초론의 사회구성주의는 삶의 형태 즉 사회관계의 반영일지 모른다는 점을 지적한다. 상품생산 및 교환관계는 자연에 대한 추상화를 위한 유추를 제공할지도 모른다. 돈은 사회적 권력, 인간을 부릴 수 있기 때문에 권력, 통제의 수단이다 존 러스킨과 소디의 에너지 돈 사상 그리고 하워드 오덤의 돈과 에너지 등 가사상을 다룬다.

목차

PART I
도시의 행로

시인 엘리어트는 《바위로부터의 합창》에서 도시를 이렇게 묘사한다.

"지금 당신들은 리본 도로에 흩어져 살고 있다.
그리고 아무도 이웃을 모르거나 개의하지 않는다,
이웃이 너무 많은 소란을 피우지 않는다면.
그러나 모두 자동차로 이리저리 돌진한다.
길들은 친숙하고 어느 곳에도 정착을 못한다.
가족도 같이 움직이지 않는다.
그러나 모든 아들은 자신의 자동차를 갖고
모든 딸들은 뒷자리에 타서 멀리 간다.

……………………………………………………

오 계획하는 인간들의 비참한 도시여
계몽된 자들의 가련한 세대여
너희는 너희의 꾀의 미로에 빠지고
발명의 수익금에 팔렸다.
너희에게 손을 주었지만 숭배를 하지 않는다
너희에게 말을 주었지만 잡담을 한다.
너희에게 법을 주었지만 위원회를 세운다.
친근한 감정을 표현하라고 너희에게 입술을 주었고
심장을 주었지만, 서로 불신만 한다."

엘리어트는 도시의 익명의 개인주의적이고 타산적인 그리고 바쁘게 돌아가는 삶을 묘사하고 있지만 우리는 그와는 달리 거시적인 문제들-역사, 자원 소비, 환경파괴, 경제발전, 기술혁신, 엔트로피의 관점에서 도시를 관찰하려 한다. 도시는 찬미의 대상이자 두려움과 경외의 대상으로도 숭배되는 한편, 자연파괴와 인간 타락의 원흉으로도 지목되어 왔다. 현재 인구의 대다수가 도시에 거주하고 있지만 사람들은 도시의 기원과 역사도 모르고 도시의 생태학적 함의에 대해서도 상반된 의견들을 갖고 있다. 이 부분에서 우리는 도시의 기원과 역사를 메소포타미아 시대로 거슬러 올라가서 살펴보고 도시의 생태적인 면, 경제발전의 엔진으로서의 도시, 쓰레기와 엔트로피 발생 등을 살핀다.

우리는 먼저 도시의 정의를 살펴본다. 어쩌면 도시는 인류 문명과 같이 출현했다고도 볼 수 있지만, 도시의 정확한 정의는 학자마다 다르다. 루이스 멈포드는 도시는 "목표지향적인 연합"으로 정의한다. 그에 따르면 도시는 사회교류를 극대화하는 사회적 행위의 극장이자 집합적 통일성의 미학적 상징이다. 독일의 저명한 사회학자 막스 베버는 도시는 경제적으로 "농업이 아니라 주로 수공업과 상업으로 먹고 사는 주민들의 정착지"이고 도시는 "때때로 재화를 교환하는 것이 아니라 정기적으로 교환하는 정착지라는 특징"을 갖는다고 도시를 정의한다. 그에게 있어 도시는 본질적으로 하나의 시장이다.

도시는 언제 어디에서 생겨났는가가 그 다음으로 우리가 다루는 의문이다. 터키의 괴베클리 테페 유적의 발굴 결과 농사를 짓기 시작한 후에 신전이 세워진 것이 아니라 신전이 세워지고 난 후에야 농사와 도시가 생겨났다. 수만 개에 달하는 가젤의 뼈가 그 곳에서 발견되었는데 그것들은 야생 돼지, 양 그리고 빨간 사슴 뼈를 비롯한 야생 동물 뼈의 약 60%나 되었다. 독수리, 학, 오리 및 거위 같은 새들의 뼈들도 발견되었다. 그 동물들은 전부 야생 동물이었다. 그러므로 그 터는 수렵채집인들의 터였다. 그 사람들은 아직 농사도 짓지 않았고 동물도 길들이지 않았다는 증거다. 또한 거대한 기둥들과 그 기둥들에 새겨진 동물 부조들이 발견되었다. 기둥 하나의 무게가 10~20톤에 달했기 때문에 운반과 조각, 건설에는 적어도 체계적으로 집단화된 인력 500명 이상이 필요했을 것이다. 이런 많은 인부들을 동원하기 위해서 술과 고기가 풍성한 축제로 사람들을 유혹했을 것이다. 또한 짝짓기와 교역을 위해서도 이런 종교적 행사가 중요했을 것으로 추정된다.

다음으로 우리는 도시의 특징들을 살펴본다. 고고학자 고든 차일드는 도시의 우선적인 특징은 그 크기라고 보았다.: 도시에는 "제한된 지역에 상대적으로 많은 수의 사람들"이 거주한다. 도시는 노동 분업, 위계질서, 경제적 잉여의 집중. 대외무역, 친족에서 지역으로의 정치적 대포의 이동. 기념비적 공공건축물, 문자 기록, 천문학과 수학에서 시작한 정밀과학의 발달, 자연주의적 예술 특히 자화상이 가장 큰 특징으로 그는 제시했다.

농업보다 정주생활이 먼저 발생했는데 가령 요르단에서는 농업이 출현하기 전에 만들어진 보리와 귀리를 저장하기 위한 곡물창고가 발굴되었다. 그 때는 11,300~11,175년 전 아직 곡식을 길들이지 않은 시기로 밝혀졌다. 아마 최초의 농촌공동체가 발달한 습지대에서 생겨났을 것이다. 가령 메소포타미아의 비옥한 초승달 지대에는 수렵채집인들이 농사를 짓기 전에 정주생활을 시작했다. 그 곳은 엄청나게 다양하고 풍부한 자원에 접근할 수 있는 낙원 같은 세계였다.: 갈대와 쐐기풀, 다양한 종류의 식용식물, 거북이, 물고기, 연체동물, 갑각류, 새, 물새, 작은 포유동물 및 이동하는 가젤 등이 지천에 널려 있었다. 그것들은 과일과 야생채소의 숙성과 철새의 도착을 가져오는 계절적 변화의 주기에 의해 일상적으로 보충되었다.

8000~9000년 전 인류사상 최초의 신석기 농경주거지는 손꼽히는 소아시아 고원의 차탈회위크 마을 터인 것으로 보인다. 영구적인 정주생활을 하고 농사를 생업으로 하는 사회적 공동체가 생겨났다. 이 최초의 농경공동체는 지도자도 위계서열도 남녀 차이도 없는 아주 평등한 사회했을 것이지만, 사람들은 많은 사회적인 통제를 받아야 했다. 그러한 사회는 동질성이 강할 때에만 유지될 수 있기 때문이다. 수세대 동안 개인 가정이 재산을 축적하는 것은 용납될 수 없었다. 그렇지만 이 최초의 공동체는 도시의 특징들이 전혀 없었다. 아마 재산축적과 위계가 발달해가자 많은 사람들이 그 곳을 버리고 다른 곳을 찾아 도망가 버려서 그 마을은 폐허로 변했을지도 모른다.

휘그 역사관과는 달리 문명은 수렵채집 사회에서 농업 사회로 "진보"하지 않았다. 수렵채집인들은 농업보다 수렵채집 생활을 한층 더 선호했다. 농부와 수렵채집인이 나란히 사는 곳에서조차도 수렵채집인(과 목축인은 가능한 한 농사를 피했다 신장, 영양, 수명, 여가, 질병, 기아 등 거의 모든 면에서 농부들은 수렵채집인들보다 더 열악해지고 가난해졌다. 제레드 다이아몬드는 이런 이유 때문에 농업은 "인류 최악의 실수"라고 불렀다. 수수께끼는 왜 곡물 양식이 그렇게 지배적이 되었는가 하는 것이다. 왜 수렵채집인들이 풍요로운 생활 방식을 버리고 좁은 범위의 작물을 재배하고 가축을 관리하는 훨씬 더 번거롭고 위험한 생활을 채택하게 되었는지는 풀리지 않는 근본적인 질문이다. 그것은 선택에 의한 것이었나, 아니면 최초의 씨앗 파종이 사람들을 식량과 수확의 계절주기에 묶어 두었던 하나의 덫이었나? 아니면 다른 어떤 큰 요인이 작용한 것일까?

인류학자들은 농업생산을 집약적으로 증대시키는 자들을 "대인(big men)"이라고 지칭한다. 최초의 자본가들이었을 것이다. 이들은 부를 생산하고 축적하는데 열심이었다. 인류학자 마빈 해리스의 주장처럼 이 "대인"은 잉여의 생산을 독려하고, 그 다음에 자신들의 위신과 사회적 지위를 높이기 위해서 후한 공공연회를 베풀고 그래서 점진적으로 사회에서 위계서열이 생기고 빈부격차가 발생했을 수도 있다.

아니면 권세욕이 큰 자들이 잔치를 이용하여 그 권세를 확장시켰을 수도 있다. 고고학자 브라이언 헤이든 (Brian Hayden)에 따르면 "원시 자본가"라고 부를 수 있는 권세욕이 아주 강한 자가 정치권력을 얻기 위한 전략의 일환으로서 잉여생산을 끊임없이 독려했다. 석기시대에서 주기적인 축제는 사회적 결합을 증대시키고 다양한 기후 생물군에서의 고르지 않은 생산에 대처하는 하나의 생존방편이었다. 그것은 광범위한 지리적 영역으로 퍼져 나가는 사람들에게 있어서 중요한 생존 전략이었다. 한 지역에서 식량이 부족하다면 다른 곳들에서 자원이 모아질 수 있다. 그것은 또한 대량 노동을 조직하는 주요 방법이었으며, 역사적인 시기까지 잘 지속되었다. 이 축제들에서, 어떤 사람들은 잉여 식량과 다른 위신재들을 다른 사람들한테 빌려주어서 그들이 자기네한테 빚을 지게 만든다. "선물"은 상환해야하고 더 많이 (이자(?)로) 상환해야 하는 것이 문화적 규범이었다. 이 권세욕자들은 원예 및 수렵채집 사회에서 가능한 더 큰 잉여를 만들기 위해 친척과 동맹자들을 죽도록 일을 시켰을 것이다. 이것은 축제를 위해 사용될 것이었다. 그들은 "공식적인" 지위가 없는 "대인" 부족 지도자가 될 것이었다. 그러면 그 대인들은 라이벌보다 더 크고 더 풍성한 축제를 열어 서로를 시험하고 능가하려 했을 것이다. 경쟁이 벌어지고 권세욕자들은 서로를 시험하고 능가하려고 하는 과정에서 정의 피드백 과정이 발생했을 것이다. 사회 전체적으로는 식량 생산이 주체하지 못할 정도로 늘어났고 노동 강도가 더 세어졌을 것이다. 이 축제에, 아주 선호되는 식량은 사람들을 빚을 지게 하거나 다른 일방적인 의무를 지게끔 유혹하기 위해서뿐만 아니라 사람들이 그들을 위해 일하게 만드는데 이용되었을 것이다. 잔치 때에 가장 흔히 사용되는 음식은 달콤하거나 알딸딸하게 만드는 효과가 있는 음식이었을 것이고 알코올은 아마도 거의 공통적으로 이용된 그런 음식 중의 하나였음이 확실하다. 헤이든은 곡물이 처음에는 맛이나 탄수화물 영양을 얻으려고 한 것이 아니라 발효를 위해 재배되었다고 추측한다. 축제를 열 때 술 소비가 중요한 역할을 했고 문명으로 가는 길은 술로 채워져 있었을지 모른다.

사회논리의 변화도 평등사회에서 위계사회로 나아가는 데에 한몫했던 것으로 보인다. 수렵채집 조상들이 평등한 사회에서 계층화된 사회로 전이한 이유는 우리의 유전자나 인구 압력과 환경 스트레스 같은 상투적인 설명에 있지 않고 모든 인간 집단이 소유한 독특한 사회적 논리에 놓여 있다고 플래너리는 주장한다. 살아있는 사회는 그 논리가 항상 변화한다. 선사 시대에서도 마찬가지다. 규모가 큰 정주사회가 형성됨에 따라 불평등을 허용하기 위해 때로는 그들의 사회적 논리가 조정되었다. 상이한 논리에 기초한 두 개의 대조되는 형태의 사회가 농업 발생 후에 나타났다. 관대함의 개념을 유지하지만 잉여에 대한 금지를 어느 정도 완화하는 일부 사회에서는 권세욕이 많은 개인들은 보답하기에는 너무 큰 선물을 주어서 덜 성공적인 사람들에게 창피를 주었고 그래서 더 큰 위신을 얻을 수 있었다. 결국 일부 사회는 사회의 한 부분이 지도력을 독점하도록 허용하여 자녀가 권위를 상속받을 수 있도록 논리를 변경했다. 선사 시대 기록에 따르면 세습 귀족사회는 페루에서 4000년 전, 멕시코에서는 3000년 전 근동 지역에서 7500년 전에 생겨났다. 하와이와 이집트에서는 논리가 변경되어 주로 근친상간의 금기가 족장 가족에게는 적용되지 않는다는 논리로 대체되었다.

그러한 과정을 거쳐서 오랜 시간이 지나자 국가가 발생했다. 그렇지만 국가가 성립하기 위해서는 아주 특수한 3가지 조건이 필요했다. 정치학자인 스콧은 국가가 성립하기 위해서는 곡물, 노예. 문자가 필요하다고 주장한다. 이 3가지 조건 중에 하나라도 빠지면 국가가 성립되기도 어렵고 설령 성립된다 하더라도 그 힘은 극히 약하고 오래 가지도 못할 것이라고 그는 주장한다. 작물은 숨기기 쉬워도 곤란했고 연중 내내 생산되어도 곤란했다. 국가는 과세를 할 수 있어야 되었는데 이런 작물들은 과세하기가 아주 어려웠기 때문이다. 다른 한편 수치 기록 관리의 체계적인 기술 없이는 초기 국가가 성립할 수 없었을 것이다. 문화와 오락, 소통과 집단 기억에 사용하는 글쓰기와 관련된 모든 좋은 것들은 어느 정도 뒤에 가서야 발생했다. 메소포타미아에서 발명된 지 5세기 동안, 글쓰기는 독점적으로 부기용으로 사용되었다. 초기 점토판은 오직 목록들로 구성되며 그 주제는 보리(배급 및 세금) 전쟁 포로, 남성 및 여성 노예다 사회, 인력 및 생산물을 통치자와 성전 사제들에게 알기 쉽게 만들고 그로부터 곡물과 노동력을 추출하려는 수단으로서 문자와 숫자가 나타났다 곡물과 기록 다음으로 도시 국가를 형성하는 데 필요한 세 번째 요소는 사람들이었다. 인구가 가장 많은 국가는 일반적으로 그 지역에서 가장 부유했고 전쟁에서 이길 개연성이 매우 높았다. 인접 국가들 간의 전쟁은 영토 획득보다는 포로를 잡는 것이 더 큰 목적이었고 전쟁은 늘 있었다. 그 목적은 비숙련 노동을 위한 노예를 획득하는 것뿐만 아니라 조선, 직조 및 금속가공에 필수적인 전문 기술을 가진 사람들을 확보하는 것이기도 했다.

초기 도시들은 언제나 신전 주위에 세워졌다. 사제들은 사회를 조직하고 매일 관리했다. 신전들은 장거리 무역에 종사했고 따라서 도시의 장거리 무역도 여기에서 나왔다. 신전들과 그들의 구역은 최초의 도시들의 중심지였다. 도시-신전들을 중심으로 한 이 공공 터들은 공통의 합의된 규칙의 보호를 받으며 다양한 그룹의 사람들이 모여서 흥정을 하여 거래하게 허용하는 일종의 교량 역할을 하였다

다음으로 중국 도시의 역사를 살펴본다. 중국 도시들도 종교적 기원이 강하지만 사업적 기능은 상대적으로 중요성이 덜했던 것으로 보인다. 중국의 도시들은 계획도시들이었다. 중국은 한나라 때에 잃어버린 도시계획 코드를 찾았고 그것들을 이용하여 도시계획 및 국가 관리를 관장하는 정교한 코드를 창조했다. 이 종합은 의고주의[擬古主義] 중앙집권주의, 유기체주의 및 도덕주의의 원칙 위에 세워졌다.

이상적인 수도는 완벽한 정방형으로, 각 변의 길이가 9리였고, 각 변은 중앙 자오선으로 양분되어서 지구와 중국에 대한 표의 문자를 형성하고 한나라가 정방형이라고 생각한 지구의 구조를 모방했다. 도성은 중심에 위치하여 행정 복합체 및 외곽도시로 둘러싸여 있으며, 그것은 우주의 3분을 반영하였고 중국사회의 도덕적 3분, 황제, 학자-관리 및 평민을 상징했다.

외성은 주축을 따라 4개 구역으로 나뉘었다. 매 구역은 벽과 성문으로 둘러싸인 동으로 세분되었으며 각 동은 4지역 나뉘어져 있었다. 12개의 도시 성문이 있었는데, 각 벽에는 3개의 문이 있었고, 12 개월을

대표했다. 주작대로(朱雀大路) 또는 남북대로는 도시의 기본 축이었다. 이것은 자오선의 축이 남쪽 벽을 양분하는 원리의 문과 함께 하늘의 북극에 대한 도시의 방향과 일치한다.

다음에는 도시와 돈과 시장의 관계를 살펴보는데, 아담스미스가 주장하는 바와 같이 물물교환이 먼저 있었고 욕구의 이중적 불일치를 해결하여 거래비용을 낮추기 위해 시장에서 돈이 자생적으로 발달한 것이 아니라, 돈은 신전에서 회계 목적으로 생겨났다. 동전이 개발되기 수천 년 전에, 기원전 4000년에서 기원전 2000년 사이에 메소포타미아의 공공기관들(주로 신전과 왕궁)에서는 부기를 위해 은을 도량형으로 사용하였다. 빌려준 돈에 이자를 매기는 관행도 메소포타미아의 사원들에서 시작된 것으로 보인다.

도시의 기원과 역사를 살펴본 후에 우리는 도시가 사회, 환경, 자연에 미치는 영향을 길가메시 서사시로부터 살펴본다. 길가메시와 우루크는 도시의 안락함과 빛나는 성취들, 문명의 이기, 학문, 도구, 기술, 문화를 상징하고 길가메시의 라이벌로 나오는 엔키두는 때 묻지 않은 자연을 상징한다. 엔키두는 도시의 창조물인 창녀와 술에 유혹되어서 천진난만함을 잃어버리고 도시생활의 찬미자가 된다. 그렇지만 도시의 안락함과 문명의 뒤에는 자원 소비라는 대가가 따른다. 길가메시와 엔키두는 삼나무 숲으로 원정을 가고 거기서 삼나무 숲의 군주인 훔바바를 살해한다. 이것은 삼나무 숲의 파괴를 상징하는 것일 것이다. 인류는 더 나은 삶을 위해 문명의 안락함을 위해 숲, 산림 생물들을 파괴하고 자원으로 소비하지만 이 벌목이 미래에 어떤 영향을 미칠지 고려하지 않는다.

다음으로 우리는 도시가 기술혁신, 아이디어의 창조에서 하는 역할을 살핀다. 도시는 녹색이다. 아주 많은 사람들이 좁은 지역에 밀집하여 살기 때문에, 이동 거리가 짧아지고 난방도 비용이 적게든다. 규모의 경제는 개량생산과 판매를 가능하게 하고 이 덕분에 사람들은 저렴한 비용으로 그러한 상품-용역들을 이용할 수 있게 된다. 또한 도시는 분업과 협업을 가능하게 한다. 도시는 정보와 지식의 집중되어 순환하는 곳이다. 인류의 본질적인 특징은 다른 사람들로부터 배울 수 있다는 것이고 그래서 도시에서는 우리는 더욱 더 창의적이고 혁신적이 된다. 산타페 연구소의 물리학자 웨스트는 도시의 규모와 혁신 간에는 일종의 멱법칙이 있음을 발견하였다. 도시 규모가 더 커질수록 기술혁신은 더 빠르게 일어나고 자원 사용의 효율성도 그만큼 좋아진다.

다른 한편 제이콥스에 따르면 도시는 한 나라의 경제성장에서 주도적이고 핵심적인 역할을 한다. 도시들은 수입대체를 하면서 점차적으로 더 고급 기술과 제품들을 개발해간다. 이 과정은 "제이콥스의 사다리 오르기"이라고 부를 수 있는데 대략 비슷한 수준의 발전단계에 있는 경쟁도시들 간에서 가장 잘 작동한다. 제이콥스는 또한 활력이 넘치는 도시가 되기 위한 4가지 조건을 제시한다. 구역은 다중적인 기능을 해야 하고 다양한 목적에 이바지해야 한다. 또한 작은 교차점이 있어서 보행자들이 상호작용을 할 수 있어야 한다. 또한 건물들은 신구 건물들이 공존해야 하고 임대료도 천차만별이라야 한다. 당연히 인구밀도가 높아야 한다.

마지막으로 도시의 엔트로피 발생 문제가 다루어진다. 도시에는 많은 인구가 좁은 지역에 모여살고 또한 생활수준이 높기 때문에 소비하는 물자가 많고 따라서 막대한 쓰레기가 생산된다. 인류의 총 물질 생산량이 30조 톤을 초과할 것으로 추정된다. 그것들은 인간이 지구상에서 살기 위해 건설한 수많은 구조물들 - 집들, 공장, 농장, 광산, 도로, 공항, 선적항, 컴퓨터 시스템과 버려진 쓰레기 등을 가리킨다. 그러면 지구 표면 1 평방미터당 50kg 인공물질이 골고루 퍼진 정도가 된다. 실로 막대한 자원이 소비된다. 이 자원들은 일부 재활용되지만 상당부분은 더 이상 재활용이 불가능한 쓰레기가 된다. 인간의 경제활동이 주로 도시에서 일어나기 때문에 도시에서는 엄청난 양의 쓰레기가 매일 발생된다.

그래서 젠센(Derrick Jensen)은 그의 저서에서 도시를 "다소간 한 장소에 정주하고 인구 밀도가 높아서 생활필수품을 항시 수입해야 하는 사람들"로 정의하였다.

1988년에 미국 과학자 로드 스웬슨(Rod Swenson)이 처음으로 제창한 최대 엔트로피 생산법칙에 따르면 도시는 엔트로피 생산 속도를 최대화하기 위한 자연법칙의 발현이라고도 볼 수 있다. 이산구조는 항상적인 에너지 흐름 덕분에 자신을 유지하는 구조라고 정의되는데, 이산구조는 모래성과 같아서 계속해서 새 모래가 공급되어야 자신을 유지할 수 있다. 생물들은 전형적인 이산구조다. 도시나 문명도 이산구조로 볼 수 있다. 도시로 자원과 자유에너지(유용한 에너지)가 집중되어서 쓰이고 난 후에 쓸모없는 에너지(anergy)와 폐기물들은 주변 지역으로 흩어지거나 버려지거나 아니면 제3세계로 "수출"된다. 고밀도의 에너지가 도시로 유입되어 쓰이고 나면 보통 저밀도의 열로 변하는데 이 열은 도시 주변으로 퍼져나간다. 도시는 단지 엔트로피를 증가시키는 기제가 아니라 엔트로피 생산 속도를 최대화 하는 기제라고 볼 수 있다

01

도시의 기원과 특징

도시의 정의

2015년 현재 한국 도시화율은 82.5%이다.[1]
도시화율이란 전체 인구 중 도시에 거주하는 인구의 비율을 말한다.

2014년에 전 세계인구의 54%가 도시지역에 살고 있었고, 그 결과 현재 시골 지역보다 도시지역에 거주하는 인구가 더 많아졌다. 1950년에는 세계인구의 30%가 도시인이었지만 2050년에는 인구의 66%가 도시인이 될 것으로 예상된다.

오늘날 가장 도시화 된 지역은 북아메리카 (2014년 도시 지역 인구 비율은 82%), 그 다음으로 라틴아메리카와 카리브 해(80%), 유럽(73%)이다. 대조적으로, 아프리카와 아시아는 거의 농촌으로 남아 있으며 각각 인구의 40%와 48%가 도시지역에 거주한다. 모든 지역은 앞으로 수십 년 동안 한층 더 도시화 될 것으로 예상된다.

세계의 농촌 인구는 1950년 이래 느리게 증가해왔으며 향후 수년 이내에 최고조에 이를 것으로 예상된다. 전 세계 농촌인구는 현재 34억 명에 가까운 인구로 2050년에는 32억 명으로 감소할 것으로 예상된다. 현재 전 세계 농촌인구의 거의 90퍼센트가 아프리카와 아시아는 살고 있다. 인도는 농촌 인구가 8억 5700만 명으로 가장 많고 그 다음으로 중국이 6억 3500만 명으로 2위다.

세계 도시인구는 1950년 7억 4600만 명에서 2014년에 39억 명으로 급격하게 증가했다. 아시아는 도시화 수준이 낮지만 세계 도시인구의 53%를 차지하고 있으며 그 다음 유럽 (14%) 라틴 아메리카와 카리브해 (13%) 등이 뒤따르고 있다.

인구 증가와 도시화가 계속되면서 2050년까지 25억 인구가 세계 도시인구에 추가 될 것으로 예상되며 그 증가 인구의 90%가 아시아와 아프리카에 집중될 것이다.

인도, 중국, 나이지리아 등 3개국이 2014 년에서 2050년 사이에 세계 도시인구 증가분의 37%를 차지할 것으로 예상된다. 인도는 4억 4천만 명의 도시 거주자와 중국 2억 9천 2백만 명, 나이지리아 2억 1200만 명을 추가할 것이다.

전 세계 도시 거주자 중 절반 가까이가 주민수가 50만 명 이하인 상대적으로 작은 도시에 거주하고 있으며 8 명 중 단지 약 1명이 인구가 1천만 명 이상인 28개 거대도시에 살고 있다.

도쿄는 세계에서 가장 큰 도시로 인구는 3천 8백만 명, 그 다음 델피로 인구는 2천 5백만 명, 상해는 2천 3백만 명, 멕시코시티, 뭄바이 및 상파울루는 2천 1백만 명이 뒤따른다. 2030년까지 세계는 인구가 1천만 명 이상인 41개의 대도시를 가질 것으로 예상된다. 도쿄는 2030년에 3700만 명의 인구로서 세계에서 가장 큰 도시 지위를 유지할 것으로 예상된다. 그 다음으로 인구가 3600만 명으로 빠르게 증가 할 것으로 예상되는 델리에 밀접하게 따라 갈 것이다. 수십 년 전에 세계에서 가장 큰 도시는 대부분 선진국들에서 집중되었지만 오늘날의 대도시들은 글로벌 남부에 집중되어 있다. 가장 빠르게 성장하는 도시 집적은 아시아와 아프리카에 거주하는 인구가 1백만도 미만인 중소도시들이다.[2]

도대체 "도시"란 무엇일까? 위키피디아에 따르면 "도시는 상대적으로 큰 규모만이 아니라 그 기능과 중앙기관이 부여하는 특별한 상징적 지위에 의해서도 다른 인간 거주지와 구별되는 곳"이다. "기능적 정의에 따르면, 도시는 상대적 크기만으로는 구별되는 것이 아니라, 더 큰 정치적 맥락에서 역할에 의해서 구분된다. 도시는 주변 지역의 행정, 상업, 종교 및 문화 중심지 역할을 하는 곳"이다.[3]

도시학자인 루이스 멈포드에 따르면 사회학적으로 도시는 "제1차적인 집단과 목표지향적인 연합들이 관계를 맺는 집합이다; 가족이나 이웃과 같은 제1차 집단은 모든 공동체에 공통적이지만, 목표지향적인 연합(purposive associations)은 특히 도시생활의 특징"이라고 한다. 그러므로 도시는 사회교류를 극대화하는 "사회적 행위의 극장이자 집합적 통일성의 미학적 상징" 이라고 멈포드는 말한다. 도시는 사회분업을 하여 "공동의 삶을 위한 세분화된 기회들의 창조를 지향하는 특별한 틀 그리고 유의미한 집합적 드라마"라고 그는 주장한다. 그리하여 시민들의 개성도 다변화되고 관심은 더 특수화되고 취향은 더 집중적으로 훈련되고 차별과 선택을 할 기회가 증대되어 도시인들은 "도회교양(urbanitas)"을 갖는 지적, 정신적으로 풍부한 인격체가 될 기회를 갖는 곳이다. (루이스 멈포드, "도시란 무엇인가?".

다른 한편 독일의 저명한 사회학자 막스 베버는 도시는 경제적으로 "농업이 아니라 주로 무역과 상업으로 먹고 사는 주민들의 정착지"이고 도시는 "때때로 재화를 교환하는 것이 아니라 정기적으로 교환하는 정착지라는 특징"을 갖는다고 도시를 정의한다. 그에게 있어 도시는 본질적으로 하나의 시장으로서 "지방주민들은 그들의 일상 필요를 그 지방시장에서 상당부분 해소하고 그 지방이나 인근지역에서 산출된 생산물의 큰 부분이 그 시장에서 매매되는 곳"이다.[4]

결국 도시는 하나의 교차지점으로서 개인과 사회가 상호적용을 하는 곳, 시장으로서 상징자본이 축적되는 곳, 장인들이 밀집하여 생산적인 만남의 장으로서 기술혁신이 일어나는 곳, 독특한 "지식 공간"으로서 지식이 생산되고 교환되며 생산적인 물질 활동에 사용되는 장소, 사회적인 연결성이 일어나고 일으키는 공간, 공공적인 공간으로 볼 수 있을 것이다.

고고학자 고든차일드에 따르면 도시는 다음과 같은 특징들을 갖는 곳이다.:

1) 좁은 지역에 많은 인구가 사는 도시
2) 직업적인 전문화 및 노동 분업
3) 정부를 비롯한 사회 계층을 먹여 살릴 수 있는 농업 잉여 생산물의 집적
4) 기념비적 공공건축물
5) 지배계급
6) 문자
7) 정밀과학들(산술, 기하학, 천문학, 월력)
8) 장거리 무역 [5]

그런데 최근에 고고학적 발견들에 의해서 고든 차일드가 도시의 특징이라고 부른 이러한 성격을 갖는 최초의 정착지는 신전이었다고 한다.

먼저 신전이 왔고 그 다음에 도시가 왔다

학자들은 오래 동안 사람들이 농사짓기 시작하고 정착한 뒤에야 신전들을 건설하고 복잡한 사회적 구조를 부양할 수 있는 시간, 조직 및 자원을 갖게 되었다고 믿어왔다. 그러나 터키어로 '배불뚝이 언덕'이란 뜻으로, 터키 남동쪽 샨르우르파(Şanlıurfa)도 외렌직(Örencik)군에 있는 유적인 괴베클리 테페(Göbekli Tepe)에서의 발굴 결과는 그와는 전혀 반대 즉 처음에 신전이 있었고 그 후에 도시가 생겨났음을 시시한다.

괴베클리 테페 유적은 해발 760미터에 위치한 언덕 정상에 묻혀있었고 현지인이 우연히 찾아서 몰래 파내려다가 발각되었다고 한다. 1963년에 미국 시카고 대학과 터키 이스탄불 대학의 공동조사를 통해 처음 세상에 알려졌다. 독일인 고고학자 클라우스 슈미트를 단장으로 한 조사단이 1994년부터 2014년까지 본격적인 발굴조사를 하였다. 20여 개에 달하는 원 모양으로 세워진 총 200개 이상의 T자 형태 돌기둥 유적이 특징이며, 그중 가장 높은 것은 5.5미터에 달한다.

이 유적이 만들어진 시기는 지금으로부터 1만2000년 전 즈음이다. 현재까지 발굴된 제3계층의 연도는 9100~8600년 전으로 분석되었으나, 그 중심의 제의를 지내던 단상 부분은 기원전 11000년, 혹은 그 이전인 플라이스토세 말까지도 올라간다고 추측된다. 더더욱 놀라운 것은 또 다른 구조물들이 유적 밑에서 발견됐는데 이들의 연대는 매머드가 활동하던 시대인 플라이스토세에 해당되는 14,000~15,000년 전이라고 추정된다는 사실이다.

이 시기는 겨우 원시적인 농업이 시작되려던 신석기시대 초기로 추정되는 시기인데, 고고학계의 기존학설에 따르면 인류가 이러한 거대유적을 조성하려면 체계적인 노동력이 필요하고, 이를 뒷받침하려면 농경생활에 따른 체계적 사회조직이 있어야 했다. 그러나. 현재까지 알려진 괴베클리 테페의 유적에서 나온 사실들은 이러한 학설에 정면에서 배치된다.[6]

주위는 완전히 평평하지만, 괴베클리 테페는 주위보다 15m나 더 높은 완만하게 둥근 언덕 모양을 하고 있다. 인간만이 그런 모양을 만들 수 있다고 슈미트는 믿었다. 아직 금속 도구나 심지어 도자기도 없는 선사시대 사람들이 수공하고 배치한 11000년이나 되는 엄청나게 큰 조각된 석조층들. 그 거대 석조물은 스톤헨지보다 6000년이나 앞선다.

구덩이 속에는 석조 기둥들이 원 모양으로 배열되어 있다. 각 울은 거의 비슷한 레이아웃으로 되어 있다.:중앙에는 2개의 커다란 T-자 기둥이 있고 그것들은 다시 안을 바라보는 비슷한 기둥둘로 둘러싸여 있다. 가장 큰 기둥은 5m 이상 되고 7~10톤의 무게가 나간다. 그 기둥들은 어떤 것은 비어있지만, 다른 것들에는 여우, 사자, 전갈, 독수리가 새겨져 있다.

괴베클리 테페를 발굴하는 중에 인간이 거주했다는 증거는 전혀 발견되지 않았다. 솥, 집, 쓰레기 구덩이도 전혀 발견되지 않았고 같은 시대의 근처 사이트들에 널려 있던 여자 점토상 같은 것도 전혀 발견되지 않았다. 그렇지만 돌망치와 돌날 같은 석기들은 발견되었다. 이 석기들은 약 기원전 9000년으로 방사성동위원소 탄소로 연대가 측정된 근처 사이트들의 석기들과 닮았기 때문에 슈미트 일행은 괴베클리 구조물들은 인근 유적지와 같은 시기로 추정했다. 탄소 측정도 같은 시기로 나왔다.

수만 개에 달하는 가젤의 뼈가 그 곳에서 발견되었는데 그것들은 야생돼지, 양 그리고 빨간 사슴 뼈를 비롯한 야생 동물 뼈의 약 60%나 되었다. 독수리, 학, 오리 및 거위 같은 새들의 뼈들도 발견되었다. 그 동물들은 전부 야생 동물이었다. 그러므로 그 터는 수렵 채집인들의 터였다. 그 사람들은 아직 농사도 짓지 않았고 동물도 길들이지 않았다는 결론이 나올 수밖에 없었다. 동물 뼈의 잔해들에는 잘라진 표시나 쪼개진 돌날들이 있었다. 이것들은 그 동물들이 도살되고 요리되었다는 증거다.

괴베클리 테페의 경사진 바위 바닥은 석수에게는 최적의 채석장이다. 금속 끌이나 해머가 없어도 선사시대 석공은 석기만으로도 부드러운 석회암을 파서 그 자리에서 기둥을 만든 후에 몇 백 미터 거리의 정상으로 운반하여 세울 수 있었을 것이다. 그 다음에 울타리가 완공된 후에는 그것들을 흙으로 덮었다. 결국에 그들은 근처에 또 다른 울을 세우거나 그 위에 세웠다. 수세기가 지나면서 이 층들은 둔덕이 되었다.[7]

기둥 하나의 무게가 10~20톤에 달했기 때문에 운반과 조각, 건설에는 적어도 체계적으로 집단화된 인력 500명 이상이 필요했으리라 보인다. 이는 괴베클리 테페에서 농업이나 가축사용을 짐작하게 할 만한 유물도 발견되지 않은 점으로 보아서 이 시기는 아직 농업이 시작되지 않은 것이 확실한 것으로 추정된다.

괴베클리 테페는 언덕 위에 스톤헨지처럼 원 모양으로 세운 돌기둥들이 특징인데, 이 돌기둥들에는 여러 곤충과 동물 형상들이 양각되었다. 돌기둥들은 T자 형상을 하였다. T자형 돌기둥의 몸통 부분(ㅣ부분)에는 손과 인체형상이 조각되었지만 얼굴부분(ㅡ부분)에는 아무런 조각의 흔적이 없다. 돌기둥들의 T자 형태에 대해 교수는 동물 신들이 보호하는 죽은 자들, 즉 당시 사람들의 조상들을 형상화하지 않았나 생각했다.

독수리 부조의 의미는 무엇일까? 괴베클리 테베와 같은 지역에서 50마일 떨어진 다른 터들에서도 비슷한 상징들이 발견되기 때문에 그 지역은 동일한 문화를 갖고 있었을 것이다. 그리고 독수리는 죽은 자의 살을 하늘로 날라 가는 상징으로 쓰였던 것으로 보인다. 차탈회위크와 예리코에서도 많이 보이는 독수리 이미지와 더불어 괴베클리 테페를 비롯한 고대 아나톨리아와 중동권에서 조장 풍습이 존재했으리라 추측된다. 새가 인간과 하늘을 연결하는 매개체라고 보는 풍습은 한국의 솟대나 일본의 토리이, 중동의 괴베클리 테페에서도 볼 수 있다. 아마도 고대의 조장 풍습에서 사람이 죽으면 하늘을 날아다니는 새가 사람을 먹어 그 영혼을 하늘로 인도한다고 생각한 것 같다.

슈미트 교수는 신전의 성격을 돌기둥의 동물 형상들이 수렵 장면 속 사냥감으로서 묘사된 것이 아니라 신격화된 형상의 사자나 거미, 뱀, 전갈이라는 점에서 이곳을 사냥 성공을 기원하기 위해 지어진 곳보다는 죽은 자들을 보호하는 신들을 모시는 장소로 보았다. 실제로 유적지에서는 인골들이 출토되어 이곳이 당시 사람들의 사후 세계관과 연관된 장소임을 추측 가능하게 한다. 아마도 그 터의 밑바닥 아래는 수렵채집인들의 무덤이었는지 모른다. 그 터는 무덤이었거나 사자를 숭배하는 중심지였을 것이다. 사자들은 신들과 귀신들과 함께 언덕 비탈에 묻혔을 것이다. 괴베클리 테베의 위치는 사자들이 세상을 내려다보고 하늘로 올라갈 수 있는 이상적인 입지였다.

만일 그 부조 동물들이 토템이라는 관점이 맞는다면, 각 울 속에 묘사된 동물들은 그 특정 집단의 기원에 관한 단서를 제공할지 모른다. 예를 들어 울 C에는 야생 돼지 그림이 주인데, 이 집단은 돼지가 동물 잔해의 40%나 차지했던 북부에서 기원했음을 시사한다.

괴베클리 테페를 해석하는 데 가장 관건이 되는 것은 어떻게 이러한 건축에 필요한 조직 노동력과 문화가 농업이 나타나기 전에 가능했냐는 점이다. 괴베클리 테페 같은 규모의 공사에는 다수의 일꾼들과 기술자들이 필요했을 것이다. 식량과 잠잘 곳 그리고 그들의 활동을 조율하는 것은 아주 큰일이었을 것이다. 더구나 괴베클리 테페 사람들은 아직 전면적으로 농사짓던 사람들이 아니었다. 그러므로 몇 명의 샤먼과 공동체로서는 그런 일은 감당 할 수 없었을 것이다. 그러므로 그 건축물은 위계적이고 계층화된 사회에서 강력한 지배자들이 건설했을 개연성이 높다. 그 샤먼들은 성직자와 더 비슷했을 것이다. 후대에 그렇게 만연한 지배자와 종교 간의 연계는 이미 그 형태를 갖추고 있었는지 모른다. 슈미트 교수의 말로는, "처음에 신전이 왔고 그 다음에 도시가 왔다."[8]

괴베클리 테페 공사에는 500명 이상의 건장한 남자 일꾼들과 기술자이 필요했을 것이다. 도대체 어떻게 해서 그 많은 인원들을 한 곳에 모으고 공사를 조직할 수 있었을까?

최근의 연구결과에 따르면 기원전 2500년경에 스톤헨지(Stonehenge)의 고대 건축가들은 고기로 잔치를 벌이면서 바비큐 요리를 즐겼던 수천 명에 달하는 사람들이었다고 한다. 스톤헨지의 건설자들가 살았을 마을일 가능성이 큰 현대 영국 남부의 더링턴 월Durrington Walls의 신석기 정착지에서 고고학자들은 4500년 전에 멀리 곳곳에서 도살용의 동물들을 끌고 온 사람들이 야외에서 고기구이 파티를 열었다는 증거를 발견하였다. 그 수천 명에 달하는 고대의 순례자들은 그 곳에 모여서 망자들을 기리고 난 후에 술판을 벌려서 잔치를 하고 그것이 끝난 후에 각자 자신들의 고향으로 돌아갔는데, 영국의 요크대학교의 고고학자인 올리버 크레이그(Oliver Craig)는 "이것은 과시소비에 관한 것"이라고 말했다. "연중 특정 시점 –아마 겨울–에 스톤헨지에서 망자를 묻거나 망자를 대표하는 의식을 하거나 어떻게든 망자를 찬양하는 의식을 하려고 수천 이상의 사람들이 영국 전역에서 이 사이트를 방문했다. 그러나 그들은 더링턴 벽에서 신나는 축제를 벌이고 있었다."고 Craig는 밝혔다.[9]

괴베클리 테페에서도 노동은 비슷하게 조직되었을 것이다. 그것들은 노예에 의해 지어지지 않았다. 그것들은 후한 대접을 받는 숙련 노동에 의해 세워졌다. 당시에는 사람들은 흩어져 살았고 인구가 적었기 때문에 노동이 부족했다. 그래서 힘든 일을 하고 싶지 않은 사람은 얼마든지 다른 곳으로 가버릴 수 있었다. 피라미드, 메소포타미아 성전 및 성벽과 다른 지역에서 육체노동을 하는 사람들에게 좋은 고단백 식단이 주어졌다. 많은 축제가 있었다. 이 사람들을 통합하는 방법은 공공 축제였다. 이것은 민족 정체성의 의식적인 창조에 참여하는 동료 그룹을 만드는 것과 같았다. 힘든 일을 시키려면 사람들이 자발적으로 모이게 해야 했고, 그래서 맥주를 제공했다. 충분한 맥주가 있어야 했음으로 막대한 비용이 들었다. 그리고 많은 고기가 필요했다.[10]

괴베클리 테페 유적지의 기원전 10,000 ~ 9000년의 기념비적인 건축물은 각지에서 모인 수렵채집인들이 의식의 중심지를 건설하기 위해 수십년 동안 노력한 끝에 만들어졌음이 확실하다. 그러한 센터는 짝짓기와 관습적인 선물을 선정하기 위해 고대공동체를 통합하는 의식모임을 위한 주요 행사를 주최했다 그 곳은 시간이 지나면 시장으로 진화 할 것이었다.

그런 프로젝트를 위해 징발된 노동은 판매용 물건을 생산하지 않았다. 그러나 누군가 그것을 조직해야 했다. 그러므로 관리자계급이 신석기시대 기념비적 건축물 건설의 부산물의 나나로 생겨났다. 이 역할은 원래 월력기록자 및 조직자로서 족장에 의해 수행되어 외부인을 상대하고 자신의 가구에서 특정 형태의 전문 노동을 중앙 집중화했을 것이다. 전문가 실무자들이 확인하고 인증한 초자연적인 승인은 가장 오래된 마을 내의 질서구조와 규칙의 합법성을 제공했다. 이미 도자기 이전 신석기 시대 B에 이 사람들은 통치권을 합법화한 종교적 권위를 행사했다 그들은 중앙 정치의 중심이 된 후기 성전의 신생 형태인 종교의식 센터를 관장했다. 따라서 신석기 시대는 청동기 시대에 사회경제적으로 복잡한 관계들을 물려주었다 : (1) 식량 공급과 축제의 접대, (2) 관리 계급의 권한 강화 (3) 관습적인 농작물 권리와 토지 소유권, 그것들은 철저한 재산 소유로 진화해갔다. 처음에는 이 토지 보유가 노동, 식량 및 기타 자원을 동원할 책임을 할당하는 재정정책의 부산물이었다.[11]

도시의 특징의 선구자인 신전들

고든 차일드는 도시의 우선적인 특징은 그 크기라고 보았다.: 도시에는 "제한된 지역에 상대적으로 많은 수의 사람들"이 거주한다.

- 2번째 특징은 도시의 노동 분업
- 3번째 특징은 위계질서
- 4번째 특징은 경제적 잉여의 집중
- 5번째는 대외무역
- 6번째 특징은 친족에서 지역으로의 정치적 대포의 이동. 공동체 총회에서의 투표는 이웃이나 구역에서 행해졌다.
- 7번째 특징은 기념비적 공공건축물
- 8번째 특징은 문자로서 기록, 생산 및 계약을 조율하기 위해 필요하였다.
- 9번째 특징은 천문학과 수학에서 시작한 정밀과학의 발달
- 10번째 특징은 자연주의적 예술 특히 자화상으로 그는 제시했다.

차일드는 이 도시의 특징들은 상대적으로 후기에 나타난 현상으로 보았다. 그의 목록에는 고대 도시들이 신전을 중심으로 그 주위에서 발달되었거나 도시들에서는 인종들이 섞이고 종종 상이한 언어들이 혼재되었음이 전혀 명시되고 있지 않다.

고든 차일드는 "도시 혁명"은 문자의 기원과 동시대인 기원전 3500~3000년경에 발생했다고 주장했다. 그는 도시들의 외적인 물리적 특성과 물질적 경제적 조건들에 주로 초점을 맞추었다. 그래서 그는 성읍들은 기원전 9000년 즈음에 시작된 농업혁명에서 자동적으로 나타나는 것으

로 보았다. 작물 재배와 동물 가축화로 충분한 잉여식량, 기름 및 양털이 생겨났고 그래서 영구적인 수공인, 상업 및 관리직이 부양될 수 있었다. 그런 직업들은 도시 콤플렉스 특히 신전 및 왕궁에 집중되었다. 그런데 차일드가 나열한 도시혁명을 구성하는 10가지 특징들은 이미 신전에서 확연히 드러나고 있었다.

1. 인구 밀집은 제사 유적지들에서 먼저 발생했다. 계절적으로 회합하는 장소들이 이미 구석기시대부터 존재했다.
2. 노동 분업은 메소포타미아의 신전과 왕궁 공방에서 가장 광범위하게 기록되어 있다. 일반적인 가구들은 언제나 상대적으로 자급자족해야 되었다. 역사의 대부분의 시기에 걸쳐 농촌 가구들은 자신들의 식량을 손수 재배하고 옷을 만들고 집과 가구들을 건설해야 했다.
   청동기 시대에 신전들에서 이런 수공예 전문화가 최초로 조직적으로 행해졌다. 고대 메소포타미아 신전들은 인도나 잉카 페루처럼 과부, 노약자, 고아, 장애인 등 갈 곳 없고 의지할 데 없이 무력한 자들을 데려와서 공공 제직공방을 만들었다. 외국의 원료에 대해 맞바꿀 수 있는 물품을 수출하기 위해서 메소포타미아의 신전들과 왕궁들은 대규모로 중앙집권적 수공업을 조직했다.
3. 사회 계층화는 신전과 왕궁에서 시작되었다. 바빌론의 사회계층화와 부는 주로 관리 또는 준-관리 격인 무역상, 왕의 세리, 또는 다른 신전 및 왕궁 관리들로서 활동함으로써 얻어진 것이었다. 제식 및 행정 기능이 사회적으로 받아들여지는 방식으로 부를 추구할 기회를 제공했기 때문에 이익-추구 활동은 신전 같은 대형 공공기관들로부터 사회 전체로 퍼져 나갔다.
4. 강제적 잉여의 집중은 신전부문에서 최초로 달성되었다. 신전 공방들

은 그들의 공동체와는 별개로 세워졌고 자신들의 토지와 종속 노동, 가축들 및 귀금속을 갖고 있어서 그들의 수공예 활동을 지탱하고 상업적 잉여를 발생시킬 수 있었다. 소작인들이 많은 신전 토지들을 경작했다. 신전들은 역사적으로 기록된 최초의 지주로서 최초로 지대를 받았다. 신전 관리들은 토지의 용익권을 부여받아서 생계를 유지했다. 그러한 재분배 생산 및 소비체제는 시장 거래와 가격 책정보다 물경 수천 년이나 더 앞섰다. 또한 신전들은 하나의 사업체로서 이자를 받았던 것으로 보인다.

간단히 말해서, 이윤을 추구하는 사업들은 민간화 되기 오래 전부터 공공적으로 운영되어 왔었다. 그래서 최초의 경제적 회계 그리고 대규모 수공업 조직이 처음에 공공조직으로 종종 신전 사업으로 나타났다. 신전들은 이윤 추구 사업을 체계화 했고 그것은 점차적으로 자영 민간인들에게 받아들여졌다. 신전들은 잉여가 남았기 때문에 사람들을 고용하여 사업을 할 수 있었다.

5. 신전 생산은 해외 무역에서 중심적인 역할을 하였다. 외국의 금속, 돌 그리고 심지어 견목재 [堅木材]를 획득하기 위한 교역소나 식민지들을 세우는데 있어서 상인들은 고향 신전들과 협력하여 일종의 동업조합으로서 지점들을 설치하였다. 메소포타미아의 신전 공방들은 그들의 사치 옷감을 비롯한 재화들을 사인들에게 위탁했고 많은 신전 직업들은 수입 물품들을 다루는데 바쳐졌다.

기원전 3500년경의 우루크의 팽창은 신전들이 조직한 것으로서 서쪽으로는 시리아를 관통하여 소아시아로, 남서쪽으로는 이집트로, 그리고 동쪽으로는 이란 고원을 가로질러서 식민지들을 건설하고 무역을 했다. 비슷하게 고대 그리스에서는 델피 신전이 무역 전초기지와 식민지들을 계획하고 배정하는 데 있어서 주요한 역할을 수행했다. 신전 전초기지를 통한 대외무역의 조직은 고전적 고대 시대를 통하여 지속되었다.

6. 가족 중심에서 지역 중심 도시로의 이동은 신전 숭배와 함께 시작되었다. 개인들은 그들의 생물학적 가족을 대체하는 단체들에 가입되었다. 가부장제와 가족 구조는 신전 및 왕족, 숭배 및 동업조합이라는 형태로 공공 분야로 이식되었다. 청동기 시대 메소포타미아와 이집트에서는 각 지역이 관개수로와 운하를 유지하는 책임을 맡았다.
7. 문자는 공공부문 기능에서 기원하였다. 가장 초기의 표식과 실린더 도장은 신전 행정관들의 수령 그리고 자원 배급에 대한 책임소재를 명확히 하려고 발달되었다. 기원전 2000년대 중반에, 제품의 생산 시기를 조율하기 위해서 문서가 쓰여졌다. 기호 및 산술은 또한 세월을 기록하기 위해서도 필요했다.
8. 기념비적 건축물도 또한 공공부문에서 기원하였다. 신전은 청동기시대 도시들의 사회경제적 중심지일 뿐만 아니라 일종의 고대 마천루였다. 근동 가구들이 집으로 석조 건축을 받아들이기 아주 오래 전부터 신전은 공공 기관의 영원성을 상징하였다. 최초의 석조 건축은 공공건물, 법문비석(legal stelae) 및 경계석인 것으로 보인다.
9. 산술을 쓰는 관측적인 예측 과학의 형식화는 종종 의식을 보조하기 위해서 발달되었다. 고대 계산은 월력을 만드는 과정에서 파생되었고, 천문학, 점성술도 마찬가지였다.

   메소포타미아의 60진법과 고등수학은 기원전 3000년 즈음에 발달되었다. 1년을 360일로 분할하여 매달 공공 노동력 공급을 조정하였다. 운하를 파거나 하는 공공 토목공사에 필요한 자원들과 인력을 배급하고 날짜를 조정하기 위해서 산술계산이 필요했다. 360일 월력은 또한 천체 운행 사이클을 예측하기 위하여 황도십이궁[黃道十二宮]을 분할하는 원형기하학에도 필요했다.

요약하면, 청동기 시대의 수학적, 천문학적 및 그와 관련된 지식들은 고전적 고대가 그것을 세속적 작업에 적용하기 오래 전에 이미 공공사업 및 제식의 필요에 부응하여 발달되었다.

10. 최초의 재현예술 [再現藝術]은 의식들에서 발견된다. 비록 청동기 시대 상들과 인물화들은 얼핏 보기에 자연주의적인 것으로 보이지만, 머리 대 신체 비율을 비롯한 다른 비율들은 메소포타미아의 60진법 그리고 이집트와 그리스의 10진법을 반영한다.

요약하면, 차일드가 제시한 도시의 10가지 특징들은 도시가 나타나기 아주 오래 전부터 아주 오래 동안 공공적 성격을 띠어 온 제식 활동에서 나타났다. 특히 청동기시대 신전들에 연관된 공동체 저장시설, 수공 공방, 그리고 월력의 초점이었던 연회에서 그런 특징들이 현저하게 나타났다. 또한 고전시대에 도시들이 점점 더 세속화 되어가긴 했지만, 그들의 행정의 초점은 여전히 신성한 의식에 맞추어져 있었다. 성읍 설계자들은 주술사들로서 도시 계획의 실용적 목적보다는 징조를 읽는데 더 관심이 많았다. 의료도 의식적이었고 의사들은 종종 샤먼의 성격을 띠었다. 신전이 도시의 전신이었던 셈이다.[12]

02

정주생활 농업 권세욕자와 사회논리

정주생활

보통 농업이 시작되고 나서야 사람들이 정착생활을 한 것으로 알려져 왔지만, 최근의 발견들에 따르면 정착생활이 먼저 오고 그 다음에야 농업이 시작되었다. 그 정착민들은 이미 농작물들을 "재배"하고 있었다. 아마도 비상식량용이었거나 보조 식량용이었을 것이다. 가령 이스라엘 갈릴리 해안의 억새 집 유물 근처에서 발견된 식물들은 이미 2만3000년 전에 잡초들을 "재배"했을지 모른다는 증거를 시사한다.:

"이스라엘 고고학자들은 알려진 가장 이른 농업에의 시도라고 그들이 믿는 극적인 증거를 발견했다.

그것은 조직된 경작이라고 일반적으로 알려진 것보다 11000년 앞선다.

그 연구는 북부 이스라엘의 갈릴리 바다의 연안에서 비상하게 잘 보존된 수렵채집인 정착촌으로부터 발굴된 15만 개 이상의 식물 유적을 조사했다.

이전에, 과학자들은 가축과 작물 경작을 포함하는 조직 농업은 중동에서 기원전 1만2000년전 충적세 [沖積世] 말기에 시작했을 것이라고 믿어왔다.

2만 3천 년 전 마지막 빙하기에 수렵채집인들의 공동체에는 석기, 동물 및 식물 유골만이 아니라 화로를 갖는 억새 집 6채의 증거가 발견되었다.

그 오두막들은 그 거주자들이 판 얇은 구덩이 위에 세워졌고 그것은 나중에 불탔다. 그 것 위에 모래 퇴적물이 쌓였고 호수가 올라와서 4m 수심 아래 잠겼다.

그 연구는 초기의 침입 잡초들 “원형 잡초들”의 증거를 찾았다.

Ohalo II 공동체는 이미 엠머밀, 보리, 땅콩, 렌틸, 알몬드, 무화과, 포도 및 올리브를 포함하여 초기 농업의 주곡이 된 길들여진 식물 종류의 전신들을 이용하고 있었다.[13]

2008년에 미국국립과학아카데미회보 보고서에 따르면 농업이 출현하기 전에 만들어진 보리와 귀리를 저장하기 위한 곡물창고가 지어졌다. 요르단에서 연구하는 고고학자 팀은 우리 조상들의 채집에서 경작으로 옮겨가는 과정을 나타내는 고대 곡물창고를 발굴했다. 그 둥근 진흙오두막은 11,000년 이상을 거슬러 올라간다. 그 연구진은 야생보리 및 귀리의 은닉처를 창고 내부에서 발견했다. 식량 전용보관시설의 이러한 증거는 도기-이전 신석기 시대에서 발견된 적이 없다. 그 연구자들은 야생 식물의 선택적 재배 및 관리가 농업으로 이끌었을 것이라고 추론했다. 게다가 식량 처리에 사용되는 주택과 건물 사이에 곡물 창고가 세

워졌으며 이로 인해 보다 영구적 인 정착촌이 탄생하게 되었다.[14]

요르단의 사해 근처에 있는 드라(Dhra)에서 발굴에 의해서 야생곡식의 의도적 재배에 대한 11,300~11,175년 전 아직 곡식을 길들이지 않은 시기에 정교하고 의도적인 곡물창고에 대한 강력한 증거가 발견되었다. 공기 순환을 용이하게 하고 설치류로부터 보호 받도록 올려져 설계된 이 시스템은 식물 가공용 시설이 있는 주거용 구조물들 사이에 위치해 있다. 이는 대규모의 정주사회와 동식물 길들이기 출현보다 최소한 1000년 앞선다.

팔레스타인의 중석기시대 문화인 나투프문화 기간(약 15,000 / 14,500 ~ 12,800년 전)에서 사람들은 아주 다양한 야생식물과 동물을 사용했으며, 일년 중 상당 기간 동안 비교적 큰 규모의 잘 만들어진 반지하굴(수혈(竪穴))에서 살았으며 의심의 여지없이 이러한 자원의 계절성 및 가용성에 관한 상세한 지식을 가지고 있었다. 그러나 식량저장에 대한 직접적인 증거는 거의 없다. 낫, 회반죽 및 절구를 포함하여 식물식량 가공에 대한 나푸트 문화의 간접적인 증거가 있다. 니푸트 사람들은 아마도 저급 식량 저장소를 이용했을지 모르지만 상이한 계절들에 여러 자연 생태계에서 고수확 식량자원을 사용할 수 있는 곳에 정착지를 세웠던 것 같다.[15]

상하이 고고학포럼에서 2015년 연구 상을 수상한 영국의 캠브리지 대학 고고학 교수인 마틴 존스 (Martin Jones)의 연구에 따르면 기장은 중국의 다종다양한 농작물과 정착된 농업사회의 부상에서 중추적인 역할을 했다. 고고학적 유물은 이 기장이 7,500 년 전 북부중국의 심장부에서 흔하게 발견되었다는 것을 보여준다. 시간이 지남에 따라 점점 더 커졌고. 같은 연대의 인간 해골은 기장이 주식의 주된 요소임을 보여주었다.

존스는 기장이 유목생활과 정착농업 사이에 완벽한 다리 역할을 했다고 말한다. 기장들은 생장기가 매우 짧기 때문이다. 생장기가 쌀의 100일과 비교해 45일 밖에 걸리지 않으며, 거의 관심을 기울이지 않아도 되기 때문에 이동 중인 유목인들에게 이상적인 식량원이었다.

작물이 더욱 다양해지고 하류로 이동함에 따라 농민들은 점차 복잡해지는 농업 관리를 위해 을 함께 일해야 되었고 이로 인해 정착과 공동체 형성의 필요해졌고 결국 정착생활이 자리 잡게 되었다.[16]

최초의 풍요로운 사회

1966년 시카고에서 열린 'Man the Hunter' 심포지엄에서 마샬 사린스는 칼라하리의 쿵족에 대한 리처드 B. 리 (Richard B. Lee) 같은 사람들의 연구에 기반하여 수렵 채집자들이 '최초의 풍요로운 사회'를 누렸다고 주장했다. 가장 어려운 환경에서도 수렵채집인들은 생존을 위한 끊임없는 투쟁을 했던 것이 아니라 느긋한 생활 방식을 누렸다고 그는 말했다. 샤린스와 그의 출처들은 음식을 준비하는데 소비되는 시간을 고려하지 않은 채 그들의 주장을 폈기 때문에 약간의 과장이 있었다. 그러나 그들의 논리는 농업이 수렵채집보다 훨씬 더 나은 생활방식이었다는 생각에 심각한 타격을 줄 정도로 강력했다. 어떤 논리를 대더라도 농업은 훨씬 더 높은 작업량을 필요로 하고 야생에 의존하는 것보다 더 많은 육체적 질병을 초래한다. 우리가 더 알아갈수록 수렵채집인의 건강 및 일과 삶의 균형이 더 좋은 것으로 나타난다.

이것은 특히 최초의 농촌공동체가 발달한 습지대에 살았던 수렵채집인들에게 해당되는데, 그 곳들은 지금은 요르단, 점령된 팔레스타인 영토, 이스라엘, 레바논, 시리아, 터키, 이란, 이라크가 차지하는 남서아시아의 호인 비옥한 초승달 지대이다.

약 1만 년 전까지만 해도 메소포타미아는 거대한 범위의 자원에 접근할 수 있는 수렵채집인들에게는 낙원 같은 세계였다.: 건물과 음식을 위한 갈대와 쐐기풀, 다양한 종류의 식용식물 (붓, 꼬리, 수련 등), 거북이, 물고기, 연체동물, 갑각류, 새, 물새, 작은 포유동물 및 이동하는 가젤 (주로 단백질 원천)이 지천에 널려 있었다. 그것들은 과일과 야생 채소의 숙성과 철새의 도착을 가져오는 계절적 변화의 주기에 의해 일상적으로 보충되었다.

습지 환경은 전 세계의 다른 곳에서 사냥을 하는 사람들에게도 유용했다. 중국의 항저우 만에서는 현저하게 잘 보존된 수몰된 서식지에서 풍부한 수의 야생 자원 가운데에서 수렵채집인들이 정착하게 된 것으로 나타났다. 요르단 남부의 와디파난 (Wadi Faynan)은 지금은 메마른 땅이지만. 12,000년 전 거기에는 연중 내내 강이 흘러들었다. 와디파난 강과 합류 한 곳에서는 오아시스 같은 틈새가 형성되었다. 그것은 WF16의 초기 신석기 사이트가 현재 위치하는 곳이다. 야생의 염소를 사냥하고, 새를 잡으며, 무화과, 야생초, 견과류를 모으는 등, 다양하고 탄력있는 지역 자원을 분명히 즐기는 수렵채집인들이 약 1만 2500년에서 1만 5000년 전에 약 30 개의 반지하층 주거지로 이루어진 밀집된 군집을 건설했다. 그들이 환경관리를 일부 행하여, 불을 놓아 어린 싹을 키우고, 작은 댐을 만들어 물길을 조정하고, 동물 개체수를 유지하기 위해 야생 무리에서 선택적으로 솎아냈을 것이다.

다양성이 식량을 안정적으로 확보하는데 결정적으로 중요했다. 우연히 특정한 식량을 알게 되면, 언제나 선택할 수 있는 것이 더 많아졌다. 그래서 수렵-채집인들은 농작물을 재배하거나 가축을 키우지 않고도 원할 경우 정착생활을 할 수 있었을 것이다. 잡초 제거, 해충 제거, 이식, 씨앗의 충적 토양 파종이 도입되면서 야생 대가 돌연변이로 약간 수정되고 보리와 밀 재배가 가능하게 되었다. 이것은 수렵-채집 인들에게 약간의 추가노력만 들여도 새 식량원을 제공했을 것이다.

차탈회위크-인구 밀집된 신석기마을

약 1만 2000년 전에 사람들은 이미 아주 정교한 석기들, 무기들 그리고 요리와 저장을 위한 도기들을 개발해 있었다. 그리고 씨들이 특히 맛있는 식물들로 큰다는 것을 알게 되자, 그들은 그것들을 갖고 가서 강 계곡에 심고 다음 해에 수확했다. 이런 농사 규모가 약간 더 커지자 한 곳에서 많은 식량을 얻을 수 있게 되었음으로 한 곳에 정착하는 것이 더 낫다고 생각하게 되었다. 동부 지중해 연안을 따라 있는 레반트 지역에서 수렵채집을 하던 유목 부족들은 연중 일부 기간 동안에 작은 마을에 정착하기 시작했다.

가족들은 얕고 둥근 구덩이를 파서 그 위에 매끄러운 돌들을 깔아서 마루바닥을 만들었고 진흙과 풀들로써 벽과 천장을 세웠다. 그들은 양쪽 바위 위에 걸쳐진 나무 빔으로 만들어진 마루 위에 놓여 진 통 속에 곡식들을 저장했다. 물이 새고 홍수가 나도 그들의 곡식은 젖지 않을 것이었다. 얼마 지나지 않아서 그들은 연중 내내 마을에 정착하게 되었고 마침내 영구히 정착하였다.

8000~9000년 전 인류사상 최초의 신석기 농경주거지로 손꼽히는 소아시아 고원의 차탈회위크 마을 터는 인류사의 상식을 뒤엎은 유적이다. 마을 사람들은 전체가 가족이었고 동등한 넓이의 집터를 각기 꾸려 지붕 구멍을 통해 서로 오가며 소통하고 곡식을 나누고 후손을 함께 길렀다. 2012년 세계유산에 등재된 이곳은 세계 최초로 계획 주거지를 꾸리고 농경생활을 한 신석기시대 사람들의 흔적이 여실하게 남아있다. 1958년 영국 학자 제임스 멜라트가 발견해 60년대 초 발굴한 뒤 93년부터 25년간 미국 스탠포드대 이언 호더 교수가 발굴작업을 벌여왔다. 차탈회위크 터는 평원에 있는 2개의 낮은 언덕들로 되어 있는데, 지금은 마른 땅 밖에 없지만, 원래의 정착민들은 지금은 거의 말라 버린 차르삼바 차이 Çarsamba Çay 강에 끌려서 그 곳에 정착했던 것으로 보인다. 그 강의 습지에는 물고기와 물새들이 많았고, 젖은 점토는 집을 짓고 회반죽을 하는데 쓸 수가 있었다.

차탈회위크 사람들은 사는 집에 생활시설과 선조들을 묻은 무덤, 망자들을 기리는 제의의 상징물이 모두 함께 있었다. 복원된 주거 터 한쪽에는 머리 없는 유골을 놓은 매장 흔적이 있고 벽면에는 황소뿔 장식과 사슴, 곰 등의 야생동물을 사냥하거나 괴롭히는 장면, 거대한 독수리 등이 벽화로 그려졌다. 이 주거지 안에 최대 60구가 넘는 주검을 묻고, 틈틈이 선조들 유해와 유물을 꺼내 보면서 되살려낸 조상에 대한 기억과 제례가 공동체를 유지하는 '본드'(유대) 구실을 했다. 선조들의 과거가 그들의 주검과 유물을 후대 확인하는 방식으로 계속 기억되고 전승되면서 마을 공동체의 역사적 정체성을 만들었다.

지도자가 없는 삶

카탈회위크 사회가 어떻게 조직되었는가에 관한 의문은 아직도 풀리지 않고 있다. 지금까지 발굴된 수백 채의 집들은 건축 방식, 설계 및 장식에서 아주 획일적이고, 관청이나 종교 중심지로 기능할만한 특징적인 구조를 갖는 집은 보이지 않는다. 주거지는 18개의 층으로 되어 있는데 대부분의 층에서 각 집에는 비슷한 양의 재물들이 있었고 아주 비슷한 생활방식을 했던 것으로 보인다. 6500 B.C. 후의 가장 최근의 꼭대기 층에서만 불평등의 조짐이 보이기 시작한다. 아마도 이런 균질적인 삶 그리고 강한 신앙 및 의식의 공유로 인해서 사람들은 지도자가 없이도 단합 할 수 있었을 것이다.

차탈회위크 사람들은 아주 평등했을 것이지만, 사람들은 많은 사회적인 통제를 받아야 했다. 그러한 사회는 동질성이 강할 때에만 유지될 수 있기 때문이다. 수세대 동안 개인 가정이 재산을 축적하는 것은 용납될 수 없었다. 재산이 축적되기 시작하자 문제들이 터져 나오기 시작했다는 증거들이 있다.

기술 수용

차탈회위크의 동쪽 200마일 정도 지점에 있는 비옥한 초승달지역에서는 기원전 8000년 즈음에 가축을 기르기 시작했다. 기원전 6500년 즈음에는 그런 풍습은 차탈회위크의 주변인 아나톨리아지방으로 전파되었다. 그러나 차탈회위크에서는 가축을 키웠다는 증거가 거의 없다. 이웃들과 비교해서 차탈회위크 사람들은 당대의 최신 혁신인 가축을 받아들이는데 늦었던 것으로 보인다. 소가 있으면 경운을 할 수 있지만 충분한 물과 목초가 있어야 하고 포식자들로부터 지켜야하고 돌봐야 한다. 일손이 많이 가고 투자하고 주의해야 할 일도 많다. 그러므로 이런 가축을 받아들이는데 주저했을 것이다.

성 역할

처음에 고고학자들은 차탈회위크가 모계사회라고 생각했다. "어머니 여신"이라고 믿어지는 점토 여자상이 발견된 것도 그 이유 중의 하나였다. 결국 모계사회라는 관념은 버려졌지만, 차탈회위크는 상당히 높은 수준의 남녀평등 사회였다고 시사하는 증거들이 있다. 유적터의 유적들을 분석한 결과 사자들이 매장될 때 남녀 간에 별 차이가 없었다. 주민들의 치아를 조사해도 남녀 간에 치아가 닳는 패턴에 큰 차이가 없었다. 남자가 고기를 더 많이 먹을 수 있었다면 차이가 났을 것이다.[17]

도시 특징의 부재

왕궁도 없었고, 신에게 봉헌된 거대한 지구라트나 피라미드도 없었다. 계급 분화의 흔적도 없다. 모든 가족은 하나의 난로를 갖는 작고 정사각형 비슷한 원룸 집들을 가졌다. 집들은 크기가 얼추 비슷했다. 차탈회위크에는 거리가 없었고 집들은 벌집들처럼 이어 붙여서 만들어졌고 이웃집 지붕을 걸어서 자기 집의 천장에 난 문을 통해서 집 안으로 들어갔다. 예술은 있었지만 전문 노동은 거의 없었다. 문자도 없었다. 차탈회위크는 거대한 마을이었지 결코 성읍도 도시도 아니었다.

정착생활의 문제

그러다가 기원전 5000년대 중반에 차탈회위크는 갑자기 버려졌다. 레반트의 다른 여러 거대 촌락들에서도 같은 일이 벌어졌다. 사람들은 떠나갔고 수천 년 동안 작은 마을 생활로 회귀했다. 정착 생활에는 식량이 더 풍부했고, 사냥을 나갈 일이 더 적었지만, 쉽지는 않았다. 한 철만 날씨가 안 좋아도 농사를 망칠 수 있었다. 정착 생활에 익숙해진 사람들을 끌고 1000명 정도의 사람에 필요한 식량을 찾는 것은 결코 쉬운 일이 아니었다. 사람들은 왜 대규모 신석기 정착촌을 버리고 다시는 그것들을 세우지 않은 것일까? 기후도 전염병도 그 이유 중의 하나일지도 모른다. 그러나 아마도 가장 큰 이유는 플래너리가 말하는 "사회논리" 일지도 모른다.

신석기 거대 촌락 사람들이 유랑하는 조상들로부터 물려받은 사회조직과 가치관이 크게 변하지 않았을 것이다. 유랑생활에서 살아남기 위해서는 그 집단 내의 모든 사람은 자원을 공유해야 했고, 그래서 아주 평등한 사회구조를 강화하는 의식과 관습들이 발달되었을 것이다. 부를 축적하거나 과시하는 사람들은 억압되었을 것이다.

차탈회위크의 집들은 거의 비슷한 크기인데, 이것은 이런 관습과 믿음을 반영하는 것일 것이다. 모든 사람을 다 알고 있고 생사고락을 같이

하는 사람들과 나누는 것이 너무나 자연스럽고 생존에 절대적으로 유리한 작은 공동체에서는 이런 관습과 믿음이 절대적으로 도움이 된다. 그러나 수천 명의 사람들이 모여서 살게 되면 평등한 사회구조는 유지되기 힘들다. 사람들은 대표자가 필요하고 사람들을 기록하고 그 소유물도 기록할 문자도 필요하다. 어떤 사람들은 전문적인 일을 시작한다. 사회적 분화가 시작된다. 거대 촌락의 신석기 사람들의 이데올로기에서는 사회적 분화는 타부였을 것이다. 평등한 사회조직과 큰 사회에서의 사회적 위계서열의 필요성 사이의 갈등 때문에 사회적 분열이 생겼을 것이다.

모든 사람이 자원을 공유하는 작은 공동체에서만 존재할 수 있는 신념체계가 떠받치는 거대촌락은 지속가능 하지 않았을 것이다. 위계와 분업은 사회경제적 현실에서 필요했지만, 이데올로기는 그것과 상충되었다. 그래서 사람들은 거대 촌락을 버리고 약 200명 이하의 사람들로만 구성된 작은 촌락으로 흩어졌을지 모른다. 어떤 면에서 농업은 아직 인간 문명이 그것을 받아들일 준비가 안 된 상태에서 온 기술일 수도 있다. 그 기술로 인해서 인간들은 거대 촌락을 형성하고 정착했지만 그 누구도 이웃보다 더 많이 재산을 축적해서는 안 된다는 옛 믿음체계를 버리지 못하였기 때문에 그 거대 촌락들은 버려졌을 수 있다.

농업의 시작

휘그주의 역사와 농업의 실제 효과

휘그주의(whigism) 역사관은 과거를 더 많은 자유와 계몽을 향한 필연적인 전진으로 해석하는 역사학의 관점이며 이 용어는 자주 일반적으로 (때로는 부정적 의미로) 과거를 계몽을 향한 가차없는 진보적 전진으로 소개하는 역사관들을 일컫는 말이다.

휘그주의 역사관에 따르면 역사는 방향이 있고 진보는 피할 수 없다. 다음은 21세기 초에 브리태니커 백과사전에 그 휘그주의 역사가 어떻게 표현되었는가를 설명하는 글이다.

"백과사전은 수렵채집인들이 처음으로 불을 터득했을 때인 "낮은 야만상태"에서 동물을 길들이기를 배우고 목축업자가 되었을 때인 "중간 야만상태"에서 인간이 "야만에서 벗어난" 역사에 들어갔을 때인 문자발명으로 독자들을 보편적 역사의 파노라마로 인도한다. 그 길을 따라 인간은 밀과 쌀과 같은 곡물을 경작하는 법을 배웠고, 농부들은 농작물을 가꾸고 수확하기 위해 농작물 근처에 있어야했기 때문에 "고정된 거주지의 가치"를 알게 되었다. 일단 사람들이 정착하자 "자연스러운 결과는 정치 시스템의 정교화", 재산 및 국가 정체성의 느낌이었다. 그곳에서부터 영국에서의 산업 혁명과 자유 무역으로는 짧은 뛰기에 불과했다.

원주민인 북아메리카와 오스트레일리아와 같은 모든 대륙의 불행한 사람들은 진보 기차에서 떨어지고 친절하게 식민지 개척자들은 그 땅을 차지해야 되었다. 그러나 열차는 단 하나의 선로를 따라 달렸고, 아무도 기꺼이 그것을 타기를 거부하지 않았다."[18]

그러나 현실은 아주 달랐다. 사실, 수렵채집인들(H-G)은 농업에 저항했다. 농부와 H-G가 나란히 사는 곳에서조차도 H-G (와 목축인)는 가능한 한 농사를 피했다. 유럽인들이 "원시적인"사회에 씨앗과 괭이를 갖춰 그들에게 농사를 가르쳤을 때 원주민은 그 도구를 버리고 숲으로 도망

갔다. 식민지 미국의 흙 농부들은 종종 유목민 인디언들과 함께 살기 위해 도망쳤다. 그래서 세바스찬 정글의 최근 책 '부족 (Tribe)'에 기록되어있는 것처럼 엄격한 법률이 통과되어 이를 막아야했다;[19]

괴베클리에서 의식을 위해 모인 사람들과 노동 인구를 먹이기 위해 필요한 음식의 양은 엄청났을 것이다. 그럼에도 불구하고 괴베클리는 왜 우리가 곡식농사와 염소 가축화가 다른 곳에서도 자리 잡게 되었는지 설명하지 못한다.

농업으로의 전환은 어떤 면에서 해로웠다. 골조직 연구에 따르면 곡물에 의존하는 호모 사피엔스는 수렵채집인들보다 키가 더 작고 영양섭취가 더 나쁘며 여성의 경우 빈혈이 될 확률이 더 높았다. 그들은 또한 질병에 취약하고 전례없이 높은 출생률을 통해서만 인구를 유지할 수 있었다.

요르단의 신석기 유적지 와디 페이나인 Wadi Faynan의 결과를 보자. 약 1만 5천 년 전만해도 WF16의 수렵-채집자 정착촌은 포기되고 신석기 시대의 농촌 마을인 Ghuwayr 1로 대체되었다. 이것은 직사각형 석조 주택과 곡식창고를 가지고 있었다. 발굴된 숫돌 더미는 보리 곡식을 가는 등골과 무릎이 휘어지는 작업에 대해 증언한다. 한편, 길들여진 염소는 오늘날의 불모의 풍경을 향한 첫 번째 단계인 지역의 초목을 먹어치우기 시작했다.

단지 고된 작업만이 농사로의 전환을 그렇게 놀라운 일로 만드는 것이 아니다. 이 초기 신석기시대 마을 안으로 들어오거나 잤던 모든 사람들에게 심각한 건강 위험이 있었다. 마을은 마을 사람들과 동물, 그리고 그들의 오물에 의해 뒤범벅이 되었다; 쥐 및 까마귀도 거기에 자리 잡았고, 벼룩과 진드기들과 함께 그들 자신의 미생물기생충을 가져온다. 약 10,800년 전까지 만해도 WF16에 있는 가정쓰레기는 방의 바닥에 남겨 졌거나 집들 사이에 버려졌다. 그 이후에 중앙 집중식 공동 쓰레기 처리장이 설치되었던 것처럼 보이지만 그럼에도 불구하고 사람들의 집의 인근은 끔찍한 난장판이었을 것이다. 리버풀 대학의 더글라스 베어드 (Douglas Baird)가 발굴한 터키의 봉쿨루(Boncuklu) 초기 신석기 시대에 인간 화장실이 마을 한 가운데에서 발견되었다. 질병에 대한 인간의 취약성은 식단이 점점 더 한정되어 감에 따라 커졌을 것이다.

질병의 발생이나 만성적인 나쁜 건강은 종종 신석기 시대의 특수 건물이나 바닥 아래에 포장되어있는 인간의 유해가 고밀도로 축적된 이유에 관하여 의식, 이데올로기 또는 갈등보다 더 나은 설명을 제공 할 수 있을지 모른다. 터키의 Çayönü에있는 Skull Building에서 약 70명의 유해가 발견되었다. 주로 유아의 유골들이 대량으로 북부 이라크에 있는 Bestansur의 이른 신석기 시대 위치에 단 하나의 집에서 지금 굴착되고 있다. 이 지역의 곳곳에서 신석기 시대 후반기의 여러 매장지의 징후가 집 바닥에서 발견되었다. 많은 신석기 시대 마을들은 아주 갑자기 버려진 것처럼 보인다:그것은 풍토병 때문에 일어지 모른다.

단지 사람들만이 아니었다. 염소, 양, 가축도 과밀로 고통을 받았다. 선택적 도태와 가축화의 조합은 성 이형성을 감소시켰고, 유형성숙 성년기의 청소년 특성 보존)를 일으켰으며 크기와 기능 모두에서 두뇌를 바꾸었다. 길들여진 양의 두뇌는 야생의 것보다 24% 작으며 덜 소심하다. 정착촌의 설치류 동물들은 비슷한 변화를 겪었는데, 이들 중 일부는 인

간선택보다는 마을 생활의 결과였다. 우리가 사람들에게도 똑같은 과정이 일어났을 것이다.[20]

잔치: 대인, 권세욕자 그리고 사회논리

수수께끼는 왜 곡물 양식이 그렇게 지배적이 되었는가 하는 것이다. 왜 수렵채집인들이 풍요로운 생활 방식을 버리고 좁은 범위의 작물을 재배하고 가축을 관리하는 훨씬 더 번거롭고 위험한 존재에 찬성하게 되었는지는 우리에게 좋은 대답이 없는 근본적인 질문이다. 그것은 선택에 의한 것이었나, 아니면 최초의 파종이 사람들을 식량과 수확의 계절주기에 묶어 두었던 하나의 덫이었나? 아니면 다른 어떤 큰 요인이 작용한 것일까?

대인과 국가의 탄생

문화인류학자 해리스의 설명에 따르면, 국가로 가는 첫 번째 단계는 수렵-채집 사회가 마을에 기반 하여 잉여를 생산할 수 있는 정착 농업/원예 사회로 이행 한 것이다. 그러한 사회들에서, "대인(big men)"은 잉여의 생산을 독려하고, 그 다음에 자신들의 위신과 사회적 지위를 높이기 위해서 후한 공공연회를 베푼다. 인류학자들은 농업 생산을 집약적으로 증대시키는 자들을 "대인"이라고 지칭한다. 멜라네시아와 뉴기니아군도의 가장 평등한 시기에, "대인들"은 열심히 일하고, 야심적이며 친척들과 이웃들에게 생산된 식량으로 큰 주연을 약속하여 일하도록 구슬리는 공공정신을 가진 개인들이다. 경쟁적인 주연은 일상 소비를 위한 단순생산을 넘어서는 잉여를 낳는다. 그런 잉여는 대인이 쌓아두는 것이 아니라 사회 전체에 주어지는데 대인은 강제적인 제도적 또는 세습적 권한이 아직 없다. 본질적으로 그 사회는 대인과 그의 추종자들에게 빚을 지게 된다. 만일 연회가 성공이면, 그의 지지자들은 많아지고 그는 더 큰 후사를 베풀기 위해 다시 일에 착수한다. 그의 지지자들은 무엇을 얻는가? 위신과 지위와 여자를 차지하기 위해서 몇몇 개인들은 생산을 증대시키는데, 그것은 인구 증가에 대응하기 위한 것은 아니다. 과잉생산이 먼저 생기고, 그 잉여가 저장됨으로 인구 증가가 그 뒤에 온다. 누가 가장 많이 생산할 수 있는지 경쟁이 일어난다. 대인과 추종자들은 잉여를 자기네가 차지하는 것이 아니라 그 부족과 함께 공유한다. 대인은 새벽부터 황혼까지 사무실에서 열심히 일하는 자본가의 조상이다. 대인 지위는 다른 사람들에게 자신의 지시를 강제할 권력을 주지도 않고 자신의 생활수준이 다른 사람들보다 더 높아지지도 않는다.

시간이 가면서, "대인" 또는 "밥 제공자"는 점점 더 많은 잉여를 그 자신과 측근들이 차지했고 점점 더 많은 세금을 요구했다. 어떤 환경 하에서는 재분배자와 그의 측근들은 너무나 권력이 커져서 재분배자 족장은 사회생활에서의 주요한 강제력이 된다. 그렇지만, 족장들은 왕이나 군주처럼 사람들을 강제할 수 있는 권력은 없었다. 그들은 모든 것을 "소유"하고, 사람들이 원하지 않아도 그들을 위해 일하게 강제할 수 있는 비생산적인 엘리트들이 아니었다.

초기 인간 공동체들은 자원이 풍부한 해안을 따라서 퍼지고 살았다. 빙하시대가 끝나고 얼음이 녹으면서, 해안 지역에는 홍수가 닥쳤고 인간들은 더 높은 내륙으로 피신했다. 아마도 이것이 보편적인 홍수신화의 기원일 것이다. 그들은 강을 따라서 내륙으로 피신했고 강가에 정착했다. 거기에는 풀들이 오늘날의 밀, 보리 및 조[粟]의 조상이 되는 잡초들이 무성했다. 대형 동물들은 멸종되었고 대형 유제류는 가축화 되었다. 사람들은 농부가 되거나 목자가 되어야 했다. 토지는 이제 모든 부족 구성원이 마음대로 사용할 수 있지 않고 개인과 가문이 "소유"하고 상속되었다. 구근작물에 대비되는 알곡작물[穀實作物]은 저장이 가능하고 오래 가기 때문에 중앙집권적인 식량 통제로 강제력이 발생할 개연성이 높은 지역이 되었다.[21]

그 다음 단계는 잉여에 의해 야기된 인구증가가 그 곡물의 장기간 저장 통제와 결합되는 것이었다. 그 다음에 해리스는 어떤 환경 하에서 이런 진화가 일어나는지를 질문한다. 만일 사람들이 도망갈 수 있는 곳에 살았다면, 그들은 이런 결과를 회피할 수 있었을 것이다. 잉여를 버리고 자유를 찾아서 떠났을 것이다. 그러나 그런 것이 아주 힘들거나 불가능한 곳에서는 어떻게 되었을까? 수세대에 걸쳐 투자한 한 조각의 땅을 떠나기란 아주 어려웠을 것이다. 재분배자들이 득세하게 되는 곳은 환경적 장애에 의해 둘러싸인 곳 또는 차단 된 곳이었다.

고대 근동에 초기 정착 시에 사람들은 엘리트가 그들에 대해 너무 많은 강제력을 행사하려 했을 때, 그것들을 포기했다는 몇몇 증거를 위에서 본 적이 있다. 국가 형성의 초기 장소들은 포위(circumscription), 전쟁, 인구 증가, 농경지, 민물 그리고 저장 가능한 곡식 잉여가 있는 곳들이었다. 환경적 포위와 밀집 이론은 증거와 얼마나 잘 일치하는가? 원초적 국가 발달의 가장 개연성 있는 6곳은 확실히 뚜렷하게 포위된 생산지역들이다. 이 지역들은 농업 잠재력이 급속하게 감소된 지대들로 둘러싸인 비옥한 중핵들이다. 사실상 그 곳들은 사막이나 최소한 아주 건조한

지대들로 둘러싸인 강 계곡이나 호수 지역들이다. 고대 이집트, 메소포타미아, 그리고 인도는 범람원[氾濫原]에 의존했다. 이 지역들에서 다른 곳으로 도망 갈 길은 거의 없었다. 게다가 이 곳들은 모두 국가의 등장 이전에 인구가 급속히 증가하는 곳이었다. 전쟁도 마찬가지로 빈번했다. 이집트의 전설은 정복 이야기로 시작된다. 특수한 무기와 요새는 고고학적 기록에 나타난다. 메소포타미아에서 무기와 노예 및 전투 그림은 왕조 이전에 있었다. 중국의 상 왕조는 극도로 군국주의적인 사회였다. 최근에 인더스 강 국가들의 중심지에서는 정복에 의해 파괴된 요새화된 마을의 존재가 확인 되었다.

일단 세습 족장이 왕이 되면 그 시스템은 저절로 정당화 된다. 친족제는 아래 서열과 위 서열 또는 아내를 주거나 받는 동맹 집단의 차별적인 자원 접근의 합법성을 정당화 하는데 이용된다. 저장된 곡식에 접근하려면 공예 또는 군사 서비스가 제공되어야 한다. 또는 더 강력한 집단의 "대인"은 받는 것보다 덜 재분배함으로써 "과세"를 시작할 수 있다. 통합적인 식량 생산 시설들의 범위가 커지고, 무역 네트워크가 확대되고 인구가 증가하고 더 많은 과세, 노동 징집 및 공물을 통해서 식향 생산이 더 집약화되면서 군사-성직자-관리 엘리트와 식량 생산 농민 막일꾼들 간의 사회적 간극은 더 벌어졌다.

해리스는 확장하는 마을들은 모지적(matrolocal)이라고 주장한다. 전쟁이 더 흔하게 되면서, 결국 부계가 인수한다. 토지 상속이 중요해지면서, 부계는 더욱 강화되었다. 일부일처제가 규범이 되고 여자의 정조가 중요해졌다. 토지 소유가 사회 지위의 주요한 구분 도구였기 때문에, 약 8000년 전에 시작하여 남자 17명 중 1명만이 유전자를 남길 수 있었다.

국가의 등장과 함께 여자들은 다시 지위를 잃었다. 로마에서 중국까지, 그들은 법적으로 아버지, 남편, 오빠의 피보호자로 정의 되었다. 그 이유는 모계는 군대를 모집하고 훈련시키는데 기능적으로 더 이상 필요하지 않았기 때문이다.

유전적 연구와 역사적 기록에서 수렵채집인들은 가능하면 농업을 채택하는 것에 저항했음을 우리는 안다. 근동의 농부들은 약 7000년 전 즈음에 유럽 전역으로 퍼졌지만, 북쪽의 수렵-채집인들은 약 15세기 동안 그들의 전진을 늦추었다.

우리는 문자 도래 이전에 고대 세계 전체에 걸쳐 중앙집권화 된 재분배 시스템에 대한 증거를 본다. 아마도 이것들은 기근에 대비하여 중앙 창고에 잉여를 자발적으로 헌납한 것일 개연성이 크다. 이 창고들의 구조는 종교적 관념과 밀접하게 엮어 있고, 사제-왕의 후견 아래서 제사 장소로서도 기능했을 것이다. 그 종교는 지구에 대한 지배와 통제라는 새 관념을 그렸을 것이다. 대규모 경작은 의심할 바 없이 그런 믿음을 조장했을 것이다. 재분배는 고대 기념비와 구조들이 생긴 이유를 이해하는 열쇠다. "대인"은 공동체 사업을 위해서 노동을 조직하는 능력을 가졌다. 그러한 사업들에는 대형 카누, 건물, 무덤, 그리고 기념비 같은 수백 명의 노동자를 요하는 사업들이 있었다. 체로키족[Cherokee, 一族]의 원형 목재 축제 센터 평의회 주택과 영국의 신석기 시대 원형 제례 장소인 "스톤헨지"는 놀랄 정도로 흡사하다. 그 모든 건축물들은 재분배 연회, 공동체 의식 그리고 사망한 "대인" 영웅 족장의 관대함과 기량에 대한 기념을 장소로서 위한 전-국가 재분배 시스템이 순조롭게 기능하는데 역할을 하였다.

이 신전들은 국가의 형성에 핵심적인 역할을 수행하였다. 한 때 복잡한 문명이 기념비적 석조 건축물들보다 먼저 발생했다고 생각되었지만, 그것은 사실이 아니다. 기념비적 석조 의식 센터는 상당한 양의 식량을 수집과 경작만이 아니라 사냥에서도 얻은 복잡한 마을 문화에 의해서 창조되었다.

메소포타미아 신전들은 중앙집권화 된 분배 센터들이었고, 대지의 풍요를 지탱하는 신들을 숭배하는 성직자 계급의 후견 하에서 대출을 하고 돈을 분배한 세계 최초의 기관이었다. 우리가 오늘날 알고 있는 경제/화폐 시스템이 발달한 곳은 바로 이 신전들 내에서였다.

왕 같은 엘리트들이 더 많은 힘을 얻고 그 주변에 옷에서 보석에서 술잔에서 그림에서 조각들까지 모든 것들을 만드는 전문가들과 장인들 그리고 화가들과 음악가들 및 가신들을 거느렸다. 그들은 이 모든 전문가들을 수용할 도시를 지었을 것이다. 이것이 도시들의 탄생이었고 다라서 문명도 탄생되었다. 제인 제이콥스(Jane Jacobs)는 도시가 사회적 복잡성과 기술 확대, 무역을 구동했지 그 역은 아니라고 주장하였다.:

제인 제이콥스는 오래 전에 도시들은 문명과 경제발전의 요람이고 밀도와 인간 상호작용이 경제적 진보에의 관건이라고 주장했다. Science 지에 발표된 주요한 새 연구에 따르면, 인구밀도는 현대적 인간 행동의 등장에의 핵심 인자이다.

인간 두뇌의 확대가 아니라 인구 밀도 증가가 현대 인간 행동의 등장에 촉매 역할을 하였다. 높은 인구밀도는 아이디어들과 스킬들의 더 많은 교환으로 이끌고 새 혁신이 소실되는 것을 방지한다. 세계의 상이한 지역들에서 상이한 시기에 현대 인간 행동이 나타나도록 이끈 것은 유용한 기술의 더 높은 개연성과 더불어 바로 이런 스킬의 유지이다.

세대에 걸쳐 학습된 복잡한 스킬은 사람들 사이에서의 상호작용이 임계 수준에 있을 때에만 유지될 수 있다. 사회 학습에 대한 컴퓨터 시뮬레이션 모델을 써서 그들은 높은 숙련과 낮은 숙련의 사람들이 오래 동안 공존할 수 있고 그들이 유지하는 숙련의 정도는 지역 인구 밀도나 그들 사이의 이주의 정도에 의존함을 보였다.[22]

주위의 숲들은 벌목되고 정지되어서 늘어나는 인구를 위한 더 많은 농지를 제공할 것이다. 그리고 관개사업은 이 한계 토지들에 물을 공급할 것이다. 그 숲에서 나온 목재들은 점토 벽돌, 도기 및 제련[製鍊]을 위한 연료를 초기 산업들에 제공하기 위해서 가마 속에서 태워질 뿐만 아니라 주택, 선박, 전쟁 무기들의 건설을 위해 쓰였을 것이다. 농지들이 확장되고 숲들이 물러나면서 숲의 자연적 선물은 왕과 파라오의 통제 하에 있는 농지와 목초지의 인위적인 선물로 대체되었을 것이다. 사람들은 더 이상 식량이나 연룔르 얻기 위해서 숲으로 갈 수 없었을 것이다, 남아 있는 숲들은 왕의 “개인 재산”으로 되어서 그는 거기서 혼자만 사냥을 할 수 있었을 것이다.

더 많은 식량=더 많은 인구=더 많은 식량 필요성이라는 사이클이 시작되었을 것이다. 원초적 국가는 확장되고 이웃 문화들도 이 팽창주의적 호전적인 이웃에 복속되든지 아니면 적응했어야 되었을 것이다. 그 역학은 본질적으로 “부족들의 우화”에서 제시된 역학이다.

유한한 세계에서, 팽창을 통해서 심각한 부족에서 벗어나려는 사회들은 필연적으로 서로 대치하게 될 것이다. 그러므로 문명 사회들은 서로라는 형태로 새로운 외적 한계에 부딪히게 될 것이다. 인류는 “과도한 번식 능력”을 갖고 있기 때문에 인구는 늘어나서 각 문명 사회는 불쾌한 선택에 직면한다. 만일 팽창하는 사회가 의도적으로 이웃 사회를 침범하는 것을 중단한다면, 인구는 죽어야 하고, 만일 그 한계를 넘으면 그것은 침략을 해야 한다. 그러한 상황에서, 사회들 사이에서 홉즈적인 권력 투쟁이 불가피하고, 각 단위의 입장에서 자유는 그 단위들의 시스템에서 보면 무정부상태가 된다."[23]

그 최종 결과는 전 세계에 똑같았다.−엄청난 인구, 가난하고 비참하고 농업에 종사하는 때때로 기근으로 사멸하고 이웃에 대해 끊임없이 조직적 전쟁을 벌이고 권력에 굶주린 사회병적이고 권세욕이 기득한 지위를 놓고 다투는 필사적인 엘리트들.

잔치와 권세욕자

고고학자 브라이언 헤이든 (Brian Hayden)에 따르면 "원시 자본가"라고 부를 수 있는 권세욕이 아주 강한 자가 정치권력을 얻기 위한 전략의 일환으로서 잉여생산을 끊임없이 독려했다.

석기시대에서 주기적인 축제는 사회적 결합을 증대시키고 다양한 기후 생물군에서의 고르지 않은 생산에 대처하는 하나의 생존방편이었다. 그것은 광범위한 지리적 영역 (산, 평원, 습지, 강가 등)으로 퍼져 나가는 사람들에게 있어서 중요한 생존 전략이었다. 한 지역에서 식량이 부족하다면 다른 곳들에서 자원이 모아질 수 있다. 그것은 또한 대량 노동을 조직하는 주요 방법이었으며, 역사적인 시기까지 잘 지속되었다. (이집트와 메소포타미아의 텍스트는 기념일 축제를 증언한다.)

이 축제들에서, 어떤 사람들은 잉여 식량과 다른 위신재들을 다른 사람들한테 빌려주어서 그들이 자기네한테 빚을 지게 만든다. "선물"은 상환해야하고 더 많이 (이자로) 상환해야 하는 것이 문화적 규범이었다. 이 권세욕자들(aggrandizers)은 가능한 원예 및 수렵채집 사회에서 큰 잉여를 만들기 위해 친척과 동맹자들을 죽도록 일을 시켰을 것이다. 이것은 축제를 위해 사용될 것이었다. 그들은 "공식적인" 지위가 없는 "대인" 부족 지도자가 될 것이었다.

그러면 그 대인들은 라이벌보다 더 크고 더 풍성한 축제를 열어 서로를 시험하고 능가하려 했을 것이다. 경쟁적인 축제 개최로 권세욕자들은 서로를 시험하고 능가하려고 했을 것이다. 그러나 그러한 권력게임으로 사회 전체적으로는 식량 생산이 지속 불가능한 수준으로 끌어 올려지고 갈수록 강도가 더 세어졌을 것이다.

이 축제에, 아주 선호되는 식량은 사람들을 빚을 지게 하거나 다른 일방적인 의무를 지게끔 유혹하기 위해서뿐만 아니라 사람들이 그들을 위해 일하게 만드는데 이용 되었을 것이다. 잔치 때에 가장 흔히 사용되는 음식은 달콤하거나 알딸딸하게 만드는 효과가 있는 음식이었을 것이다. 알코올은 아마도 거의 공통적으로 이용된 그런 음식 중의 하나였음이 확실하다.

헤이든은 곡물이 처음에는 맛이나 탄수화물 영양을 얻으려고 한 것이 아니라 발효를 위해 재배되었다고 추측한다. 축제를 열 때 술 소비가 중요한 역할을 했음이 거의 확실하다. 초기 문명은 모두 맥주를 많이 마시는 사람들이었다(이집트, 메소포타미아, 중국, 메소 아메리카). 패트릭 맥거번 (Patrick E. McGovern)이 문서화 한 바에 따르면 전 세계의 대부분의 농촌 사회는 맥주를 마시거나 발효시키는 의식을 가지고 있다. 기록된 최초의 "요리법"은 맥주 양조를 위한 것이었다. 헤이든은 괴벨클리테

페와 스톤 헨지와 같은 초기의 거석은 그러한 축제 행사를 위한 장소로서 지어졌으며 특정 종교 이데올로기(모두 천문 방향성을 가짐)에 결부되어 있다고 추측한다. 우리가 알고 있는 초기의 가축 / 농경지가 일반적으로 이러한 거석 부근에 있다는 것은 주목할 만한 사실이다.

예를 들어, 중국 웨이허 강둑에서 2016년에 스탠포드 대학의 고고학자들은 5000년이나 된 맥주 양조장을 발굴했다. 그것은 가장 오래된 맥주 양조장일 뿐만 아니라 중국에서 보리가 사용되었다는 가장 이른 시기의 증거다. 그들은 완전한 양조 장비 세트를 발굴했는데 그 속에는 맥주 찌꺼기가 남아 있었다.

5000년 된 맥주 제조 깔대기가 웨이허 강[위하渭河-] 둑에서 발굴되었다.(Image credits: Jiajing Wang/PNAS)

그 유적지에서 항아리, 깔대기 그리고 특별하게 설계된 주전자가 발굴되었다. 그것들은 맥주 양조, 거르기 및 저장에 쓰였을 것이다. 거기의 액체를 분석한 결과 그것은 수천 년 전에 마시다 남은 술이었다. 맥주 양조장에는 수수, 기장, 보리, 염주 [念珠] 그리고 구근들이 들어 있었다.

이것은 중국에서 발견된 것 중에서 가장 오래된 양조 "공장"이다. 아 초기 양조자들은 이미 맥주 제조용으로 설계된 도구들을 쓰고 있었다. 보리가 중국에서 식량으로 사용되기 훨씬 전에, 그것은 주류에 쓰이고 있었다. 맥주는 고대의 일상생활에서 매우 중요했고 작물들은 맥주 수요에 부응하기 위해서 심어졌다.[24]

헤반트에 살던 신석기 사람들은 나투프문화 [Natufian culture, 一文化]에서 발전했는데 그 문화는 야생 곡식 사용의 개척자들이었다. 야생 곡물 재배를 한 이유는 먹기 위해서라는 답이 아주 명백해 보인다. 그렇지만 고고학적 증거들을 보면 신석기 전까지는 보리나 쌀 같은 곡물들은 식사에 있어 단지 미미한 성분이었음을 시사한다. 아마도 그것들을 식용으로 만드는데 너무 많은 노동이 필요했기 때문일 것이다-모아야 되고, 걸러야 되며 갈아야 되는데 이것들은 모두 엄청나게 시간을 잡아먹는다. 그럼에도 불구하고 시리아 유적지들을 보면 사람들은 곡물을 얻기 위해 아주 먼 길을-최대 60~100킬로미터를 갔음을 시사한다. 헤이든은 준비하기 어렵거나 비싼 식량을 손님들에게 제공하는 잔치(축제)에서 많은 노동을 요하기 때문에 곡물들을 매력적이 되게 했을 것이라고 주장한다. 그리고 맥주는 곡물을 얻으려는 핵심적인 이유였을 것이다. 잔치는 빚을 창조하고 패거리를 창조하며 사람들 사이의 유대감을 창조하고 정치적 권력을 창조하고 네트워크를 창조하는데 본질적이다. 그리고 이 모든 것은 더 복잡한 종류의 사회 발전에 필수적이었을 것으로 헤이든은 본다.

"전 세계에 걸쳐 전통사회들에서 보편적으로 등장하는 3가지 성분이 있다. 하나는 고기이고, 다른 하나는 빵이나 포트리지 같은 형태의 곡물이고 세 번째는 맥주이다. 시간과 노력만이 아니라 잉여 곡물이 있어야

하기 때문에 전통적 사회들에서 그것은 손님들에게 인상을 남기고 행복하게 만들려 주인장에게 호의적인 태도를 갖게 하려고 특별한 경우들에만 생산되었다."[25]

헤이든이 보기에, 과욕적인 인격들이 어느 정도 모든 인간 집단 심지어 일반화된 평등주의적 수렵채집인들 사이에서도 나타난다. 다윈의 자연선택이론에 의하면 자기이익을 좇는 그러한 개인들은 모든 유전자 풀 안에 나타라 수밖에 없다. 권세욕자들 그리고 사회정치적 통제를 얻으려는 그들의 전략은 평등주의적 사회에서 과도적 평등(대인) 사회들로 이전하면서 발생했던 전면적 변화들을 이해하는데 있어서 아마도 단 하나의 가장 강력한 요인이었을 것이다.

"이전의 수렵/채집인들과는 대조적으로 축적적인 인격을 가진 고도로 경쟁적인 개인들이 새로운 자원이 풍부한 공동체들에서 출현했고 그들은 그들의 힘을 개발하고 확대하고 그리고 공고히 하는 수단으로서 경쟁적인 잔치(축제)를 이용하였다. 최초의 가축(곡식)이 일반적으로 나타나고 쉽게 전파된 것은 바로 이런 '축적자들' 및 잔치 콤플렉스라는 맥락 속에서이다. 이 관점은 가축(곡식)화가 심각한 자원 스트레스를 경험하는 주변적인 수렵/채집인들 사이에서 발생했다는 많은 모델들과 대조된다. 최초의 곡식(가축)은 그들의 라이벌들을 따돌리려는 축적자들이 사용한 사치품이었다는 관점은 개, 박(gourd), 칠리 그리고 아보카도 같은 최초의 가축(곡식)의 많은 것의 신비한 성격을 설명해준다."[26]

일단 공동체가 권세욕망자들의 꼼수를 받아들이면, 그 새 게임에 참여하기를 거부하는 자들은 힘을 잃게 되고 주변부로 밀려간다. 과거에 공유되는 한물 간 방식을 고수하는 가족들은 경멸당하고 중요한 사회 네트워크 및 소비 사건들에서 배제된다. 가능한 모든 수단을 써서 생산을 증대하라는 아주 강한 압력이 커진다. 권력은 잉여의 생산과 통제에 주로 기반하게 되고 그래서 더 많은 잉여를 창조하고 통제하는데 쓰이며, 그것은 더 많은 권력과 부를 창조한다. 그래서 위신 기술들, 길들이기, 관개, 테라스, 노예제, 유전적 조작 같은 잉여를 증대시키는 많은 수단들이 권세욕망자들의 지도하에 보증되고, 촉진되고 완벽하게 되었다.

다른 말로 표현하자면, 이 과잉생산의 이유로는 순수한 환경적 또는 기후적 요소만이 아니라 인간의 사회적 본능도 작용했다. Flannery와 Marcus는 신전을 건설하고 신들의 계시를 해석하는 세습신권의 설립은 항상 평등주의 사회에서 세습적 리더십을 가진 위계적 사회로의 전환의 표식임을 지적했다. 성서에서도 사울/다윗/솔로몬의 예에서처럼 왕과 성전은 거의 동시에 발생한다.

사회논리의 변화

플래너리와 마커스가 공저한 《불평등의 창조 인류는 왜 평등 사회에서 왕국, 노예제, 제국으로 나아갔는가》에서는 평등한 수렵채집사회가 불평등한 도시국가로 변한 이유는 사회논리가 사회 환경이 바뀌면서 그 논리를 이용하여 자기 잇속을 차리는 자들이 다시 사회 논릴르 자신들에게 유리하게 변모시켰기 때문이라고 한다.

수렵채집 조상들이 평등한 사회에서 계층화된 사회로 전이한 이유는 우리의 유전자나 인구 압력과 환경 스트레스 같은 상투적인 설명에 있지 않으며 모든 인간 집단이 소유한 독특한 사회적 논리에 놓여 있다고 플래너리는 주장한다. 살아있는 사회는 그 논리가 항상 변화한다. 선사 시대에서도 마찬가지다.

전통적인 수렵/채집인들은 그들이 살아가는 원칙을 준 초자연적인 영혼에 의해 창조되었다고 믿었다. 그 영들은 위계적 우주 계급의 우두머리들이었다. 그 다음 서열은 조상들로서 살아있는 자손을 대신하여 영의 세계에 개입했다.

수렵-채집자 논리에는 몇 가지 전형적인 원리가 있다.: 우리 안에는 보이지 않는 생명력이 있다. 어떤 정령, 장소 및 물건은 신성하다. 개인은 각자 장점이 다르다. 관대함은 미덕이다. 축적하거나 잉여를 창출하는 것은 이기적이다. 선물은 사회네트워크를 형성하며 항상 주고받아야 한다. 젊은이들은 장로들을 공경해야 한다. 한 영토에 늦게 도착한 사람들은 이미 거기에 있는 사람들을 공경해야 하다. 우리의 삶의 방식은 우리 이웃들의 삶의 방식보다 우월하다. 공유는 채집인들 사이에서 널리 퍼져 있는데, 왜냐하면 수렵채집인들은 그것을 격려하기 위해 계속적인 사회적 압력을 가하기 때문이다. 관용을 위한 유전자가 있었으면 그러한 압력은 불필요했을 것이고 나중 사람들은 불평등을 만드는 것이 어렵다는 것을 알았을 것이다.

약 10,000년 전 빙하기가 끝나갈 무렵-근동, 멕시코 및 페루에 사는 사람들이 식물과 가축을 길들이기 시작했다. 더 크고 정착 사회가 형성됨에 따라 불평등을 허용하기 위해 때로는 그들의 사회적 논리가 조정되었다. 상이한 논리에 기초한 두 개의 대조되는 형태의 사회가 농업 발생 후에 나타났다.

관대함의 개념을 유지하지만 잉여에 대한 금지를 어느 정도 완화하는 일부 사회에서는 권세욕이 많은 개인들은 보답하기에는 너무 큰 선물을 주어서 덜 성공적인 사람들에게 창피를 주어서 더 큰 위신을 얻을 수 있었다. 많은 뉴기니 사회는 “대인”, “소인”, “쓰레기 남자”로 나누어지게 되었다. 일부 아메리카 인디언 사회에서는 재능 있고 야심 있는 개인들은 제사직의 사다리를 오름으로써 명성을 높일 수 있는 “덕성의 위계”를 창안했다. 일부 푸에블로 지역 사회에서 존경받는 장로로 “완성”될 때까지 남성은 7~8개 제사직를 통해 신분상승 할 수 있다. 몇몇 평야 공동체에서, 여성들은 “거룩한”사람으로 간주되기 전까지 4~5개의 제사직을 통해 신분 상승할 수 있었다.

그러나 이러한 업적 기반 사회 그 어느 곳에서도 지도력이 세습적으로 될 수는 없었다. 사람은 자녀의 역할 모델이 될 수 있지만 직위나 명성은 상속될 수 없었다. 그러한 사회의 선사 시대 사례는 고고학자들에 의해 발견 될 수 있는데, 그 이유는 의식의 대부분이 조상을 달래는데 중점을 두었고 의식 남자숙소(사당) 등을 건설할 필요가 있었기 때문이다. 그런 건물은 10,000년 전에 근동 지역에 처음으로 나타난 것으로 보인다.

결국 일부 사회는 사회의 한 부분이 지도력을 독점하도록 허용하여 자녀가 권위를 상속받을 수 있도록 논리를 변경했다. 드문 경우, 예를 들어 브리티시컬럼비아의 아메리카 인디언들 사이에서, 이것이 사냥꾼 수집가들 사이에서도 일어났다. 선물을 보답 할 능력이 없다는 것은 그 사람이 덕성이 모자랄 뿐만 아니라 예종을 통해 갚아야만 하는 빚이 되었다. 브리티시컬럼비아의 고고학자들은 작고 경제적으로 취약한 가족이 더 크고 성공적인 가족에게, 아마도 부채 노예로 흡수된 것처럼 보이는 순간을 지적한다. 이러한 불평등을 성문화하기 위해 신흥엘리트들은 그들의 우월한 지위를 천상의 영령이 총애한 조상들 덕분으로 돌렸다. 그들은 사치재-태어날 때부터 자격이 주어진 귀족들의 재화-를 만들었고 호화로운 예식을 거행하여 상속인에게 유산으로 남겼다.

선사시대 기록에 따르면 세습 귀족사회는 페루에서 4000년 전, 멕시코에서는 3000년 전 근동 지역에서 7500년 전에 생겨났다. 어린이 묘지에 사치재가 들어있고, 제례용 남자숙소가 신전으로 대체된 것은 이런 변화를 반증한다. 신전은 평민의 베타 조상을 달래는 것보다 엘리트에게 권위를 주는 우두머리 정령들을 달래는 것이 더 중요해졌기 때문에 창조되었다.

하와이와 이집트에서는 논리가 변경되어 주로 근친상간의 금기가 족장 가족에게는 적용되지 않는다는 논리로 대체되었다. 족장들은 가장 순수한 혈통을 지키기 위해 자매와 결혼 할 수 있었다. 그러한 형제 결혼은 어떤 천상의 영들이 또한 그것을 실행했다고 주장함으로써 정당화되었다. 족장의 영토 확장과 경쟁자를 노예로의 전환시키는 전쟁이 발전했다. 한때 다른 사람들이 과시하는 것을 막기 위해 사용된 사회적 압력은 엘리트 출생에 대한 경의의 표시 행위로 대체되었다.

고대세계에서 인접한 족장사회 집단들이 수세기 동안 전쟁을 벌이는 경우가 왕왕 있는데, 각자는 경쟁자의 토지와 노동을 장악하려고 한다. 드문 경우이지만, 한 사회가 예기치 못한 이점을 얻었을 때 교착 상태가 깨져서 상대방 사회의 토지를 장악하여 훨씬 더 큰 영토의 복속 지역으로 바꿀 수 있었다. 이제 유사한 과정이 남서부의 이란, 메소포타미아, 이집트, 마야, 멕시코 고원 및 페루 해안의 첫 번째 왕국을 만들었을 것이다. 실제로, 한 번 시작되면 엘리트들 간의 영토 및 노동 포획 경쟁으로 여러 요새화된 왕국이 생길 수 있는 연쇄 반응이 나타났다. 사회논리의 변화로 인해 사회는 왕족, 귀족, 상층부, 토지가 없는 농노, 노예로 나뉘어졌다.

루소(Rousseau)에 따르면 인간들은 자연 상태에서는 평등했다. 15,000년 전의 사회 논리를 확고하게 견지해 있었다면, 오늘날에는 막대한 빈부격차도 특권의 세습도 없었을 것이다.

03

국가와 도시의 발생

곡물에 반하여

정치학자인 스콧(James C. Scott)은 국가가 성립하기 위해서는 3가지 조건 즉 곡물, 노예, 문자가 필요하다고 주장한다. 이 3가지 조건 중에 하나라도 빠지면 국가가 성립되기도 어렵고 설령 성립된다 하더라도 그 힘은 극히 약하고 오래 가지도 못할 것이라고 본다.[27]

곡물

스콧의 저서는 곡물 재배가 초기 국가의 등장에서 핵심 역할을 했다는 사실을 강조한다. 도시국가들은 메소포타미아에서는 밀과 보리, 중국에서는 기장, 메소아메리카에서는 옥수수에 의존했다. 강바닥에서 자라는 곡물은 평가하기 쉽고 과세하기 쉽다. 상이한 시기들에 익는 다른 식량들은 숨지기도 쉽고 한 마지기의 땅에 재배 될 수 있어서 알기가 어렵다. 반면에 곡물들은 저장 가능하고 나눌 수 있었다. 대부분의 초기 작물은 과세하기가 어려웠다. 감자와 구근들은 쉽게 지하에 숨길 수 있다. 렌즈 콩은 연중 생산되며 따서 바로 먹을 수 있기 때문에 잉여가 남기 어렵다. 그러나 곡류는 숙성시기가 정해져 세리가 쉽게 제 시간에 나타나기 쉽다. 그것들은 날 것으로 먹을 수 없다. 그리고 곡물이 너무 작기 때문에 한 알까지도 과세 할 수 있다. 스쿼시 또는 참마와 달리 곡물은 운반하기가 쉽다. 부패하는데 아주 오랜 시간이 걸린다. 이 모든 요인들이 곡식이 최초의 광범위한 통화형태가 한 몫 했다. 일렬로 밭에 심고 표준 단위로 저장하고 기록할 수 있는 식량은 표준화하기 쉽다. 그래서 곡물은 세금을 매기기가 아주 용이한 목표가 된다. 지하의 괴경이나 콩과는 달리 곡물은 키가 커지며 동시에 수확해야하기 때문에 관리는 연간 생산량을 쉽게 예측할 수 있다. 수확이 들쭉날쭉한 야생식량과 달리 곡물은 상대적으로 일관성 있는 잉여를 창출하기 때문에 지배계급은 다루기 쉬운 세금제도를 통해 농민이 생산한 것을 빼앗아갈 수 있다. 곡물 운송이 벌크 운송에 사용될 수 있는 강 근처에서 이루어지면 강력한 권력기반이 확립 될 수 있다. 그것은 메소포타미아와 고대 중국의 강과 운하 체계에서 일어난 일이다. 스콧의 또 다른 저서의 제목처럼 곡물은 "국가가 볼 수 있다." 이 점에서 첫 번째 도시는 세계 최초의 지배 계급이 세계 최초의 농민 노예의 피와 땀의 결실을 착취하는 시스템이라고 볼 수도 있다.

엘리트는 곡식 때문에 출현이 가능했다는 주장은 다른 저자들의 논문에서도 제기되었다. 카사바는 다년생 뿌리로서 수확한 후에 아주 쉽게 썩는다. 그래서 그것은 저장될 수 없고 따라서 훔치거나 징발하기가 어렵다. 그 결과, 이 잉여는 식량을 생산하지 않는 엘리트의 출현을 촉진할 수 없다. 그렇지만 인구 증가로 이끌 수 있다. 단지 잉여가 있다고 과세가 가능한 것이 아니라, 그 잉여를 쉽게 전유할 수 있는 곳에서만 위계질서가 나타날 수 있었고, 특히, 신석기 시대에 재정적 능력과 위계질서의 출현은 구근 같은 전유가 쉽지 않은 주곡과는 달리 전유가 가능한 곡물의 재배 때문이다. 수렵-채집 사회에서 복잡한 위계질서가 출현하지 않은 이유는 하루 벌고 하루 살았기 때문에 잠재적인 엘리트가 몰수하여 먹고 살 수 있게 할 수 있는 것이 거의 없었기 때문이다. 규모가 크면 수확도 증가했기 때문에, 그만큼 저장할 곡식의 양도 늘어났고 초기 농부들은 그들의 이 저장된 곡물을 방어하기 위해서 결집하고 협동해야 하였다. 그래서 식량저장과 보호의 필요 대문에 사람들은 마을에서 모여 살게 되었고 보호를 제공하는 엘리트들 생겨났다. 저장된 식량을 보호하는 자들이 농민들도 보호하는 기능을 겸임했다. 점차적으로 엘리트들은 저장된 식량의 배분권한을 하나둘씩 가져가면서 사회에서 엘리트와 평민의 두 계급이 생겨났을 것이다.[28]

기록

1969년 프랑스의 고고학자인 Denise Schmandt Besserat는 20 년이 넘는 시간을 투자하여 완성될 연구 프로젝트를 시작했다. 25 년 동안 그녀는 근동, 유럽 및 북미의 박물관을 방문하여 수천 가지 유물을 조사했다. 작은 상(像) [Figurine], 도기 및 진흙 벽돌 중에서 원추형, 구형, 난형 및 원통형 모양의 점토 토큰들을 발견했다. 그것들의 목적이 무엇인지 수세기 동안 고고학자와 인류학자들은 짐작할 수가 없었다.

Shemandt-Besserat는 토큰을 하나로 묶어서 고대 회계 시스템의 유적을 가지고 있다는 것을 깨닫기 시작했다. 최초의 토큰은 메소포타미아(현재의 이라크)에 정착 농촌 공동체가 처음 등장하고 사람들이 농산물과 그것들의 교환을 기록하기 시작한 기원전 약 7000년으로 거슬러 올라간다. Schmandt-Besserat은 각각의 모양이 다른 물체와 수를 나타냈다는 것을 발견했다. 원뿔은 작은 곡식 단위를, 구체는 큰 곡식 단위를, 실린더는 동물을 나타내었다. 이 간단한 토큰 회계 방법은 전적으로 의사소통만을 위해 만들어진 첫 번째 기호 시스템이었다. 그것은 우리의 최초 비주얼 코드였으며 메모리를 저장하기 위해 발명된 최초의 기술이었다.

이 토큰들의 특징은 그것이 셈해지는 대상과 셈이 분리되지 않았다는 것이다. 그 자체로서 수가 되는 1, 2, 3 같은 수는 없었다. 수는 언제나 그 대상과 같이 세어졌다. 예를 들어 계란형은 “오일 1단지”를 나타냈다. 기름 2단지를 표현할 때 현대에서는 “기름”과 “2” 그리고 “단지”가 전혀 다른 개념들이지만 평이한 토큰에서는 그런 분리가 전혀 일어나지 않는다. 셈은 추상적이 아니라 구체적이었다. 셈해지는 대상과 구분되지 않았다. 작은 원추형 토큰은 소량의 곡식단위를 나타냈다. 구들은 그 다음으로 큰 곡식 단위를 나타냈다.

약 3500~3100 BC에 도시가 등장하자 갑자기 토큰이 변경되고 복잡한 셈 시스템이 나타났다. 이 토큰들은 복잡한 토큰이라고 불린다. 이제 빵, 꿀, 섬유 및 금속을 포함하여 다양한 상품을 기록 할 수 있는 300개의 토큰 모양이 있다. 원추들과 구들은 가장 흔한 수메르 곡식 척도인 반(*ban*)과 바리가(*bariga*)를 가리킨다(현대의 리터와 부셸에 해당). 큰 원추와 큰 구, 그리고 평평한 디스크들은 더 큰 곡물 용량 단위를 가리켰다. 더구나 실린더와 렌즈모양의 디스크는 동물을 세는 단위로 사용되었는데 실린더는 한 마리, 렌즈 디스크는 아마도 10마리의 동물을 나타낸 것 같다. 시간이 가면서 평이한 토큰은 숫자를 나타내게 되고 복잡한 토큰은 그 대상의 이름을 나타내게 되었다. 봉투는 점토판으로 바뀌었고 점토판 위에 각인된 “쐐기”는 더 이상 곡식 1단위가 아니라 추상적인 숫자 "1"이 되었다.

복잡한 토큰의 출현 시기는 고대 중동에서 도시 및 수메르 신전 제도가 등장한 것에 의해 특징지어지는 시기이다. 복잡한 토큰들은 수메르의 우루크에서 최초로 발생했다. 그것들은 그 신전의 수준 4, 기원전 3350년경에 속한다. 그 시기는 다색의 점토 원추형 모자이크로 치장된 건물들이 도입된 시기이다. 3350~3100BC 수메르의 신전들이 실시한 경제는 공동체에 의해서 생산된 상당한 양의 잉여의 집결, 관리 및 재분배에 기초하고 있었다. 토큰 모양들과 개수가 크게 증가했다는 것은 그 당시 세금의 부과로 그것을 강요할 관청과 행정, 도량형과 기록을 위한 정확한 장치, 대규모 저장 시설들 그리고 불복종에 대한 처벌 시스템이 요구되었을 것이다. 그 결과 실린더 도장, 빗각 테두리 사발, 복잡한 토큰들, 기념비적 건축물, 도장들에 새겨진 고문 장면들이 나타났다. 복잡한 토큰들은 국가 형성에 결정적으로 중요한 세금 징수에 중요한 기능을 담당하고 있었을 것이다.[29]

스콧에 따르면, 수치 기록 관리의 체계적인 기술 없이는 초기 국가를 생각하는 것이 사실상 불가능하다. 문화와 오락, 소통과 집단 기억에 사용하는 글쓰기와 관련된 모든 좋은 것들은 어느 정도 뒤에 가서야 발생했다. 메소포타미아에서 발명된 지 5세기 동안, 쓰기는 독점적으로 부기를 위해 사용되었다. 초기 점토판은 오직 목록들로 구성되며 그 주제는 보리(배급 및 세금) 전쟁 포로, 남성 및 여성 노예다 사회, 인력 및 생산물을 통치자와 성전 사제들에게 알기 쉽게 만들고 그로부터 곡물과 노동력을 추출하려는 수단으로서 표기법(쓰기)가 나타났다. 이러한 것들이 예상과 포부인지 아니면 실제로 수확된 것에 대한 기록인지는 불분명하다. 중국에서 가장 오래된 글은 기원전 1600~1050년의 점을 치는 뼈에서 발견되었지만 BCE 476~221년 춘추전국시대 동안 기록 보관이 채택되었다. 진은 자신의 제국 전체에 표준화된 측정 방법을 강요하고 모든 지역 관습을 철저히 폐기하려는 강박적으로 시행했다.

노예

곡물과 기록 다음으로 도시 국가를 형성하는 데 필요한 세 번째 요소는 사람들이었다. 인구가 가장 많은 국가는 일반적으로 그 지역에서 가장 부유했고 전쟁에서 이길 개연성이 매우 높았다. 인접국가들 간의 전쟁은 영토 획득보다는 포로를 잡는 것이 더 큰 목적이었고 전쟁은 늘 있었다. 그 목적은 비숙련 노동을 위한 노예를 획득하는 것뿐만 아니라 조선, 직조 및 금속가공에 필수적인 전문 기술을 가진 사람들을 확보하는 것이기도 했다. 어떤 경우에는 전체 공동체가 국가의 중심지 가까이에 재배치되어 작물 생산이 통제되었다. 정주 농업 사회는 불쾌한 "등골이 휘는" 노동을 너무 많이 필요로 하는 경향이 있었기 때문에 사회를 계속 운영하는데 필요한 고되고 힘든 허드렛일을 시키기 위해 노예를 획득해야 할 강한 동기가 있었다. 고대 세계에서 노동이 강요당한 세 가지 주요 방법은 부역노동, 노비제도, 그리고 채무 노예다. 이것은 일단 우리가 이 등골이 휘는 일을 시키기 위해 "에너지 노예"를 얻었을 때에만 끝났다. 그러나 오늘날에도 우리는 이주 노동자와 함께 빈곤에 처한 임금 노예를 사용하여 우리에게 필요한 고된 일을 한다. 비-기계화된 농업노동은 많은 저 숙련, 비-자동화 직업을 위해서 한국에서도 많은 이주 노동자에 의존하고 있다. 독일에서도 사정은 똑같은 것으로 보인다.

"북반구의 부는 남반구에 대한 수탈에 기반한다." 뮌헨의 사회학자 슈테

판 레세니히가 표현한 것이다. 여기서 말하는 수탈은 일차적으로 인간과 환경에 대한 착취를 말하지만 도우미 사회와의 연관성을 도출할 수도 있다. 이 분야에서도 가난한 나라 사람들이 부유한 국가의 삶을 유지하기 위해 밑에서 떠받치고 있다. 선진국과 개발도상국의 임금 격차는 선진국 노동 인력의 수급을 보장한다."[30]

문학, 미술, 철학, 과학에 많은 시간을 투자하고자 하는 문화에서 문제는 누군가가 궂은일을 해야 한다는 것이다. 우리가 우러러보는 그리스 도시 중 일부는 아테네처럼 노예를 가졌다. 그들은 노예가 열등한 사람이라고 느끼지 않았다. 그들은 단지 전쟁에서 체포된 사람들이었다. 영어의 노예(slave)라는 단어는 슬라브slav라는 단어에서 나왔다. 사실은 노예가 국가 만들기의 중심에 있었다. 국가 간의 전쟁은 일종의 전리품 자본주의가 되었고, 여기서 주요한 전리품은 노예의 거래였다. 노예무역은 비-국가 '부족 지대'를 완전히 변형시켰다. 일부 집단은 노예 습격을 전문으로 하게 되여 더 약하고 고립된 그룹에 대한 원정을 한 뒤에 이를 중개인이나 노예 시장에 팔았다. 라오스, 태국, 말레이시아, 버마에 있는 고지대의 노인들은 부모와 조부모의 노예 습격에 대한 기억을 회상 할 수 있다. 초기 식민지개척자들이 동남아시아와 아프리카의 일부에서 발견한 미로처럼 복잡한 길을 따라가야 하고 숨겨진 요새화된 언덕 마을은 대체로 노예무역에 대한 반응이었다.

성직자와 행정관, 공예가, 그리고 운하를 파고 벽을 세우는 노동자들을 먹여 살리는데 필요한 농업 잉여를 창출할 제도와 인프라를 갖추는 것이 성공의 관건이었다. 그러나 농민들을 강요하면, 농민들이 대량으로 도주할 위험이 언제나 있었다. 그런 면에서 도시국가 주변의 성벽의 주요 목적은 야만인들을 쫓아내려는 것이라기보다 성안 사람들을 계속해서 안에 잡아두려는 목적이었을 수도 있다. 만리장성은 야만인들의 침입을 막는 것보다 농민들이 변경으로 도망치는 것을 막기 위한 더 큰 목적으로 건설되었을지도 모른다.

스콧은 메소포타미아의 초기 도시국가들을 묘사하면서 그리스와 로마의 위대한 노예 사회의 역사적 기록에서 그보다 더 과거인 메소포타미아로 그 사실들을 투사한다. 노예들은 각지에서 왔고, 가족과 떨어져서 의기소침하게 되고 원자화되어 통제하기 더 쉬웠다. 오늘날의 이민자와 마찬가지로 노예들은 엘리트의 필요에 필수적인 일을 하지만 자유민이 피하는 작업에 사용되었다. 난민들과 같은 노예들은 점차 지역 주민들에게 통합되었고 그래서 그들이 폭동을 일으킬 가능성은 줄였다. 초기의 일부 국가에서는 인간 길들이기가 한 걸음 더 나아갔다. 우루크(Uruk)의 기록은 노동자와 국가가 통제하는 동물 무리를 묘사하는 데 동일한 연령과 성별을 사용한다. 여성 노예들은 육체노동과 번식을 위해 사용되었다.

도시국가는 허약했다. 기원전 약 기원전 2100년 경 고대 이집트왕국, 기원전 2000년 경 우르 제3왕조 기원전 1450년 경 미노스 궁전이 무너졌다. 붕괴의 결과로 중심지가 포기되고 사람들은 독립적인 정착지로의 뿔뿔이 흩어졌다. 안정을 흔드는 힘이 워낙 강했기 때문에 국가가 그나마 지속되었다는 것이 놀랄 정도다. 많은 국가들이 단명했다. 진나라는 불과 15년 동안 지속되었고, Ur의 제3왕조는 100년 미만이었다.

쟁기와 소 그리고 불평등과 위계

스콧이 거론하지 않았지만 국가의 성립에 필수적은 아니지만 불평등과 위계질서를 가속화하는 촉매제 중의 하나는 쟁기와 소일지도 모른다.

물론 소와 쟁기가 없어도 국가가 성립하기도 했지만 그런 국가들은 소와 쟁기가 있는 국가들과 부와 권력의 집중에서 큰 차가 났다.[31]

처음에는 밭을 갈 때 쟁기가 없었기 때문에 괭이질을 했는데 여자들이 주로 했던 것으로 보인다. 농업은 전형적으로 여신과 결부된 것으로 보인다. 아마도 처음에는 여자들이 농업을 시작했기 때문일지 모른다.

그리스, 시리아, 이집트를 포함하는 동부 지중해 연안 지역인 레반트에서 그 지역에 있는 도시 정착의 첫 번째 파동이 규모가 극적으로 떨어지는 즈음인 BC 6천 년 또는 대략 8~7,000년 전에 쟁기가 처음으로 기록되었다.

쟁기에는 두 가지 효과가 있다. 즉, 농민의 생산성을 높이고 남성의 손에 농사를 집중시킨다. 더 높은 생산성의 결과 (1) 더 많은 인구 (2) 사회적 분화 가능성 (3) 더 많은 추출 가능한 잉여가 생겨난다. 또한, 쟁기질은 남성의 작업이다. 더 센 악력과 상체 힘이 중요하기 때문에, 그리고 그보다 더 중요한 것은 쟁기질을 하면서 아이보기가 가능하지 않기 때문이다. 목축하면서 아이보기도 불가능하다. 이제 식량생산의 주도권은 배타적으로 남자들의 손으로 넘어갔다. 여자와 아이들은 먹고 살기 위해서는 아버지, 삼촌, 남편에게 복종해야 되었다. 그 결과 가부장제가 생겨났고 많은 고대 근동문화들에서 여자들은 이제 가속[家屬]의 지위로 강등되었다. 그 결과 주요 생산자산에 대해 남성이 독점하게 되고 점차로 공공 사회 공간도 남성들이 지배하는 방향으로 흘러간다.[32]

갑자기 가족 관계가 훨씬 더 위계적으로 변한다. 토지를 장자에게 물려줄 필요성 때문에 부성(父性)을 확보할 필요성이 생겼고 그래서 여자에게 순결을 강요했다는 이론이 있지만, 토지는 전형적으로 신전들과 친족들이 집단적으로 소유했고 남자의 지위가 상속되었기 때문에 토지가 아니라 지위를 물려줄 필요성에서 부성을 확인하고 여자의 순결성을 강요하게 되었을 것이다. 위계적 가족이 생기면 사회에서 위계구조도 쉽게 받아들여진다. 그래서 쟁기는 국가를 향한 터를 닦는다. 최초의 정착물결의 지주가 되었던 평등주의적 사회논리와 생산적 자산의 새 사회논리 간에 모순이 생기고 이는 기존사회의 안정을 뒤흔들어서 결국 최초의 집촌들은 버려졌을 것이다. 다시 대형 정착촌이 일어났을 때에는, 그것은 인구도 면적도 훨씬 더 커진 하나의 도시였다. 그것들은 물리적으로도 훨씬 더 위계적인 사회 질서를 반영했다. 차탈회위크 같은 정착촌에는 도로 같은 물리적인 공공 공간이 전혀 없었다.

"과학자들은 고대 사회 불평등의 근원을 밝히기 위해 깊은 과거의 부자의 부상을 추적했다. 그들의 결론은? 수천 년 전, 오늘 우리의 억만장자 기업가들과 동등한 농가를 길러 낸 것은 말과 소 같은 대형 농장 동물의 사용이었다.

네이처지에 실린 이 연구는 조상들 사이에서 얼마나 큰 부의 격차가 발생했는지 평가하는 첫 번째 시도다. 이들은 작물의 파종과 수확으로 인해 경미한 격차가 있었음에도 불구하고 농업이 토지 소유라는 개념을 처음으로 확립했을 때부터 시작되었다.

사회가 가진 자와 없는 자 사이의 심각한 분열이 나타나기 시작하여 결국에 오늘날 섬을 소유하고 제트기를 타는 억만장자에 대응하는 고대 부자를 만들어낸 것은 경작이 시작된 지 수천 년이 지난 후 소와 말의 가축화였다"[33]

쟁기가 있음으로 지금은 훨씬 더 넓은 밭을 경작할 수 있다. 그래서 밭 하나로 많은 사람을 먹여 살릴 수 있게 되었다. 또한 예전에 초기 농업은 메소포타미아의 충적토 평야에서 몇 년마다 다른 밭으로 옮겨가서 경작을 해야 되었지만, 이제 쟁기 덕분에 같은 밭에서 매년 경작을 해도 되었다. 그래서 토지는 자식들에게 세습되게 되었다. 게다가 쟁기로 더 많은 잉여가 생기자 더 많은 사람들이 비농업 분야에 종사할 수 있게 되었다. 그 결과 불평등은 한층 더 커졌다. 대부분의 고대 사회에서 다혼(多婚)은 문제가 되지 않았다. 환생을 믿는 사회에서, 부모가 누구인지는 중요하지 않았다. 아이들은 환생한 조상으로 생각되었다. 다혼에서 태어난 아이들은 모두 정당한 자식으로 인정되었다. 수메르의 논리는 달랐다. 남자들은 여자들에게 "씨를 심는" 것으로 생각되었다. 부계상속 체제 때문에 이 씨의 기원은 주요한 관심사였다. 결혼 전에 처녀성을 잃은 여자나 두 남편을 둔 여자는 의심의 대상이 되었다.

아메리카 대륙의 예를 보면 쟁기와 가축이 남녀평등과 국가 성립에 대해 갖는 함의가 더 뚜렷해진다.

아메리카 대륙은 괭이 기반 농업에서 국가를 창출했다. 불과 일부 지역에서 유라시아보다 훨씬 늦어서 마침내 아즈텍, 잉카 및 마야문명으로 이어진다. 아메리카는 또한 옥수수, 감자 및 다양한 야채를 통해 유난히 생산적인 괭이 기반 농업을 했다. 그들에게는 (1) 지속적인 갈등 (2) 한 사람이 (a) 다른 사람이 통제하지 않는 생산적인 자산, (b) 다른 사람들을 통제한다는 개념. (3) 필요한 잉여를 지원할 수 있는 충분한 접근 가능한 생산이 있었다. 그들은 쟁기가 없이 그렇게 했다. 또한 성역할 상대적으로 평등했던 것으로 보인다. 여성은 일반적으로 재산을 소유하고 이혼을 할 수 있으며, 흔히 농사에 중요한 역할을 하고, 천과 깃털 생산에 종사했다. 그들은 여사제, 현지 상인 및 때로는 통치자였다. 전사와 전쟁 지도자는 남성이었고 통치자는 주로 남성이었다. 따라서 국가 건설의 주요 측면은 남성이 지배했다.

목축 동물은 메소아메리카에서 사슴의 일부 가축화와 안데스 지역의 라마와 알파카의 가축화에 국한되었고 경운에 이용되지 못했다. 목축 동물이 없었기 때문에 사냥모드 전쟁이 번성했는데, 그 중심 목표는 노예와 희생물의 포획이었다. 특히 메소아메리카에서 가축 동물이 흔하지 않았기 때문에 더욱 더 많은 노예가 필요했을 것이고 단백질원도 필요했을 것이다. 그래서 노예전쟁&단백질 전쟁이 더 광범위하고 빈번했을 수도 있다. 맬 깁슨이 감독한 영화 《아포칼립토Apocalypto》에서도 흑요석 칼로 무장한 군인들이 수렵채집인들을 사냥하는 일화가 나온다. 노예로도 필요하고 희생 제물로도 필요했기 때문이었다. 일단 노예 제도가 허용되면 엘리트들은 생산적인 자산을 통제하고 다른 사람들을 통제할 수 있다. 따라서 쟁기나 목축민 없는 국가건설이 가능했다. 단지 더 오래 걸렸을 뿐이다. 생산성과 성 불평등이 부족하고, 쟁기가 생산하는 사회적 차별화가 적었거나 농부와 목축민 간의 갈등으로 인한 파급 효과가 부족했기 때문이었다.

일단 그러한 사회가 설립되면, 그것들은 확장해야 했다. 이것은 과도한 방목, 염분화, 침식, 삼림 벌채 및 급속한 인구 증가와 함께 농업으로 인한 기타 수많은 환경문제 덕분에 농업 자원 기반이 고갈되었기 때문이었다 홍수나 가뭄처럼 질병은 수확이나 가축 개체수를 파괴할 수 있다. 목재와 연료에 대한 끊임없는 수요와 염소에 의한 과도한 방목에 의한 삼림 벌채의 결과로 범람 빈도가 증가했다. 나무가 없으면 빗물이

토양에 침투하여 그 아래의 대수층에 도달하고, 풍경을 가로 질러 파괴적으로 흐른다. 삼림벌채와 함께 토양침식이 발생했으며, 과도한 관개로 염화 및 비옥도 감소가 왔다. 여기에 사람들을 농경지로부터 멀리 내좇는 계속되는 지속적인 전쟁이 추가된다. 그 전쟁 때문에 도시가 경제성장보다는 방어를 염두에 둔 곳에 위치하게 만든다. 또한 승계, 내전 및 폭동을 위한 내부 갈등이 있었다.[34]

스콧에 따르면, 새로운 농민들은 출생률이 높아지기 때문에 새로운 땅이 필요하다. 그러한 사회가 확장됨에 따라 이웃 국가들도 비슷한 조치를 취함으로써 싸우거나 굴복하여 동화되거나 도망가거나 하는 3가지 옵션만 있었다. 많은 사람들이 도망쳤다. 1600년대까지 그렇게 많은 세계 주민들이 국가통제 밖에 살았던 이유다.

신전에서 도시로

기원전 4000년 동안에, 메소포타미아의 농부들과 목부(牧夫)들은 인구가 조밀한 큰 정착지들에 몰려들기 시작했다. 우루크(Uruk)가 가장 장 알려져 있다. 그 이전 수천 년 동안 근동의 정착지는 커봐야 몇 헥타르가 되지 않았지만, 지금 우루크나 텔브라크(Tell Brak) 같은 곳들은 정착면적이 100 헥타르가 넘었다. 이런 인구 밀집과 더불어 기념비적 건축물, 전문가가 제조한 지위 상징 물품들, 기록 장치, 그리고 대량생산된 도기들이 나타났다. 이것들은 복잡하고 중앙집권화된 사회정치적 조직 즉 국가의 출현을 나타내는 것으로 보인다. 이 경험적 증거들에 근거하여 고고학자들은 우루크 시대를 정착된 도시의 시작으로 그리고 정치적 구조로서의 국가의 시작으로 해석해왔다.

이전과는 달리 이 정착지들이 커진 이유는 그 중간 시기에 사회적 변화가 있었기 때문일지 모른다. 근동사회들은 준평등적인 사회에서 훨씬 더 위계적인 사회들로 이행해갔다. 그래서 훨씬 더 상명하복적인 정치체제가 도입될 수 있었고 도시들이 가능하게 되었다. 그러한 시스템들은 수백 년에 걸친 정주농업과 목축 그리고 그에 따르는 주연의 결과로 출현했을지 모른다.

그러한 변화를 나타내는 고고학적 단서들이 다수 있다.:
위계적 문화로의 이전은 도기에서 가장 정확하게 반영되어 있다.

1. 전문기술자와 사유재산의 풀현: 이라의 바그다드 북쪽에 위피한 청동기사마라문화(기원전 5500년~기원전 4800년)는 사마라 도기에 의해 정의된다. 그 도기에는 그 도기를 만든 도공을 나타내는 특징적인 표시가 있다. 그러므로 전문적인 기술자들과 2)사유재산의 출현했다고 고고학자들은 추정한다.
2. 쟁기: 소를 길들이자 쟁기도 도입되었다.
3. 결혼: 결혼은 이웃 문화들 사이의 동맹
《불평등의 창조》에서, 결혼은 이웃 문화들 간의 동맹으로 제시되고 있다. 청동기시대에도 두 왕조 간의 결혼은 정치경제적 동맹 관계를 맺을 요량으로 행해졌고 오직 귀족 가문들만이 참여할 수 있었다. 그래서 레반트 전역에서 계급 분화가 더 공고해졌을 것이다.
4. 관개. 운하를 관리해야 될 필요성 때문에 노동을 통제하는 엘리트 관리계급이 생겨났을 것이다. 부역 노동은 충적토의 관개 농업의 도입과 함께 시작되었을 것이다. 조직된 집단 노동은 방대한 관개 네

트워크의 도입과 직접적으로 연관되어서 나타났을 것이다. 이 노동을 관리하기 위해서, 사제 계급은 점토 토큰과 시간 및 물질의 표준화를 이용했다. 이런 부기 작업에서 문자와 숫자가 발달했다.

5. 가문: 메소포타미아 사회는 호혜와 재분배의 마을에 기초한 공물경제에서 주로 가문(oikoi))에 기초한 사회로 전이한 것으로 보인다. 가문에는 "가부장"이 맨 위에 있는 뚜렷한 서열이 있다. 비슷하게 가문 구조에 기초한 사회는 가문의 "우두머리"가 지배자가 되는 서열을 갖는다. 게다가 가문들 사이에서도 서로에 대한 서열이 있다. 종교에서도 이것이 반영되어서 신들도 한 집에 살면서 최고 지배자 신이 통치하는 서열이 있는 사회로 묘사된다. 신전들도 가문에 기초하여 조직되었다.:

대부분의 노동은 다양한 가문에 매여 있었다. 대부분의 경우에 그것은 친족 관계에 따라 조직되었지만, 가구에는 종종 가죽세공인, 보석세공인, 대장장이, 목수 같은 공예 전문가인 무연관계 사람이 포함되었다. 이 공예 전문가들은 제1차적으로는 자신의 가구를 위해 물품을 생산했지만, 시간이 흐르면서 합의된 임금에 자신의 노동을 팔수도 있었던 것으로 보인다. 이 임금들은 신전에서 정한 계산단위로 지불되었다. 신전은 그러한 단위들을 무게로 표기하였기 때문에 이것은 공예 전문가들에게 지불하는 흔한 방법이 되었다. 그러나 "노동 시장"이 있었던 것은 아니다. 주화는 고전시대에 와서야 생겼고 대부분은 "봉급들"은 공공부문 즉 신전들이 지급했다. 그것도 종종 양모, 기름 또는 보리 같은 상품들로 지급되었다.

이 모든 변화들은 기원전 4000년 후에 티그리스-유프라테스 강 계곡에서 초기 수메르 도시들이 나타나는 길을 닦았다. 이 도시들은 언제나 신전 주위에 세워졌다. 사제들은 사회를 조직하고 매일 관리했다. 신전들은 장거리 무역에 종사했고 따라서 도시의 장거리 무역도 여기에서 나왔다.

신전들과 그들의 구역은 최초의 도시들의 중심지였다. 도시의 자급자족하는 가구로 기능하기 위해서 공동체와는 분리된 신전구역은 개인가구들보다 더 크고 더 전문화되고 더 위계적이었다. 거기에는 또한 그 가족이 돌볼 수 없는 맹인, 병약자, 전쟁 과부 및 고아 같은 많은 의탁하는 사람들이 있었다. 이 식솔들은 수공 공방이나 다른 공공직업(예를 들어 맹인 음악가)에서 일하였다.

가장 초기의 성읍들은 신성시 되어서 습격을 당하지 않은 것으로 보인다. 예를 들어 남부 메소포타미아 축성(築城)은 기원전 2800년전까지지는 나타나자 않았다. 도시-신전들을 중심으로 한 이 공공 터들은 공통의 합의된 규칙의 보호를 받으며 다양한 그룹의 사람들이 모여서 흥정을 하여 거래하게 허용하는 일종의 교량 역할을 하였다. 델피 신전이나 델로스 신전에서 다양한 그룹의 사람들이 섞여서 공격을 당할 두려움 없이 자유롭게 거래했던 것과 비슷하다. 모이는 장소로서 신전들은 무역을 후견하는 자연적인 향정기관이 되었다. 이런 교역에서 신전들은 도량형, 계약법을 제정하고 거래의 규제와 집행을 책임졌다.

이러한 중립적 교량 역할을 하기 위해서는 그런 사이트들은 그들의 공동체의 중심지에서 발달하지 않는 경향이 있었다. 그 장소들은 다양한 공동체들의 경계나 자연적 교차로에서 생겨났다. 예를 들어 티그리스강 유역의 고대 메소포타미아 도시인 아슈르[Assur]는 메소포타미아의 주요한 동서 무역로에 위치하여 아나톨리아와의 무역 중심지로 발전하며 주로 주석과 양모를 거래하였다. 다른 많은 중계무역항들도 바닷가

나 주요한 수송 강가에 위치했다. 차탈 후이크는 그 지역 무역 네트워크의 중심지였던 것으로 보인다.[35]

다양한 집단들을 접대했기 때문에 그런 성읍들은 그 땅에 대한 정치적 통제권을 행사하는 중심지들이 될 수가 없었을 것이다. 남부 메소포타미아의 초기 도시들은 회합 장소이자 제식 중심지라는 공공적 성격을 지녔을 것이다. 그래서 처음에는 신전 구역으로 시간이 가면서 나중에는 왕궁 구역으로 기능하여 점차 도시로 변모해 갔을 것이다. 고전시대에 도시들이 점점 더 세속화 되어가긴 했지만, 그들의 행정의 초점은 여전히 신성한 의식에 맞추어졌다. 성읍 설계자들은 주술사들로서 도시계획의 실용적 목적보다는 징조를 읽는데 더 관심이 많았다. 의료도 의식적이었고 의사들은 종종 샤먼의 성격을 띠었다.

중국 도시의 기원

도시 문명의 초기 발전

고대 중국에서는 다양한 문화적 신념, 사회 경제적 구조 및 기술 역량에 따라서 도시가 계획되었다. 중국 도시들도 처음에는 종교적 중심지였을 개연성이 매우 높은 것으로 보인다. 거룩한 장소인 박(bo)을 중심으로 도시가 발달하였다.

세계 곳곳에서와 마찬가지로 중국의 도시화과정은 정치적 국가에 권력을 중앙집권화하는 과정과 관련이 있다. 여러 문화가 경쟁 국가를 형성했지만 중국 국가의 직접 조상은 B.C. 2500~2000년의 신석기 롱산문화 [용산

龍山文化]였다. 도시를 건설하는 데 필요한 기술은 실제로 첫 번째 상나라 도시 이전에 신석기 시대에 존재했다. 기원전 2000년 경에는 35 에이커에 달하는 토루나 매몰된 흙으로 마을을 건설하고 있었다. 직선 형태, 대문의 위치 및 늦은 신석기 시대 마을의 공간의 질서정연한 분할은 초기 중국 도시의 구조의 원형이었다. 집의 기초는 대형의 공공건물을 쉽게 만들 수 있는 고전적인 중국식 빔 프레임 구조를 썼음을 시사한다.

중국의 초기 도시는 청동 기술, 최초의 정교한 문자 체계, 의식적인 종교적 중심지, 공공 도로, 기념비적인 공공건축, 대규모 전쟁, 세금 및 농민 등이 최초로 정교하게 발전된 시기와 때를 같이 했다 상나라 도시는 국가를 인격화하고 100,000 평방 마일이 넘는 왕국을 통치하고 몇몇 더 작은 봉신 국가를 통제하는 정부가 요구하는 무수한 행정 기능을 제공하도록 설계되고 건설되었다.[36]

상나라에서는 왕에 의한 강력한 제정일치의 신권정치가 행해졌다. 정치적 권력을 장악한 왕은 자신만이 하늘과 소통할 수 있는 신비한 능력을 지녔다고 자처하면서 장엄한 제사 의식을 통해 이를 증명하고자 했다. 상나라 사람들은 하늘 신과 땅의 신, 그리고 조상신을 숭배했다. 특히 사망한 선왕이 천신의 뜻을 전달해 인간세계에 복이나 화를 내린다고 믿었기 때문에 선왕에 대한 장례와 조상에 대한 제사를 매우 성대하게 치렀다. 제사를 게을리 하지 않는 것은 왕의 가장 중요한 업무의 하나였다.

도시에 대한 고대 중국 한자는 상왕조 동안 “도성”, “왕성” 또는 “의식의 중심”을 의미하는 읍[邑]이다. 읍의 한자어는 울 아래 무릎을 꿇고 있는 남자를 나타낸다. 울은 도시의 성벽과 국가의 중심인 도성의 힘과 국가 종교의 도덕적 권위를 나타낸다. 무릎을 꿇은 사람은 모든 사람들이 도시의 창조에서 인격화된 국가의 현세적이고 종교적 권위에 복종하는 것을 나타낸다. 그리하여 최초의 도시에는 토루ㅣ토신 제단, 점치는 시설, 왕의 조상에 대한 토루와 성전, 그리고 관리와 물품 보관 건물들과 군영이 있었다.

읍[邑]자의 역사적 변천: 아마도 울은 사당 또는 신전을 나타내는 것 같다.

(https://en.m.wiktionary.org/wiki/%E9%82%91).

읍에 대한 표의문자에 상업적 중심지 또는 시장으로서의 도시의 개념이 빠져 있다 분명히 상당히 고의적인 생략으로 보인다. 전형적인 중국 도시에는 왕성의 즉각적인 필요를 충족시키기에 충분한 크기의 시장이 포함되어 있었지만 국가에 의해 엄격히 통제되었고 그것의 독립적인 상업적 잠재력은 억압되었다. 또한 약 1,400BC 상의 은허에서와 마찬가지로. 청동 작업, 뼈 가공 및 도자기 제조를 포함한 산업적 성격의 상업 활동이 도시의 성안에서 제외되었다. 상업 시장들이 도시의 필수적인 측면으로 여겨지기 시작한 것은 도시 문명의 보급 이후다. 도시는 처음에 사당 중심으로 발전하다가 메소포타미아에서처럼 나중에 시장이 생겨나고 커지면사 도시 안에 포함되었을 것이다.

도都의 고대 한자 (說文解字裏的篆體字)

(http://www.chineseetymology.org/CharacterEtymology.aspx?characterInput=%E9%83%BD)

도시는 국가의 신성하고 정치적인 본질로 보여졌기 때문에 국가의 행정 및 종교 기능을 수행하는 데 분명히 필요한 인물, 기관 및 활동만 수용하는데 사용된다. 따라서 상업기능은 본질적으로 도시의 개념에 내재되어 있지는 않지만 도시의 규모와 복잡성이 커지면서 경제문제를 해결하기 위해서 도시 바깥의 도시를 창조함으로써 시장이 도성의 구조 속으로 포함되었다. 고대 중국 수도의 지도를 보면, 우리는 당연히 왕지를 도시 안의 도시라고 생각하지만 이것은 잘못된 것이다. 국가의 신성하고 행정적인 핵심을 둘러싼 확장 도시는 도시 문명이 중국 전역에 퍼지면서 상거래를 수용하기 위해 진화한 것이다. 이 발전은 중심 도시인 읍 안의 국가의 세속적이고 신성한 구체화에서 흘러나와서 상업적 도시라는 더 큰 도시 환경을 만드는 기의 분포의 자연스러운 결과로 간주되었다.

상이 망하고 주나라가 들어섰을 때 주나라는 성주에 도시 건설을 시작했는데, 이 사업은 비록 이전 설계의 세기들에 근거하나 근본적으로 그것들을 통합했으며, 주왕조가 현재의 허난성 낙양 근처에 건설한 동도(東都) 성주[成周]는 진정으로 중국에서의 최초의 계획 도시였다. 성주는 명목상으로 공식 왕성이며 신성한 도시이나 서주왕조의 정치 수도는 절대 아니었다. 차라리, 성주의 더 작은 버젼으로 소위 망성이 가까이 1021 BCE까지 지어졌다. 성주와 더불어 주공은 도시계획의 고적적 표준을 확립했다. 대부분의 새 도시들이 그 계획을 따라 모델링되었다. 궁극적으로 그 형태는 주례로 성문화되었다.

《주례(周禮) · 고공기(考工記)》 '영국'–'영국' 조는 도성인 국(國)과 도성 주위의 야(野)를 통일적으로 계획한 제도이다–에 따르면, 1) "왕성 전체는 사방 9리이고, 각 면마다 3개의 성문을 개설한다(方九里, 旁三門)", 2) "왕성의 주요 도로는 9경 9위–경은 남북 도로, 위는 동서 도로–이고, 도로의 너비는 9궤-궤는 두 수레바퀴 사이의 너비-이다……길은 너비가 9궤이고, 성을 빙 두른 길의 너비는 7궤이며, 성밖 도로의 너비는 5궤이다(國中九經九緯, 經塗九軌……經塗九軌, 環塗七軌, 野塗五軌)", 3) "좌측은 종묘이고 우측은 사직이다, 앞은 조정이며, 뒤는 시장이다(左廟右社, 面朝後市)", 4) "문안에는 9실이 있어서 9빈이 거처한다, 문밖에는 9실이 있어 9경이 정무를 본다(內有九室, 九嬪居之. 外有九室, 九卿朝焉)"고 되어 있다.[37]

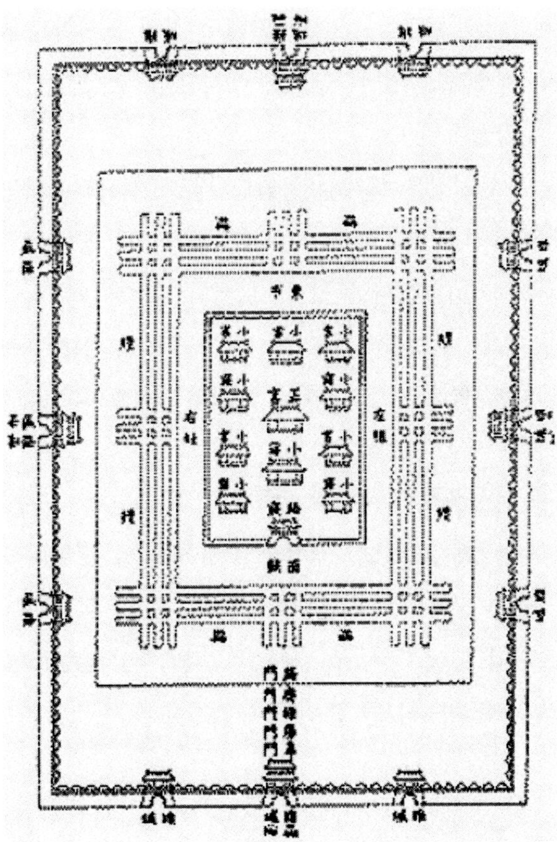

《주례》 〈고공기〉 의 왕성도, 동주 도읍인 망성(Wangcheng)의 이상화된 설계. 중국 도시설계의 우주론적 모델을 예시한다.[38]

중국이 철기시대가 성숙하면서 제국에 대한 주나라의 통제는 붕괴되어 다수의 국가들로 나누어졌지만, 그 나라들은 성주의 선례를 모범삼아 그들의 수도를 지었다. 동주왕조라 불리는 이들 기간은 중국사상 위대한 도시화의 시기다. 이 시기는 정치적으로 혼돈상태지만 도시화, 건축과 도시계획의 실험의 위대한 시대였다.

도시 성장과 나란히, 도시 사회가 성장했다. 독립된 상인, 장인, 학자 모두가 새 사회계급으로 이 때 출현했다. 황하계곡 유역의 이 성장 외에, 양자강 계곡이 주왕조를 문화적 모델로 하여 도시화를 시작했다. 진조(秦朝) 정복 전까지는 영남(嶺南)을 배제한 중국 전역에 걸쳐 부유한 도시들 간에 다양성이 컸다.

탑이 있는 도시 시장은 도시의 통합된 경제 기능을 표하는 이 시기의 새로운 특징이다. 전국시대의 건축은 높은 성벽, 큰 성문, 탑을 특징으로 한다. 탑의 권력과 사회질서의 상징으로서의 발전은 특히 이 시대를 규정한다. 이 탑은 흔히 정상부에서 밖으로 나와서 강인하고 위협적인 인상을 풍긴다. 탑은 언제나 그 새롭게 형성된 시장을 내려다본다.[39]

한 왕조에서의 도시계획의 개혁과 규범화

도시계획 및 정부 행정에 대한 성문화된 규칙을 잃은 한나라는 남아 있는 코드를 찾았고 그것들을 이용하여 도시계획 및 국가 관리를 관장하는 정교한 코드를 창조했다. 이 종합은 의고주의[擬古主義], 중심주의, 유기체주의 및 도덕주의의 원칙 위에 세워졌다.

의고주의는 조상 숭배와 고대 건축 양식, 공간 및 행정조직의 원리를 사용하고 이전 왕조들을 계승하여 천명을 받들고 한 제국을 합법화하려 했다. 따라서 도시의 구조는 고대 전통과 일치해야하며 왕도는 이전 왕조의 사당을 복원하여 그들의 축복과 천명을 얻으려고 하였다.

중심주의는 중국이 우주의 중앙 왕국이라고 주장했으며, 수도는 제국의 중심이었고 황제는 제국의 활동이 그 주위에서 돌아가는 생동하는 축이었다. 축성(祝聖)과 권력은 중앙장소 이론과 비슷한 모델에 따라 동심원적으로 구획화 된 계층 구조에서 제국의 도성으로부터 퍼져나갔다. 따라서 제국의 수도는 지방 현의 읍, 현 당 10개의 향 공동체, 향 당 10개의 촌의 위계구조를 통해 제국과 연결되었다.

유기체주의는 주역, 음양오행, 이상적인 세계에 관한 도교의 가르침, 상징적인 숫자의 이론에서 유교 전통의 맥락에 따라 정교하게 구성되었다 3, 9, 12가 특히 중요했다. 3은 우주의 구성 요소의 수다. 9는 3×3이고, 우(禹)임금이 중국의 9주를 세웠기 때문에 고대 중국 세계를 상징한다. 12는 9+3이고 한 해의 월수다. 사계절로 나누어지면, 공간이 4방향이듯 시간도 4계절이며, 12는 3을 낳으며 모든 근본적인 수의 근원으로 변한다. 따라서 중앙 정부는 승상(丞相) 태위(太尉) 어사대부(御史大夫) 3 인의 내각이 이끌었다. 그 다음 순위는 다른 필수적인 국가 기능을 담당하는 9 명의 행정장관이었다.

이 종합적인 한나라의 관점은 중국의 모든 후속 전통 도시 개발에 큰 영향을 미친 정교한 구조적 조직적 이상을 확립했다. 이상적인 수도는 완벽한 정방형으로, 각 변의 길이가 9리였고, 각 변은 중앙 자오선으로 양분되어서 지구와 중국에 대한 표의 문자를 형성하고 한나라가 정방형이라고 생각한 지구의 구조를 모방했다.

도성은 중심에 위치하여 행정 콤플렉스 및 외곽 도시로 둘러싸여 있으며, 그것은 우주의 3분을 반영하였고 중국 사회의 도덕적 3분, 황제, 학자-관리 및 평민을 상징했다.

외성은 주축을 따라 4개 구역으로 나뉘었다. 매 구역은 벽과 성문으로 둘러싸인 동으로 세분되었으며 각 동은 4지역 나뉘어져 있었다. 12개의 도시 성문이 있었는데, 각 벽에는 3개의 문이 있었고, 12개월을 대표했다. 주작대로(朱雀大路) 또는 남북대로는 도시의 기본 축이었다. 이것은 자오선의 축이 남쪽 벽을 양분하는 원리의 문과 함께 하늘의 북극에 대한 도시의 방향과 일치한다. 2차도로는 주요 도로 사이에 분포하여 북/남 및 동/서 9개의 그리드를 만든다. 궁궐, 행정 건물, 종묘, 사직, 거주 구역, 공원 및 기타 활동은 주례에서 제안된 바와 같이 구조적 우주론 내의 종교적, 정치적 기능에 따라 도시 내 특정 공간으로 지정된다.

중국의 경제조직과 도시문명의 성장

한대에 상업도시가 도시와 국가에서 필요한 제도로 받아들여지더라도 여전히 도교적인 공간적 대극의 해석에서 가장 중요하지 않은 외성의 북쪽으로 이관되었다.

또한, 그들은 엄격하게 국가 독점으로 규제되었다. 마찬가지로 무역과 철과 소금 사용과 관련된 중요한 상업 활동은 정부가 독점했다. 상인들은 인류사회의 구조에 필요한 변칙으로 용납되었고 제2류 시민으로 취급되었으며, 그들의 아들은 문관이 될 수 없었다.

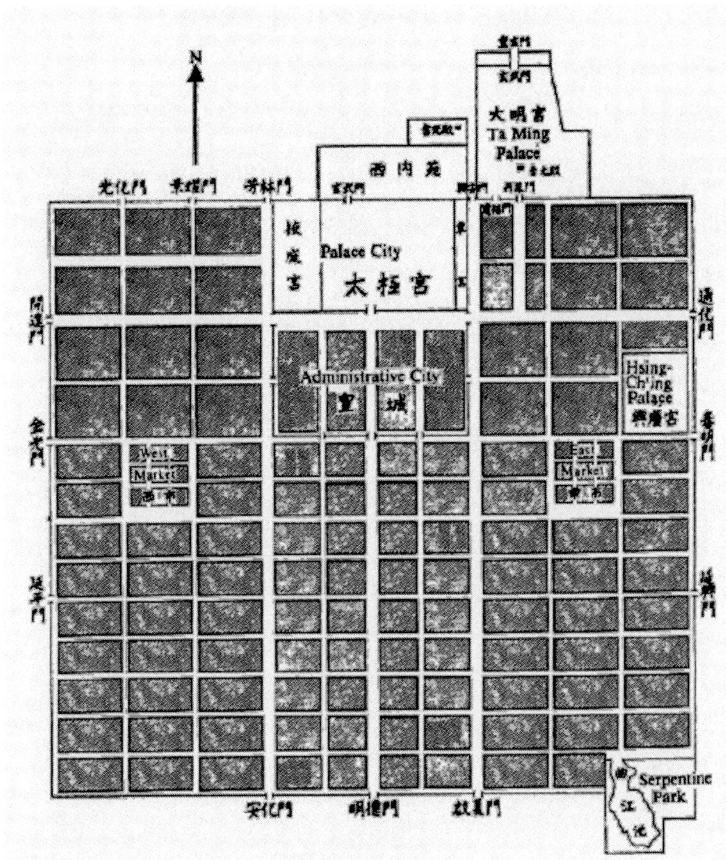

당나라 장안[40]

상업활동에 대한 엄격한 규제는 당나라시대 (618~907년 AD)에 100만 명이 넘는 장안에서 여전히 볼 수 있다. 여기에서는 궁전과 행정 도시가 도시의 북쪽 벽을 뒤로 하는 블록으로 옮겨졌다. 문, 거리 및 방 구조는 한 나라 때에 규정된 것보다 더 복잡하지만 여전히 직선 정렬을 사용하고 3, 9, 12, 36 및 108의 그룹으로 공간 단위를 유지하면서 적절한 수비학 공식을 통합한다. 종교적 기능을 갖춘 건물은 정확하게 배치되고 시장은 크고 편리하게 위치해 있지만 전통적으로 신성한 또는 정치적인 공간에 침입하는 것을 허용하지 않으며 정부가 여전히 엄격하게 통제하고 있다.

상업 활동의 발전을 완전히 통합하고 촉진시킨 최초의 제국의 수도는 양(梁 왕조 (502~57))과 북송 왕조의 중심이었던 개봉이었다. 955년경에 이 도시는 세계에서 가장 크고 복잡한 도시 중심지로 성장했다. 여기에서는 공공 및 민간 상업 사업 모두가 행정 도시와 외곽 도시에서 추구되었으며 제국도시와 북남도로에서만 제외되었다. 상업 도시가 중국에서 생겨남에 따라 도시 자체의 개념이 바뀌었다. 이것은 “시장”과 “벽”으로 둘러싸인 도시 상징을 결합한 현대 도시의 표의문자에 반영되었다. 이것은 벽으로 둘러싸인 도시와의 상업 활동뿐만 아니라 더 큰 도시의 상업적 세계와 읍의 표의 글자가 그려진 고대 성벽 도시의 제국의 세계와 동등함을 나타낸다.

04 도시의 충격

도시와 돈과 시장

아담스미스는 그의 국부론에서 노동 분업이 인류사에서 일어나자마자 사람들은 서로 간에 재화를 교환하기 시작했다고 처음으로 제안했다. 이것은 "욕구의 이중적 일치" 문제를 일으킨다. 즉 두 가지 재화를 가진 사람들이 서로가 원하는 것을 갖고 있지 않을 개연성이 매우 높다. 그래서 사람들은 일반적으로 요구되는 것으로 생각되는 품목들을 비축할 것이고 그래서 그렇게 일반적으로 요구되고 수요되는 상품이 그 이유 때문에 그것은 결국에 돈이 되었다. 그러므로 물물교환은 돈을 낳았고 돈은 종국에 신용이 되었다고 주장된다.

R.Wray의 말에 따르면:

"정통학설에 따르면, 물물교환은 자급자족을 대체했고, 분업화를 가능하게 하여 효율성을 증대시켰다. 그 다음에 모종의 물체를 교환수단으로 사용하면 물물교환이 일어날 때에 필요한 욕구의 일치 문제를 제거할 수 있게 되어서 효율성이 더 제고된다는 것이 알려졌다. 그래서 돈은 이전에는 물물교환에 의존했던 시장 메커니즘을 매끄럽게 하여 교환을 촉진하기 위해서 생겨났다. 돈은 거래비용을 최소화하기 위해서 창조되었다. 하나의 거래를 성사시키기 위해서 걸리는 시간 당 비용이 낮아지기 때문에 더욱이 "시장 물물교환"이 "고립된 물물교환"을 대체했다. 그러므로, 돈과 시장의 발달로 경제는 최저 거래 비용을 갖는 최적의 위치로 이동했다.[41]

그러나, 19세기에 인류학자들은 세계 곳곳으로 가서 돈이 사용되지 않는 경제들이 작동하는 방식을 직접적으로 관찰하면서 발견한 것은 경쟁적인 선물 교환에서 공동체 비축 등 처음에는 당혹스러울 정도로 다양한 교환방식들을 이용하고 있었다. 그렇지만, 그들은 그 어떤 곳에서도 공동체의 구성원들 간의 경제적 관계들이 경제학자들이 예측했던 형태: 즉 물물교환은 절대로 발견하지 못했다. 그 주제에 관한 결정적인 연구에서, 캠브리지 대학의 인류학 교수인 Caroline Humphrey는 다음과 같이 결론 내린다, "물물교환 경제로부터 돈의 출현은 말할 것도 없고 물물교환 경제의 그 어떠한 예도 발견되지 않았다; 모든 민족학은 그러한 것은 전혀 존재하지 않았음을 시사한다." 실제로 경제학의 물물교환의 문제점은 1)현장거래를 가정했다는 것이고 2) 인류학자들은 돈이 쓰이지 않는 곳에서 물물교환이 아니라 신용과 빚 관계로 거래를 한다는 것이다. 실제로 물물교환이 일어나는 경우는 1)서로 간에 다시는 절대로 만날 가능성이 없는 사람들 간의 우연한 물물교환 2) 때때로, 일상 거래에서 돈을 사용하는데 익숙하지만 갑자기 그렇게 하지 못하게 된 사람들이 생기는 경우 광범위한 물물교환 3) 화폐가 없는 경제들에서 낯선 자들 사이에서의 지속적인 거래 관계가 있다면, 그것은 각 측이 그들이 얻기를 원하는 특정 제품을 상대측이 갖고 있다는 것을 알고 있는 경우이다. 거의 모든 유럽어에서 "truck과 barter라는 단어들은 원래 '사취하다, 사기 치다 또는 바가지를 씌우다"라는 뜻이 있는데 이는 낯선 자들 사이에서만 물물교환이 발생함을 반증한다.[42]

그러면 돈과 시장은 언제 어디에서 생긴 것일까? 수메르와 유럽의 경우를 보면 돈과 시장은 신전, 도시국가에서 기원한 것으로 보인다. 최근에, 고대 메소포타미아의 역사가들은 회계의 일반 단위와 가치의 저장으로서의 돈의 역할은 사원과 왕궁에서 처음으로 도입되었다는 것을 발견하였다. 동전이 개발되기 수천 년 전에, 기원전 4000년에서 기원전 2000년 사이에 메소포타미아의 공공기관들(주로 신전과 왕궁)에서는 부기를 위해 은을 도량형으로 사용하였다. Eshnunna (c. 2000BC)의 법들은 1 gur의 보리와 1 shekel의 은을 등가로 정하였다. 함무라비 법도 비슷하다. 사원들과 왕궁들은 그들의 노동력들(전쟁고아들, 과부들 그리고 가속들)과 작업장들에 대한 배급과 원료들의 흐름의 가격을 책정할 표준이 필요하였고 회계 기록을 위해 그리고 사전 계획을 조정하기 위해 은을 계산 단위로 채택하였다. 이들 기관들의 외부 공동체 구성원들에 의한 은의 사용은 여기에서 파생된 것이고, 왕궁 관료들에게서 시작된 것 같다. 그 당시는 대부분의 생산이 자급자족 시대였다. 그런데 왕궁들과 사원들은 판매되는 주요 재화, 특화된 수제품, 금속 제련, 위신 직물, 원료 등에 대한 생산을 조직하고 장거리 무역을 매개함으로써, 신전 주변에 자연스럽게 시장 교환이 생겨날 밑바탕을 깔았다. 은이 돈으로 쓰인 이유는 아마도 그것이 사원에 바치는 것 중 가장 대표적인 것이었기 때문일 것이다.

이자를 매기는 관행도 사원 내에서 최초로 발달해온 것으로 보인다. 남부 메소포타미아에 의해 필요로 하는 원료를 얻어오기 위해서 신전은 상인들을 고용했는데 그 상인에게 내 준 직물들과 다른 제품들에 대한 빚을 표기하는데 돈이 사용되었다. 신전의 농토 소작인들에게 내어준 땅에 대해서 수확량을 소작료로 표기하는데도 돈이 사용되었다. 신전들과 일반 가구들은 자급자족 경제였다. 신전은 아직 가구들에게서 세금을 걷지 않았다. 대형 공공기관들은 빚 관행의 발달에 주요한 역할을 하였다. 이자율은 이윤에 대한 시장 계산에 의해서가 아니라, 월력에 기초한 무게와 측량의 60진법에서 계산의 용이성에 의해서 책정되었다. 핵심 도량형은 60으로 나눌 수 있었는데, 분명히 표준화된 30일-달에서 매일 노동력들에게 배급을 분배하기 위한 것이었다. 상업의 은 이자율은 이 시스템을 반영했는데, 매달 1/60(1 mina에 대해 1 shekel)이었다. 일 년에 12/60이다.[43]

유럽에서도 시장은 많은 경우 신전 주변에서 생겼다. 고대의 그리스 및 로마에서는 도시국가의 중심부에 있었던 광장인 아고라(agora)나 포룸(forum)이 시장으로서의 역할을 했는데, 이러 시장들은 원시적인 시장의 예에서 볼 수 있는 것처럼 제례(祭禮)와 관련이 있었다. 예를 들어 고대그리스의 종교·정치적 중심이었던 델포이의 제례에서는 3일째의 제일(祭日) 오전에 시장이 서서 노예·가축·의류·금은 제품 등이 매매되었다.

중세에 고대도시가 쇠퇴한 후에, 여러 부족국가의 봉건영주가 사는 성이나 교회 또는 수도원의 소재지가 종교적·군사적·행정적 중심으로서의 도시로 발전하게 되었다. 축제일에는 시장이 열렸는데, 이는 메르카투스(mercatus)로 불리었으며, 그 가운데에서 어떤 것은 국제적인 성격을 띤 연시(年市:Jahrmarkt)로, 다른 것은 대체로 지방적 교역 장소인 주시(週市:Wochenmarkt)로 발달하였다. 이처럼 중세 봉건시대 초기에 이르러서는 특정 시기, 특정 장소에서 축제일과 관련되어 열리는 정기 시장이 보급되었는데, 정기시를 뜻하는 영어의 페어(fair)나 독일어의 메세(Messe), 프랑스어의 페리(férie)는 제례의식이나 성찬식을 뜻하는 말에서 비롯되었다.[44]

정기시장들은 일종의 어음교환소 역할을 했다. 채권/채무 관계를 청산하는 역할과 상품 매매가 동시에 이루어졌다. 상인들은 자신들의 부신들을 갖고 가서 그들 상호간의 신용과 빚들을 해소했다. 유럽에서 가장 유명한 정기 시장은 프랑스의 샹파뉴와 브리였다. 정기시장들은 panegyris(축제)라는 이름으로 고대 그리스에서도 열렸고, 로마에서는 눈디내(nundinae, 九日場)라고 불렸다. 유럽의 정기시장들은 교회들 앞에서 열렸고, 성자들의 이름을 따라서 불렸다. 그 성자 축제가 열릴 때이거나 즈음에 정기시장도 같이 열렸다. 암스테르담에서는 부스는 교회 정면에서 열렸다. 종교 축제와 빚의 해소가 모든 정기시장들의 기원이었고, 거기에서 이루어진 교역은 나중에야 발달한 것이었다. 종교와 빚 갚기의 연관성은 신용이 아주 고대부터 있어왔다는 추가적인 증거이다.[45]

길가메시 서사시 - 도시의 빛과 그림자

세계에서 가장 오래된 바빌로니아의 서사시인 《길가메시 서사시》[Gilgamesh Epoth, 一敍事詩(기원전 2100년)는 도시(문명)과 자연에 관한 이야기로도 볼 수 있다. 《길가메시 서사시》는 우루크의 왕이었던 길가메시의 모험 여정으로서 12편으로 구성되어 있다.

길가메시의 부조상

제1편은 초인적인 힘을 지닌 통치자 길가메시가 그의 백성을 압제하고 있고 그 백성들은 신들에게 도움을 큰 소리로 청하고 있다. 그는 "주군의 권리"로서 도성 안의 신부와의 초야권을 행사하고 게임, 힘의 테스트, 또는 아마도 건설 프로젝트에 대한 강제 노동을 통해서 청년들을 괴롭힘으로써 백성들의 원성을 사는 내용으로 시작된다. 백성들은 신에게 길가메시를 물리칠 수 있는 장수를 창조해달라고 기도했고, 신은 백성들의 뜻을 따라 엄청난 힘을 가진 야수 엔키두를 창조한다. 엔키두는 온 몸이 털로 덮여있고 머리털은 산발하며 야생동물과 함께 살고 있다. 자신들이 놓은 덫들을 엔키두가 제거하는 것을 발견한 덫 사냥꾼이 태양신 Shamash에게 이야기하고, 신은 그래서 사원 창녀인 샴하트Shamhat 보

고 엔키두를 유혹하라고 명한다. 6박 7일간 계속되는 동침을 한 후 그녀는 엔키두를 목자의 캠프에 데리고 가서 문명화하는 법을 가르친다.

제2편에서 샴하트는 양치기의 캠프에 엔키두를 데려 오는데, 이곳에서 그는 인간 식사를 알게 되고 야경꾼이 된다. 신부들에 대한 길가메시의 행동에 대해 지나가는 낯선 사람으로부터 알게 된, 엔키두는 분노하여 그것을 방해하기 우루크로 여행한다. 길가메시가 결혼 침실을 방문하려 할 때, 엔키두가 길을 막고, 그들은 싸운다. 격렬한 전투가 끝난 후, 엔키두는 길가메시의 뛰어난 힘을 인정하고 친구가 된다. 길가메시는 명성을 얻으려는 삼나무 숲 원정을 제안하여 엄청난 반신 훔바바를 학살하려고 한다. 엔키두와 장로 협의회의 경고에도 불구하고 길가메시는 고집을 부린다.

제3편과 4편에서는 길가메시와 엔키두가 함께 목재를 구하러 백향목 숲에 갔다가 거인 후와와를 만나 위기를 겪는다.

제5편에서 영웅들은 삼나무 숲으로 들어간다. 삼나무 숲의 수호자인 훔바바는 그들을 모욕하고 위협한다. 그는 엔키두가 배신을 했다고 비난하며 길가메시의 내장을 찢고 그의 살을 새에게 먹일 것이라고 맹세한다. 길가메시는 두려워하지만 엔키두의 격려로 전투가 시작된다. 산이 요동치며 흔들리고 하늘이 검게 변한다. Shamash 신은 훔바바를 묶기 위해 13개의 바람을 보내고, 그는 붙잡힌다. 훔바바는 그의 목숨을 애걸하고 길가메시는 그를 가엽게 여긴다. 그는 길가메시가 숲의 왕이 되게 하고, 그를 위해 나무를 자르고, 노예가 되겠다고 말한다. 그러나 엔키두는 훔바바가 거짓말하고 있다는 것을 알고 있기 때문에 격분하여 그 짐승을 죽이라고 간청한다. 훔바바는 그 둘을 저주하고 길가메시는

목을 타격하여 그를 쓰러뜨린다. 두 영웅은 엔키두가 엔릴 사원 문으로 만들 계획인 거대한 나무를 포함하여 많은 백향목을 잘라낸다. 그들은 엔릴 뗏목을 건설하고 거대한 나무와 훔바바의 머리를 갖고 유프라테스를 따라 귀향한다.

제6편에서는 개선한 길가메시가 이슈타르 여신의 유혹을 받지만 거절하고, 이에 분노한 이슈타르는 그녀의 아버지인 아누에게 길가메시를 죽일 '천상의 황소'를 보내달라고 요청한다.

제7편과 8편에서 길가메시와 엔키두는 '천상의 황소'를 죽였고, 그 징벌로 신은 엔키두의 목숨을 거두어 간다.

나머지 부분은 길가메시가 불로초를 찾아 떠나서 실패하는 모험을 그린다.[46]

길가메시의 이야기를 쓴 메소포타미아 인들은 그들 자신의 문명 성취에 똑같이 감명을 받은 것으로 보인다. 길가메시에서 행동은 우루크에서 시작되는데 우루크는 이 이야기의 또 다른 등장인물이라고 말할 수 있다. 그 서사시의 첫 번째 8개 줄은 길가메시에 관한 이야기이지만 다음 17개 줄("구리처럼 빛나는 그 벽"(1.11). "가마 벽돌로 만든 구조물"(1.19))은 우루크의 도시에 관한 이야기다 그들은 이 대도시의 성취에 감탄한다. 이 위대한 도시는 야만스럽고 조직되지 않은 대자연과는 대조적이다.

자연스럽고 길들이지 않은 엔키두는 자연 속에서 천진난만하다. 그는 샴하트와 잠을 잔 후 함께 자신의 동물 친구에게 돌아갈 수 없다는 것을 발견했을 때 혼란을 겪는다. 그는 "창녀의 발 밑 앉은 채 그녀의 얼굴을 응시하고 창녀가 말할 때 귀를 기울였다(1.185~186)." 이 시점에서 샴하트는 엔키두가 동물들과 친하게 지내는 것을 가볍게 조롱하며 문명의 상징인 도시와 사원으로 데려다 주겠다고 말한다. 이것은 자연과 문명에 대한 메소포타미아의 태도를 매우 분명하게 보여주고 있다. 다시 말해 문명의 상징인 신전에서 온 샴하트는 문명화된 세계가 더럽고 야만적이며 혼란스런 자연세계에 대해 모든 면에서 우월하다는 주장을 하고 있는 것처럼 보인다. 엔키두는 서사시가 시작될 때는 짐승과 다름없지만, 창녀를 통해 그는 인간이 된다. 현재 중요한 주제는 엔키두가 창녀와 잤다는 것이다. 창녀가 인류의 악취로 그를 더럽혔기 때문에 그는 이전의 동물 형제들에 의해 더 이상 받아들여지지 않는다. 여기는 자연과 문명의 이분법이 명확해지기 시작하는 곳이다. 자연은 무섭고 통제와 지배가 필요하다. 그것은 인류가 살아서 기능할 수 있도록 문명화되어야 한다. 문명이 계속 성장할 수 있도록 자연을 길들이고 질서를 주어야 한다. 그것들은 상호 배타적인 것처럼 보인다.

옷과 머리털과 음식은 문명을 상징한다. 엔키두가 양치기에 합류하자 그는 "체모를 문질러 몸에 기름을 발랐다." 흐트러져서 더러워진 머리카락이 짐승을 암시하는 것처럼 빗어지고 정돈된 머리카락은 문명화 된 자를 나타낸다. 엔키두를 문명화시키려고 그에게 빵과 와인이 선물로 주어지지만 "엔키두는 야생 동물의 젖만 빨 수 있다." 빵과 와인은 모두 지식과 기술을 필요로 하며 동물이 그것들을 만들 수 없다. 그는 문명인처럼 빨리 먹는 법을 배운다. 그 서사시는 동물의 생살을 먹는 것과 포도주와 빵과 같은 문명화 된 음식을 만들기 위해 자연 세계의 자원을 길들이는 것을 비교한다.

그러나 포도와 곡물을 재배하기 위해서는 땅을 경작해야 한다. 그러므로 숲이 벌목되어야 한다. 숲은 문자 그대로의 도시 건설에도 사용되며, 도시는 안락함과 안전을 제공하고 문명의 이기들을 향유할 기회를 준다. 적대적인 자연에 인간 질서를 강요하기 위한 첫 번째 단계 중 하나는 삼나무의 군주인 훔바바를 죽이는 것이다. 길가메시는 훔바바가 악의 축의 일부이며 반드시 파괴되어야 한다고 결정한다. 그 사나운 거인이 우르크족의 사람들에게 즉각적인 위협이 되지는 않더라도 그는 제거되어야 한다.

그러나 비유적으로, 훔바바는 인류의 문명이 성장하고 번창하려면 길들여져야 하는 자연을 상징한다. 훔바바가 우루크에 즉각적인 위협을 제공하지는 않지만 훔바바라는 관념은 경작되어야 하는 땅과 건설되고 강화되어야하는 도시에 그렇게 중요성을 두는 문명의 지속적인 성장에 대한 장애물을 나타낸다. 장애물을 파괴하기 위해 길가메시와 엔키두는 무기를 제련해야 한다. 이 무장은 인간 문명과 지식의 또 다른 측면을 나타낸다. 대장장이에게는 광석에 대한 지식과 그것이 인간을 위해 일하기 위해 그것에 질서를 부여하는 방법에 관한 기술과 지식이 필요하다. 그렇지만 그 재료들은 다 자연에서 온다.

실제로, 훔바바와의 전투의 대부분은 나무들을 자르는 것이었다. 그들은 백향목을 습격했는데, "훔바바의 찬란한 일곱 숲들은 진압되었다"; 인간이 토지를 농업용으로 사용할 수 있게 하려면 그 숲만이 아니라 뿌리도 농작물을 심을 수 있도록 정리해야 한다. 인류는 더 나은 삶을 위해 문명의 안락함을 위해 숲, 산림 생물들, 그리고 이 벌목이 미래에 어떤 영향을 미칠지 고려하지 않는다.

엔릴(Enlil) 신은 윤리적 비판을 한다. "왜 너는 이런 짓을 했나? 이제부터는 얼굴에 불이 붙고, 그 불은 너희가 먹는 빵을 먹어 버릴 것이고 너희가 마실 곳을 마셔 버릴 것이다." 엔릴은 길가메시와 엔키두가 훔바바를 죽인 이유를 알지만 인간의 진보에 수반되는 것처럼 보이는 낭비와 자연 파괴를 용납할 수 없다.

그렇지만 길가메시가 대표하는 도시 문명은 결코 자연 파괴를 멈출 수 없다. 연료도 항상 필요하고 늘어나는 인구를 먹여 살릴 곡식을 위한 토지도 필요하고 숯과 건설자재를 위한 목재도 도구를 만들 광물도 언제나 필요하기 때문이다.

엔키두는 문명을 대표하는 것들-여성, 우루크, 덫 사냥꾼을 저주한다. "삼나무를 자른 사람은 나다, 나는 숲을 평지로 만든 사람, 훔바바를 죽인 사람, 이제는 내가 무엇이 되었는가를 보는 사람이다."

새로 발견된 시에는 엔키두와 길가메시가 삼나무 숲의 보호자이자 엔키두의 어릴 적 친구인 훔바바를 죽일 때 그가 경험하는 내적 갈등에 관한 상세한 새 내용이 나온다.

훔바바를 살해하고 삼나무 숲을 파괴하고 나무들을 쓰러뜨리고 가지들을 친 후에 엔키두는 그의 행위에 대해서 후회를 한다.

302[Enkidu] 엔키두는 그의 입을 열러서 길가메시에게 말한다:

303 [나의 친구여] 우리는 숲을 황무지로 만들었다.

304 우리는 니푸르의 엔릴에게 어떻게 대답할까?

(원래 수메르의 대기·폭풍의 신. 그 성도(聖都) 니푸르가 수메르 도시동맹 제의의 중심이 되기에 이르러 수메르와 아카드 신들의 왕으로 간주되었다)

305 당신의 힘으로 당신은 그 보호자를 살해했다.
306 무슨 분노에서 당신을 숲을 뭉개려고 갔는가? [47]

다른 한편 이 서사시는 길가메시가 우루크 도시를 찬송하면서 끝난다. 길가메시는 그 나룻배 사공에게 "그 기초를 조사하고 벽돌 구조를 철저히 검사하라. [...] 가마 벽돌은 도시, 야자수 정원, 저지대, 이슈타르사원의 광장, 성벽이 둘러싸는 우루크의 광장" (11.315~319)이라고 지시한다.

도시의 승리

도시는 고대 그리스의 플라톤과 소크라테스가 아테네 시장에서 논쟁을 벌이던 시기부터 혁신의 엔진 역할을 해왔다. 이탈리아 피렌체의 거리들은 우리에게 르네상스를 선물했고, 영국 버밍엄의 거리들은 우리에게 산업혁명을 가져다주었다.

도시경제학 분야의 세계적 권위자인 하버드대학 에드워드 글레이저(Edward Glaeser) 교수는 『도시의 승리(TRIUMPH OF THE CITY)』에서 전 세계 도시의 흥망성쇠와 주요 이슈들을 분석했다. 그에 따르면, 도시는 혁신의 발전소다. 도시의 인접성, 친밀성, 혼잡성은 인재와 기술, 아이디어와 같은 인적자원을 한 곳에 끌어들임으로써 도시는 혁신의 중심지가 된다. 이 점이야말로 도시의 성공의 핵심 요인이다. 한 국가와 개인의 성공을 위해서는 도시가 건강하고 부유해야 한다. 사람들은 이촌향도 하는데 그것은 도시가 기회를 제공하기 때문이다. 도시 빈민은 시골 빈민과 비교했을 때, 더 부유하고, 더 위생적이며 더 많은 기회를 얻을 수 있다. 글레이저는 '도시는 인류의 위대한 발명품'이라고 말한다. 도시에서 사람들은 인접하여 활동하기 때문에 사람들은 창의적이고 생산적으로 된다.

도시는 녹색

도시는 숲이 우거진 생활공간보다 환경에 훨씬 더 유익하다. 숲 속 생활이 자연 사랑을 보여주는 좋은 방법이 될지도 모르지만 콘크리트 정글 속에 사는 것이 사실은 훨씬 더 친환경적이다. 우리는 숲과 기름을 태우기 때문에 결과적으로 주변 환경에 해를 입힌다.

1970년대에 제인 제이콥스는 우리가 고층 건물에 함께 모여 살면서 도보로 출퇴근하면 환경에 가하는 피해를 최소화할 수 있다고 주장했다. 데이비드 오언은 이 주장에 대해 그의 저서 『그린 메트로폴리스(Green Metropolis)』를 통해서 설득력 있게 옹호했다. 우리가 녹지에 둘러싸여 살면 그것은 환경에 큰 피해를 주게 된다. 밀도가 낮은 지역에서는 물건을 사거나 사람을 만나거나 할 때 더 많이 이동해야 되고 결국 많은 에너지를 쓰게 된다. 사람들이 모여 있으면 저절로 난방도 되거니와 난방비도 적게 든다. 상하수도 인터넷도 사람들이 밀집해 있을 때 저렴하게 공급할 수 있다. 규모의 경제로 대량생산 판매가 가능한 곳은 도시에 사람들이 밀집해 살기 때문이다. 넓찍한 공간에서 생활하면 더 많은 에너지와 더 많은 재료들을 쓰게 되고 교외에서 출퇴근하면 훨씬 더 많은 에너지가 소비된다.

외떨어진 단독 주택은 서로 붙은 아파트단지보다 더 많은 외부 벽과 지붕을 갖고 있어서 겨울에는 더 많은 난방 에너지가 여름에는 더 많은 냉방 에너지가 요구된다, 그리고 각 주택은 다세대 아파트보다 더 많은 에너지를 소비한다. 그 단독 주택들이 아무리 에너지 절약적으로 그리고 솔라나 풍력 같은 녹색 에너지를 사용한다고 해도 그것은 그리 중요하지 않다. 잘 건설되고 잘 단열된 다세대 건물은 단독주택들보다 본질적으로 더 지속가능하다. 비슷하게, 도시의 오래되었고 재사용되는 낡은 빌딩은 새롭게 개발된 지역의 새 빌딩들보다 더 녹색이다. 새 빌딩들을 건설하려면 막대한 인프라와 막대한 건설자재 막대한 수송이 필요하기 때문이다.

도시는 혁신

도시에서는 협력 작업이 가능하다. 인간은 다른 인간으로부터 그토록 많은 것을 배우기 때문에 우리는 더 많은 사람들과 함께 있을 때 더 많이 배운다. 도시는 혼잡하고 사람들은 섞이며 다양한 사람들과 상호작용을 할 수 있고 분업이 이루어지므로 전문적인 지식을 가진 사람들이 많고 그런 사람들을 만날 기회도 많다. 또한 많은 다른 사람들의 성공과 실패를 관찰함으로써 새로운 정보를 얻을 수 있는 기회가 상존한다. 더구나 대도시에서 사람들은 취향을 공유하는 동료들을 선택할 수 있다. 도시에서는 관찰, 청취, 학습이 더 쉽게 이루어진다. 도시는 정보와 지식의 집중되어 순환하는 곳이다. 인류의 본질적인 특징은 다른 사람들로부터 배울 수 있다는 것이고 그래서 도시에서는 우리는 더욱 더 창의적이고 혁신적이 된다.

《신창조계급》이라는 책에서 리처드 플로리다는 문화가 혁신의 으뜸가는 구동력이라고 주장한다. 결국에, 가장 머리 좋은 사람들은 삶을 즐길 수 있는 곳으로 갈 것이다. 더구나, 그는 3가지 요소가 결정적이라고 가정한다-재능, 기술 그리고 관용-이것들은 도시에 넘쳐난다. 앞의 2가지는 명백하다. 그러나 연구들에 따르면 최적의 결과에 관한 한 다양성이 능력보다 더 낫다. 균질적인 문화는 아주 영리한 사람들로 이루어져 있다고 해도 많은 것을 생산할 개연성이 낮다.[48]

무엇보다도 혁신은 협동에 의해 구동된다. 그래서 영리한 사람들만이 아니라 다양성이 요구된다. 상이한 것들에 작업하는 상이한 사람들이 예기치 않은 방식으로 부딪히면서 중요한 새 아이디어들이 생긴다. 그래서 그 무엇보다도 활기찬 도시들은 혁신하고 경쟁하는 능력에 결정적이다. 창조성은 사물들을 연결하는 것에 관한 것이고 상이한 아이디어들을 가진 상이한 사람들과 더 많이 조우할수록, 사람들은 더 창조적이 된다.

물리학자 웨스트와 그 동료들은 도시에서의 부의 창조와 혁신을 객관적으로 측정했다. 도시는 혁신을 촉진하고 시지프스처럼 항상 그렇게 할 수밖에 없다.:

"도시는 인프라에서 규모의 경제를 가능하게 하고 교육, 보건 그리고 효율적인 통치 같은 최적화된 사회 서비스 배달을 촉진시킨다. 도시화의 중요한 결과 중의 하나는 노동분업 증가 그리고 혁신 및 부의 창조를 지향하는 직업들의 성장이다. 이 충격들에 공통된 특징은 그것들은 끝이 없고 영구적인 적응이라는 것이다."[49]

2년 간의 분석 후에, 웨스트 일행은 이 모든 도시 변수들은 몇 가지 단순한 방정식들에 의해 묘사될 수 있음을 발견하였다. 예를 들어, 한 주어진 나라의 한 대도시 지역의 인구를 안다면, 그들은 대략 85%의 정확도로 그 평균 소득과 그 하수도 시스템의 차원을 추정할 수 있다. 이것들은 모든 도시들에서 자동적으로 발현하는 법칙들이다. 그 장소가 어디든 무관하다. 모든 도시는 똑같은 패턴을 보인다. 이 법칙들을 갖고서 그 도시에 관해 전혀 몰라도 20만 명의 인구를 가진 한국 도시의 폭력 범죄와 도로 면적을 거의 정확하게 예측하는 것이 가능하다. 모든 도시는 전부 다 그 크기에 따라서 다 똑같다.

그들이 연구한 자료들은 대부분은 미국에 대한 것이고, 특정한 경우들에서는 유럽과 중국 것들이다. 그 자료들은 3가지 범주들로 분류되었다: 물질 인프라, 개별 인간 필요, 그리고 사회활동의 패턴. 이 3가지 범주들과 도시의 규모(인구)들 간의 관계를 연구한 결과 그것들은 인구의 멱승에 비례하는 소위 "멱법칙"이 성립한다.

시간 t에서의 도시 인구 N(t),를 도시의 크기로 채택하면 규모의 멱법칙은

$$Y(t) = Y_0 N(t)^{\beta}$$

의 형태를 띤다. 여기서 Y는 에너지, 인프라, (부, 특허, 오염 같은) 사회활동 척도를 나타낸다. Y_0는 정규화 상수, 지수 β는 도시시스템에 걸친 일반적인 동역학 규칙들을 반영한다. 부 창조 및 혁신을 반영하는 수치들은 $\beta \approx 1.2 > 1$로서 인구가 커질수록 즉 도시 규모가 커질수록 수확 체증이 일어나서 그만큼 혁신과 부의 창조 속도가 더 빨라진다, 반면에 인프라를 나타내는 것들은 $\beta \approx 0.8 < 1$로서 인구가 많아질수록 인프라는 인구 대비 덜 사용하게 되는 소위 규모의 경제가 작용한다. 예를 들어 도시 "물질대사" 지표들은 도시가 크기가 2배로 증가할 때, 자원 소모량은 단지 85%만 더 증가한다.

놀랍게도, 생물학적 유기체들에서도 비슷한 현상이 발견된다. 유기체들

의 거의 모든 생리학적 특성들은 신체 질량 M의 1/4의 배수 승 멱법칙에 따라 커진다는 것이다. 예를 들어 신진대사율(유기체를 유지하기 위해 요구되는 일률) $B \propto M^{3/4}$에 따라 커진다. 이는 클라이버 법칙(Kleiber's law)이라고 불린다. 따라서 몸무게가 더 늘어날수록 단위 몸무게 당 신진대사율 $B/M \propto ^{-1/4}$은 도리어 더 감소한다. 그러므로 큰 유기체들은 시간당 그리고 단위질량 당 더 적은 에너지를 소비한다. 몸집이 더 큰 동물일수록 몸무게에 비해 더 적은 에너지를 소비한다. 덩치가 큰 사람일수록 더위에 약한 것은 이 때문이다.

제이콥스의 사다리 오르기

제인 제이콥스는 《도시의 경제》에서 도시들은 새 일을 창조하는데 뛰어나고 그것이 도시의 성공비결이라고 주장했다. 제이콥스는 도시의 진보는 수입 대체(import replacement.)에서 시작한다고 주장한다. 예를 들어, 20세기 중반에 도쿄는 많은 자전거를 수입했다. 그래서 수리점들이 생겨났고 결국에 그 상점들은 자신들의 부품을 만들기 시작했고 완제품을 제조하고 그 다음에는 수출하게 되었다. 이것은 수리점들이 많은 큰 도시에서만 생길 수 있다. 예를 들어 소읍은 새 부품 공급업자들에 대한 충분한 수요도 발생시킬 수도 부품들을 완제품으로 전환하는데 필요한 관계망을 제공하지도 못할 것이다. 오직 도시만이 할 수 있다.

그래서 엘러만은 제이콥스가 도시는 단순히 혁신의 원동력일 뿐만 아니라 경제성장의 기관차라고 주장했다고 논증한다. 아래의 논의는 그의 논문 "Jane Jacobs as a Development Thinker"에서 요약한 내용이다.[50]

제이콥스에 따르면, 발전은 단순히 해외송금이나 천연 자원의 판매로부터 GDP가 증가하거나 또는 투입이 더 많어지면서 더 많은 생산이 일어나는 성장이라는 의미에서의 성장이 아니다. 발전은 제품 및 기본 생산 프로세스에서의 차별화, 다양화 및 변형을 통한 변화를 포함하는데 이 모든 요소는 GDP 성장에서는 전혀 알 수가 없다. 그녀의 경우, 발전의 차별화된 특성은 본질적으로 제품과 서비스의 분화다. 같은 재화와 서비스가 더 효율적으로 더 전문적으로 생산되는 것보다 그것들과는 다른 종류의 새로운 재화와 서비스가 생겨서 그것에서 새 직업들이 생겨나고 소득은 올라간다.

제이콥스는 "성장"과 "발전"이라는 개념을 구분한다. 발달은 단순히 양적인 "성장"이 아니라 부분적으로 기업 내에서 일어날 수 있는 상이한 제품과 다른 종류의 일들의 창조 및 파급뿐만 아니라 스핀어프, 떨어져 나가기, 쪼개지기 등을 포함하는 개념이다. 질적으로 다른 제품과 서비스가 창출되어야 "발전"이 된다. 가령 아담스미스의 핀 공장의 분업은 동일한 일을 더 세분화 하여 그 일의 효율성은 제고했고 따라서 그 일에서 "성장"은 이루어졌지만, "발전"은 아니었다. 그 손으로 하던 일들을 기계가 대신하면서 "발전"이 이루어졌다.

자급자족하는 생물체도 없고 자급자족하는 경제도 없다. 특히 도시 경제는 자원과 에너지 그리고 아주 다종의 많은 제품들을 다른 도시에서 수입해 와야 한다. 그 경우 2가지 상황이 발생할 수 있다. 제이콥스는 생태학적 비유를 사용하여 활기찬 도시와 그 주변 지역은 다변화된 열대우림과 같지만 그렇지 못한 다른 경제 지역은 사막과 같다고 본다. 열대우림에서는 수입된 에너지를 이용하여 새로운 제품과 서비스가 창출된다. 반면에 사막에서는 에너지가 들어와도 그냥 그곳을 통과해서 흘러가 버린다.

가장 불모이거나 생기가 없는 사막과 같은 경제주체는 기본적으로 이주 노동자의 송금으로 살고 있는 공동체, 연금으로 살고 있는 퇴직자 공동체, 농업&천연자원 기반 마을, 관광지처럼 수입품을 가공하지도 대체하지도 않고 단지 직접 소비만 하는 경제들이다.

도시는 직간접적인 경쟁을 통해 서로 역동적으로 상호작용하는 과정을 통해 성장할 수 있다. 살아남으려면 도시는 수출할 수 있는 무언가를 생산해야 한다. 그런 다음 그 수출로 번 돈으로 그 도시에서 생산되지 않은 것들을 다른 도시로부터 수입할 수 있다. 다른 도시들이 너무 차이 나게 발전하지 않았다면, 학습과 임기응변을 통해 그 수입품을 대체하거나 아니면 개선할 수 있을 것이다. 그렇지 않다면 조야한 대체품을 배후지의 아직 덜 "발전"된 다른 도시들에게 판매할 수도 있다. 그 수입품을 사는데 쓰인 돈은 자신의 재화와 서비스를 판매하여 벌었다면, 그 도시는 이미 수입을 생산하고 대체하기 위해 응변하고 차별화하기 시작할 수 있는 생산능력을 가지고 있을 수도 있다.

한편, 다른 도시들은 그 도시의 수출품을 대체하고 있을 수 있다. 그래서 그것의 일시적 우위는 완전히 소멸되어 버릴지도 모른다. 이제 원래는 수입되던 제품의 국산 그리고 아마도 개선된 버전은 그것을 원래 공급했던 도시로 또는 그보다는 아마도 덜 개발되거나 다른 것들을 전문으로 하는 다른 도시들로 재수출 될 수 있다. 그래서 새로운 수출로 번 돈은 다른 더 도전적인 수입품을 구매하는데 사용될 것이고, 그 과정은 더 높은 수준에서 반복될 수 있다. 이 문제에 있어서, 다양한 혁신적인 도시들의 그룹은 무역을 통해 서로에게서 배우고 "서로의 어깨위에서 성장"할 뿐만 발전할 수 있다. 이 과정은 "제이콥스의 사다리 오르기"이라고 부를 수 있다. 제이콥스의 사다리 메커니즘은 대략 비슷한 수준의 발전단계에 잇는 경쟁 도시들 간에서 가장 잘 작동한다는 점에 유의하자. 선진국에서 너무 높은 수준의 제품의 수입은 중량급 선수를 경량급 선수와 권투하게 허용하는 것과 같고 그래서 경쟁이 될 수 없고, 경쟁을 통한 학습 및 개선의 과정을 중단시키게 된다. 선진국과 저개발국 사이의 즉 "중량급"과 "경량급"사이의 무제한적인 경쟁을 시행하는 것은 개발 도상국가가 오를 수 있는 "사다리를 걷어차기"와 같을 것이다. 자신보다 약간 "상수"인 도시를 상대하는 것이 발전의 필요조건이다.

제이콥스의 생동적인 도시를 위한 4가지 필요조건

1961년에 많은 미국 도시 중심지들이 점차 쇠퇴해가자 많은 도시 계획가들과 활동가들은 그 원인에 관해 의아해하기 시작했는데 그 중 한 사람인 도시 사회학자 제인 제이콥스는 그 원인들을 광범위하고 상세하게 조사하기 시작했고, 〈미국 대도시의 죽음과 삶〉에서 활기찬 도시 삶에 본질적인 4가지 조건들을 제시하였다.

1) 도시 구역들은 2가지 이상의 기능을 수행하여서 밤낮으로 상이한 시간에 상이한 목적의 사람들이 찾아올 수 있어야 한다.
2) 도시 구역들은 보행자들이 상호작용할 수 있는 기회를 주는 밀집한 교차점들을 갖고 있어야 하고 크기는 작아야 한다.
3) 건물들은 그 연령과 형태에서 다양해서 저가 임차료와 고가 임차료를 지불하는 임차인들이 서로 섞여있어야 한다. 그와는 대조적으로 오직 새 건물들만 있는 지역은 그 새 빌딩의 비용을 감당할 수 있을 정도로 부유한 은행과 같은 사업들과 임차인들만을 끌어당긴다.
4) 한 구역의 인구 및 건물 밀도가 충분히 높아야 한다.

그렇지만 그녀의 아이디어들은 그것들을 뒷받침할 경험적 근거가 결여되어 있었기 때문에 비판들이 많았다. 다른 한편 도시 계획에서 경험적 증거가 뒷받침하지 않는 경우가 빈번하기 때문에 그녀만의 결점은 아니라고 볼 수도 있다.

제이콥스의 논리는 설득력이 있지만 이 요인들이 생동적인 도시 삶과 연결되어 있다는 것을 보이는 증거가 거의 없었다. 2015년 서울의 도시학자들이 서울의 보행자들의 활동에 관한 10년 간의 연구의 결과가 발표했는데. 이 연구는 제이콥스의 아이디어들을 처음으로 검증했다. 그렇지만, 그 자료는 주로 보행자 조사를 통해서 수집되었다. 그 과정은 시간이 많이 걸리고 비용이 많이 들며, 일반적으로 대부분의 현대 도시에서는 그렇게 자료를 모으는 것은 비실용적이다. 그래서 트렌토 대학의 Marco De Nadai와 동료들은 도시 자료들을 모으는 새로운 방법을 개발하였다.

De Nadai 일행은 훨씬 더 저렴하고 더 빠른 대안을 찾았다. Open Street Map, 센서스 자료-인구 및 건물용도, 토지 이용 자료, ; 포스퀘어(Foursqure)사의 위치 기반 소셜 네트워킹 자료, 모바일폰 기록-한 지역의 통화 빈도와 수를 조사하였다. 모바일 폰 활동을 도시 활력의 척도로, 토지이용 자료, 센서스 자료, 포스퀘어 활동을 도시 다양성의 척도로 사용했다. 그들은 이태리의 6개 도시-로마, 나폴리, 플로렌스, 볼로냐, 밀란 및 팔메로에 대한 자료를 모았다. 그들의 목표는 활력과 다양성이 그 도시들에서 어떻게 상관관계를 맺는지를 보는 것이었다.

토지 혼용이 흔한 로마 같은 도시들과 기능-주거, 산업, 상업용-에 의해서 지역이 분할되는 밀란 같은 도시에서 활력은 오직 혼용 구역에서만 경험된다는 결론이 나왔다.

제이콥스는 또한 활력을 촉진하는 신구 빌딩의 혼합의 중요성을 강조했지만. 이태리 맥락에서 상이한 시기의 빌딩들의 혼합은 미국적 맥락에서만큼 중요하지 않았다. 그럼에도 불구하고, 그 팀은 활력을 위한 결정적 요소로 "제3의 장소들"이 있어야 함을 발견하였다. 제3의 장소란 집들(제1). 직장(제2)도 아닌 술집, 레스토랑, 신앙 장소, 쇼핑몰, 공원처럼 사람들이 모이고 사교할 수 있는 곳이다. 인구 밀도도 또한 중요했다. 그 결과 활기찬 도시 생활을 유지하기 위한 제이콥스의 4가지 조건들은 이태리 도시들에 대해서 성립했다. 활동적인 이태리 구역들은 화이트칼라 노동자들, 보행 거리 내의 제 3의 장소들, 작은 도로들, 그리고 역사적인 건물들이 밀집되어 있다.[51]

도시와 엔트로피

도시와 쓰레기

환경부에 의하면 2015년 기준 전국에서 발생하는 생활쓰레기는 41,247톤 1인당 1일 쓰레기 배출량은 전국 평균 0.97kg이다. 인간 활동을 비롯하여 모든 활동에는 쓰레기가 배출된다. 1950년대 초 대규모 합성물질 생산이 시작된 이후 2015년 현재 인간은 83억 메트릭톤[metric ton]의 플라스틱을 만들었으며 현재 대부분이 매립지나 자연 환경에 버려지고 있다.[52]

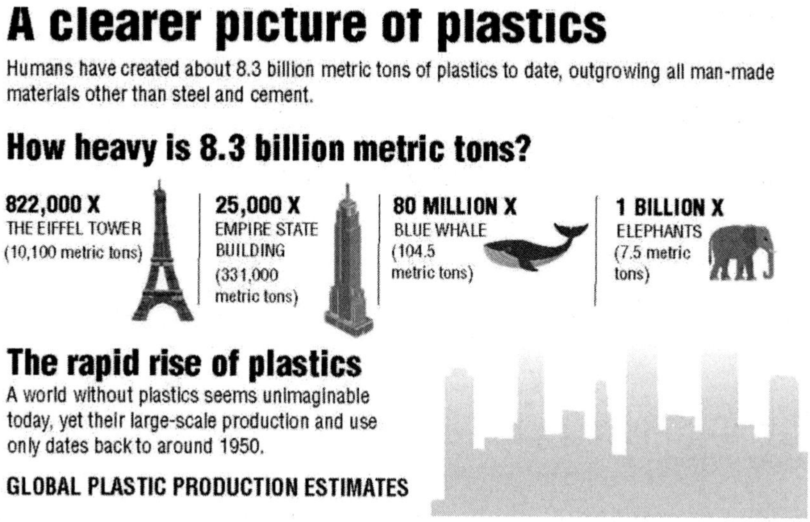

[53]

Anthropocene Review의 한 저널에서 연구원들은 인류의 총 물질 생산량이 30조 톤을 초과할 것으로 추정하고 있다. 그것들은 인간이 지구상의 살기 위해 건설한 수많은 구조물들 –집들, 공장, 농장, 광산, 도로, 공항, 선적항, 컴퓨터 시스템과 버려진 쓰레기 등을 가리킨다. 지구 표면 1평방미터당 50kg 인공물질이 골고루 퍼진 정도다.[54]

미국의 가장 큰 수출품은 쓰레기다. 주로 폐지와 고철을 수출한다. 중국인은 그것을 사서 제품을 만들어 엄청난 이익을 남기면서 미국에 다시 팔고 그러면 그것들은 다시 쓰레기통으로 들어간다. 평균적인 미국인 커뮤니티는 소방, 도서관, 공원 및 레크리에이션 및 교과서보다 폐기물 관리에 더 많은 돈을 지출하고 있다.

물리학자 웨스트가 보였듯이 도시 규모가 더 커질수록 자원 사용의 효율성도 높아지기 때문에 같은 생활수준이라면 규모가 더 큰 도시일수록

1인당 쓰레기 배출량은 더 적을 것이다. 그렇지만 도시인들은 촌사람들보다 그리고 대도시 사람들은 소도시 사람들보다 더 높은 생활수준을 만끽한다. 더구나 경제성장이 계속되기 때문에, 자원 효율성의 증가 속도와 자원 사용량의 증가 속도 사이에 끊임없는 경주가 벌어진다.

세계화로 인해 점점 더 저렴한 가격에 의류를 생산할 수 있게 되었다. 그 결과 가격이 너무 낮아져서 많은 소비자들이 의류를 일회용으로 간주할 정도가 되었다. 어떤 사람들은 그것을 "패스트 패션(fast fashion)"라고 부른다. 패스트푸드처럼 한 번 입고 버린다는 뜻이다.

그러나 빠른 패션은 의류 수명주기의 각 단계에서 환경오염 및 작업 위험을 발생시키는 오염 발자국을 남긴다. 예를 들어, 가장 널리 사용되는 제조섬유인 폴리에스테르는 석유로 만들어진다. 패션 산업의 생산량이 증가하면서 인조섬유, 특히 폴리에스테르에 대한 수요가 폭증했다. 폴리에스테르 및 기타 합성 섬유의 제조는 에너지 집약적인 공정으로 다량의 원유가 소비되는데, 휘발성 유기화합물, 미립자물질 및 염화수소와 같은 산성가스를 비롯한 폐기물이 방출되어 호흡기 질환을 유발하거나 악화시킬 수 있다. 폴리에스테르 제조공장의 폐수에서 휘발성 단량체, 용제 및 기타 폴리에스테르 생산 부산물이 배출된다.

의류제조에 사용되는 가장 보편적이고 다양한 섬유 중 하나인 면도 또한 중요한 환경 발자국을 남긴다. USDA에 따르면 이 농작물은 세계 최대 면화 수출국인 미국에서 사용되는 모든 살충제의 4분의 1을 차지한다. 미국 면화 작물은 보조금 덕택에 가격이 낮아지고 생산량은 늘어난다. 보조금을 받아서 저렴한 가격으로 면제품을 대량 생산하기 때문에 패션의 세계화가 가능하다.[55]

재활용이나 재사용을 하면 문제가 많이 완화될 것처럼 보일지 모르나, 실제로 재활용은 그렇게 간단하지 않다. 일부 물질은 다른 물질보다 재활용이 쉽고, 일부 물질은 전혀 재활용되지 않으며, 많은 재활용 과정은 실제로 비효율적이고 오염 물질이며 값 비싸다. 금속 및 유리를 제외한 모든 제조된 재료는 제한된 회수만 재사용 할 수 있다. 종이가 재구성되거나 플라스틱이 재용해질 때마다 재료는 분자 수준에서 손상되어 강도와 유연성을 주는 화학 결합을 약화된다. 업계에서는 이를 "다운 사이클링 (downcycling)"이라고 한다.

플라스틱을 보자. 우선, 대부분의 플라스틱은 재활용되지 않는다. 실제로 미국에서 2002년 현재 플라스틱 폐기물의 3% 만 재활용되고 있다. 그 중 대부분은 소위 1등급과 2등급이다. 많은 플라스틱 물과 소다 병은 1등급이며 우유와 액체 세제 용기는 2등급이다. 3등급 이상, 특히 5등급의 요구르트 용기와 유리창은 공정이 너무 비싸서 거의 녹여서 재사용되지 않는다. 대신 재활용 센터에서 매립지로 보내진다.

재사용 가능한 1등급과 2등급의 다운 사이클링은 너무 빨리 일어나서 재료의 강도를 회복시키기 위해 방대한 양의 새 플라스틱을 주입해야 한다. 재활용 플라스틱은 불가피하게 더 낮고 재활용 불가능한 등급으로 끝난다. 재활용에 대한 또 다른 단점은 재생 플라스틱 시장이 없다는 것이다. 이는 부분적으로는 플라스틱 재사용을 급격히 늘리는 생산 인프라를 재정비하는 돈을 쓰지 않으려는 산업의 결과다. 즉, 플라스틱 물병은 단순히 다른 플라스틱 물병으로 다시 재활용되지 않는다.

재생되는 플라스틱은 길고 유독한 과정을 거친다. 현재 PET 또는 1등급 플라스틱 물병이 좋은 예다. 모든 플라스틱과 마찬가지로 매년 오염된 폐수로 수천억 파운드의 물과 공기를 오염시키는 과정에서 석유 화학 물질로 제조되어 성층권 오존층을 고갈시키고 작업자에게 질병과 죽음을 안겨주고 있다.

트럭, 화물선, 용광로 및 새로운 석유화학 독소가 모두 감안될 때 재활용 과정은 다량의 오염 물질을 배출한다. 캘리포니아 주 버클리의 생태센터 (Ecology Center)에 따르면, PET 병 1개를 재활용하는 데 필요한 에너지의 양은 전구에 56시간 동안 전력을 공급할 수 있다.[56]

도시의 엔트로피

물리학에서 엔트로피는 어떤 계의 무질서 정도를 나타내는 척도이며, 엔트로피가 높을수록 그 계의 무질서도가 높다. 고립계는 시간이 흐를수록 열적 평형상태, 즉 엔트로피가 최대가 되는 상태 쪽으로 변화한다. 아것은 열역학 제2법칙 또는 엔트로피 법칙이라고 부른다.

매일 막대한 양의 에너지가 도시로 흘러들어온다. 이 에너지는 석유라는 형태로 올 수도 있고 식량이라는 형태로 농촌에서 그리고 광물과 목재 같은 재료의 형태로 올 수도 있다. 도시는 그 에너지를 사용하여 일을 하고 광대한 질서의 체계로 조직한다. 그러나 열역학 제2법칙에 따르면 반드시 폐기물, 오염 및 무질서가 따라온다. 생활의 안락함을 위해서 도시는 공장을 건설하고 도로를 건설하며 초고층건물들을 짓는데 이런 활동들에는 반드시 쓰레기가 배출된다. 사회를 도시로 조직한 결과로 항상 무질서, 낭비 및 공해가 발생한다. 물론 촌에서도 인간이 활동하면 당연히 엔트로피가 증가하고 쓰레기가 배출된다. 그러나 도시에선 기술과 지식을 이용하여 대규모의 고도의 생산과 소비가 이루어진다. 따라서 우리가 도시를 만들고 유지하는 일은 지구 전체의 무질서, 폐기물 및 오염 수준을 높이는 것을 의미한다.

한국물리학회에서 작성한 물리학백과의 "엔트로피는 증가한다"에서 인용하면:

"하지만 인간은 끊임없이 질서를 만들어내기 위해 노력하고 있다. 복잡한 구조물을 만들어내고, 교육을 통해 인간의 행동을 통일시키고 조직화하려고 한다. 이것들은 모두 엔트로피를 증가시키려는 자연에서 일어나는 변화와 반대 방향이다. 하지만 인간도 자연의 일부이므로 엔트로피 증가의 법칙에서 예외일 수 없다. 따라서 어떤 부분의 엔트로피를 감소시키면 다른 부분에서 그 보다 더 많은 양의 엔트로피를 증가시켜야만 한다. 인간은 매년 더 많은 에너지를 사용하고 있다. 에너지를 사용할 때마다 엔트로피는 항상 증가한다. 더 많은 에너지를 사용한다는 것은 더 많은 엔트로피가 증가하고 있다는 것이다. 우리가 문명을 향유하면 할수록 우리 주위의 자연은 더 많은 대가를 치르고 있는 것이다."[57]

문명에 관련된 거의 모든 활동이 주로 도시에서 또는 도시가 필요로 하는 재화와 서비스를 제공하기 위해서 이루어지기 때문에 위의 문장은 도시에 대해 특히 참일 것이다. 도시는 더 많은 활동을 하는 곳이기 때문에 엔트로피를 가속화 시키는 곳이라고 볼 수 있다.

도시의 생태학적 정의

Derrick Jensen은 그의 저서 《Endgame, Volume 1: The Problem of Civilization》 .p.17에서 "다소간 한 장소에 정주하고 인구 밀도가 높아

서 생활필수품을 항시 수입해야 하는 사람들"로 도시를 정의하였다.

그러므로 도시는

1. 사람들이 영구 정주하고
2. 지역 환경수용력 [carrying capacity, 環境收容力]을 한참 초과하는 인구 밀도
3. 2의 결과로 도시들에는 반드시 자원들이 외부에서 수입되어야 한다. 이전에는 "배후지"가 이것을 제공했다.

이 때문에 도시에서 문명이 발생한다. 권력과 부의 집중, 계급 사회, 상비군 및 기타 문명에 대한 고든 차일드의 주요 기준은 외부 자원들 특히 농촌이 제공하는 음의 엔트로피 식량이 끊임없이 도시로 유입되고 도시에서 배출하는 양의 엔트로피 쓰레기들이 다시 농촌이나 다른 지역으로 배출될 때에 가능하다. 이러한 면에서 도시는 살아 있는 생명체와 비슷하다.

"살아있는 유기체는 끊임없이 자신의 엔트로피를 증가시킨다. 그래서 그것은 위험한 최대 엔트로피 상태인 죽음에 접근하는 경향이 있다. 그것은 그 환경으로부터 마이너스 엔트로피를 끊임없이 추출함으로써만 죽음으로부터 멀리 있을, 즉 살아 있을 수 있다. 유기체가 먹고 사는 것은 마이너스 엔트로피다. 또는 덜 역설적으로 표현하면, 물질대사에 본질적인 것은 유기체는 살아 있는 동안에는 생산할 수밖에 없는 그 모든 엔트로피로부터 자신을 해방시키는데 성공한다."[58]

최대 엔트로피 생산법칙
(THE LAW OF MAXIMUM ENTROPY PRODUCTION (LMEP, MEP))

최대 엔트로피 생산법칙은 1988년에 미국 과학자 로드 스웬슨(Rod

Swenson)이 처음으로 인식하고 1989년에 현재의 형태로 정식화한 법칙이다. 열역학 제2 법칙 또는 엔트로피 법칙은 "무질서의 법칙"으로서 그 법칙에 따르면 무질서에서 질서로의 변환은 "그 개연성이 무한히 작다.", 그러나 최대엔트로피 생산법칙은 그와는 다르게 실제 세계에서는 지구상의 진화가 규칙적으로 일어난다는 것을 거의 확실하게 예견할 수 있다.

최대 엔트로피 생산 법칙:
　한 계는 주어진 제약 하에서 가장 빠른 속도로 그 위치에너지를 최소화하거나 엔트로피를 최대화하는 경로나 경로들을 선택할 것이다.

열역학 법칙들은 법칙에 관한 법칙들, 또는 다른 법칙들이 의존하는 법칙들로서 물리학의 다른 법칙들 위에 앉는 특별한 법이다.

a) 제1법칙 (에너지보존법칙)
   모든 실세계 과정에는 에너지 변환이 개입하고 에너지 총량은 언제나 보존된다. 그것은 시간 이동에 대칭을 나타낸다.
b) 제2법칙 (엔트로피 법칙)
   클라우지우스와 톰슨은 에너지 분포가 평형을 벗어나서 위치에너지의 경사가 있으면 그 경사는 이산되거나 최소화되는 방향으로 간다는 것을 인지했다.

제2법칙은 세계가 근본적으로 대칭이 깨어지는 것 또는 시간적으로 비대칭이 되어간다는 것을 표현한다. 클라우지우스는 그 흩어지는 위치에너지를 표현하는 말로 "엔트로피"라는 단어를 조어하였다. 그러므로 열역학 제2법칙은 세계는 자발적으로 잠재력을 최소화한다. 또는 엔트로피를 최대화한다고 말한다.

제2법칙의 능동적인 본질은 직관적으로 파악하고 증명하기 쉽다. 예를 들어 뜨거운 액체의 컵을 추운 방에 놓으면, 위치에너지 기울기(구배) 즉 위치에너지의 차이가 존재하여 온도가 같아지고 모든 흐름이 멈추어서 위치에너지가 최소화되거나 소산될 때까지 즉 컵의 엔트로피가 최대화 될 때까지 컵에서 방으로 자연스럽게 열이 흘러간다. 그러면 컵/룸 시스템은 평형상태가 된다.

제2법칙은 세계가 위치에너지를 최소화하게 작용한다고 말하지만, 이를 수행하는 데 있어서 가능한 경로들 중 어느 경로를 택할지에 관해서는 밝히지는 않는다. 최대 엔트로피 생산 법칙은 이 물음에 답한다. 스웬슨은 이 질문에 대한 답으로 그 계는 "주어진 조건에서 이용 가능한 경로들 중에서 가장 빠른 속도로 엔트로피를 극대화하거나 위치에너지를 최소화하는 경로 또는 경로들의 조합을 선택한다."라고 주장한다.[59]

스웬슨은 차가운 눈덮힌 숲에서 따뜻한 산 속 오두막의 예를 보여주었다. 이러한 상황에서 따뜻한 오두막과 차가운 숲 사이에 온도의기울기 즉 차이가 있다. 제2법칙은 시간이 지남에 따라 오두막이 외부만큼 차가워지고 시스템이 평형을 이룰 때까지 기울기 또는 위치에너지가 창문과 문 주변의 벽이나 균열을 통해 소산된다는 것을 알려준다.[60]

경험적으로 우리는 창문이나 문을 열면 열의 일부가 벽이나 균열을 통해서가 아니라 문이나 창문 밖으로 세차게 쏟아져 나간다는 것을 알고 있다. 즉, 창문을 열어서 흐름에 대한 제한 조건을 제거하면 오두막/환경 시스템은 새롭고 빠른 경로를 이용하여 위치에너지가 최소화되는 속도를 최대한 증가시킨다. 위치에너지의 기울기를 최소화 즉 엔트로피를 극대화하거나 '파괴'할 수 있는 기회가 있는 곳이라면 그것은 정확히 최대 엔트로피 생산 법칙이 말하는 것처럼 더 빠른 속도로 그렇게 할 것이다. 즉, "제한조건 하에서 가장 빠른 속도로 위치에너지를 최소화하거나 엔트로피를 극대화하는 경로 또는 경로의 집합을 선택한다."

프랑스 우주물리학자인 François Roddier에 따르면, 점점 더 많은 물리학자들이 최대엔트로피 생산법칙을 일반적 법칙으로 믿어가고 있다고 한다. 이산구조는 항상적인 에너지 흐름 덕분에 자신을 유지하는 구조라고 정의되는데, 이산구조는 모래성과 같아서 계속해서 새 모래가 공급되어야 자신을 유지할 수 있다. 생물들은 전형적인 이산구조다. 도시나 문명도 이산구조로 볼 수 있다. 최대엔트로피 생산법칙에 따르면 이산구조들은 그것들을 통과하여 가는 에너지 흐름을 극대화하기 위해서 자기 조직한다. 그들은 자유에너지를 발생시켜 그렇게 한다. 그들은 자신들을 통과하여 가는 에너지 흐름을 극대화하기 위해서 자유에너지 생산을 극대화한다. 이산구조는 엔트로피 생산 속도를 극대화한다고 말해진다. 이 법칙은 아직은 가설적인 법칙이다.[61]

도시는 이산구조

도시로 자원과 자유에너지(유용한 에너지, exergy)가 집중되어서 쓰이고 난 후에 쓸모없는 에너지(anergy)와 폐기물들은 주변 지역으로 흩어지거나 버려지거나 아니면 제3세계로 "수출"된다. 고밀도의 에너지가 도시로 유입되어 쓰이고 나면 보통 저밀도의 열로 변하는데 이 열은 도시 주변으로 퍼져나간다. 도시는 단지 엔트로피를 증가시키는 기제가 아니라 엔트로피 생산 속도를 최대화 하는 기제라고 볼 수 있다. 가령 오일이라는 고밀도의 에너지가 중동에 있으면, 그 곳과 서울 사이에는 위치에너지의 차이가 있는데 우리는 이를 위치에너지 기울기가 생긴다고 말할 수 있다. 이러한 위치에너지의 기울기가 생기면 이 기울기를 가능한 빠른 속도로 없애기 위해서 도시는 음의 엔트로피 에너지를 수입하여 가장 빠른 속도로 양의 엔트로피 에너지로 전환시킨다. 다양한 경제활동은 높낮이가 다른 자유에너지 환경을 평준화하면서 가장 가파른 하락경로를 따라 움직이는 에너지의 흐름을 초래한다. 도시의 활동을 통해서 엔트로피 생산속도가 최대가 된다. 한계수확체감 법칙은 자유에너지가 갈수록 감소하기 때문에 발생한다고 볼 수 있다. 경제발전을 구동하는 힘과 에너지 흐름은 서로 분리할 수 없는 소산운동이다.[62]

생태계와 마찬가지로 경제는 고 에너지 환경에서 유입되는 에너지-예를 들어 화석연료를 소비하고 태양복사를 포착함으로써 동력을 얻는다. 화석연료(오일, 석탄, 천연가스) 생산지와 도시들 간에 에너지 밀도는 큰 차이가 나는데, 이로 인해 에너지 흐름이 생긴다. 이것은 온도 차이가 있으면 원동력이 만들어질 수 있다는 카르노의 관찰을 일반화 한 것이다

최대 엔트로피 생산 원리는 한 계에서 엔트로피는 단지 증가하는 것이 아니라 가능한 한 빨리 증가한다고 진술한다. 이 원리는 다양한 형태의 구조를 취할 수 있는 시스템은 주변 환경과 에너지 기울기가 생기면 소산속도를 최대화하는 구조를 택하거나 또는 거기로 자주 돌아오는 경향이 있다는 것을 나타낸다. 생태계가 에너지 기울기를 가장 효과적으로 가장 빠르게 줄이는 종을 수용하기 위해 진화하는 것처럼 경제에서 도시는 에너지 기울기를 가장 빠른 속도로 없애기 위해서 발전하는 기제라고 볼 수 있다. 도시는 주변에서 음의 엔트로피를 빨아들여서 자신의 구조와 활동을 유지하면서 가능한 한 빠른 속도로 엔트로피를 증가시킨다.

도시와 자원고갈

도시는 외부에서 자원과 에너지를 가져다 쓴다. 도시생활의 속도는 갈수록 더 가속화된다. 그럴수록 자원과 에너지 소비속도도 더한층 가파르게 증가한다. 도시는 갈수록 더 많은 인구를 빨아들이고 그럴수록 도시의 자원과 에너지 사용 효율성은 증대한다. 그 효율성은 멱법칙을 따른다. 그렇지만 갈수록 더 먼 곳에서 더 험하고 더 접근이 어렵고 추출하기는 더욱 어렵고 그 품위는 갈수록 더 하락하는 자원을 더 많이 수송하고 가공하고 배달해야 한다. 지구의 가용자원은 유용하고 기술 진보는 갈수록 더 느려지는 경향이 있다.

위에서 언급한 물리학자 웨스트와 베텐코트가 범죄와 질병 같은 도시생활의 부정적 변수들을 분석했을 때, 그들은 그것들에도 똑같은 멱법칙이 적용된다는 것을 발견하였다. 도시가 2배로 커지면, 또한 폭력범죄, 교통사고와 에이즈 건수도 1인당 15% 더 증가했다. 웨스트와 베텐코트는 이 현상을 "초선형적 규모"("superlinear scaling")라고 지칭한다. 초선형 방정식을 그래프로 나타내졌을 때, 그것은 하키스틱처럼 보인다. 처음에는 성장이 느린 것 같지만 갈수록 더 빨라져서 나중에는 수직으로 상승하게 된다. 그 가파른 경사가 나타나는 이유는 도시 생활의 바로되먹임 때문이다. 도시들아 커지면서 모든 것들이 가속화하기 시작한다. 자연에는 이것과 같은 것이 없다.

동물들은 덩치가 커지면서 동작이 느려진다. 코끼리는 엄청 많이 먹어야 하기 때문에 작은 설치류처럼 달릴 수가 없다. 그러나, 도시들의 초선형적인 성장에는 그런 제약이 없다. 그와는 반대로, 그 도시 방정식들에 따르면 도시가 팽창할수록 경제는 더 효율적이 되고 그에 따라 경제는 더 팽창하게 되기 때문에, 도시가 커질수록 자원 소비가 기하급수적으로 더 늘어날 것이다. 사실상, 도시화과정에 의해 구동되는 소비는 대중교통의 생태적 편익보다 훨씬 더 크다.

웨스트는 그 문제를 인간 생활의 와트 일률로 예시한다. "멈춰 있는 사람은 90와트를 소비한다. 그것이 누워 있기 위해 필요한 동력이다. 당신이 수렵-채집인이라면 당신은 약 250와트를 필요로 한다. 그러면 미국에서의 우리의 생활 스타일이 요구하는 에너지는 얼마인가? 약 11000와트이다. 우리는 지구상에서 존재했던 것 중에서 가장 큰 동물보다도 더 많은 에너지를 필요로 한다. 우리의 생활스타일은 지속불가능하다."

사실상, 웨스트는 인류사를 팽창과 희소성 간의 항상적인 긴장, 도시들에 의해 가능해진 중단 없는 성장과 성장을 퇴보시키는 제한된 자원들 사이의 긴장으로서 본다. 그는 기하급수적 성장은 우리가 필요로 하는 것이 다 떨어질 때에만 중단될 것으로 본다. 그래서 성장은 느려지고, 그대로 가면 그 시스템은 종국적으로 붕괴하기 시작한다고 그는 말한다.

한 자원이 소진된 후에, 우리는 단지 우리의 초선형적인 성장을 유지하기 위해서라도, 새로운 자원을 이용해야 한다. 웨스트는 증기기관의 발견부터 인터넷의 발명에 이르기까지 이런 역사적 패턴을 예시하기 위해 긴 돌파구들의 리스트를 나열한다. "이 주요한 혁신들은 사회가 작동하는 방식을 완전히 변화시켰다. 그것은 마치 우리가 벼랑 끝에 있는 것과 같다. 그런 후에 우리는 부를 창조하는 새 방법을 발견한다. 그것은 우리가 다시 오르기 시작하는 것을 의미한다."[63]

그러나 이런 탈출은 단지 임시이다. 모든 혁신은 종국에는 새로운 부족(모자람)으로 이끈다. 우리는 삼림을 벌목하고, 그래서 오일로 돌린다;

우리가 화석연료를 다 소진 한 후에는, 우리는 전기차를 몰기 시작할 것이고 리튬이 고갈될 때까지 그렇게 할 것이다. 이것이 웨스트가 도시들만이 도시들의 문제에 대한 유일한 해결책으로 보는 이유이다. 비록 도시화는 불가능해 보이는 높은 경제성장을 이룩했지만, 그것은 또한 그 성장이 계속될 수 있도록 하는 혁신들을 고취했다.

그렇지만, 이 벼랑 끝과 창조성의 의기양양한 이야기에는 심각한 문제가 있다. 우리의 생활 스타일이 유지하기에는 너무나 비싸졌기 때문에, 모든 새 자원들은 지금 더 빠른 속도로 소진되고 있다. 이것은 혁신들의 사이클은 늘상 가속화 되어야 하고, 각각의 돌파구는 일시적인 미봉책일 뿐이다. 그 최종 결과는 도시들은 단지 삶의 속도를 빠르게 하고 있을 뿐만이 아니라; 삶이 변화하는 속도로 증가시키고 있다. “그것은 갈수록 빨라지는 쳇바퀴와 같다. 우리는 몇 천 년 마다 큰 혁명들을 겪었다. 그리고 증기기관에서 내연기관으로는 단지1세기가 걸렸다. 지금 우리는 큰 혁신들 사이에 단지 약 15년의 간격이 있다. 이것이 의미하는 바는 역사상 처음으로 사람들은 여러 가지 혁명을 겪고 있다는 것이다. 그리고 이것은 모두 도시들로부터 나온다. 우리가 도시화하기 시작한 후에, 우리는 이 쳇바퀴에 갇혔다. 우리는 안정을 버리고 성장을 택했다. 그리고 성장은 변화를 요구한다.”

PART II
소유의 역사와 사상

소유권 제도는 한 사회와 개인들의 삶에 지대한 영향을 미친다. 소유권 제도는 시대와 장소에 따라서 상이한 발전 경로를 밟았다.

역사는 수메르에서 시작되었다고 한다. 소유권의 역사도 수메르에서 시작되었기 때문에 우리는 고대 메소포타미아에서의 소유권의 변천을 살펴본다. 고대메소포타미아는 시장경제체제가 아니라 일종의 가구(oikos) 경제였다. 대형 가구들–신전들과 왕궁들이 경제의 주요 행위자였다. 이 사회에서 로마의 개념 같은 개인 사유재산은 없었다. 인구의 대부분은 경제적 기반, 즉 마을 공동체의 경작지를 빼앗겨 기관 가구 경제에 통합되었다. 대다수의 사람들은 이 가구들의 구성원으로서 가산(家産) 신민이었다. 그들은 개별 가구 단위의 물질적 생식을 보장하고 전체사회를 보장하는데 필요한 노동력이었다. 농업생산과 목축은 이 기관가구 내에서 공동으로 수행되었다. 그 생산물은 일일, 월별, 또는 연간 배급의 형태로 중앙에서 집계되어 저장되고, 가구원들에게 재분배되는 중앙 재분배 경제였다.

구 바빌론 시대에도 경작지의 개인 소유권은 아무런 역할도 하지 않거나 그저 미미한 역할밖에 하지 못하였다. 민간 개인의 상속에서 밭이 언급되는 일은 없고, 대부 시에도 담보로 제공된 밭이 언급되지 않는다. 또한 밭 매매를 기록한 문서가 없는 것으로 보아서 밭의 개인 소유권이 없었음이 확실하다. 매매계약은 대부분 주택과 과수원에 관한 것이었다. 농촌 토지는 일시적으로 양도될 수는 있지만, 되돌려져야 하는 것으로 생각되었다. 토지의 영구적인 판매는 오직 도시에만 국한되었다. 생계용 토지가 대부분의 가족들의 기초적인 부양수단인 한 그것은 매매되거나 양도될 수 없었다. 그러나 도시의 숙박소는 이런 역할을 하지 않았다.

이런 재산들은 더 자유롭게 이전될 수 있었다.

토지 대비 노동이 희소했기 때문에 고대 메소포타미아에서는 지배자들은 부역에 대한 대가로 토지를 제공하였다. 토지소유권은 플롯 크기에 따라서 공공시설에서 일할 주어진 수의 노동자를 공급해야 한다는 원칙에 따라 배분되었다. 그래서 토지 권리의 기원은 부역의무에 의해 정의되었다. 특정 크기의 특정 토지에 대한 권리를 얻기 위해서는 그러한 시기에 약속한대로 부역 공사에 그만큼의 노동력을 제공해야 했다. 부역은 일종의 세금으로 볼 수 있는데, 고대 메소포타미아에서의 소유권의 기원은 조세였음이 보여 진다.

다음으로 우리는 로마법에서의 소유권 개념을 살펴본다. 로마법에서는 소유권은 절대적으로서 물리적 대상에 대한 무제한의 권리이고, 이 권리를 갖는 자는 누구든 그가 소유하는 것이 어디에 있든, 누가 그것을 점유하든지간에 그것을 주장할 수 있고 소유권은 신성불가침이었다. 로마법에서 어떤 것에 대해 “그것은 내 것이다.”라고 말할 수 있는 자는 그것에 대해 “갖거나 점유하거나 사용하거나 향유하거나 원하는 대로 할 수 있는” 힘을 갖는다. 이러한 개념은 근대 소유권의 기초가 되었다. 우리는 또한 로마시대 토지 소유의 집중현상을 추적한다.

그 다음으로 우리는 초기 교부들의 소유권 사상을 다룬다. 교부들은 부자들의 권리와 특권보다 재산 소유자의 의무에 더 관심을 가졌다. 교부들은 재산소유자는 재산의 절대적 소유주가 아니라 그 재산의 청지기일 뿐이라고 가르친다. 교부들은 단지 로마법에서처럼 소유권의 절대성을 인정하지 않았을 뿐 사유재산을 부정하지는 않았다. 대지의 부는 신이 인간들에게 나누어 준 것이 아니라 인간 전체에게 주었고 개인들에게 사용하라고 준 것이 아니라 공동체에게 사용하라고 주었지만 실제에서 그것의 소유와 사용은 개인적이 될 수밖에 없음을 교부들은 인정하였다. 그렇지만 교부들은 재산의 소유와 사용은 공동체의 필요와 삶을 해치지 않는 범위 내에서만 사용이 가능하고, 공동체 사람들이 곤경에 처했을 때에는 그 사람들을 위해서 사용해야 한다는 단서를 달았다. 즉 사유재산권은 인정하지만 그것은 공동체 전체에 득이 되는한 용인되었다. 알렉산드리아의 클레멘스, 암브로시우스의 소유권 사상을 심도 있게 다룬다.

그 다음으로 우리는 중세 가톨릭의 소유권 사상 그리고 소유권 자체의 변화를 다룬다.

역사적 배경을 보면 12세기는 "개인의 시대"라고 불릴 정도로 사람들은 자의식에 눈뜨고 개인적 능력들과 권리들을 발달시켰다. 인구 증가로 토지 부족현상이 발생했고 소유욕도 커지고 덩달아 재산분쟁이 커졌다. 성읍들에서 상인들이 번창했고 상업이 꽃을 피우기 시작했다. 교환수단으로 돈이 유통되고 있었고 그 돈과 교환되는 재화들은 사적소유였다. 12세기에 영국에서는 부동산 관습법이 발달하기 시작했고, 점차적으로 영주와 임차인들의 관계를 변모시켰는데, 임차인들에게 그들이 점유한 토지의 사적소유권 비슷한 것을 주었다. 14세기 중반의 흑사병으로 인구가 급격히 감소하자 임차인과 노동자들이 부족해지고 그들은 사회적 지리적 신분상승의 전례 없는 기회를 갖게 되었다. 개인적 권리와 소유에 대한 의식이 커졌고 재산에 관한 법적 관념을 둘러싼 치열한 논쟁이 일어났다.

서양 중세에 신법(神法)과 자연법에 의하면 모든 것은 인간들에게 공동으로 주어졌다; 인정법(人定法, 세속법)에 의하면, 사물들은 개별적으로 소유되고 불평등하게 분할된다. 천국에서는 사유재산이 없고 모든 것은 공동으로 소유되고 땅의 산물은 자연스럽게 공유된다. 그러나 인간 본성이 죄로 인해서 타락한 후에 정부나 사유재산 같은 인간제도들이 필요해졌다. 그것들은 죄에 대해 신이 내린 속죄로서 그 타락한 상태에서 인간 삶에 질서를 줄 것으로 간주되었다. 그러므로 신법-자연법에서 재산은 공동소유이지만 현실 세계에서 통용되는 인정법에서는 재산은 사유재산이다. 5세기 초에 이미 성 아우구스티누스는 인정법의 사유재산권과 신법의 공동소유 간의 모순을 인식하고 이를 해결하려고 하였다 아퀴나스는 교부(教父)와 아리스토텔레스의 사상들을 결합시켜서 종합하는데, 그는 사유재산제를 옹호하면서 근면, 효율성, 그리고 평화-이 3가지 기초 위에서 사적소유는 공동선 및 자연법에 부합하는 것이라는 주장이 상세하게 다루어진다.

파리의 존과 존 포테스큐는 일종의 노동재산설을 주장한다. 재산은 노동의 결과로 소유된다는 주장이었다. 그의 이론은 인간 노동의 존엄과 가치에 관한 후대 사상의 선구이자 또한 사유재산을 신성화한다. 거기에는 지주와 임차인 관계가 없다; 그와는 반대로, '권리와 권한 그리고 지배권'을 가진 것은 개인들만 있는 세계를 가정한다.

그와는 대척점에는 수도원 운동이 있었다. 수도원은 공동생활체였고 개인의 사적소유는 금지되었다. 이들은 자급자족하는 생활을 영위하려 했고 기도와 노동을 하루의 가장 중요한 일과로 삼았다. 가령 베네딕트 교단의 일파인 시토회(Cistercian)는 가난과 기도 생활로 복귀하는 삶을 살려고 했다 그 결과 수도사들은 개인적으로는 사유재산을 포기할 수 있었지만, 그들은 엄청난 부를 쌓았고 그렇다고 그들의 단체 소유는 포기할 수도 없었고 또 그렇게 하지도 않았다. 빈한하고 금욕적인 생활을 목적으로 만든 수도원이 가장 부유한 곳이 돼 점점 더 쇠락의 길로 접어드는 과정이 다루어진다.

다른 한편 탁발수도회의 소유권 해법이 다루어진다. 탁발수도회는 단지 사적 소유만을 거부했을 뿐만이 아니라 공동소유도 거부했다. 그들의 소유권 해법은 개인적이든 단체적으로든 모든 재산을 포기하는 것이었다. 수사(修士)는 자신들을 위해서는 아무 것도 집이든 터든 그 어떤 것이든 전유할 수 없고 가난과 겸손 속에서 신을 섬기는 낯선 이와 순례자로서 적선을 청해야 한다고 명하였다. 그 무엇보다도, 프란체스코교단은 돈을 피해야 했다. 일하는 수도사는 주화나 그의 대용품을 대가로 받아서는 안 되었다. 주권과 사용권을 분리하여 현실적으로 발생하는 문제들을 우회하려 했지만 실패한 역사를 살핀다. 존 위클리프도 사유재산을 부정하고 왕을 신의 대리인으로 내세우는 소유권 사상을 설파했다. 신의 대리인으로서 공동선을 위해 재산을 관리해야 한다는 그의 사상을 다룬다.

중세에 영국에서 사적소유권 해법이 발생했는데 여기에는 헨리2세의 국왕법정과 순회재판 제도의 도입으로 재산소송에서 자유인이 왕실사법에 제소할 수 있게 됨으로써 영주의 사법권이 약화되고 사적 소유권이 뿌리를 내리게 되었다. 영국에서의 사유재산과 국가 과세가 병행하여 발달하는 과정을 살핀다. 여기에서 아퀴나스의 과세이론이 크게 작용한다. 왕국은 신민들의 사유재산을 보호하기 위해 존재하고 왕은 그의 신하들의 동의를 얻어 합법적으로 과세하여 납세된 돈은 공동선을 위해 쓰이도록 하자는 사상이었고 결국 이 사유재산제 및 세금 해법이 대세가 되었다.

다음에 우리는 재산과 인격 그리고 자유의 문제를 거론한다. 다른 누군가에 의해서 방해받지 않는다는 관념으로서의 자유라는 고전적 자유주의의 제 관점을 검토한다. 하이에크나 밀턴 프리드먼도 고전적 자유주의의 자유 관념을 받아들였는데, 우리는 이 자유 관념이 수동적인 관념일을 주목한다. 그와 대조되는 자유 관념으로서 경제학자 센의 역량으로서의 자유개념을 살펴보고 아리스토텔레스로부터 시작되는 역사를 섭렵한다. 아리스토텔레스처럼 칼 마르크스도 형식적 자유를 비판하고 실질적 자유, 적극적 자유를 옹호한다. 비슷한 관념을 제기한 영국 철학자 겸 정치사상가인 토머스 그린의 자유 관념도 소개된다.

먼저 재산의 개념의 역사를 추적한다. 개인과 사물간의 영국의 법학자인 윌리엄 블랙스톤의 "독점적이고 독재적인" 관계로서의 재산권의 정의에서 시작하여 재산은 사물로 구성되는 것이 아니라 사람들 간의 기본적인 법적 관계라는 호펠드의 재산관념에서는 재산은 개인들의 상호의존적인 복잡한 법적 관계의 집합이 된다.

다음으로 우리는 재산과 개인의 자유 간의 관계를 검토한다. 사유재산제도는 개인의 자유를 보호하고 인격 도야에 중요한 역할을 한다고 종종 주장한다. 사유재산은 개인의 자율성과 사생활을 보장하며 권력을 분배하고, 사람들이 자유로워지려면 필요한 자원에 대한 접근을 제공함으로써, 개인의 자극적 자유를 증진시킨다. 이를 정당화하는 의무론적 이론과 결과론적인 이론들을 살핀다.

우리는 철학자 헤겔의 재산과 인격 자유에 관한 사상을 살펴본다. 반동복고 철학자라는 오명과는 달리 헤겔은 《법철학 강요》에서 사유재산, 경제적 시장 및 대의민주주의라는 자유주의의 특징적 제도들을 옹호하는 한편 그것들에 내재한 약점을 극복하려는 방안을 제시하였다 헤겔은 사유재산이 개인의 인격 발달과 자유에 필수적이라고 주장한다. 헤겔은 우리의 개인성, 우리가 갖고 있는 감정과 욕망들은 대상을 소유하고 그것을 갖고 창조하면서 만족을 찾는 과정에서 특수화되고 구체화된다고 주장한다. 우리의 인권과 재산권은 이 활동에서 기원한다. 그는 인간의 자기 실현은 구체적인 활동을 통해서만 실현되는데 사유재산은 그런 활동의 전제조건이라고 본다.

그 다음으로 우리는 단체(corporation)의 소유권 문제를 검토한다. 현대 세계 경제는 단체들이 주도한다. 먼저 우리는 주주가치 이론의 역사와 배경을 살펴본다. 그 다음으로 팀생산 이론이 소개된다. 이 이론은 단체는 다수의 사람들이 모여서 협업하는 하나의 몸이기 때문에 책임과 공로를 판별하기 어렵다는 전제 하에 출방한다. 계약의 불완전성 때문에 계약상에 없는 문제에 대해서 그 자산에 대한 잔여 통제권을 갖는 자가 소유권자라는 이론이다. 그러나 단체는 법인격을 갖고 있고 주주들은 유한책임만 지며 주식은 양도 가능하고 이사회가 지배권을 행사하고 수명이 무한하기 때문에 주주들이 소유권자도 아니고 팀 생산 이론과 부합한다. 단체의 소유자는 바로 단체라는 주장이 소개된다.

그 다음에는 정약용의 경자유전 소유권 주장이 다루어진다. 이 경자유전 사상은 정약용에게만 고유한 사상이 아니라 사실상 서양 문명을 형성하는데 주요한 역할을 해 온 가톨릭 사상에서도 중심적인 역할을 해 해 왔음이 주목된다. 가톨릭 사회사상에서 현대 사회의 부조리와 갈등을 해결하는 중요한 수단으로서 소유권 문제를 다룬다. 이것은 "새로운 사태"와 같은 회칙에서 거론되는데 노동이 자본보다 더 우선한다는 원칙에 기초한다. 다른 한편 독일 예수회 사제 겸 경제학자인 하인리히 페쉬의 경제사상과 소유권 사상도 소개된다.

다음으로 우리는 허치슨의 양도불가권리와 노동재산설을 검토한다. 존 로크는 노동가치론과 노동재산설을 주장했다. 14세기 이태리 두아의 마르실리우스는 피치자의 권한 양도 동의라는 개념을 제시하였다. 마르틴 루터는 양심의 자유는 절대로 양도가 불가능하다고 주장하였고 양심의 자유는 양도불가권리라는 주장을 최초로 개진하였다. 그 후에 코틀랜드 계몽주의자인 프랜시스 허치슨은 다른 사람들에게 실제로 이전될 수 있는 사실상의 양도 가능한 재화들과 사실상 양도 불가한 재화들을 대비하는데 그는 개인적 판단 권리와 양심의 자유는 그 누구도 다른 사람의 감정, 판단 및 내적 느낌을 바꿀 수 없기 때문에 양도불가임을 논증했음이 상세하게 다루어진다. 마지막으로 이 양도불가논리를 노동에 적용하면 현재 단체제도에서 노동자들의 양도불가한 권리를 부당하게 박탈당하고 있음이 보여 진다.

다음으로 대안적 단체 소유의 여러 형태와 역사가 다루어진다.

우선 협동조합의 원칙들과 역사가 소개된다. 구체적인 사례로서 몬드라곤 협동조합이 거론된다. 그 다음 협동조합의 사례로서 클리블랜드 모델이 소개된다. 한국에서의 협동조합 역사도 간략하게 소개된다.

다음에는 종업원지주제가 소개된다. 켈소가 ESOP 개념을 창안하고 실행하게 되는 동기와 과정을 살펴보고 밑바탕이 되는 철학을 검토한다. ESOP이 근로자들과 지역사회의 부를 축적시키는 방법을 탐구한다.

01
고대에서의 소유권

고대 메소포타미아에서의 소유권

고고학적 증거에 따르면, 메소포타미아의 대부분에서 기원전 6000년대와 4000년대 사이에 가구는 생산과 소비의 주체였음이 명백하다. 가구 성원들은 친족들 그리고 자발적으로 노동을 제공하는 손님들로 구성되었다.

막스 베버는 고대 근동에서 가구가 가장 일차적인 조직이었다고 주장했지만. 불행하게도, 가구(oikos 대가산(大家産))의 중요성에 관한 베버의 강조는 거의 전적으로 잊혀졌다. Anton Deimel 신부는 메소포타미아 도시국가들은 신전 경제로서 노동과 토지를 통제하는 중앙집권적 권력을 행사했다는 이론을 주장하였고 그 제자인 Anna Schneider가 그 견해를 널리 퍼뜨렸다. 처음에는 신전이 나중에는 왕궁이 메소포타미아 도시국가들의 정치경제 조직에 대한 절대적인 권한을 행사했다는 관점은 지금도 가장 주류적인 견해로 남아 있다.

기원전 4000년대 말에 대규모의 기관 같은 가구들이 나타났다는 증거가 있다. 가구들은 현재 우리가 시장을 통해서 수행하는 생산적인 경제활동의 중심지였다. 기초적인 경제활동은 가구 안에서 행해졌고 가구는 사회조직의 중심이었다. 가구는 또한 더 큰 모든 사회경제 및 정치 단위의 기본 구성단위였다. 이웃, 마을 및 도시의 기본 구성단위로서의 가구는 근동에서 아주 오랜 역사가 있다. 가구의 진화는 근동에서의 사회질서 및 그 진화를 이해하는데 있어 초석이 된다. 아나톨리아, 이란 고원 및 레반트에서의 근동의 청동기시대의 대부분의 시기 동안에 가구는 소유권, 생산 및 소비에서 주요 제도였다.

우리가 지식을 얻는 출처는 점토와 때로는 돌 위에 쓰여진 문서다. 수메르에서 처음으로 법률 및 행정 서류작성을 위한 설형 문자로 기록되어 있으며, 기원전 4천년기가 끝날 때부터 사용되었다. 나중에, 기원전 약 24세기경부터. 셀레우코스시대까지 아시리아와 바빌로니아에서 유래한 셈족언어인 아카디아 어는 점차 메소포타미아뿐 아니라 고대 근동의 다른 지역에서도 계약의 언어가 되었다. 메소포타미아의 지배적인 토지소유권 체제와 관련하여 가장 유익한 본문은 그 무엇보다도 법률문서이다.

기원전 3200 –기원전 2500년– 텍스트 증거

고대 메소포타미아에서 기원전 2800년경에서 기원전 약 2400년 사이에, 마을 공동체 체계의 잔재들은 이 큰 기관 가구에 점차적으로 흡수되었다. 이 발달은 고고학적 지표면 조사를 통해 확립된 정착 패턴에 의해 나타난다. 기원전 3300년경과 2400년경 사이에 작은 시골 정착촌이 점차적으로 줄어들었지만 도시 정착촌은 상당히 증가했다.

기원전 4~3천년기(千年期)에 우루크와 젬데트 나스르 [Jemdet Nasr]의 대규모 기관 가구 관리와 관련된 다양한 작업을 기록한 문서 외에도 고유한 텍스트 본문을 통해 토지 소유에 대한 정보를 얻을 수 있다. 기관 가구(institutional household)란 신전과 같은 하나의 기관이 자급자족에 가까운 경제를 구성하는 것을 말한다. 이 텍스트들은 돌 위에 쓰여져 있다. 즉, 정제, 플라크, 비석, 조각상 등에 쓰여 있다. 그것들은 모두 밭의 측량면적을 언급한다. 이것들은 쿠두루[Kudurru, 경계석]이라고 불리는데, 검은 돌에 신상, 왕상, 신들의 심벌 등이 부조되어 있고 설형문자(楔形文字)의 명문(銘文)이 새겨져 있다. 명문에는 경계석의 소유주가 왕으로부터 면세특권이 주어진 것이 적혀 있는 수가 많다 경계석이라고 하여 경계에 위치할 것으로 오해할 수 있지만 사실. 경계석은 신전에 기탁되었다.

네부카드네자르 왕의 경계석

텍스트는 구 그룹과 신 그룹으로 나누어진다. 구 그룹에서 크기의 합계가 약 32~65 헥타르 (각 2회)에서 160, 350, 430, 670 헥타르에 이르는 밭들을 열거한다. 이 밭들은 "생계용 (밭)"으로 해석되거나 해당 밭의 관리 자격을 나타내는 부호 그룹으로 해석될 수 있다. 추가 단서조항으로 판단컨대 이 밭들은 기관 (즉, 신전) 가구와 연결되어있는 것처럼 보인다. 이 텍스트에는 나열된 밭들과 관련하여 그 기능이 밝혀지지 않는 개인들의 이름들이 언급된다.

신 그룹의 표본 중 잘 보존되어 있고 이해하기 쉬운 표본들이 있다. 그들은 모두 동일한 구조를 가진 몇 개의 개별 섹션으로 구성된다. 가장 단순한 형태로, 그것들은 밭의 측량면적, 은 또는 구리의 중량 그리고 한 사람의 이름 그러나 더 자주 다수 사람의 이름들로 구성된다. 좀 더 정교한 양식은 은, 구리 또는 기타 상품의 무게를 gdm으로 규정한다. 이 단어는 BC 2250년경 이후 수세기의 판매 계약에서 "등가" 또는 "가격"의 의미로 사용되었다. 밭의 면적, 매도인(보통 여러 사람), 매수인(보통 한 사람), 증인이 거론된다.

신 그룹 돌문서(쿠두루 kudurrus) 그룹의 거래 대상 밭 플롯의 크기는 대개 작다. 그 중 많은 부분은 6.35헥타르 (1 biir) 미만으로 측정되며, 몇 백 년 후 낮은 지위의 사람을 위한 생계유지용 밭의 평균 크기다. 플롯 크기는 5~7명 가족의 생계를 보장하기에 충분하다고 간주되었다.

거래에는 밭을 포기하는 사람들은 보통 여러 사람이다. 밭의 수령자가 언급될 때마다, 그것은 단 한 사람이다. 이 사람은 일반적으로 지배 엘리트 구성원이거나 기관 가구의 일원이다. 그러므로 그런 거래가 일어난 사회 경제적 상황은 매수자는 기관 가구이고 매도인은 불특정 집단이라고 볼 수 있다. 이 돌 문서에 기록 된 거래는 일반적으로 판매 거래의 기록으로 보고 있다. 기원전 2600년경 이후 돌 문서에 쓰여 진 것과 같은 거래도 점토판에 점점 더 많이 기록되었다. 그것들의 대부분은 구루파크(guruppak) (현대의 파라Fara)에서 왔다. 돌 문서와는 달리 점토판은 밭의 양도뿐만 아니라 집의 양도를 기록한다. 그러나 과수원의 양도 기록은 없다.

따라서 돌문서나 점토판에 기록된 경작지의 양도 또는 매각은 지배 엘리트 구성원이나 그들이 가장 많이 대리했던 기관 가구 구성원의 손에 의한 토지 과점을 반영하는 것으로 볼 수 있다. 이 토지 과점이 마을 공동체 체제가 점진적으로 사라진 원인일 것이다. 성숙한 로마 또는 유럽대륙법의 배타적인 의미에서서 개인 사유재산은 그 출처에서 발견될 수 없다.

인구의 대부분은 경제적 기반, 즉 마을 공동체의 경작지를 빼앗겨 기관 가구 경제에 통합되었다. 따라서, 대다수의 사람들은 이 가구들의 구성원으로서 가산(家産) 신민이었다. 그들은 개별 가구 단위의 물질적 생식을 보장하고 전체사회를 보장하는데 필요한 노동력이었다. 농업생산과 목축은 이 기관가구 내에서 공동으로 수행되었다. 그 생산물은 일일, 월별, 또는 연간 배급의 형태로 중앙에서 집계되어 저장되고, 가구원들에게 재분배되었다.

구바빌로니아 시대

바빌론 역사의 전면에 화려하게 등장한 것은 B.C. 2000년경 시리아에서 아모리인들이 들어오면서부터였다. 셈족 계열의 아모리인들은 바빌론을 근거지로 삼고 B.C. 1894년에 바빌로니아 왕국을 건국했다. 그 후 B.C. 1792년에 즉위한 제6대 함무라비 왕은 강력한 힘을 바탕으로 주변 국가들을 제압하고, 메소포타미아 전 지역을 자신의 지배하였다.

기원전 19세기 초반의 충적 평원의 북부에서 점점 더 많은 법적 및 행정적 문서가 발견되었는데. 민간 개인이 다른 개인에 대해 밭을 판매했음를 알려주는 수많은 문서들이 보인다. 이러한 유형의 문서는 기원전 17세기말까지 계속된다. 법적 서류 중에는 주택, 과수원 및 밭에 관한 약 800건의 판매 계약이 있다. 그 중 상당 부분이 한 민간 개인에서 다른 민간 개인으로의 밭 판매에 관해 다루고 있다. 또한 상속 문서는 밭이 한 세대에서 다음 세대로 세습되었음을 나타낸다. 또한 개인은 다른 개인에게서 밭을 임차하고 채무 또는 대출을 확보하기 위해 담보로 밭을 제공했다. 관련 계약서의 약정서는 제 3자가 담보로 제공된 밭에 대한 권리 또는 주장을 보유하고 있음을 나타내지 않는다. 우리는 이것을 저당 잡힌 밭이 사적으로 소유되었다는 증거로 받아들일 수 있다.

그러나 충적 평지의 남부에서. 구(舊)바빌론 시대에 경작지의 개인 소유권은 아무런 역할도 하지 않거나 미미한 역할 밖에 하지 못하였다. 민간 개인들 사이 상속에서 밭이 언급되지 않고, 대부 시에도 담보로 제공된 밭이 언급되지 않거니와, 밭 매매를 기록한 문서가 없는 것으로 보아서 밭의 개인 소유권이 없었음이 확실하다. 매매계약은 대부분 주택과 과수원에 관한 것이다. 따라서 극소수의 매매 계약에서 이끌어낸 종합적인 증거에 따르면, 아버지의 부동산의 분할을 기록한 문서에 밭이 거의 나오지 않고 밭 임대계약 및 담보에 관한 논의에서 나온 증거를 보건대, 민간 개인의 밭 소유권은 매우 제한된 범위에서만 존재했다고 보는 것이 타당하다. 특히, 아버지의 부동산의 분할을 기록하는 문서 그리고 채무 증서 및 기타 관련 계약서에 담보로 잡힌 밭이 거의 언급되지 않는 것이 가장 중요한 증거로 보인다.

기관 가구에 의해 통제되는 경작지에 관해서는, 당대의 법률 및 행정 문서–법률 및 행정 문서와 문자는 세 가지 유형의 경작지를 식별한다.:

생계용 밭, 농업 기업가 또는 소작농에게 임대되는 밭 및 궁전이 갖고 있으면서 자체 농사꾼에 의해 재배되고 두 가지 유형의 밭을 위해 예비 토지로 사용된 밭, 생계용 밭 또는 소작용 밭이 아닌 것은 모두 농업 기업가에게 맡겨졌다. 이러한 밭들은 3,400헥타르에 달할 정도였다. 기업가들은 종자와 쟁기질 동물을 위한 사료를, 밭을 경작하는데 필요한 노동력을 고용하기 위한 은을 받기까지 했다. 이 계약은 매년 갱신된 것으로 보인다.

작은 개별 플롯에서 농업 생산이 이루어졌다. 이 땅은 소작 또는 생계용 밭으로 제공되었다. 인구의 대다수는 이 두 가지 형태의 토지 보유에 따라 생계를 유지했다. 소작과 생계용 밭 사이의 양적 분포는 아직 알려지지 않았다. 소작농에 대한 유일한 의무는 궁전의 필요에 따라 보리를 생산하는 것이었다. 제공된 생계용 밭에 대한 대가로 그러한 밭의 보유자는 군대와 비군사적인 부역노동을 제공할 의무가 있었다. 후자에는 관개시스템을 건설하고 유지하는 것뿐만 아니라 요새와 궁전 같은 토목공사 부역도 있었다. 낮은 계급의 한 사람에게 할당된 생계 토지는 대개 약 6.35헥타르의 크기였다. 그런 밭에서 최소 6명에서 7명 정도의 평균 가족이 먹고 살아야 했다.[64]

고대 메소포타미아에서의 소유권에 관한 사항을 요약하면 다음과 같다.

먼저, 고대 세계들에서 토지 소유권은 용익권-토지의 과실을 사용할 수 있는 권리를 통해서 제 1차적으로 분배되었던 것으로 보인다. 그렇지만 그것을 팔거나 심각하게 변경시킬 권리(처분권abusus)는 없었다.

농촌 토지는 대부분 양도불가였던 것으로 보인다. 그것은 매매되지 않았고 세대를 통해서 가족에게 세습되었다. 만일 빚 같은 것을 통해서 토지를 포기해야만 했으면, 빚 면제 기간에 원주인에게 되돌려졌다. 그와는 대조적으로 도시의 건물들과 토지들은 자유롭게 매매된 것으로 보인다. 그렇지만 그 가격은 수요공급에 의해서도 좋은 입지에 의해서도 결정되지 않았다.:

상이한 종류의 토지들이 있었다. 농촌의 생계용 토지는 양도불가였지만, 과수원, 야채밭, 또는 숙박소 같은 토지들은 양도 가능했다.

농촌 토지는 일시적으로 양도될 수는 있지만, 되돌려져야 하는 것으로 생각되었다. 토지의 영구적인 판매는 오직 도시에만 국한되었다. 생계용 토지가 대부분의 가족들의 기초적인 부양수단인 한 그것은 매매되거나 양도될 수 없었다. 그러나 도시의 타운하우스(숙박소)는 이런 역할을 하지 않았다. 이런 재산들은 더 자유롭게 이전될 수 있었다.

생계용 토지는 세대를 통해서 세습되었다. 소유권은 절대적인 소유권이라기보다는 토지의 생산물에 대한 권리였다(용익권). 토지는 개인이 아니라 가족/가구에 의해 소유되고 유지되었다.

대부분의 토지 이전은 농장 전부가 아니라 생계용으로는 작은 한 마지기 땅이었다.

도시 지역의 여관, 상점, 과수원, 텃밭 등은 매매될 수 있었다. 그렇지만, 그 입지와 가격 사이에는 거의 아무런 관계도 없어 보인다.

부역[賦役 corvee]과 토지 소유권

고대에는 노동력이 부족했다. 노동력은 생산을 늘리는 데에만 필요했던 것이 아니라 군대에도 필요했다. 밭을 일구고 개간하고 경작하고, 관개시설이나 도시 성벽 쌓기 같은 대규모 토목공사들에도 노동력이 필요했다. 따라서 고대 국가들은 더 많은 노동력을 확보하려고 애를 썼다. 더구나 전쟁에서는 병사 수가 많은 쪽이 이길 개연성이 더 높았다. 그러므로 고대 메소포타미아 국가들은 노동력을 확보하기 위해서 거주 이전의 자유를 제한했을 뿐만 아니라 그들의 센서스를 조사하고 세금을 걷기 위해서 정교한 문자 체계를 개발했다. 도망갈 곳이 많았음으로 지배자들은 부역에 동원할 장정들에게 인센티브도 제공하였다. 그래서 그들은 부역의 대가로 토지를 제공하였다. 부역[賦役]이란 "국가나 공공단체가 백성에게 공과(公課)하는 노역(勞役)"을 가리킨다. 토지소유권은 이러이러한 플롯 크기를 가진 사람은 공공시설에서 일할 주어진 수의 노동자를 공급해야한다는 원칙에 따라 배분되었다. 그래서 토지 권리의 기원은 조세 지불(즉, 부역의무)에 의해 정의되었다.

특정 크기의 특정 토지에 대한 권리를 얻기 위해서는 그러한 시기에 약속한대로 부역 공사에 그만큼의 노동력을 제공해야 한다. corvee는 프랑스 단어다. 왜냐하면 돈 지불 대신에 노동의 형태로 된 부역 세금이 프랑스의 18세기를 통해 지속되었기 때문이다. 화폐 경제 전에 그것은 중세 유럽에서는 전형적이었다. 생계 토지를 소유한 사람이나 이런저런 형태의 자신의 토지보유 또는 방목지를 소유한 모든 사람들은 대규모 토목공사에 그만한 수의 노동자를 공급해야한다.

그러한 노동력을 공급으로 토지 소유권이 생기는데 이는 그 토지 소유권에 대한 최초의 "세금"의무였다. 국가에게 있어서 세금을 책임 진 사람은 주인이었다. 재산은 공적 의무를 이행하기 위해 그것을 관리할 권리가 있다는 의미에서 부역 제공자에게 속했다. 이것은 토지 소유자가 토지를 개간하고 개량하는 투입노동에 의해서 토지 소유권을 갖게 된다고 주장한 로크의 논리와 정반대이다. 토지의 권리는 군대 및 토목공사 코르베 노동을 공급할 의무와 관련이 있었다. 물론 소작농에게는 부역 의무가 부과되지 않았다.[65]

로마법 소유권 개념

소유권의 절대성과 나폴레옹법전

현대에서 소유권[ownership,所有權]이란 "목적물을 전면적 일반적으로 지배하는 권리이다. 소유자는 소유물을 법률의 범위 내에서 자유로이 사용 수익 처분할 수 있다."[66]

그러므로 소유권은 그 목적물을 자유롭게 사용하거나 또는 사용하지 않을 권리를 갖는 물질적 재화에 대한 배타적인 점유(possession)를 향유하는 개인의 권리라고 말할 수 있다. 따라서 소유권은 하나의 사회적 관계로서 어떤 물건의 사용과 처분 그리고 그 물건에서 나오는 과실에서 타인들을 완전히 배척할 수 있는 배타적이고 무제한적 권리라고 말할 수 있다.

현재 한국에서 소유자는 법률(法律)의 범위 내에서 소유물을 사용·수익·처분할 수 있다(민법 제211조). 사용·수익은 목적물을 이용하거나 목적물로부터 발생하는 과실(果實)을 수취함으로써 사용가치를 실현하는 것이며, 처분은 소비(消費)·파괴(破壞) 등의 사실적 처분과 양도(讓渡)·담보제공(擔保提供) 등의 법률적 처분을 통하여 교환가치를 실현하는 것이다. 토지(土地)소유권은 정당한 이익이 있는 범위 내에서 토지의 상하에 미친다(동법 제212조).

근대국가(近代國家)에서는 소유권의 절대성(絕對性)을 인정하였는데, 이는 1804년 나폴레옹 1세 때 제정·공포된 프랑스 민법전인 나폴레옹법전[一法典Code Napoléon]에서 기원한다. 나폴레옹 1세는 1807년 법률로써 이 민법전을 '나폴레옹법전'이라고 개칭하였다. 3편 2,281조로 이루어진 이 법전이 채택하고 있는 소유권의 절대성, 계약자유의 원칙, 과실책임주의 등은 근대시민법(近代市民法)의 기본원리로서 그 후에 제정된 각국 민법전의 모범이 되었다.

나폴레옹법전에서의 소유권의 절대성에 관한 조항은 제544조, 제545조, 제546조에 나온다.

제544조:
재산은 법령에 의해 금지된 방식으로 사용되지 않는다면 가장 절대적인 방식으로 물건을 즐기고 처분할 수 있는 권리를 말한다.

제545조:
공익을 제외하고는, 그리고 정당한 이전 보상을 받지 않고는, 아무도 그의 재산을 포기하도록 강요받을 수 없다.

제546조:
사물의 재산권은 부동산이건 동산이건 관계없이 자연적이든 인공적이든 모두 그것이 생산하는 모든 것에 대해 권리를 부여하며, 또한 그와 연관된 모든 것에 대해 권리를 부여한다.
이 권리를 "획득권 right of accession"이라 한다.

나폴레옹 법전의 이러한 소유의 절대성 개념은 로마법의 도미니엄

[dominium]에서 직접적으로 차용된 개념이다.

로마법의 시작

로마를 건국한 후에 로뮬루스는 모든 시민들에게 2유게라(iugera) = 약 1에이커의 땅을 나누어 주었다. 이것은 한 가족이 먹고 살 식량을 제공할 수 있는 정도의 땅이었다. 전쟁과 정복을 통하여 공유지는 점점 확대되었고, 귀족들은 불법적으로 그것을 전유하는 일이 빈번했다.

토지의 사적 소유와 점유 덕분에 귀족들은 평민들(plebeians)로부터 서비스와 지대를 강요할 수 있게 되었다. 공유지를 전유하여 몇몇 가문들은 귀족으로 상승할 수 있었다.

평민들은 소농으로서 작은 농지를 소유하였다. 그렇지만 정복 전쟁의 결과로 생긴 새 토지는 귀족 정치 권력자들이 독점하는 경향이 있었고 따라서 갈수록 빈부격차는 커졌다. 귀족들은 정복으로 생긴 새 토지를 임차하거나 구매할 돈이 있었고 많은 노예들을 얻을 수도 있었다. 노예들은 자유노동보다 더 저렴했고, 군인으로 차출되지 않았기 때문에 계속해서 밭을 가는데 쓸 수 있었다. 평민들은 공유지를 이용하고 싶어 했지만, 그것들은 점점 더 귀족들이 독차지하게 되었다. 그러므로 평민들은 조직을 결성하여 호민관(tribuni)을 선출하여서 귀족들이 지배하는 국가에 대해서 정치경제적 요구들을 하였다.

평민들은 귀족들이 행정관직을 독점하는 것을 비난하였다. 그들은 또한 빚으로 인해서 노예로 전락하는 위험을 제거하길 원했다. 그들은 국가가 민회의 결정들을 법의 효력을 갖는 것으로 인정하기를 원했다. 그들은 또한 귀족과 평민 간의 결혼을 금지하는 것을 폐지하기를 원했다.

귀족들 간의 결혼으로 부가 점점 더 집중되었기 때문이었다. 최초의 민회는 기원전 494년에 열렸고 평민들은 양보를 얻어내기 전까지는 로마로 돌아오지 않겠다고 하면서 로마를 떠났다.

평민과 귀족간의 갈등은 12표법이 제정되면서 일단락되었다. 귀족과 평민간의 결혼 금지는 폐지되었고 평민들은 이론상으로는 행정관직에 선출될 수 있게 되었다.; 호민관도 평민 중에서 선출될 수 있었지만, 400B.C까지는 오직 2명이 그리고 400B.C~367B.C 사이에 오직 7명의 평민만이 호민관으로 선출되었다.

BC 367년에 리키니우스 법이 호민관 리키니우스(BC 4세기)와 섹스티우스의 제안에 따라 통과되었다. 국유지 점유 면적을 1인당 500유게라(1유게라는 약 2~3에이커)로 제한하며, 국유지에서의 방목가축수(放牧家畜數)도 소는 100마리, 양은 500마리로 제한하여, 공동체 내의 빈부의 차를 줄이는 데 목적이 있었다. 대지주들은 그들의 농장에 자유노동자나 농지가 없는 농민들을 일정 비율 고용하도록 법적으로 강제되었다. 그러나 소유권의 절대적 성격은 그대로 남았다. 소농도 대농도 소유권의 절대적 성격에 의문을 제기하지 않았다

로마법의 소유권의 성격과 재산 구분

로마법에서는 소유권은 절대적으로서 물리적 대상에 대한 무제한의 권리이고, 이 권리를 갖는 자는 누구든 그가 소유하는 것이 어디에 있든, 누가 그것을 점유하든지간에 그것을 주장할 수 있고 소유권은 신성불가침이었다. 법적으로는 약간의 제한이 있었지만, 이론적으로나 철학적으로 이 권한(dominium 또는 proprietas)은 거의 무제한적이었다. 어떤

것에 대해 “Meum est 그것은 내 것이다.”라고 말할 수 있는 자는 “갖거나 점유하거나 사용하거나 향유하거나 원하는 대로 할 수 있는” 힘을 그것에 대해 갖는다.

구로마법에서 ius(권리)는 로마의 독특한 권리인 ius Quiritium(시민권)으로서 로마인, 오직 로마인만이 법적 허락이나 제지 없이 그러한 권리를 주장하는 이러한 것들에 대해 여러 가지 행동을 취할 수 있다는 사실에 대한 약어이었다. 그는 주인(dominus)이자 집안의 지배자였고, 가장(paterfamilias)이었다. 시민권 (Ius Quiritium)은 가장 엄밀한 의미에서 로마 법원에서 그에 대한 소송의 근거가 될 수 없는 가능한 활동들의 범위를 나타내는 특권이었다.

가능한 활동 범위는 무엇이었나? 그것은 매우 절대적인 용어로 기술되어 있으며, 3권 ius utendi fruendi abutendi(사용권, 수익권, 처분(남용)권)이라는 특권, 즉 물건(res)를 그것의 몸을 온전히 그대로 유지하면서 사용하고(utendi), 그것의 몸을 줄이거나 늘리면서 그것을 사용하는 특권 (fruendi), 그것을 완전히 소비하고 따라서 특정 물건(res)로서의 효과적인 존재를 종료하는(dbutendi) 특권들로 이루어진다. 이것들은 구체적인 대상에 대해 권한을 행사하는 3가지 권한이며, 지배권dominiun “소유권”, “타이틀”, “재산”은 이 권리들만의 합계를 의미하고 다른 어떤 것도 의미하지 않는다.[67]

재산은 수중물(手中物, res mancipi)과 비수중물(res nec mancipi)로 구분되었다. 12표법이 제정된 후에는, 수중물에는 토지, 노예, 역축 등이 속하였고, 그 외의 것들은 전부 비수중물에 속하였다. 소유자의 중요한 재산인 수중물는 사회가 그 개인이 갖는 그의 소유권을 엄숙하게 인정한 물건들로서 엄숙한 소유권 양도(mancipation)의식에 의해서만 이전될 수 있었다. 이 의식에는 그 물건을 물리적으로 움켜쥐는 제스처도 포함되어 있었다. 로마법에서 재산 즉 소유된 어떤 것은 단지 물리적 개념이 아니라 경제적 개념이기도 했다. 그것은 일종의 부이자 자산이었다. 그러므로 노예제는 물권법(law of things)에서 다루어졌다. 노예들은 일종의 자산, 경제적 물건이었다.

그러나 이 배타적인 의미의 지배권(dominium)은 실제로 어떤 물건에 관해서만 적용되었고 결코 모든 것에 대해 유효하지 않았다. 그것은 경제적으로 가장 중요한 두 가지 종류의 사물, 노예 및 땅과 관련하여서는 모든 가능한 활동 중에서 한참 못 미치는 활동들로 구성되었다. 여하튼, 로마제국 초기에 시작하여, 노예에 대한 부당한 대우는 점점 제한되었고, 그들을 완전히 죽이는 것은 전적으로 금지되어 있었다. 토지는 이웃 토지의 존재에 의해 많은 제한을 받았다. 이웃 토지가 공공도로인 경우 특히 그러했다. AD43년의 원로원의 결의(Senatus Consultum)에 의해서 건물은 투기를 위해 파괴 될 수는 없다. 그 탁월한 배치의 덕택으로 ius utendi(이용권) fruendi(수익권) abutendi(남용권)는 오히려 로마 지배권의 요소가 실제로 무엇인지에 대한 진정한 진술이라기보다는 소유권 개념에 대한 분석이라고 볼 수 있다.[68]

초기 교부들의 사유재산권 사상

초기 교부 시대의 사회경제적 조건들

교부들이 재물과 재산권의 의무에 대해 말하는 엄한 어조를 이해하기 위해서는 그들이 살았던 사회 세계가 우리 시대와 크게 다르다는 것을 이해해야 한다. 로마제국시대에는 정복된 땅의 약탈, 과도한 세금 징수, 과도한 고리대금 착취, 무방비 상태의 과부와 고아의 착취 및 기타 수단에 의해 너무나 빈번하게 재산이 획득되었다. 그 결과 대중의 마음속에는 큰 재산은 더러운 수단을 통해서 획득된 것이라는 생각이 있었다. "부자는 부당한 사람이나 그런 사람의 상속인 중 하나다."라는 속담이 있을 정도였다.

인구의 상당 비율이 각종 질환에 시달렸고 일거리가 부족하여 곤궁한 삶을 살았고 부자들의 자선 및 지방 성직자들의 호의에 의지하여 겨우 연명하였다. 각 교회는 자발적으로 기부금을 받아서 가난한 사람들을 위한 기금을 마련했다. 중세 시대에 영광스런 꽃을 피운 다양한 은닉성역(隱匿聖域), 병원, 지원국이 그 당시에는 번창하지 않았다. 따라서 초기에는 부유한 개인들은 가난한 사람들을 도우라는 직접적이고 긴급한 의무가 주어졌다. 그래서 교부들은 부자들의 권리와 특권보다 재산 소유자의 의무에 더 관심을 가졌다.[69]

초기 교부들이 활약하던 시대는 로마제국 말기로서 토지를 소유하면 귀족이 될 수 있었고 귀족이 되면 다시 더 많은 토지를 획득하여 부와 권력이 집중되는 현상이 발생했다.

교회들은 3세기에 이미 토지들을 획득하기 시작했는데, 처음에는 예배소(禮拜所)와 매장지만 매입했을 것으로 보인다. 원시교회에서 성직자들은 자신의 성직 외에 다른 일을 하여서 생계를 꾸려야 했다. 그렇지만 3세기 중반이 되면 지주들이 헌납한 토지들이 쌓이면서 기독교 주교들과 성직자들은 성직록(聖職祿.benefices)을 받고 전업성직자로 일하기 시작했다. 4세기가 되면 교회들은 로마황제들과 후원자들에게서 기증을 받고서 벽지의 땅들을 획득했고, 성직자의 지위가 하나의 직업이 되면서 많은 성직자들은 지주가 되었다. 사실상 그 당시는 농경사회였기 때문에 주로 지주계급이 모든 전문 직업군에 진출했다. 지주들은 관직, 법률, 교회, 의료, 교직 및 군대로 들어갔다. 당시에는 절대적 소유권 덕분에 단지 토지를 소유하기만 해도 노후 보장이 될 수 있었다. 433년에 제정된 법에 의하면 성직자가 죽으면 그 땅은 교회로 넘어가도록 되었다. 농노 소작농들은 빌린 포도밭에서 수확된 포도의 2/3에서 3/4를 지주에게 바쳐야 했다. 다른 소작농들은 수확한 농산물의 50%를 바쳤다. 일은 고되었다.

초기교부들의 소유권 절대의 원칙에 대한 사상

교부[Father of the Church, 敎父]란 '교회의 아버지'라는 뜻으로 5~8세기경까지 기독교 교리(敎理)의 정립과 교회의 발전에 이바지하면서, 신앙이나 교회생활에 중대한 영향을 미친 사람들을 가리킨다. 중세가 되기 전의 그리스도교 저술가 중에서 정통적인 교의를 신봉하고 경건한 생활을 했기 때문에 교회의 신앙의 증인으로 교회에서 인정한 사람을 말하며, 크게 그리스문화권의 그리스 교부와 라틴 문화권의 라틴 교부로 나뉜다. 교부로는 바실리우스(바실), 닛사의 그레고리우스(그레고리), 나지안주스의 그레고리우스 등 카파도키아의 3교부를 비롯해 저명한 저술을 남긴 디오니시오스에 이르기까지 많은 사람이 있고, 라틴 교부로는 암브로시우스(암브로스) · 아우구스티누스(어거스틴)가 특히 유명하다. 이를 교부들의 저술이 중세를 거쳐 오면서 그리스도 신학과 사상에 큰 영향을 주었다.

소유권에 대한 신약 성경의 가르침은 무엇인가? 신약은 막대한 재산의 소유가 일반적으로 구원의 장애물이며, 육욕, 자만심, 하느님에 대한 소홀, 곤경에 빠진 사람들의 필요에 대해서 무관심하게 되는 경향이 매우 강하게 된다고 가르친다.

교부들은 소유자는 재산의 절대적 소유주가 아니라 그 재산의 청지기라고 가르친다. 교부들은 사유재산을 부정하지는 않았다. 단지 로마법에서처럼 소유권의 절대성을 인정하지 않았을 뿐이다. 대지의 부는 신이 인간들에게 나누어 준 것이 아니라 인간 전체에게 주었고 개인적으로 사용하라고 준 것이 아니라 공동에게 사용하라고 주었지만 실제에서 그것의 소유와 사용은 개인적이 될 수밖에 없음을 교부들은 인정하였다. 그렇지만 재산의 소유와 사용은 공동체의 필요와 삶을 해치지 않는 범위 내에서만, 공동체 사람들이 곤경에 처했을 때에는 그 사람들을 위해서 사용해야 한다는 단서를 달았다. 사유재산권은 신이 허락했지만 그것은 절대적인 소유권이 될 수 없고 신의 뜻에 따라야 하고, 공동체 구성원들의 복리에 기여하는 방식으로 이용되어야 한다. 부자가 아니라 탐욕스런 부자를 바울은 천국에서 배제했다. 사유재산의 권리, 심지어 노예에 대한 사유재산권에 대해서도 의문을 제기하지 않는다. 그러나 모든 형태의 재산보유자는 재산을 소유하여 그 재산이 다른 사람뿐만 아니라 자신의 영적 및 현세적인 복지에 공헌해야 되는 자신의 엄격한 의무를 상기해야했다. 그는 모든 사람이 작은 것으로 만족하고, 부를 추구하는데 마음을 쏟지 않을 것을 권장한다.

알렉산드리아의 클레멘스의 소유권 사상

알렉산드리아의 클레멘스(Clement of Alexandria, 150-215)는 알렉산드

리아 학파의 기독교 신학자였다. 클레멘스는 개종(改宗)하기 전에 각지를 편력하며 철학과 기독교를 배웠다. 알렉산드리아에서는 판타이노스(Pantaenus)에게 사사하여, 그의 뒤를 이어 알렉산드리아 교리문답 신학교의 수장이 되었다. 클레멘스는 그리스의 철학적 전통들을 기독교 교의와 결합시켰다. 그는 일종의 기독교 플라톤주의(Christian Platonism)를 전개하였다.[70]

클레멘스는 사유재산권은 정당한 권리로 보았다. "어떤 부유한 사람이 무엇을 구원받을 수 있는가? "라는 글에서 그는 재물의 소유가 그 자체로 잘못이 아니며 구원에 장애가 될 필요가 없다고 말하였다. 부자가 천국에 들어가는 것보다 낙타가 바늘구멍을 통과하는 것이 더 쉽다는 그리스도의 말씀(누가복음18장 24절)을 부자가 구원을 받지 못한다는 말이 아니며 단지 영적인 삶을 질식시키는 재산에 대한 물욕과 근심걱정을 없애라는 뜻으로 한 말이라고 그는 보았다. 예수는 재산을 버리라고 말한 적이 없으며 사람은 가난하면서도 여전히 욕심의 노예가 될 수 있고 재산을 탐할 수도 있기 때문에 재산의 유무가 구원과는 큰 연관이 없다고 보았다.

태초에 사유재산권이 주어졌다고 보지는 않았지만 시간이 흐르면서 합법적인 기초 위에 세워진 것으로 그는 보았다. 그렇지만 클레멘스는 사유재산이 발생한 이유는 인간들의 자기 것을 가지려는 욕심에 대한 양보에 불과하다고 보았다. 그는 태초의 평등한 조건으로 회귀하는 것이 이상적인 상태라고 보았지만 그것은 실현될 수 없는 이상임을 잘 알고 있었다. 비천한 사람들의 사랑에 관한 설교에서, 부유한 청중들에게 자연에서 모든 사람들에게 독같이 비와 햇빛을 보내고 짐승과 새와 물고기가 땅과 바다의 열매에 공통적으로 접근 할 수 있게 한 신의 길을 모방하도록 촉구하면서, 그는 종종 불필요한 사람들을 잔인하게 무시하여 축재하는 관습은 태초에는 존재하지 않았다는 것을 상기시킨다.[71]

클레멘스는 사유재산을 인정하는 한편 그것은 그 소유자의 자립을 보장하고, 공동체의 협동을 촉진하는 한에서만 정당성을 가질 수 있다고 보았다. 당시에 유행하던 절대적인 금욕과 로마의 절대소유권 철학을 거부하고, 클레멘스는 물질적 재화들은 "신, 주는 이"의 선물이라고 엄숙하게 천명한다. 많은 이들이 빈곤에 찌드는 가운데 소수가 사치스럽게 사는 것을 비난하면서 부를 생산하는 자원은 모든 이가 공동으로 사용해야 한다고 그는 말한다.

「교육자 paidagogos」에서 재산의 목적은 그 소유자가 그것으로 자립할 수 있다는 데 있는 것이고, 다른 사람들이 가난한 상황에서 사치품은 불의하다고 천명한다.:

"구원에 관심을 가진 자들은 모든 재산은 사용하기 위한 것이고 모든 점유는 자급자족을 위한 것이라는 것을 그들의 제1원리로 받아들여야 한다. 그들의 창고에 있는 물건들에 기뻐하는 자들의 탐욕은 바보스럽다."

클레멘스는 재산을 그것이 한 사람이 "자신의 것"이기 때문에 마음대로 할 수 있는 어떤 것으로 간주하는 것은 본래적인 인간성에 반한다고 주장했다. 신은 인간을 사회적 존재로서 다른 사람들과 협동(코이노니아,Koinonia)하는 것이 필요하게 만들었다. 본래적인 인간으로서 행위하려면 인간은 사회적인 방식으로, 또는 공동체 정신에서 행위해야 한다. 이런 태도를 갖고서 이런 식으로 행위하는 사람은 완전(teleios)하다고 그는 말했다. 코이노니아(Koinonia)는 협동 또는 친교를 뜻하는 그리스어(κοινωνία)를 영국식으로 표기한 낱말이다.

그에 따르면, 신은 "우리에게 우리의 소유물을 사용할 권한을 주었지만" 그것은 절대적인 권한이 아니다. 사유재산권은 필요한 한도 내에서만 그런 권한을 갖는다. 물질적인 부를 사용할 수 있는 인간의 권한은 한계가 있다. 인간의 소유권은 본질적으로 공동체 구성원들의 협동을 육성하기 위한 수단으로 그는 보았다. 이는 재산권에 관한 일종의 기능주의적 관점이라고 볼 수 있겠다. 만물들의 유일한 절대적인 소유자는 "신, 주는 이God the Giver"밖에 없다. 그리고 "그가 그것들의 사용을 승인하는 것은 이 조건 위에서이고, 그는 그것들이 공유되어야 한다는 단서를 단다." 모든 재산과 모든 재화의 진정한 본성은 모든 사람의 필요에 부응하여 사용되는 것이다.[72]

요약하면 클레멘스는 사유재산은 일종의 필요악으로 발생했지만, 그 소유권은 절대적이이 아니고 오직 "신, 주는 이"만이 절대적 권한을 가지며, 인간의 사유재산은 그 소유자의 자립을 보장하고 공동체 구성원들 간의 협동을 강화하는 조건 한에서만 정당하다고 보았다.

암브로시우스의 소유권 사상

암브로시우스(Sanctus Ambrosius, 340년?~397년 4월 4일) 또는 성 암브로스(Ambrose)는 4세기에 활동한 서방 교회의 4대 교부 중 한 사람으로서 법률가이자 밀라노의 주교이다. 아리우스파에 맞서 정통 기독교의 전례와 성직에 대한 개혁을 이룩한 사람으로 잘 알려져 있다. 기독교의 성인이며 교회박사 가운데 한 사람이다.

원래 법률가로 일했는데, 32살 때에는 로마 황제 발렌티니아누스 1세에 의해 에밀리아와 리구리아 지역의 집정관이 되어 로마 제국 서부 지역의 행정적인 중심지인 밀라노에 주재했다. 당시 밀라노에는 새로운 주교의 임명을 두고 아리우스파와 보편교회 사이에 심각한 의견 대립이 있었다. 주교직에 대한 경합은 매우 격렬했으며 암브로시우스가 중재를 맡게 되었다. 양쪽 진영 모두에서 존경을 받았던 그가 마침내 주교에 임명되는 결과가 나왔다.

그는 사유재산권은 정당한 것으로 보았다. 재산은 악용하면 문제지만 그것을 적절히 선용하면 기독교인의 덕성에 기여한다고 그는 가르쳤다. 당시 주교가 없던 베르첼레 교회 (Vercellae)에 보낸 서신 63에서, 그는 단지 부자라는 이유로 어떤 사람에게 더 큰 경의를 나타내지 말아야 한다고 주장한 후 그는 부자들에게 가난의 정신을 권장하면서 부와 미덕은 나란히 갈 수 있다고 선언했다. 또한 성직자의 의무에 관한 그의 저서(《성직자의 의무에 대하여 De officiis ministrorum》 1권, 149면)에서, 그는 재물의 적절한 사용과 후하게 베푸는 자선 행사에 관해 조언한다. 그는 실제로 모든 것을 버리고 그분을 따르는 사람은 축복을 받겠지만, 자신이 갖고 것으로 최선을 다 하는 자에게도 축복이 있다고 설파했다. 미망인에 관한 그의 논문 (12장)에서도, 그는 재산의 포기가 구원의 수단으로 요구되는 것은 아니고, 단지 자발적인 순결과 마찬가지로 더 높은 완성도로 나아 가기위한 단계로 권장된다는 것을 명백하게 표현했다. 누가복음 19장에 대한 해설에서도 그는 부를 적절하게 사용함으로써 교회의 합당한 일원이 될 수 있다고 부자들에게 안심시킨다. 재물이 아니라 재물을 잘못 사용하는 자들을 비난하라고 그는 말했다.[73]

그렇지만 그는 사유재산권은 일정한 한계 내 특히 자연법의 한계 내에서만 정당하다고 보았다. 많은 다른 교부들처럼 그도 스토아학파의 자연법과와 기독교 윤리를 종합한 것으로 유명하다. 스토아학파는 기원전 3세기 제논에서 시작되어 기원후 2세기까지 이어진 그리스 로마 철학의 한 학파로 아리스토텔레스 이후 그리스 로마 철학을 대표하는 주요 학파이다. 스토아철학에서 가장 큰 비중을 차지하는 것은 윤리학이다. 세상(물질)과 신적요소(이성)의 일치성을 강조하기 때문에 이들 학파에서 '자연을 따른다'는 말은 '신의 뜻(이성)을 따른다'는 의미로 해석되었다.

성 암브로시우스가 사용한 "신성한 성령"이라는 개념은 제논의 '창조적인 불'이라는 개념과 흡사하다. 제논의 제자인 클레안테스(Cleanthes)는 이 창조적인 불을 최초로 프네우마(호흡pneuma) 또는 '령spirit'이라는 용어를 사용하여 묘사했는데, 불처럼, 이 지적인 '정신'은 공기의 흐름 또는 호흡과 비슷한 희박한 그러나 근본적으로 따뜻한 성질을 가지고 있는 실체로 상상되었다. 그것은 신으로서 우주 속에 그리고 인간 안에서 영혼이자 생명 부여 원리로서 내재적이었다. 그 관념은 그리스도인 신학의 '성령Holy Spirit', 즉 오순절 날에 불의 혀로, 그리스도인 정신 안에서 활력의 불이자 관대한 따스함이라는 관념과 함께 나타나는 '생명의 주이자 주는 분'이라는 관념과 아주 흡사하다.

스토아주의는 나중에 교회 교부들에 의해 "이교도 철학"으로 여겨졌지만, 그럼에도 불구하고 스토어주의의 중심 철학개념 중 일부는 초기 기독교 저자들에 의해 차용되었다. 예를 들면 "로고스", "덕", "영", "양심"이라는 용어가 있다. 그러나 유사점은 용어의 공유와 차용을 훨씬 넘어선다. 스토아주의와 기독교는 외부 세계를 대면한 내적 자유, 인간의 자연이나 신과의 유연관계에 대한 믿음, 선천적 타락– 또는 인류의 "영구적인 악"이라는 느낌, 세속적인 소유물과 집착들의 헛됨과 무상성 둘 다 인간의 높은 가능성을 일깨우고 발전시킬 수 있도록 욕망과 부러움과 같은 열등한 감정과 관련하여 금욕[禁慾, ascesis]을 권장한다.[74]

다른 동물들 사이의 "소유" 양식을 관찰함으로써, 암브로시우스는 인간 개인의 재산 소유권도 본질적으로 공통 목적에 의해 제한되어야 한다는 자연법의 한 계율에 귀착 하였다. 그렇지만 기독교인으로서 그는 "자연" 대신에 "신의 섭리" 또는 "신의 집"이라고 말한다. 모든 인간은 형제자매로서 신이 주신 대지는 일종의 공유지로서 누군가 혼자 독차지해서는 안 되고 모든 사람은 그 필요에 따라 토지를 이용할 수 있어야 한다고 그는 보았다. 〈나봇에 관하여 De Nabuthe〉에서 그는 말한다.

"부자여, 당신은 왜 자연의 동료 공유자를 내쫓고 그것을 독차지하려는가? 대지는 모두에게 공유하게 만들어졌다. 당신 부자여 당신은 왜 땅에 대한 배타적 권리를 독차지 하려는가? 자연은 부자를 모른다. 공수래로 와서 식량, 옷 그리고 마실 것을 원한다; 대지가 낳은 자들을 벌거벗은 채로 나온다. 그러므로 자연은 우리가 태어날 때에는 차별하지 않는다, 그것은 우리가 언제 죽을지도 알지 못한다."

또한 다음과 같이 그는 일갈한다.:

"네가 소유한 것에서 가난한 사람에게 베푸는 것이 아니라 원래 그의 것을 돌려주라. 모든 사람이 공동으로 사용하게 주어진 것을 너는 독차지한다. 대지는 부자에게가 아니라 모든 사람에게 속한다."

우리는 단지 자연의 동료(consortes naturae)일 뿐만 아니라 신 아버지의 형제자매이다. 따라서 "신의 집"인 우주는 자연적으로 우리 모두에게 속한다. 암브로시우스에 따르면 이것은 물질적 재화에 관한 한 기초적인 고려사항이다. "신이 너의 식량을 다른 사람과 공유하라고 했는데 왜 너희(부자)는 재산을 아끼느냐?" "우리는 물건들을 우리 것이라고 주장할 때 공유 물건들을 잃는다."[75]

요약하면 성 암브로시우스는 언제나 출발점으로 인격적 신의 존재로부터 출발하여 소유의 권리도 신의 의도에 의해서 결정되는 것으로 본다. 세속에서의 소유권은 절대적일 수 없다. 그것은 신의 절대적인 권리와 같을 수 없다. 그렇지 않다면 그것은 우상숭배가 될 것이다. 두 번째 그는 스토아학파에서 주장하는 인간의 공통본성, 그리고 인간본성의 사회적 성격을 소유권에 적용시킨다. 우리의 공통 본성 때문에 우리는 기본적으로 자연의 부를 생산하는 자원에 대하여 동등한 권리를 갖는다고 그는 주장한다. 인간은 누구나 생존의 권리가 있고 이 필요가 재산에 대한 가장 기본적인 권리로서 소유권도 이 권리를 존중하는 한에서만 정당하다. 소유권은 결코 제한적일 수밖에 없다.

02

서양 중세 소유권 사상과 소유권의 변천

배경

서양의 중세에 교회는 생활의 모든 면을 관장했다. 교육을 통제해서 태도형성을 통제했다. 처음에는 수도원과 성당학교들 그리고 나중에는 대학들을 통해서 덜 형식적으로는 교육은 목사 설교 및 고해를 통해서 일어났다. 성읍과 마을 시장에서 교회는 생활의 리듬을 통제했다. 시간은 교회종에 의해서 월력은 전례역년(典禮曆年)에 의해 여가는 성일(聖日) 측정되었다. 모든 사람은 교회법 그리고 교회법정의 관할에 들어갔다. 그것의 법적 영역에는 대부분의 경제적 문제들이 포함되었다.교회는 유럽의 최대 지주였고 그 토지의 많은 부분은 주교들과 수도원장의 수중에 집중되어 있었다. 수도원들과 교구들은 빈자와 궁핍한 자들에 대한 따라서 자선의 분배에 대한 특별 책임을 지고 있었다. 사회는 경직되었고 위계적이었다. 그것은 2가지 '신분들order'-성직자와 평민으로 나누어져 있었고 이론상으로 성직자들은 평신도들을 지배했다. 각 신분 내에서 사람들은 그들이 수행하는 기능에 따라서 엄격하게 등급이 있었고, 1인 1직(one person, one job)이 원리였다. 사회 전체는 하나의 거대한 "존재의 사슬"을 형성했고 그것은 천국의 사회조직을 반영했다. 세속 사회는 신의 계획의 일환이었다. 토머스 아퀴나스는 그것을 벌집에 비유했다:

12세기 말에 유럽경제는 전면적으로 변모되었다. 소위 "상업혁명"이 일어났다. 경제활동의 번창은 성읍들과 도시문화의 융기와 발달에서 볼 수 있다. 성읍들은 상업 활동의 중심지였을 뿐만 아니라 왕정 및 교회 행정 그리고 종교와 지적 발달의 중심지였다. 탁발 수도사들은 특히 성읍들에 끌려서 농촌이 아니라 성읍들을 그들의 중심무대로 삼았다. 성읍들에서 예금과 외환은행업 같은 상업적 관행들이 발전했다. 환어음과 상이한 종류의 동업계약 같은 법적 장치들은 갈수록 더 흔하게 되었다. 상인 엘리트들이 그런 변화의 주역이었다. 점점 더 많은 수의 상인들과 수공업자들은 문자해독 능력을 갖게 되었다.

북부 이태리와 플랑드르의 사업공동체가 주도했다. 상인들 특히 15세기 플랑드르 상인들이 전통적인 교회 견해와는 다른 견해를 표명했지만, 기독교 전통 안에서 이런 위험스런 신사고를 수용하는데 주요한 책임은 수도사들에게 있었다. 비록 그들은 세상 및 세상사 특히 돈에 초연해야 하지만, 그들은 읍에서 살면서 상업적 공기를 마시면서 살았다. 그들은 그것을 자신들의 목적에 맞게 적응시켰다.

12세기는 "개인의 시대"라고 불린다. 사람들은 자의식에 눈뜨고 개인적 능력들과 권리들을 발달시켰다. 인구 증가로 토지 부족현상이 발생했고 소유욕도 커지고 덩달아 재산분쟁이 빈번해졌다. 성읍들에서 재산 있는 사람들, 졸부들이 상인들의 형태로 등장하기 시작했다. 그들의 자원은 바로 자기 자신이었다. 교환수단으로 돈이 유통되고 있었다는 사실은 그 돈과 교환되는 재화들은 사적소유였음을 의미했다. 12세기에 영국에서는 부동산 관습법이 발달하기 시작했고, 점차적으로 영주와 임차인들의 관계를 변모시켰는데, 임차인들에게 그들이 점유한 토지의 사적소유권 비슷한 것을 주었다. 14세기 중반의 흑사병으로 인구가 급격히 감소하자 임차인과 노동자들이 부족해지고 그들은 사회적 지리적 신분상승의 전례 없는 기회를 갖게 되었다. 개인적 권리와 소유에 대한 의식이 커졌고 재산에 관한 법적 관념을 둘러싼 치열한 논쟁이 일어났다.

사유재산 대 공동체 재산

서양 중세에 신법(神法)과 자연법에 의하면 모든 것은 인간들에게 공동으로 주어졌다; 인정법(人定法, 인간이 만든 법, 세속법)에 의하면, 사물들은 개별적으로 소유되고 불평등하게 분할된다. 천국에서는 사유재산이 없고 모든 것은 공동으로 소유되고 땅의 산물은 자연스럽게 공유된다. 그러나 인간 본성이 죄로 인해서 타락한 후에 정부나 사유재산 같은 인간제도들이 필요해졌다. 그것들은 죄에 대해 신이 내린 속죄로서 그 타락한 상태에서 인간 삶에 질서를 줄 것으로 간주되었다.

그러므로 신법-자연법에서 재산은 공동소유이지만 현실 세계에서 통용되는 인정법에서는 재산은 사유재산이다. 서양 중세사회는 세속 대 신성제국과 교황제도, 왕권 대 성직권, 평민과 목사 간의 이분법이 모든 수준에 스며들어 있었고, 그 모든 이분법은 인간 자신의 육체와 영혼의 분열을 반영했다. 그 신법–자연법 대 인간의 실정법 사이에도 그런 이중성이 있었다. 기독교사회에서 신법과 자연법은 동일시되었다. 그래서 신법–자연법이라고 부른다. 그렇지만 신법은 성경계시를 통해서, 자연법은 자연적 인간이성을 통해서 접근되었다. 이 신법–자연법은 모든 인정법보다 우선적이었고 그것은 영원불변이었다. 12세기의 그라티아누스의 교령집(Decretum, 교황, 사도좌, 교구장 주교 등이 공동체나 지역에 적용하고자 제정 공포한 결정이나 규칙들을 모은 책)에서 "관습적으로 받아들여진 것이나 성문화된 모든 것은, 만일 그것이 자연법에 어긋나면 무효로 간주된다."라고 선언했다. 그렇지만 소유권에 관해서는 이렇게 선언한다. "자연법에 의해서 모든 것들은 모든 인간들에 공통적이다. 관습법 또는 칙령법에 의해서 이것은 나에게 저것은 다른 누구에게 속한다." 신법–자연법은 공유제를 명하는 것으로 보이는 반면, 인정법은 불평등한 점유를 정당화하기 때문에 두 법 사이에는 모순이 발생했다.

이 사유재산 대 공동재산 간의 갈등을 해결하려는 여러 가지 사상적이고 실제적인 시도들이 있었다. 사유재산이 자연법에 합치한다고 보는 견해, 모든 재산을 공동체 소유로 하고 사유재산을 폐지한 수도원 특히 베네딕트 수도원의 시도, 소유 자체를 원천적으로 부정한 탁발수도사들의 시도, 교황이 신의 청지기로 모든 재산을 관리한다는 사상과 실천 운동, 왕이 공동재산에 대해 신으로부터 위탁받은 관리자라는 주장, 그리고 마지막으로 우리가 익숙한 사유재산제가 그것들이다.

인정법의 제정자로서의 신

5세기 초에 이미 성 어거스틴(아우구스티누스)는 인정법의 사유재산권과 신법의 공동소유 간의 모순을 인식하고 이를 해결하려고 하였다. 신법 하에서 인간들은 평등하고 대지를 공유하지만, 현세에서의 인정법은 사적 소유권을 인정했다. 그래서 어거스틴은 인간의 타락과 원죄가 때문에 예속과 인간 제도가 생겨났다고 주장했다. 신은 지배자들을 세웠고 그 지배자들은 사유재산을 합법화했다. 그러므로 결국 신이 인정법을 제정한 셈이고 그러므로 사유재산은 정당하다.

그렇지만 신법-자연법이 설계한 공유는 모든 사람에게 득이 되었지만; 사적 점유는 오직 소수에게만 득이 되는 것처럼 보이는데 어떻게 사유가 자연법에 부합되었는지 의문이 아닐 수 없었다. 그 해법의 하나는 사적소유가 공동선을 위한 것임을 보이는 것이었다. 아퀴나스를 비롯한 사람들은 사적소유가 공동선을 증진한다는 주장을 시도했다.

아퀴나스는 교부(敎父)와 아리스토텔레스의 사상들을 결합시켰다. 정치학 2권에서 아리스토텔레스는 공화국에서 플라톤이 주장한 부인과 재산 공유에 반대해서 사유재산을 지지했다.

아퀴나스는 사유재산 시스템 하에서 더 평화로울 것이라고 주장했다. 아리스토텔레스의 사상을 교부사상과 결합하여, 인간들이 순진무구한 상태에서는 갈등이 일어날 위험이 없이 사물들을 공동으로 쓸 수 있었지만, 지금 "소유자들이 많아졌기 때문에, 소유를 분할해야 한다, 철학자가 말하듯이 공동소유에는 불화가 가득하기 때문이다."[76] 개인점유는 이제 인간 삶에 필요해졌다.:

첫째로, 공동으로 소유하거나 다른 사람이 소유한 것보다 순전히 그의 책임인 어떤 것을 보살피는 데 사람은 더 정성을 쏟는다. 공동의 것에 대해서는 사람들은 일을 회피하거나 다른 누군가에게 그 책임을 미룬다. 둘째, 각자가 자기 책임이 있으면 인간사는 더 효율적으로 조직된다.; 모든 사람이 모든 것을 보살핀다면 혼돈이 온다. 셋째, 사람은 자기의 과업에 만족할 때 같이 평화롭게 살 수 있다.

아퀴나스에 따르면 근면, 효율성, 그리고 평화–이 3가지 기초 위에서 사적소유는 공동선 및 자연법과 화해될 수 있었다.

인간에게 자연스런 것으로서의 재산

사유재산은 인간 자신의 노동이 투입되어서 획득된 것이기 때문에 그것은 자연법에 합당하다는 관점은 신법–자연법 대 인정법이라는 갈등을 피할 수 있는 또 하나의 해법이었다. 그것은 신법–자연법이 인간이 타락하기 전 무구의 상태여서도 사유재산을 승인했음을 보이기 때문에 그런 갈등은 원래부터 있을 수가 없었다는 결론이 나온다.

개인 소유권을 정당화 하면서, 아퀴나스는 재산과 노동을 연계시켰다–공동소유를 하면 사람들은 태만하게 될 것이다. 자기 것이 아니므로 신경이 덜 가게되고, 다른 누군가 하겠지라는 마음이 절로 생긴다. 도미니크 교단의신학자인 파리의 존(John of Paris,1255~1306)은 《왕권과 교황권에 관하여 *On Royal and Papal Power.*》에서 일반 지배자들과 성직자들의 권한을 구분하려고 하였다. 어거스틴파 사상가들과는 달리, 그는 세속사회와 제도들을 신이 부과한 벌로서 보지 않았다. 그와는 반대로, 세속 사회와 정부는 자연스러웠다. 그것들은 성직 이전에 제도화 되었다. 그보다 먼저, 세속 재산은 인간에게 자연적인 것으로서 확립되어 있었다. 그것은 그 자신의 노동의 결과였다. 세속재산은 공동체 전체에게 주어진 것이 아니라 개인들이 자신들의 기술, 노동 및 근면을 통해서 획득한 것이다. 그리고 개인들은 개인들로서 그것에 대한 정당한 권리와 권한을 그리고 지배권을 갖고 있다. 그러므로 왕이나 교황은 그러한 재산들에 대한 지배권도 관리권도 없다. 그것은 인간 노동의 존엄과 가치에 관한 후대 사상의 선구이다. 그것은 또한 사유재산을 신성화한다. 거기에는 지주와 임차인 관계가 없다; 그와는 반대로, '권리와 권한 그리고 지배권'을 가진 것은 개인들이었다.

존 포테스큐(John Fortescue, 1394~1476?)도 개인재산권의 기원을 노동에서 보았다. 그리고 그는 사유재산권을 어떤 의미에서 자연적인 것으로 보았다. 자연권은 인간의 자연상태에서는 재산공동체를 다른 한편 그의 타락한 산태에서는 사유재산권을 명했다. 모든 사유재산은 자신의 노동을 통해서 인간에게 왔고 신에 의해서 축복받았다. 그는 창세기 3:19의 말을 인용했다 :

"너는 흙에서 나왔으니 흙으로 돌아갈 때까지 얼굴에 땀을 흘려야 양식을 먹을 수 있으리라. 너는 먼지이니 먼지로 돌아가리라."; 그 말 속에 인간 자신의 땀에 의해서 얻을 수 있는 것들에 대해서 인간에게 재산이 수여된다는 뜻이 담겨 있었다. 왜냐하면, 인간이 땀을 흘려 얻을 수 있는 빵은 그 자신의 것이 될 것이고, 아무도 땀을 흘리지 않고는 빵을 먹을 수 없기 때문에, 땀을 흘리지 않는 자는 누구나 다른 사람이 땀으로 얻은 빵을 먹는 것이 금지 되었다. 그래서 상속 가능한 물건소유권이 처음으로 나타났다. 왜냐하면 빵이란 말로 우리는 음식만이 아니라 인간을 지탱하는 모든 것으로 이해해야 하기 때문이다. ; 그리고 땀이란 말로는 인간의 모든 산업을 가리키기 때문이다."[77]

파리의 존과 포테스큐는 인간의 신체 노동을 어떤 것에 가함으로써 그것은 그의 것이 된다는 존 로크의 사상보다 앞서서 노동가치설을 주장했다. 로크처럼, 파리의 존은 재산의 기원을 무구의 상태에서 기원한 것으로 보았고 따라서 자연적으로 본 반면에 포테스큐는 인간이 타락한 이후에 사유재산이 생겼지만 그것을 신이 내린 것이라고 보았다.

수도원 해법: 예루살렘의 모방

파리의 존의 반대자였던 성 아우구스티누스 은수(隱修)수도회 소속의 신학자로, 에기디우스 학파의 설립자이자 필리프 4세를 위해 집필된 〈군주 통치론〉의 저자인 에게디우스(Giles of Rome1243~1316)는 현 상태에서는 시민들이 사유권을 가지는 것이 도시에 이익이 된다고 보았다. "사람들은 완전무결과는 거리가 멀기 때문에 그러한 삶을 사는 것에 만족하고 있다. 속세 재산이 없이 살기로 결정한 사람들은 사람으로서가 아니라 사람 이상으로 살기를 선택하여 하늘의 삶을 살 것이다. 그러한 사람들은 다른 사람들보다 훨씬 너 낫기 때문에 국가의 일원이 아니다."[78]

그럼에도 불구하고 예루살렘의 최초의 기독교인들의 공동체적 삶을 신법-자연법 대 인정법 사이의 갈등에 대한 답으로 보는 사람들이 있었다. 성(聖)클레멘스 1세(c30~c100)는 신을 섬기고 사도 같은 삶을 따르려고 하는 모든 자들에게 공동체 삶을 추천했다. 세상의 모든 것은 공용이어야 한다고 그는 권장했다. 죄를 통해서만 개인 소유와 갈등이 생겼다. "공기도 해의 찬란함도 나눌 수 없듯이, 모든 사람에게 공동으로 주어진 것은 나누어서는 안 된다."고 그는 조언했다.

성 베네딕트의 규칙에 기초한 수도원 교단들이 세워졌다. 성 베네딕트의 수도 규칙은 Nurcia의 성 베네딕트가 Monte Cassino 수도원의 아빠스로 있을 때인 530~540년경 베네딕트회 수도자들을 위해 작성한 수도 규칙이다. 이 규칙서는 서론과 73개항의 규칙을 내용으로 한 짧은 문서로서 67~73항은 후에 덧붙여진 것으로 추정된다. 이 규칙서는 수도자 양성, 수도원 통치, 행정에 관한 규칙과 수도자들의 일상생활과 영성생활을 위한 규칙으로 14세기 동안 모든 수도원의 수도 생활 규칙의 강령(綱領)으로 사용되었다 제 5항은 합법적인 모든 일들에 있어 감독자에 즉각적이고, 자발적이고, 절대적인 순종, 즉 겸손의 제일 등급 혹은 단계라 불리는 "망설임 없는 순종"을 지시한다. 수도사는 예루살렘 공동체에 준거하여 이것을 따라야했다.

베네딕트의 규칙은 외부 권위에는 전혀 구속을 받지 않고 완전히 자급자족하는 수도원의 지배구조의 개요를 명시한다. 그 규칙은 중세 서구의 수도원과 비-수도원의 삶의 모습에 커다란 영향을 미쳤다. 그 규칙의 준수는 11~12세기 수도원 개혁 운동의 핵심이었다.

12세기 전까지만 해도, 수도생활은 "천국으로 가는 확실한 길"로 간주되었다. 청빈한 생활을 하는 곳이었다. 그렇지만 그 후에는 수도사들은 개인적으로는 가난할지 모르지만, 수도원은 특히 베네딕트 수도원은 큰 재산을 소유하는 단체가 되어갔다. 가령 베네딕트 교단의 일파인 시토회(Cistercian)는 클레르보(Clairvaux)의 성 베르나르가 세운 새로운 수도회였는데 가난과 기도 생활로 복귀하는 삶을 살려고 했다. 시토회는 부자들로부터 큰 삼림의 중앙에 있는 가치가 없는 불모지들을 사들여서 나무들을 잘라내어 보리, 밀, 포도나무를 심어서 농장과 주택이 같이 있는 농가경제를 실시했다. 그들은 그 주변 땅을 점유하고 새 농지들에서 농산물을 생산했고 그 과정에서 유럽의 모든 숲들을 벌목했다는 말을 들을 정도로 많은 삼림을 농지로 개간했다. 그 때문에 유럽의 토양은 고갈되었지만 그들은 거기서 막대한 부를 취득했고 게다가 십일조를 내지 않음으로써 엄청난 부를 획득했다. 베네딕트 수도사들은 귀족이나 향신처럼 살 수 있었다. 1535년 중세 말에 영국에서 2번째로 부유한 자는 수도원인 웨스트민스터 수도원이었다. 그 결과 수도사들은 개인적으로는 사유재산을 포기할 수 있었지만, 그들은 엄청난 부를 쌓았고 그렇다고 그들의 단체 소유는 포기할 수도 없었고 또 그렇게 하지도 않았다. 빈한하고 금욕적인 생활을 목적으로 만든 수도원이 가장 부유한 곳이 되었다는 역설이 발생했고, 결국 베네딕트 수도원은 점점 더 쇠락의 길로 접어들었다.[79]

탁발 수도회의 해법: 전적인 가난

탁발 수도회의 해법은 개인적이든 단체적으로든 모든 재산을 포기하는 것이었다. 아시시의 부유한 섬유 상인의 아들이었던 아시시의 성 프란체스코(St Francis of Assisi (1182~1226)는 새 상인 엘리트에 대항하여 일어섰다. 1223년의 규칙에서 그는 추종자들에게 모든 재산을 포기하라고 명령했다.:수사(修士:friars)는 자신들을 위해서는 아무 것도 집이든 터든 그 어떤 것이든 전유할 수 없고 가난과 겸손 속에서 신을 섬기는 낯선 이와 순례자로서 적선을 청해야 한다고 명하였다. 그 무엇보다도, 프란체스코교단은 돈을 피해야 했다. 일하는 수도사는 주화나 그것의 대용품을 대가로 받아서는 안 되었다.

그러나, 전적인 가난은 프란체스코가 단지 몇 명의 추종자만 거느렸을 때에는 아무런 문제도 없었지만, 그 교단의 수도사 수가 늘어나면서 그것은 전적으로 비현실적이 되었다. 심지어 프란체스코 생전에도 다수의 문제가 나타나기 시작했다. 아무 것도 '소유'하지 않는 교단이 설교하는 대 조직으로서 어떻게 생존할 수 있는가? 어떤 것의 소유권–주인 됨을 그것의 사용과 분리하는 것이 가능한가? 소유를 포기한다고 할 때 포기란 정확히 무엇을 의미하는 것인가? 수사들은 개인적으로도 단체적으로도 재산을 포기한 것인가? 가장 중요한 의문은 예수와 사도들의 가난의 정확한 본성에 관한 의문이었다.

다양한 비비꼬인 법적 해법들이 1223년 프란체스코 제2규칙 후에 프란체스코교단과 교황청에 의해서 고안되었다. 그것은 수사들의 옷과 병자들의 필수품을 제공하기 위해서 수사들과 세상 사이를 매개할 중개인, 금융 대리인 또는 '정신적 친구'를 도입했다. 가령 인노센트 4세의 〈너희의 법령〉(*Ordinem vestram*, 1245)은 절충적 해법으로서 프란체스코 재산 소유권을 교황에게 주지만, 그 사용권은 수사들에게 부여했다. 보나벤트라(Bonaventure 1221~74)는 〈빈한옹호〉(*Apologia pauperum*)에서 중도를 찾으려고 하였다. 수사들은 개인적으로든 집합적으로든 재산에 대한 모든 주권(dominion (lordship)) 그리고 그것의 점유도 포기하였기 때문에 가난은 확인되었다. 다른 한편 그들은 그들의 삶을 지탱하기에 충분하게 그것을 제한적으로 '사용'하는 것-단순 사용-이 허용되었다. 이것은 신법에 의해 모든 사람은 평등하고 땅을 공유한다는 관념과 유사했다.

그렇지만 내부 불화는 없어지지 않았다. 1322년에 교황 요한 22세(Pope John XXII 1244년~1334년)는 프란체스코회의 재산에 대한 교황 소유권을 포기하였고 그 다음 해에 그리스도와 그 사도들이 아무 것도 소유하지 않았다는 주장은 이단[異端]이라고 선언했다. 결국 무소유 해법은 더 이상 현실적인 해법으로 살아남지 못했다.[80]

존 위클리프의 해법:관리자로서의 왕

영국의 선구적 종교개혁자인 위클리프[John Wycliffe, 1320~1384]는 옥스퍼드대학을 졸업. 모교 신학교수를 거쳐 국왕 에드워드 3세의 궁정 사제로 서임되자, 교황권(教皇權)으로부터의 영국의 정치적·종교적 독립을 표방하고 반교황(反教皇)정책을 취하며 교회개혁 운동에 앞장섰다. 그는 교황에 대한 공세(貢稅)를 반대했고, 특히 교회령 재산에 대해 공격했다.

그는 교황 대신에 그는 영국 왕을 지상에서의 신의 대리자로 만들었다. 성 어거스틴처럼 그는 사유재산을 비롯한 인간제도들은 인간의 타락의 죄에 대한 치료로서 도입되었고 그것들은 인간의 이상적인 본성에는 반하는 것으로 보았다. 그렇지만 어거스틴과는 달리, 그는 왕들은 성직자들보다 이전에 존재했다고 생각했다. 재산은 왕권제와 더불어 발달했고 따라서 세속적 군주제의 일부였고, 성직자들은 그것에 대한 권리가 없다고 보았다.:초기 기독교인들의 모범적인 공동체 생활도, 재산에 대한 그리스도의 비난도 성직자나 평신도가 보유한 모든 재산은 왕이 수여한 것이고 그것은 그 영토의 선을 위해서 주어진 것이고 그러한 수여는 취소될 수 있다는 조건 하에서 왕으로부터 보유하게 되었음을 증명한다고 그는 보았다.

성직자들에게 주어진 재산을 취소하는 문제는 14세기 영국에서 긴급한 사안이었다. 영국은 프랑스와 전쟁 중이었고, 위클리프는 성직자들이 국가 비상사태에 영국의 부를 약탈하고 있다고 비난했다. 만일 그들이 자발적으로 그들의 재산을 포기하여 원래의 사도적인 가난 상태로 돌아갈 수 없다면, 신의 대리인으로서 왕은 공동선을 위해서 그것을 몰수해야 한다고 그는 주장했다. 1410년에는 교회 재산을 몰수하여 왕에서 거지까지 평신도들에게 배분하는 법안이 뒤따랐다. 그 모든 지배권(dominion)

이론은 궁극적으로는 신의 주권(the lordship)에 의존했다. 교황 또는 왕이 관리인으로서 신의 재산을 관리하고 기독교 백성들은 그 관리인으로부터 재산을 보유했다. 아무도 재산의 지배권에 대한 '사적인' 권리를 갖지 않았기 때문에, 신-자연법과 인정법 사이의 갈등은 나타나지 않았다.

세속적 해법

12세기 전까지는 사적 소유권이 없었다. 토지는 모종의 조건 하에서 신로부터 받아서 보유된 것으로 말해졌다. 12세기 동안에야 이것이 변하기 시작했다. 그래서 실제적으로 사적소유권 비슷한 것이 나타났다. 후기 앵글로색슨 영국에서 귀족들은 서비스 특히 군역에 대한 대가로 왕에게서 토지를 하사받고 보유했다. 힘이 약한 귀족이나 자유인은 한 명 이상의 영주와 다양한 종속관계를 맺을 수 있었다. 그것은 '일련의 영주권 serial lordship'라고 불렸다. 영주는 법적 신체적 보호를 제공할 수도 있고 그의 신민들에 대한 사법권을 행사할 수도 있었다. 토지는 영주에 대한 봉사 또는 현물, 화폐 또는 노동 지대에 대한 대가로 그 영주에게서 보유할 수도 있었다. 아무도 토지를 전적으로 소유하지 않았다. 노르만정복 이후에 토지는 윌리엄 왕의 신복들에게 재분배 되었다. 봉건적 토지보유(권)이라고 알려진 시스템 하에서 그 신복들도 그것을 조건부로만 차지했을 뿐이다.

이것의 주요한 특징은 주종관계와 봉토(封土 fief)였다. 주종관계는 자유인, 봉신 그리고 영주와의 관계로서 충성서약(oath of fidelity)에 의해 맺어진다. 장원은 그 영주의 집이나 본거지이었을 뿐만 아니라 토지보유의 사슬에서 최소의 사회경제 단위이자 영주 관할의 단위였다. 장원은 노르만정복보다 먼저 있었다. 그러나 그것은 점점 더 봉건 보유제도에 융화되어 갔다.

장원의 농민 임차인은 두 종류로 분류되었다. 하나는 자유인(자작농)이고 다른 하나는 농노(villeins)였다. 농노는 종속되어 있었고 낮은 신분이었다. 그러나 12세기말 전까지는 농노는 법적으로 예속된 것으로도 예종신분으로도 정의되지 않았다. 그 후에 농노는 영주와 그 영지에 묶여진 영주의 부속물로서 그 자신은 아무 것도 소유하지 않고 그가 차지한 토지와 함께 팔릴 수 있는 영지에 노동 서비스를 제공해야만 되는 자로서 간주되게 되었다. 그는 오직 영주의 법정에만 의지할 수 있었다. 영주는 그의 농노에 대해서는 주권을 행사했고 그의 권위는 토지에 대한 그의 지배권의 직접적 결과였다.

그러나 자유 임차인(자작농)에 대해서 영주는 그렇게 지배권을 행사하지 못하였다. 자유 임차인은 고정된 요금과 최소한의 서비스에 대한 대가로 그들의 토지를 보유했다. 그들은 재화와 노동을 소유했고 이동의 자유가 있었다. 영주는 자신의 법정을 가졌고 임차인은 그 관할권에 속했지만, 왕은 자유 임차인을 위해서 개입할 수 있었다. 대부분의 역사가들은 헨리2세의 국왕법정과 순회재판 제도의 도입으로 재산소송에서 자유인이 왕실사법에 제소할 수 있게 됨으로써 영주의 사법권이 약화된 것을 영국 보통법의 시작으로 본다.

사적 소유권 개념에 대한 그것의 효과는 심대했다. 봉건토지보유제도는 '사적 소유권의 반명제'라고 묘사된다. 임차인은 영주의 동의 없이는 그의 보유 토지를 팔 수 없었고, 유언으로 남길 수도 없었으며 그의 가족은 그것을 승계할 권리도 없었다. 그가 가진 것은 점유(占有seisin, possession)뿐이었다. 영주는 주권 또는 지배권을 가졌지만, 그 자신이 왕이 아닌 한 그도 임차인이었다. 보통법의 도래로 자유 임차인들은 왕실법정에 갈 수 있었고, 토지에 대한 상속권을 주장할 수 있었다. 그리고 만일 부당하게 탈취당하면 그 토지를 회복할 수 있게 되었다. 이런 영주권의 상실과 개인적 유대 대신에 현금 납부의 도입으로 주군과 임차인 사이 관계는 멀어졌다. 보통법은 현재 토지를 점유하여 사용하고 있는 자의 '사용의 지배권'을 인정하게 되었다. 영주의 지배권은 부과금(賦課金)을 걷을 경제적 권리에 불과하게 되었다. 임차인은 사실상 사적 소유자가 되었다; 사실상 토지는 이제 자유보유(freehold)가 되었고 따라서 매매 가능하고 세습될 수 있었다.

농노의 입지도 변했다. 13세기부터 농민 토지시장이 발달하여 농노들은 장원법정의 면허를 매매할 수 있었다. 부유한 자들은 그들의 경작지를 확대할 수 있었다. 이전의 농노 농지가 자유임차인들에게 임대되면서, 농노신분은 토지보유가 아니라 출신 및 개인 문제로 바뀌었다. 장원 임차인들은 장원 법정문서에 임차지에 대한 승인이 기록되었다는 사본(등본)을 받는 등본소유사용권에 의해서 점점 더 보호를 받게 되었다.

영국에서의 사유재산과 국가 과세의 발달은 밀접하게 연관되어 있다. 그것들은 봉건보유제도가 지배하는 사회에서 왕과 의회가 지배하는 국민 주권국가로의 점진적 이행을 나타낸다. 관습적인 봉건 사용료는 점차적으로 국가 세금에 의해서 대체되었다. 영국에서 과세 이론은 국토 공동체라는 관념과 그 공동체가 대표되는 방식과 연관하여 등장했다. 주권자는 추상적인 법체(legal body), 이 경우에 국토 공동체의 물리적 구체화 또는 대표로 생각되었고, 공동체의 이해관계와 전적으로 같은 것으로 생각되었다. 그래서 12세기에 솔즈베리의 존(John of Salisbury)

은 다음과 같이 썼다.: "왕은 공적 효용의 관리자이자 형평성의 하인이다. 그 안에서 공인이 태어났다."[81]

중요한 한 구절에서 아퀴나스는 국가 과세에 관한 후대의 관념의 기초를 놓았다:

"왕들은 토지 관리를 비롯한 다른 의무들을 위한 충분한 수입이 없을 때가 가끔 있다. 그런 경우에 신민들은 공동의 효용이 돌보아지도록 납부하는 것이 의롭다. 그러므로 어떤 나라들에서는 고대 관습에 의하여 군주들은 그들의 신민에 대해 고정된 세금을 부과한다. 그러한 경우에 왕들은 기존 세금에다가 공동의 효용을 위해서 그 신민들에게서 약간의 납부금을 합법적으로 부과할 수 있다."[82]

아퀴나스는 나중에 발달될 2가지 근본 이슈들을 다루고 있었다. 1) 지배자는 '공동의 효용', '국토의 관리'를 위해 존재한다는 사상이 있었다. 아퀴나스는 개인점유는 신법-자연법에 의해서 인가되었다고 생각했다. 비록 그는 지배자가 사유재산을 보호해야 한다고 말하지 않았지만, 함의는 그랬다. 그 아이디어는 로마제국에서 기원했다. 키케로는 도시와 코먼웰스[Commonwealth국토공동체]의 전 목적과 기원은 사유재산의 보호라고 보았다. 영국 마그나카르타 제39조에서 왕은 자유인이 부당하게 '체포되거나 투옥되거나 점유권을 박탈당하지' 않도록 보호해야 한다고 명한다. 즉 왕이 대표하는 왕국은 재산을 보호하기 위해서 존재한다. 2) 두 번째 이슈는 필요성의 이슈였다. 이것은 '평상적 관할 casual jurisdiction' 이론의 적용이다. 평상시에 주권자는 법에 종속되지만, 비상시에는 그보다 높은 법에 호소할 수 있다. '필요시에는 법이 없다 necessity knows no law'라는 로마의 관념은 9세기 교회법에 포섭되었고 아퀴나스는 몇 차례에 걸쳐 이 관념을 사용하였다. 아퀴나스에게 있어서 비상 세금을 걷는 것은 주권의 속성이었고 납세자들과의 상의나 동의가 필요 없었다.[83]

그렇지만 로마법 격언 "공통 사안은 모두에 의해 승인되어야 한다What touches all should be approved by all"라는 관념이 발달하였다. 즉 사유재산권이 침해될 때에는 동의가 필요하다는 관념이었다. 비상시 세금은 모든 자유민의 재산권을 침해하므로 왕은 동의를 구해야 한다는 것이다. 아리스토텔레스는 중도 또는 혼합 헌법을 선호했을 뿐만 아니라 재산은 사적으로 소유되지만 공용되는 시스템이 더 나은 시스템으로 보았다.[84]

요약하면, 존 로크는 신은 대지를 인간 공용으로 주었지만 현실적으로 토지는 사적 점유의 불평등한 분할로 귀결된 이유에 대해 숙고했다.
중세 저자들은 그 문제를 신법-자연법 대 인정법의 갈등으로 보았다. 해법은 대략적으로 3가지였다.

1) 법에 초점을 맞춘다.
   신 자신이 인정법을 주었든지, 자연법은 환경에 따라 변할 수 있든지 아니면 사적 점유는 공동선을 위한 것이고 그러므로 자연법에 합치한다.
2) 포기에 초점을 둔다.
   파리의 존과 포테스큐는 사유재산은 인간 자신의 노동의 결과라고 제시함으로써 법적 갈등을 우회했다. 다른 이들은 사유재산의 제한적인 사용은 보유하면서 또는 신에게 지배권을 주고 교황이나 왕을 신의 지상대리인으로 보고 토지를 단지 관리만 하는 것으로 보아서 사유재산의 지배권을 포기하였다.

3) 영국의 '중도' 해법

여기에서 재산은 사적으로 소유되지만, 왕은 그의 신하들의 동의를 얻어 합법적으로 과세하고 그 납세된 돈은 공동선을 위해 쓰이도록 하는 계획이었다. 결국 이 사유재산제 및 세금 해법이 대세가 되었다.

03

재산과 인격 그리고 자유

자유의 개념

자유란 개념은 언뜻 보기에 자명한 것으로 쉽게 정의될 것 같지만, 실제로 그것을 엄밀하게 정의하려면 그리 녹녹한 개념이 아니다.

고전적 자유주의에서 자유란 다른 누군가에 의해서 방해받지 않는 것을 의미한다. 가령 토머스 홉즈는 「리바이어던」에서 자유를 "장애의 부재"로 정의한다.:

"자유는 본래적으로 반대의 부재를 나타낸다. (반대에 의해, 나는 운동에 대한 외부 장애를 의미한다); 그러므로 이성적 피조물과 마찬가지로 비이성적이거나 무생물 피조물에게도 적용된다. 모종의 외적 물체의 반대에 의해서 결정된 어떤 공간 내에서만 움직이도록 묶여지거나 둘러싸인 것은 무엇이든 우리는 더 자유롭게 움직일 자유가 없다고 말한다. 그리고 이 본래적이고 일반적으로 받아들여지는 단어의 의미에 따르면,

자유인은 그의 힘과 지혜로 그가 할 수 있는 일에서 그가 할 의지가 있는 일을 하는 것이 방해받지 않는 자이다."[85]

자유지상주의 경제학자로 유명한 하이에크(F. A. Hayek)도 《자유헌정론(The constitution of liberty)》에서 비슷하게 정의를 내린다. 그는 자유란 "사회에서 다른 사람들에 의한 강압이 가능한 한 최대로 축소된 사람들의 조건"(p.11)이라고 정의했다.

"강압으로부터의 자유"라는 자유 개념은 자유를 물질 대 인간의 관점으로 보는 것이 아니라 사람 대 사람들 간의 사회적관계로 본다. 가령 우리는 "자동차는 자유를 준다."고 말하는데 이 말은 자동차가 공간 이동을 자유롭게 해준다는 말로서 인간 대 물리적 공간과의 관계에서의 속박을 해방시켜준다는 말이다. 하이에크가 "자유"라고 말할 때 그는 이런 인간 대 물질의 관계가 아니라 인간 대 인간의 권력 관계의 관점에서 자유라는 개념을 본다.

다른 한편, 하이에크의 자유 개념은 소극적이고 수동적인 개념이다. 그 사람을 다른 사람, 기관, 단체가 건드리지 않고 그냥 놔두면 그 사람은 자유롭다고 보는 개념이다. 가령 돈도 없고 직업도 없고 도와줄 사람도 없는 사람이 있을 때, 이 사람은 비록 강압으로부터 자유로울지 몰라도 빵을 먹을 역량[力量]이 없다는 면에서 전혀 자유롭지 못하다. 현대에 와서 역량으로서의 자유라는 개념은 인도 출신 노벨경제학 수상자인 아마티야 센(Amartya Sen)에 의해 본격적으로 발전하게 되었다. 센은 무엇인가를 할 수 있는 실질적 기회들을 자유로 본다. 그런 면에서 그의 자유 개념은 적극적 자유 개념이다.

센은 기능(functioning)과 역량(capability)라는 용어를 써서 자유의 개념을 정의하는데, 기능이란 됨(being)과 함(doing) 즉 지금의 달성된 상태와 하고 있는 또는 이미 한 활동을 가리킨다. 건강이 좋다거나 교육을 받았다거나 단체에 소속되어 있는 것은 어떤 달성된 상태를 가리키고, 여행을 가고 있거나 토론에 참여하는 것 등은 함에 속한다. 다른 한편 역량은 기능을 달성할 수 있는 효과적이고 실질적인 기회를 가리킨다. 따라서 여행하는 것은 기능이지만, 실제로 여행할 수 있는 기회는 그에 상응하는 역량이다. 기능과 역량의 차이는 실현된 것과 사실상 가능한 것, 즉 성취된 것과 효과적이고 실질적으로 선택할 수 있는 자유 또는 소중한 기회들 간의 차이이다.

역량을 개인적 역량이라고 오해할 수도 있지만, 그것은 개인적이기도 사회적이기도 할 수 있다. 자전거를 탈 수 있는 개인적 역량이 있어도 자전거를 살 돈이 없거나 사회가 가난하여 자전거가 사회에 많이 있지 않거나 도로 인프라가 부족하여도 그 사람은 자전거를 탈 수 있는 효과적인 기회가 없다는 의미에서 역량이 결여되어 있다고 말 할 수 있다. 자유에 대한 역량 접근법은 일반적으로 다음과 같은 가장 중요한 사항을 포함하여 일련의 규범적 실습을 위한 개념적 틀로 이해된다.; (1) 개인의 복지에 대한 평가; (2) 사회적 제도의 평가; (3) 사회의 사회변화에 관한 정책 및 제안의 설계. 이러한 모든 규범적 실천에서 역량 접근법은 사람의 모종의 됨와 함, 그리고 그러한 됨과 함을 실현할 수 있는 기회를 우선시 한다. 이것은 효용과 같은 주관적인 범주 또는 소득이나 재산과 같은 복지에 대한 물질적 수단에만 초점을 맞추는 다른 설명과는 대조적이다.

역량 접근법에 따르면 '기능'과 역량은 사람들 사이의 자유도를 평가하기에 가장 좋은 척도다. 즉, 사람들의 자유를 서로 비교 평가하려면 사람들의 기능(이미 달성된 됨과 함)과 역량(그 기능을 실현하기 위해 가져야 하는 실질적인 기회)의 관점에서 바라보아야 한다. '기능'은 이미 달성된 웰빙을 서로 비교를 위해 제안된 개념이고, '역량'은 그 웰빙을 추구하는 자유를 서로 비교하는 개념이다. 적절한 기능은 영양이 좋은 상태, 건강이 좋은 상태, 병이 없는 상태, 장수하고, 자부심이 강하며, 쾌적하고 안락한 살 집이 있고, 운동이나 여가를 즐기며, 지역 사회의 다양한 활동에 참여하는 것 등의 이미 달성된 상태나 활동을 가리킨다. 기능이 한 사람이 실제로 하거나 되어 있는 상태로서 이것은 그 사람의 자유도를 평가하는데 있어서 아주 중요하고 필수적인 평가 항목에 들어간다. 그러한 기능을 갖지 못한 사람은 그만큼 덜 자유롭고 더 구속되어 있다고 볼 수 있다. 그렇지만 기능은 이미 실현된 자유를 말하기만 하므로 앞으로의 잠재적이고 효과적인 기회들에 대해서는 말하지 않는다. 앞으로 실질적으로 효과적으로 할 수 있는 기회들은 역량의 개념으로 표현된다.[86]

역량 관념의 역사

기능(functioning)과 역량capability)에 대한 아이디어의 근원은 아리스토텔레스에게 거슬러 올라갈 수 있다. 이 개념과 관련된 두 가지 근본적인 관찰은 니코마코스 윤리학 (제1권, 7장)에서의 '선'과 '선인'에 관한 토론 및 정치학 (Book VII, 1장~2장)에서의 정치적 분배에 관한 토론에서 나타난다. 그는 인간은 다른 동물과는 영양이나 성장과는 구별되지 않고 이성의 기능에서 구별된다고 한다. 인간의 최종 목적이 행복을 추구하는 것이고, 그 행복은 기능을 잘 수행하는 데에서 오는 것이라고 주장한다. 그러므로 그는 그러한 기능을 적극적으로 수행할 수 있는 실

질적 자유가 행복을 추구하는데 있어서 필수적이라고 주장한다.:

"[14]그렇다면 인간의 기능은 합리적인 원리에 따라, 또는 합리적인 원리로부터 분리되지 않는 모든 사건에 있어서 영혼의 능력을 적극적으로 행사하는 것이라면 그리고 우리가 같은 직종의 개인의 기능과 뛰어난 사람(예를 들어, 하퍼와 좋은 하퍼, 일반적으로 모든 클래스)의 기능은, 수월성에서의 후자의 우수성에 대한 자격은 그의 경우에 기능에 추가되어서 (즉, 하퍼의 기능은 하프를 연주하는 것이라면, 좋은 하퍼의 기능은 하프를 잘 연주하는 것이다), 일반적으로 동일하다고 인정한다면, 만일 그렇다면 그리고 우리가 인간의 기능이 모종의 삶임을 선언하고 그 삶의 형태를 합리적인 원칙과 관련하여 영혼의 능력과 활동을 행사하는 것으로 정의한다면 [15] 그리고 선한 사람의 기능은 이러한 활동을 적절하고 올바르게 수행하는 것이고, 자신의 본래의 수월성에 따라한 기능이 수행될 때 그 기능이 잘 수행되는 것이라면 -이 전제로부터 사람의 선은 수월성 또는 덕성에 따라, 또는 여러 가지 인간 탁월성 또는 덕목이 있을 경우, 그 중에서도 가장 훌륭하고 가장 완벽한 것에 따라 그의 영혼의 능력을 적극적으로 행사한다는 것이다 . [16] 또한 행복하기 위해서는 평생이 필요하다;. 제비 한 마리로 봄이 오지 않고, 하루 날이 좋았다고 봄이 되지 않는다. 마찬가지로 하루 또는 짧은 기간의 행복만으로도 사람이 최고로 축복받거나 행복해질 수는 없다"[87]

20세기 이상 지난 후에 마르크스(Karl Marx)는 아리스토텔레스 관점에서 해석할 수 있는 인간의 기능 및 효과적인 자유에 대한 견해를 제시했다. 마르크스는 존경할만한 인간의 삶은 사람의 물질적인 필요(생물학적 기능)가 충족되어야 할 뿐만 아니라 이성을 사용하는 자유로운 삶-활동을 할 수 있는 삶이라고 주장했다. 그는 인간으로서의 삶을 특징짓는 활동들과 순수하게 동물적인 활동을 구분하는 강력한 논리를 전개했다. 마르크스는 〈1844년의 경제 철학 수고〉에서 "노동의 소외"라는 의미를 논하면서 인간의 동물적 기능과 인간 본연의 기능의 차이를 강렬하게 대비시켰다:

"결과적으로 인간 (노동자)은 자신의 동물적 기능–먹고, 마시고, 생식하고 또는 기껏해야 거주하고 차려입는 기능 등에서만 자유롭게 활동할 수 있다고 느낀다; 그의 인간 기능에서 그는 더 이상 자신이 동물에 지나지 않는다고 느낀다. 동물적인 것이 인간적이 되고 인간적인 것이 동물적이 된다. 확실히 먹고, 마시고, 생식하는 등의 일 또한 진정한 인간의 기능이다. 그러나 다른 모든 인간 활동의 영역과 추상되고, 분리되어 취해져서 유일하고 궁극적인 목적으로 변하면, 그것들은 동물적 기능일 뿐이다."

인간이 노동자로서 하나의 주어진 분업만을 하게 되면 먹고 마시고 싸는 동물적 기능만 남고 그가 인간이라는 하나의 생물종으로서의 존재를 살게 하는 인간 고유의 활동들은 사장되거나 퇴화할 것이다. 아마티애센의 용어로는 노동자는 "역량" 즉 "실질적인 자유"를 박탈당한다고 마르크스는 주장했다. 마르크스는 또한 『독일 이데올로기』에서 먹고 마시고 생식하는 생물학적 활동들은 비록 인간의 진정한 기능이지만, 실질적인 선택의 자유와 결핍으로부터의 자유가 없는 한 인간은 동물적인 기능만 갖는다고 주장한다. 그는 노동 분업으로 한 가지 작업만 하는 인간은 인간 고유의 다른 기능들을 잃어버리게 되는데, 인간이 역량을 가지려면 무엇보다도 먼저 물질적 조건이 갖추어져야 된다고 본다.:

"노동의 분배가 이루어지자마자, 각 사람은 그로부터 강압당하고 도망칠 수 없는 특정한, 배타적인 활동 영역을 갖게 된다. 그는 하나의 사냥꾼, 어부, 목자 또는 비판적인 비평가이며, 그가 생계수단을 잃고 싶지 않으면 그렇게 남아 있어야한다; 반면에 아무도 배타적인 영역을 가지고 있지 않고 그가 원하는 그 어떠한 분야에서도 통달할 수 있는 공산주의 사회에서는, 사회가 일반 생산을 규제하므로 내가 오늘은 어떤 것 내일은 다른 것을 하고, 사냥꾼, 어부, 목부나 비평가가 되지 않고도 마음먹은 그대로 아침에 사냥하고 오후에 낚시질 하며, 저녁에 가축을 키우고 만찬 후에는 비판하는 것을 가능하게 만든다. 이런 사회 활동의 고정, 우리의 통제를 벗어나 우리의 기대를 좌절시키고 우리의 계산을 무효로 만드는 우리가 우리보다 위에 있는 객관적인 권력으로 생산하는 것의 공고화는 지금까지는 역사 발전의 주요 요인 중 하나이다."[88]

이 문장들은 형식적으로 금지된 것에 대비되는 것으로서 개인이 실제로 할 수 있는 것의 의미에서 자유의 관점을 보여준다. 이것은 "형식적 자유"에 대조되는 "진정한 자유"이고 후자는 고전적 자유주의자들의 견해와 일치한다. 자유방임을 부정한 영국 철학자 겸 정치사상가인 토머스 그린[Thomas Hill Green, 1836~1882]은 영국의 역사가 · 철학자 · 정치사상가인 이사야 벌린(Isaiah Berlin, 1909~1997)의 《자유에 관한 에세이 4편 Four Essays on Liberty》에서의 유명한 "소극적 자유"와 "적극적 자유"의 구분을 연상시키는 듯 한 주장을 하였다. 그는 무언가를 하지 못하도록 방해되지 않는다는 의미에서의 자유와 무언가를 실제로 할 수 있는 능력 사이의 구별을 강조했다. 그는 물론 의지가 아니라 강제 하에서 행위 하는 사람들에게는 자유가 없지만, 다른 한편 단순한 강제의 제거, 자기가 하고 싶은 대로 사람을 놔두는 것만으로는 그 자체로서 진정한 자유가 성립하지 않는다고 하면서, 예를 들어 야만인은 자기가 하고 싶은 대로 할 수 있어서 누구의 노예도 아니지만 그는 자연의 노예이고 자연의 강제를 아주 많이 경험하고 자연의 강제에서 벗어날 수 없기 때문에 효과적으로 무엇인가를 할 수 있는 적극적 능력이 결여되어 있다고 본다:

"우리는 아마도 올바르게 이해된다면 자유는 가장 큰 축복이고; 그것의 달성은 시민으로서의 우리의 모든 노력의 진정한 목적이라는 데에 동의할 것이다. 그러나 우리가 자유에 대해 말할 때 우리는 그것이 의미하는 바를 신중히 고려해야 한다. 우리는 단지 구속이나 강요로부터의 자유를 의미하지 않는다. 우리는 단순히 우리가 좋아하는 것과는 무관하게 자유롭게 행동 할 수 있는 것을 의미하지는 않는다. 우리는 사람들이 자유의 상실이라는 비용의 대가로 한 사람 또는 한 집단의 사람들이 누릴 수 있는 자유를 의미하지 않는다. 우리가 자유를 매우 소중하게 여길만한 것으로 말할 때, 우리는 할 만 하거나 향유할 가치가 있는 무언가를 하거나 즐길 수 있는 적극적인 힘 또는 능력(capacity)을 의미하며, 우리가 다른 사람들과 공통적으로 하거나 즐기는 무언가를 의미한다."[89]

소극적인 자유는 다른 사람(들)의 간섭 없이 행위 할 수 있는 능력을 말하고, 적극적인 자유는 단지 외부 간섭만 없다는 필요조건만이 아니라 실질적으로 효과적으로 무엇인가를 할 수 있는 충분조건도 포함하는 개념이다. 아마티아 센은 이를 역량(capabilities)라고 부른다.

재산의 개념

현대 법에서 재산은 토지 및 기타 중요 자원에 대한 접근 및 통제를 규율하는 규칙에 대한 일반적인 용어다. '사유재산'은 특정 개인에게 토지 마지기과 같은 특정 대상을 할당하여 타인을 배제하고 사회에 의한 세세한 통제도 배제하여 원하는 대로 사용하고 관리하게 하는 종류의 시스템을 가리킨다. 재산과 사유재산을 구별해야 한다. 엄밀히 말하면, '재산'은 토지, 천연 자원, 생산수단, 제품, 그리고 텍스트, 아이디어, 발명품 및 기타 지적 재산권과 같은 것들에 대한 사람들의 접근과 통제를 규정하는 규칙에 대한 일반적인 용어이다 자원 사용이 사람들에게 중요하기 때문에 그들의 사용에 대한 의견이 분분하다. 문제의 물체가 부족하고 필요한 곳에서는 특히 심각하다.[90]

18세기 영국의 법학자인 윌리엄 블랙스톤(William Blackstone)은 그의 《영법석의(英法釋義) Commentaries on the Laws of England》(1765~1769)에서, 재산권을 한 개인과 한 사물 사이의 "독점적이고 독재적인" 관계라고 정의했다. 이러한 재산의 정의는 물리주의적인 재산의 정의라고 하는데, 소유되는 물건과 그 소유자의 지배권-"절대 지배권absolute dominium"이라는 물건-소유주의 관계에 초점을 맞추고, 소유주와 비소유주와의 관계를 주변적인 문제로 치부했다. 이 고전적인 자유주의적 정의에서 개인을 위한 자유와 자율성 확보가 사유재산의 유일한 기능이었고 자신의 권리를 행사할 때 타인에게 해를 끼치지 않는 것이 그것의 유일한 의무였다. 사람들은 토지 소유권을 부와 자치 및 지위로 가는 경로로 보았다.

그렇지만 19세기 말이 되면 무형의 재산들-기업 호감도, 상표, 영업비밀, 주식과 같은 새로운 종류의 재산들을 설명하지 못했다. 그래서 20세기 전반기에 걸쳐 법현실주의(Legal Realists) 및 법 실용주의(Legal

Pragmatists)로 알려진 학파들이 등장하여 블랙스톤이 정의한 고전적 재산 개념을 비판했다. 그들은 재산을 권력으로 봤고, 사회 정의를 실현하기 위해 미국의 법률과 정치가 경제적 및 사회적 조건의 변화에 적응하기를 원했다. 그들은 고전적 자유주의적 재산 개념에 대해 두 가지 주요한 반대 논리를 전개했다. 첫 번째, 블랙스톤의 재산에 대한 설명에서 사실 재산 소유자가 재산 소유 및 통제에 있어 완전하고 절대적인 자유를 가질 때, 한 사람의 권리를 전적으로 행사하면 타인에게 해를 끼칠 수 있다는 점을 그것은 고려하지 않았다는 것이고. 두 번째, 블랙스톤의 개념은 재산이 일종의 권력으로 작용함을 고려하지 않았다는 것이다.

재산권에 대한 새로운 이론에 가장 중요한 공헌을 한 사람 중 하나는 캘리포니아의 스탠포드 로스쿨(Stanford Law School)의 교수인 호펠드(Wesley Newcomb Hohfeld)였다. 그는 1913년에 "사법 추리에 적용되는 몇 가지 근본적인 법적 개념Some Fundamental Legal Conceptions as Applied in Judicial Reasoning"이라는 유명한 논문을 출간했다. 거기에서 호펠드는 재산은 사물로 구성되는 것이 아니라 사람들 간의 기본적인 법적 관계라고 주장했다. 그는 이러한 관계들을 4가지 법적 대립관계와 4가지 법적 상관관계로 분류했다. 호펠드의 이론에서 권리를 가진 사람이 "무-권리no-right"를 가진 자와 대립되고, 이 대립은 모든 종류의 재산을 설명할 수 있는 일련의 법적 관계다. 이러한 법적 관계는 서로 대립하여 있는 사람들이 갖고 있는 서로 긴장 관계에 있는 주장과 권리의 집합이다. 예를 들어 재산 소유권이 있는 사람은 다른 사람을 무단침입으로부터 배제할 권리가 있으며, 다른 사람을 배제하기로 선택한 경우, 해당 사람은 그 재산에 들어갈 수 있는 무-권리를 갖는다. 권리를 가진 사람은 법원에서 자신의 권리를 행사할 수 있기 때문에 정부가 이를 지지한다. 무-권리를 가지는 사람은 그 재산 바깥에 있어야 할 의무가 있으며 침입죄로 고소될 수 있다.

호펠드의 분석에 따르면 소유권은 블랙스톤이 설명한 것처럼 사람과 사물 사이의 단순하고 비사회적인 관계가 아니라, 소유권은 개인들의 상호의존적인 복잡한 법적 관계의 집합이다. 소유권은 관계적이기 때문에 그 누구도 자산을 사용, 보유, 즐기거나 이전하는데 있어서 완전한 자유를 누릴 수는 없다. 1960년대 초에 호노에(A. M. Honore)는 소유권 항목들을 나열하는 소유권에 관한 논문을 썼다. 그 소유권 항목들은 권리다발로 알려지게 되었는데, 호노에는 자신의 소유권 항목 목록이 "모든 성숙한" 법률 시스템에 공통적이라고 주장했다. 호펠드와 호노에의 권리다발로서의 소유권 개념은 그 이래 법학에서 지배적인 개념이 되었다.[91]

재산과 자유

사유재산제도는 개인의 자유를 보호하고 인격 도야에 중요한 역할을 한다고 사유재산제를 옹호하는 논리들은 흔히 주장한다. 사유재산은 개인의 자율성과 사생활을 보장하며 권력을 분배하고, 사람들이 자유로워지려면 필요한 자원에 대한 접근을 제공함으로써, 개인의 자극적 자유를 증진시킨다.

사유재산을 정당화하는 이론은 두 가지 광의의 범주, 즉 의무론적이고 결과론적인 범주에 속하는 경향이 있다

사유 재산에 대한 의무론적 접근은 사유재산에 대한 도덕적 권리 또는 자격에 근거하여 사유재산을 옹호하는 논리이다. 재산의 의무론적

이론의 고전적인 예는 존 로크(John Locke)가 『정부에 관한 두 번째 논고The Second Treatise of Government』에서 내세운 이론이다. 로크의 이론은 자연법의 자기소유권에 뿌리를 두고 있다. 소유하지 않은 물건에 대해 자기 노동을 섞으면, 그 사람은 자기 자신을 소유하고 있는 것과 동일한 정도의 소유권을 그 물건에 대해 얻는다.:

"전체로서의 인간들은 대지와 모든 열등한 피조물을 소유하고 있지만, 모든 개인은 자신의 인신(person)을 재산으로 가지고 있다. 이것은 다른 그 누구도 전혀 권리가 없는 것이다. 그의 몸의 수고와 그의 손작업은 엄격히 그의 것이다. 그래서 그가 자연이 제공하고 남긴 상태로부터 어떤 것을 취해서 노동을 그것과 섞어서 자기 자신의 무언가에 합치면,. 그런 식으로 그는 그것을 자신의 재산으로 만든다.

그는 그 물품을 자연이 놓은 공통 상태에서 제거했으며, 이 노동을 통해 이 물품은 다른 사람들의 공통 권리를 배제하는 무언가를 그것에 병합시켰다.; 왜냐하면 이 노동은 의심할 여지없이 그 노동자의 재산이기 때문에 다른 사람은 그 누구도 그 노동이 합쳐지는 것에 대한 권리를 가질 수 없다. −적어도 다른 이들에게는 공통적으로 충분하고 좋은 것이 남아 있는 곳에서는(로크, 정부에 관한 두 번째 논고[98] 이러한 의무론적 접근법들 중 어느 것이든 기초적 입장은 재산에 대한 간섭이 도덕적 권리에의 간섭이며 따라서 그 결과에 관계없이 그 자체가 잘못이라는 것이다. 여기서 주장하는 것은 정당하게 취득한 재산은 외부 간섭에서 자유로워야 한다는 것이다. 이것은 재산소유와 관련하여 취해질 수 있는 유일한 유형의 의무론적 주장은 아니다. 그러나 로크 의무론적 주장은 재산의 불가침성에 관한 논쟁에서 중심적인 논리 중 하나이다.[92]

다른 한편, 의무론적 접근법과 달리, 결과론적 이론은 사유재산을 존중함에 따라 나오는 긍정적인 결과에 의해 재산을 정당화한다. 고전적인 예는 제레미 벤담(Jeremy Bentham)의 재산에 대한 효용적 정당화이다. 재산법은 사람의 노동의 결실을 그 사람에게 확보함으로써 생산을 장려한다는 것을 벤담은 강조한다. 이 접근법은 재산보호가 경제효율과 사회적 부의 극대화에 필수적이라는 근거에서 그것을 옹호한다.

효용적 또는 경제적 재산이론에 따르면, 사유재산에 대한 특별한 간섭은 본질적으로 그릇된 것으로 간주되지 않는다. 오히려 사유재산에 대한 간섭이 정당화되는지 여부에 대한 질문은 그러한 간섭의 장기적인 결과에 달려있다. 간섭의 결과가 효용 또는 효율의 순 향상이라면 그 간섭은 정당화된다. 간섭의 결과가 효용 또는 효율성의 순손실 인 경우, 간섭은 정당화되지 않는다.

이러한 결과론적 재산이론의 입장에서 사유재산이 개인의 자유를 증진시키는 3가지 주요 결과를 보자. "자유"는 아마티야 센의 말하는 실질적 기회 또는 역량으로 해석하자.

1) 사유재산은 개인의 자율성과 사생활을 즐길 수 있는 여건을 제공한다.
2) 재산은 권력을 분산시킴으로써 자유를 증진시킨다.
3) 재산은 자원에 대해 접근할 수 있게 함으로써 역량을 증진시킨다.
[93]

첫째, 사유재산이 있으면 개인은 외부의 간섭 없이 자기만의 자유로운 사적 공간을 즐길 수 있는 여건이 마련된다. 재산소유권의 네 가지 고전적 요건 -배제, 사용, 점유 및 양도 권리- 중 세 가지 요건만이 자치의 물리적 영역을 보존하는 것과 관련이 있다. 배제하고 점유할 권리는 사적 공간의 창조에 필수적이며, 그러한 권리는 재산을 사용할 능력이 없으면 무의미하다. 사적 공간에서 그 사람은 "강압으로부터 자유"를 즐길 수 있다. 사적 공간에서 그 개인들은 독립적이고 자신의 존엄을 지키며, 원하는 그 누구의 간섭도 받지 않고 자유롭게 활동할 수 있다. 이 구역은 지역 사회의 다른 사람들이 싫어하는 행동을 할 수 있는 물리적 공간이 되고, 혼자 있고 싶거나 만나고 싶은 사람들만 만날 수 있는 사적 공간이 되기 때문에 개인이 기본적인 삶의 선택을 할 수 있는 능력이 증진된다. 그렇지만 사유재산이 개인 자치 영역을 조성한다는 것은 다른 한편으로는 그 재산 소유주에게 부여된 자유로 인해서 다른 사람이 자유롭게 그 재산에 들어가서 사용할 수 있는 자유가 희생된다는 측면이 있다.

둘째, 경제학자 밀턴 프리드먼(Milton Friedman)은 사유재산 기반 자본주의가 경제적 권력과 정치권력을 분리하여 서로 상쇄시킴으로써 개인의 자유를 증진시킨다고 주장했다. 프리드먼은 자유를 강압의 부재로 정의하고 자유는 강압할 권력의 분산으로 가장 잘 증대될 수 있다고 주장했다:

"정치적 자유란 동료 인간들에 의한 한 인간에 대한 강요의 부재를 의미한다. 자유에 대한 근본적인 위협은 군주, 독재자, 과두정치 또는 일시적인 다수의 손에 있는 강요할 힘이다. 정치권력의 통제로부터 경제활동의 조직을 제거함으로써 시장은 강압적인 힘의 원천을 제거한다. 그것은 경제적 힘이 정치권력을 강화하기보다 그것에 대한 견제가 되게 한다."[94]

사유재산 제도 하에서 사람들은 자신의 이익을 좇아서 활동하기 때문에 정부나 다른 기관의 강요에서 자유로울 수 있다. 그러나 이 관점은 대다수의 개인들이 자신의 삶을 영위하기에 필요한 재산을 충분히 갖고 있다는 전제 하에서만 성립하는 주장이다. 만일 아주 크고 강력한 경제적 단체가 있거나 또는 경제적 권력과 정치권력이 야합하는 곳에서는 이 논리는 성립하지 않고 오히려 더 강력한 전제권력이 생길 여지도 있다. 자유시장에서는 경쟁이 치열하고 경쟁에서는 반드시 승자와 패자가 생기는데, 승자는 더욱 커지고 더욱 효율적이 되면서 다시 경쟁에서 더욱 유리한 위치를 차지하게 되면서 경제력 자체가 집중되어서 거대한 독과점이 발생하는 경향이 있다. 따라서 경제력이 과도하게 집중되면서 정부에 의한 강요가 아니라 거대 독과점에 의한 강요가 발생할 수도 있다.

셋째, 사유재산은 자원에 대한 접근을 가능하게 하고, 자원에의 접근은 실질적인 기회를 얻는데 있어 필수적이다. 자유는 그 자유와 일치하는 행동을 할 수 있게 해주는 자원이 없다면 공허한 개념이다 또한 사유재산이 없다면 사람들은 자신의 삶을 살아가는 데 필요한 자원 때문에 다른 사람들에게 속박될 것이며 결과적으로 독립적으로 자유롭게 행동할 수 없게 된다. 사유재산제도의 구성적 특징-의사 결정의 분권화와 개인이 집단선택의 절차에 의존하지 않고 자원을 배치하는 능력-은 개인의 자유를 유지하는 데 독특하게 적합하다. 그렇지만, 역으로 재산이 없다면 자원에 접근할 수 없게 되고 자원에 접근할 수 없으면 그 사람은 실질적 자유 역량을 박탈당한 꼴이 된다. 이러한 자유를 증진시키는 사유재산의 3가지의 특장을 고려할 때, 재산 분배가 불공평 하거나 무산자가 많은 경우에 재산분배를 위한 논거로도 사용될 수 있다.

헤겔 법철학에서의 재산과 인격

헤겔[Georg Wilhelm Friedrich Hegel, 1770~1831]은 칸트 철학을 계승한 독일 관념론의 대성자로서, 뷔르템베르크 공국의 재무관 아들로 튀빙겐대학교 신학과를 졸업한 후 7년간 베른·프랑크푸르트에서 가정교사를 한 뒤 1801년 예나로 옮겨 예나대학교 강사가 되었다.

처음에는 이미 예나대학의 교수로 활약 중이던 셸링의 사상에 동조하여 잇달아 논문을 발표하였으나, 차차 셸링적 입장을 벗어나 1807년에 최초의 주저 《정신현상학(精神現象學) Phänomenologie desGeistes》을 내놓아 독자적 입장을 굳혔다. 이 무렵 나폴레옹군의 침공으로 예나대학이 폐쇄되자 밤베르크로 가서 신문 편집에 종사하였으며, 이어 뉘른베르크의 김나지움 교장이 되었고, 이곳에서 둘째 주저 《논리학 Wissenschaft der Logik》(1812~1816)을 저술하였다. 1816년 하이델베르크대학 교수로 취임, 그 동안 《엔치클로페디》(1817)를 발표하였으며, 1818년에는 프로이센 정부의 초청으로 베를린대학 교수가 되었고 곧 마지막 주저 《법철학 강요》(1821)를 내놓았다.

반동복고 철학자라는 오명과는 달리 헤겔은 《법철학 강요》에서 사유재산, 경제적 시장 및 대의민주주의라는 자유주의의 특징적 제도들을 옹호하는 한편 그것들에 내재한 약점을 극복하려는 방안을 제시하였다. 전통적인 해석들과는 반대로, 그는 사회의 상이한 구성원들의 다양한 취향과 권리들을 존중하고 반영하는 의사 결정을 하고 재화를 분배하는 수단으로서의 그것들의 정당성에 의문을 제기하지 않았다. 당대에 빌헬름 폰 훔볼트는 헌법안을 작성하여 양원 신분총회의 형태로 된 대의제를 제안했는데 이 계획들은 헤겔이 《법철학》 §§ 298~314에서 제시한 것과 놀랄 정도로 흡사하다 당시에 프러시아의 장교 지위와 고위 공직은 오직 세습 귀족들에게만 개방되었었는데 헤겔의 합리적 국가에서는 모든 시민들은 군대 지휘관 및 공직에 선출될 수 있다. (법철학 강요 § 271, note 2; § 277, note I; § 291 and note I). 또한 헤겔은 배심원에 의한 공개 형사 재판을 옹호했다. 헤겔의 합리적 국가는 당시의 프러시아 국가가 아니라 Stein and Hardenberg의 개혁정부가 승리했다면 되었을 프러시아 정부와 아주 닮았다.

헤겔은 모종의 사회적 규칙과 규범들의 맥락 내에서 생각된 프로젝트들을 촉진하기 위한 특정한 물건들을 사용하고 변형시키면서 인격이 발달한다고 믿는다. 헤겔은 우리의 개인성, 우리가 갖고 있는 감정과 욕망들은 대상을 소유하고 창조하면서 만족을 찾음으로써 특수화되고 구체화된다고 주장한다. 우리의 인권과 재산권은 이 활동에서 기원한다. 인권 및 재산권은 헤겔의 이론에서 중차대한 역할을 담당한다. 로크의 주제들을 발달시키면서, 그는 “인간은 무엇인가 확정적으로 즉 무엇인가 구체적으로 특수하게 되는 과정에서만 자기 자신을 실현한다. 이것은 자신이 필요의 특정 분야로만 제한된다는 것을 의미한다. 따라서 이 계급체계에서 윤리적인 마음의 틀은 정직과 소속감(esprit de corps,). 즉 보편성과 자신을 중재하는 이 과정을 통해서만이 자신을 입지를 유지하고, 이런 식으로 자신의 눈과 다른 사람의 눈에 인정을 얻기 위해 자신의 에너지, 근면 및 기술을 통항 자신의 행동으로, 시민사회의 계기 중 하나의 구성원이 되려는 성향이다.”[95

장 자크 루소[Jean-Jacques Rousseau]는 인간의 필요를 두 부류로 나눈다. 하나는 식량, 의복 및 집 같은 재화들로 구성되는데 생명활동에 필수적인 것들로 생물학적 필요이다. 다른 하나는 사람의 생물학적 필요가 아니라 사회적 존재로서의 필요에서 나온다. 그것들은 자신의 가치 및 다른 사람의 평가에 관련된다. 지식, 기술, 자신과 사회생활을 반추할 수 있는 능력, 새 환경을 창조할 수 있는 능력, 다른 사람에게 인정을 받으려는 필요 같은 사회적 가치가 두 번째 부류에 속한다. 인간은 개별적으로 자급자족하는 동물이 아니라 사회를 이루어 상호 협력하는 존재이기 때문에 그 두 종류의 필요를 충족시키려면 반드시 다른 사람들이 필요하다. 다른 사람들과 교류하여서 사회적 필요가 충족되기 때문이다. 사회의 노동 분업이 발달하면서 인간이 자신의 신체적 필요를 만족시키는 관계는 경제적 관계로 나타난다. 경제적 관계들을 통해서 사람들은 생계와 후생에 필요한 상품들을 생산하고 얻는다. 사회적 필요들은 지적이고 심리적인 필요들이다. 이 필요들은 사람들이 그들의 사회적 경험과 지식을 교환하는 상호작용을 통해서 만족된다. 생물학적 필요와 사회적 필요는 밀접하게 얽혀지고 엮어진다. 경제적 관계가 사회생활의 모든 분야에 침투해 있고 상당부분 결정하기 때문이다. 이 사회적 관계를 통하여 사람은 지식과 기술을 습득하고 자신을 대상화하여 자기 발달을 위한 조건들을 창조한다.

헤겔에 있어서 재산은 신체적 필요를 충족시키는 수단이기보다는 지적인 발달을 위한 수단이다. 대상적 세계의 사물들은 인간의 의지에 관련해서만 재산이 된다. 그것들은 독자적으로는 재산이 아니다. 다른 한편 세계의 통어와 변형을 통해서만 의지는 실현되고 인격은 구체적으로 된다. 자신을 실현하기 위해서는 의지는 외부 세계를 소유하고 전유해야 될 필요가 있다. 그 과정에서 의지는 그것을 자신의 용도에 맞게 변형

시킨다. 이 과정에서 정신은 발달된다,

"인격은 자신에게 실재를 주기 위해 또는 다른 말로 하면 외부 세계를 자신의 것으로 주장하기 위해서 자신을 외부세계의 제한을 넘어서서 올리려고 투쟁하는 것이다."[96]

이런 식으로 인격과 외부 세계 사이의 관계-과정은 즉각적으로 사회적 차원을 발생시킨다. 대상은 전유되고 마음에 의해 변모될 때에 재산이 된다. 그러므로 헤겔에게 있어서 재산은 인간의 자기 능력을 계발하고 그의 환경을 전유하여 자기의식에 다다르려는 노력의 구체화이다.

재산 소유는 우리가 자아감을 갖게 해주고, 우리의 의지와 충동들을 외화하고 우리의 취향과 능력들을 알게 만든다. 사유재산은 인권의 기초를 제공한다. 왜냐하면 그것은 우리의 인격과 도덕행위의 기초를 제공하기 때문이다. 그와는 대조적으로 공유는 의지의 자유로운 발달에 필요한 독립을 잠식한다. 이 분석의 중요한 결과 중의 하나는 나는 나의 신체나 자유를 재산으로 취급할 수 없다는 헤겔의 주장이다. 왜냐하면 이것은 그 주체에게 소유를 부인하고 일종의 자살을 낳을 것이기 때문이다. 사유재산은 개인 자유를 위한 필요하지만 충분하지는 않은 조건을 확보해준다. 자신의 소유물과 동일시하는 것은 욕망과 외부를 계속해서 섬기는 형국이 된다. 시장은 단지 자연 상태의 경쟁을 더 높은 수준에서 계속하게 할 뿐만 아니라 그것은 개인의 자기실현 능력을 발달시킴으로써 개인을 변모시킨다.[97]

타인을 지각하는 것은 개인이 단순한 특수성을 넘어서는데 필수적이다. 헤겔은 소유의 상호적 안전도 기존의 사회적 유대에 의존함을 증명한다. "나는 단지 한 물건과 나의 주관적 의지에 의해서만이 아니라 다른 사람의 의지에 의해서도 나의 재산을 보유한다. 그래서 나는 공동 의지에 참여함으로써 나는 그것을 보유한다."[98]

헤겔은 사회의 일원으로서 자신의 자격을 타인들에게서 인정받으려는 개인의 노력을 "인정투쟁"이라고 불렀다. 재산을 통어하고 변모시키면서 기술과 지식을 습득하고 자신만의 고유한 능력을 타인들에게서 인정받으려고 사람들은 노력한다. 이 경우에 그 개인은 사물만이 아니라 자신도 변모시키고 자신의 잠재력 중의 특수한 부분들을 실현시킨다. 재산은 자기실현과 인정투쟁에서 중요한 대상이자 매개체이자 촉매로 작용한다.

04

단체의 소유권

단체 소유권 이론

주주가치이론

20세기 말에 영미사업계에서는 기업들은 주주중심주의(우선주의 shareholder primacy)라고 불리는 철학에 따라 운영되어야 한다는 광범위한 합의가 나타났다. 주주우선주의 이론에 따르면, 기업들의 소유자는 주주들이고, 이사들과 경영자들은 회사의 소유자/주주들이 했으면 하고 원하는 것을 하는 일종의 대리인들이다. 그리고 일반적으로 주주가 원하는 것은 주가에 의해 측정되는 '주주 가치' 극대화이다.

20세기의 대부분 동안에, 대형 상장회사들은 경영자본주의(managerial capitalism)라고 불리는 철학을 따라서 회사의 이사진은 대개 자가-선택하고 자치적인 의사결정기구로 운영되었고 주주들은 수동적인 역할만 하였다. 더욱이, 이사들은 자신들을 주주의 대리인이 아니라, 주주와 고객, 채권자, 종업원 및 공동체를 포함하는 회사 이해관계자들에 봉사해야 하는 신탁 관리자(trustee)로 자신들을 생각했다. 주식투자자들은 중요한 기업구성원으로 취급되었지만 중요한 유일한 구성원은 아니었다. 주가도 기업의 성과에 대한 최고의 지표로 간주되지도 않았다. 회사들은 투자 수익을 극대화하기 위해서가 아니라 합리적인 가격에 좋은 서비스를 제공하려는 구조로 편제되었다.

그러면 기업들은 오직 주주가치를 극대화하기 위해서 존재한다는 관념은 도대체 어디에서 온 것인가? 1970년에 밀턴 프리드먼은 유명한 뉴욕타임스 에세이에서 사업의 유일한 본래의 목적은 회사의 소유자들을 위해 이익을 극대화하는 것이라고 주장했다. 밀턴 프리드먼은 그 소유자들은 그 회사의 주주들이라고 가정을 하였는데 이는 근거가 없었다. 1976년 "회사 이론Theory of the Firm"이라는 한 논문에서 젠센과 메클링은 주주들이 기업 소유자들이고 주주의 "대리인" 역할을 하는 법인이사 및 임원을 고용하여 일을 시키는 주인들(principals)이라는 가정에 기초한 영향력 있는 한 논문을 발표하였다. 이 가정에서 그 두 저자는 기업의 핵심 문제는 이사들과 경영진이 그 기업 주주들의 부를 극대화하는데 초점을 맞추게 하는 일이라고 주장하였다. 이 주장은 경영자들은 고객, 직원 또는 지역 사회의 이익이 아닌 주주의 이익만을 위해 노력해야 함을 의미한다. 더욱이 경제학자들의 신조에 비추어 볼 때 젠센과 메클링은 주주의 이익이 순전히 금융적이라고 가정했다. 이것은 기업 관리자의 유일한 합법적인 일은 법을 위반하지 않는 범위 내에서 주주 (회사의 유일한 "잔여 청구권자"라고도 함)의 부를 최대화하는 것이었음을 의미한다.

젠센과 메클링의 논지는 경제학의 "과학"을 난장판 같은 회사법(corporate law)과 실천에 적용시키려고 열심인 차세대의 학자들에게 의해 열렬히 받아들여졌다. 주주우선 이론과 인수 및 주주행동주의[shareholder activism]의 역할에 관한 논쟁은 1980년대 이후 법, 정책, 학문 및 교육에 막대한 영향을 미쳤다. 1980년대 말에는, 이러한 아이디어를 받아들이고 전파시킨 비즈니스스쿨 및 로스쿨의 금융이론가 및 교수들은, 주식 가격의 변화는 이사 및 경영자가 훌륭한 일을 하고 있는지 평가하는 데 가장 좋은 척도라고 가르쳤다.

주주가치 우선주의 수사는 또한 강력한 이익집단들에게 어필했다. 주식 사냥꾼들, 기관투자자들, 결국에는 주가 상승에 그 보수가 묶여진 CEO들은 이 주주가치이론이 자신들의 이익을 증진시키기 때문에 그 이론을 자신들의 행동을 정당화하는 이데올로기로 받아들였다. 그 결과, 주주우선주의는 1970년대에 신비스런 대학 이론에서 오늘날의 지배적인 기업 관행으로 등극하였다.

팀 생산 문제

경제학자들은 시장이 효율적으로 자원을 할당하고, 고객이 원하는 재화와 서비스의 생산을 잘 한다면, 왜 기업가는 일반적으로 시장보다는 계층적 의사 결정에 의해 지배되는 "기업" 또는 생산조직으로 스스로를 조직하는지에 대해 오래 동안 의문을 품어왔다.

그래서 "팀 생산"이라는 개념이 초기 이론에서 발전되었다. 1972년의 논문에서 Armen A. Alchian & Harold Demsetz는 팀 생산을 다음과 같이 정의하였다.:

"팀 생산은 1) 여러 가지 유형의 자원이 사용되고 2) 그 제품은 각 협력하는 자원의 분리 가능한 아웃풋의 합이 아니고 3) 팀 생산에 사용된 모든 자원이 한 사람에게 속하지 않는 생산이다."[99]

팀 생산에서 생산되는 제품에는 다수의 인풋공급자들로부터의 인풋이 필요하며 각 공급자의 인풋/아웃풋은 측정 및 계약하기가 어렵고 아웃풋은 그 요소 인풋들로 "분리할 수 없다", 즉 어떤 인풋 공급자가 아웃풋의 어느 부분에 책임이 있는지 아웃풋을 검사하여서는 판별하기가 어렵고 비용과 시간과 노력이 많이 들어가기 때문에 각 공급자의 기여도를 놓고 그 제품의 생산 팀 사이에 다툼이 일어날 것이고, 또한 책임을 다하지 않고 무임승차를 하려는 공급자들도 생길 것이다.

그러므로 생산 팀의 구성원 중 한 명이 팀 구성원들을 선별하여 모집하고 그들이 태만하지 못하게 감시하며, 대신에 팀 구성원들에게는 "기회비용"–즉 다른 팀에 갔으면 얻었을 만큼 보상하고 자신은 그렇게 배분한 다음에 남은 잉여분을 가지겠다고 약속하여 동의를 얻는다.

모니터링 하는 사람은 남은 이익을 갖기 때문에 동료 팀을 독려하고 잘 감시할 강한 인센티브가 있다.

그러면 팀 생산 이론에서는 누가 단체의 주인이 되는가?

팀 생산이론의 다음 중요한 발전은 팀 생산자들이 가능한 한 높은 생산성을 위해 사용해야하는 특수자산을 고용주가 소유하고 제어하기 때문에 고용주가 다른 팀 구성원에 대하여 "권력"을 갖고 있다는 아이디어였다. 이것은 회사의 재산권이론으로 불려왔다.

그러나 수많은 팀 구성원이 최적의 생산성을 위해 각자 인적 자원에 대한 전문적인 투자를 해야 한다면 그들 중 어떤 팀 구성원이 "소유자"여야 할까?

Oliver Hart와 Sandy Grossman에 따르면 계약에서 다음 두 가지 특징은 매우 일반적이다. 첫 번째는 계약이 불완전하다는 것이다. 두 번째는 이것 때문에, 권력 (또는 통제)의 사후 할당이 중요하다는 것이다. 여기서 소유권이란 계약에서 명시되지 않은 용도에 대한 통제권 또는 잔여 권한을 말한다. 계약이 불완전 할 때 소유권이 권력의 원천이라는 것이다. 이를 이해하려면 불완전한 계약에는 갭, 누락된 조항 또는 모호함이 있으며 비인간적 자산의 사용에 대한 특정 측면이 명시되지 않은 상황이 발생할 수 있다는 것을 주목하자.

계약은 모든 우발적 사건에서 자산 사용의 모든 측면을 명시하지 않을 것이기 때문에, 재산권 접근법에 따르면, 누락된 용도를 결정할 권리를 가진 자는 해당 자산의 소유자다.

즉, 자산 소유자는 그 자산에 대한 잔여 통제권(residual control rights), 즉 계약, 관행 또는 법률과 모순되지 않는 방식으로 자산의 모든 용도를 결정할 수 있는 권리를 갖는다. 사실 잔여 통제권의 소유는 사실상 소유권의 정의로 간주된다. 이것은 소유자가 잔여 통제권보다는 자산의 잔여 소득을 소유하는 소유권에 대한보다 일반적인 정의와 대조된다.

올리버 하트는 벤처 기업의 생산성에 가장 중요한 인적자본 투자를 하는 팀 구성원이 자산을 소유해야 한다고 주장했다. 그러면 주인은 인적자본에 투자할 적절한 인센티브를 갖게 되며, 다른 팀 구성원이 인센티브를 덜 가져도 그의 투자가 전제에서 이미 덜 중요하기 때문에 그만큼 덜 문제가 된다. 하트의 모델은 재산권이 담당하는 역할에 대한 중요한 통찰력을 제공했으며, 이는 공동기업에서 사용되는 자산의 소유자에게 계약서에 달리 명시되지 않은 자산의 사용에 관한 결정권을 부여함으로

써 불완전한 계약의 틈을 메우는 데 도움이 된다.[100]

이 회사이론은 주주가 회사법 및 기업 지배구조에 대한 지배적인 주주 우선주의 이론을 지지하기 위해 "소유주" 및 기업 관리자인 "대리인"이라는 아이디어와 결합되었다. 그러나 이 모델은 개인 소유주에 대해 단일 소유에 대한 근거를 제공하기는 하지만 다수 투자자 공동 소유권 또는 비 소유주 이사회의 지배 구조를 설명하지 않기 때문에 단체에는 적용되지 않는다.

또한, 이후의 이론가들은 재산권이 팀 생산 기업에서 문제의 원천이 될 수 있음을 보여주었다. 1998년 논문에서 Raghuram Rajan과 Luigi Zingales는 팀 생산에 사용되는 자산의 소유자가 그 사업에 자신의 전문 인적 자본 투자를 하지 않고 자산을 판매함으로써 생산에서 얻는 이익에서 더 큰 몫을 얻을 수 있는 상황이 발생할 수 있다고 지적했다. 이 사실을 아는 다른 팀 구성원들은 필요한 전문 인적자본 투자를 꺼릴 수 있다. 그래서 그들은 일부 팀 생산 기업을 위한 최적의 구조는 그 팀에 대한 완전한 외부자들이 팀을 고용하고 해고할 권리와 자산을 매매하고 팀이 생산한 잉여를 배분할 권리를 갖는 것이라고 생각했다. 그러나 소유권이 생성할 수 있는 왜곡된 인센티브를 피하려면 외부인이 자산을 차지할 권한이 없어야 한다.

1999년에 블레어와 스타우트는 이 아이디어를 회사법에 적용하여 이 주장이 회사법에 의해 제공되는 많은 법적 배치에 대한 이론적 근거를 제공한다고 지적했다. 기업이 형성되면 새로운 법적 주체 즉 단체가 만들어져서 매매하고, 소유하고 계약을 체결할 수 있다. 단체는 최소한 임금, 투입물의 구매, 이자 또는 배당금 형태로 창출된 부의 일부를 지불할 결정을 내리기 전까지 생산 활동의 아웃풋만이 아니라 생산에 사용되는 재산을 소유한다.

실제로 법에서 규정된 현대 단체가 5가지 특징들은 단체가 주인-대리인 관점이 아니라 팀 생산 관점에서 조직된 법적 실체임을 시사한다. 1) 법인격 또는 별개의 실체 지위; 2) 투자자에 대한 유한책임; 3) 양도가능 주식; 4) 이사회에 의한 또는 이사회에서의 관리 5) 무기한적 존재.[101]

1) 법인격. 법인격은 단체라는 형태의 가장 중요한 특성일지 모른다. 그것은 계약만으로는 달성할 수 없으며, 단체의 다른 특성들은 단체의 인격성에서 논리적으로 따라 나온다.

기업-단체가 국가의 면허에 의해 만들어지고 사적 계약으로는 만들어질 수 없다는 사실에서 볼 때 단체가 단지 계약의 연결고리가 될 수 없다. 단체의 법인격은 여러 가지 중요한 기능을 제공한다. 각 참여자들이 다른 참여자와 각각 별도의 계약을 맺지 않고 회사와 계약을 맺음으로써 회사의 다양한 참여자 간의 계약이 용이하게 이루어진다. 또한 비즈니스에 전념하는 자산들을 정의하고 명확하게 하기 때문에 채권자를 안심시키는데 사용될 수 있다. 그 사업의 채권자는 참가자의 개인 자산을 압류하여 기업 부채를 채울 수 없으며 개인 참가자는 개인 대출을 확보하기 위해 회사 자산을 담보로 내걸 수 없다. 단체가 별도의 인격이라는 사실은 주주가 회사 자산의 소유자라는 생각과 일치하지 않는다. 그러나 회사가 별개의 실체라는 사실은 팀 생산 문제를 해결하는데 도움이 되는 주요 이유 중 하나다.

별도의 실체 상태이므로 팀 구성원 중 누구도 해당 자산에 대한 재산권을 가지고 있지 않음으로 팀 구성원이 기업에서 자산을 기회주의적으로 끌어내어 이용할 수 없도록 하고 회사의 다른 참가자와 협상을 할 때 자산을 팔겠다고 협박하여 이득을 얻을 수가 없다.

2) 유한책임. 단체가 법인격을 가지므로 투자자에 대한 유한책임은 거의 자동으로 발생한다. 빚을 진 자는 단체이지 주주도 그 이사진도 경영자도 직원들도 아니다. 주주 및 다른 참가자가 사업으로 인한 채무에 대해 개인적으로 책임이 없다. 책임자는 어디까지나 단체이다. 단체가 사업에 실패하면, 주주, 채권자, 직원 및 공급업체는 모두 회사에 투자한 것을 잃을 수 있다. 또한 그들 중 누구도 다른 사람의 개인 자산을 가져갈 수 없다. 주주의 입장은 이러한 의미에서 다른 참여자의 지위와 유사하다. 유한책임은 주주가 기업의 "소유주"라는 설명과는 부합하지 않지만 단체의 자산 소유자가 바로 단체 자신이라는 법적 사실과 잘 부합한다.

3) 양도가능 주식. 주식의 양도 가능성이란 기업 주주들이 일반적으로 주식을 다른 당사자에게 매각하거나 양도할 수 있는 권리를 의미한다. 주주들은 보통 돈으로 단체에 공헌하지 전문지식이나 다른 고유 자산을 투자하지 않는다. 그러므로 단체의 주주들은 상시적으로 바뀔 수 있다. 주주가 그 단체에서 벗어나고 싶을 때 회사는 그 주주를 매수할 필요가 없다. 대신 주주는 자신의 주식을 다른 투자자에게 매각할 수 있다. 이를 통해 기업은 특정 투자자를 잠그지 않고도 투자된 자본을 고정시킬 수 있다. 자본을 잠글 수 있으므로 기업이 자산에 투자하고 장기간의 지평을 가지는 사업을 구축할 수 있다. 그래서 단체는 초기에 대규모 자금과 장기간의 공사기간이 걸리는 인프라프로젝트(예: 교량, 운하 등)에 이용되었다. 기업의 주식들이 효율적인 시장에서 거래되는 경우 주

주와 회사의 거의 완전히 분리된 법적 실체들로 볼 수 있다.

4) 이사회 치하의 경영. 회사가 이사회에 의해 관리되어야 한다는 요구사항은 단체 양식에 고유한 또 다른 특성이다. 다른 조직 형태는 이사회와 같은 거버넌스 구조를 사용하도록 선택할 수 있지만 법령에 따라 이사회를 갖출 것을 요구하는 것은 단체에만 해당된다.

주주 우선주의의 옹호자들은 이사회가 경영을 전문으로 할 수 있고 주주들은 위험을 감수하는 것을 전문으로 할 수 있기 때문에 지배가 이사회에 위임된다고 주장한다. 그러므로 이러한 구조는 그럼에도 불구하고 주주의 우선성과 일치한다고 주장된다. 그러나 이 주장은 이사들과 그 직무에 대한 법적 기술과 모순된다. 첫째, 기업 이사는 주주의 "대리인"이 아니므로 주주는 이사진에게 지시할 수 없다. 법적으로 이사회는 회사 전체의 수탁자처럼 보인다. "하나의 집합체로서 이사회는 기업의 권한"을 행사할 권한이 있다. 이사회는 법에 따라 법인의 대리인인 법인임원을 고용할 수 있다. 그러나 이사회 자체는 주주 또는 회사의 다른 참가자의 감독 및 지시의 대상이 아니다. 둘째, 이사회가 주식 가치를 극대화해야한다는 법적 요건이 없다. 대신, 법령(및 판례법)은 이사들이 선의로 행동해야하며 그들의 행동이 회사의 최선의 이익을 위한 것이라고 믿어서 행동해야 한다고 말한다. 이 법률적 요건은 팀의 모든 구성원이 이사회에 궁극적인 의사결정 권한을 부여함으로써 상호 태만 및 지대추구 문제를 보다 쉽게 극복할 수 있다고 가정한 팀 생산 이론과 완전히 일치한다.

5) 무기한적 존재. 기업이 형성될 때의 기본 규칙은 기업이 공식적으로 해체되기 전까지 존재한다는 것이다. 따라서 기업은 이론적으로 수백

년 동안 계속 존재할 수 있다. 가장 초기의 단체특허장은 교회, 수도원 대학 및 자치구에 발급되어 심지어 재산을 관리하는 자연인이 바뀌어도 무기한 재산을 보유하고 일부 공공목적으로 해당 재산을 관리할 수 있게 했다 수명이 무기한이면 팀 엔터프라이즈에 전념하는 회사에서 자산 축적이 촉진된다. 주주가 회사에 주식을 매입하기 위해 자본을 지불하면 주주 또는 주주의 상속인이나 주주의 채권자가 주식을 다시 사거나 배당금을 지불하도록 회사를 강요할 수 없다. 자본은 이사회가 그것을 지불하기로 결정할 때까지 "고정"된다. 이러한 규칙은 주주를 주인으로 보는 주인 - 대리인 이론의 관점에서 보면 문제가 된다. 주주는 원할 때 회사에서 돈을 돌려받을 수 없으며 경영자와 이사에게 기업자산을 갖고서 무엇을 해야 하라고 말할 수 없다. 주주들은 배당금을 요구할 수 없다. 그러나 이러한 규칙은 회사에 특정 투자를 하고 투자 수익이 벤처의 전반적인 성공에 달려있는 모든 당사자를 보호하기 때문에 팀 생산 모델에서 설명하기 쉽다.[102]

미국 법에서 단체의 소유자는 바로 단체 자신이다. 단체는 주주들과는 별개의 법적 실체로서 주주라는 법적 실체와 독립적으로 존재한다. 그러므로 법적으로 주주들은 단체를 소유하지도 할 수도 없다. 주주들이 소유하는 건 주식일 뿐이다. 아무도 단체를 "소유"할 수 없다.[103]

경자유전

단체가 생산한 제품을 단체 구성원들에게 어떻게 분배하는 것이 가장 정당하고 효율적인가?

단체의 근로자들은 밭을 경작하는 자들과 비슷하다. 밭을 경작하는 자들이 밭을 소유하는 것이 로크의 노동가치설과 부합한다. 경자가 밭을 소유하는 것을 경자유전(耕者有田) 원칙이라고 불린다. 우리나라는 1948년 정부 수립 후 농지개혁법이 제정·시행되면서 경자유전이라는 원칙 아래 농지는 농민에게 분배되며, 그 분배의 방법, 소유의 한도, 소유권의 내용과 한계를 정하였다. 헌법 제121조는 '경자유전 원칙'에 따라 농지의 소유자격을 원칙적으로 농업인과 농업법인으로 제한하고 있다.:

① 국가는 농지에 관하여 경자유전의 원칙이 달성될 수 있도록 노력하여야 하며, 농지의 소작제도는 금지된다.

정약용과 경자유전

〈목민심서〉, 〈흠흠신서〉, 〈경세유포〉 등의 다양한 저서를 남긴 조선시대의 실학자 정약용[丁若鏞, 1762년(영조 38)~1836년(현종 2)]은 유학을 비롯하여 정치와 지방행정, 경제, 법학, 의학, 언어학, 과학 등을 섭렵하고, 수원 화성을 건축할 때 거중기를 만들었고, 총 500여권을 헤아리는 그의 《여유당전서(與猶堂全書)》를 집필했다.

실학(實學)은 '실제로 소용되는 참된 학문'이라는 뜻으로 '유학의 전통에서 공리공론(空理空論)에 기초한 헛된 학문'이라는 뜻의 허학(虛學)과 대립된 말로 폭넓게 쓰여 왔는데 오늘날에는 17세기 중엽부터 19세기 초반까지 조선 후기 사회에서 나타났던 새로운 사상으로 당시 사회 문제의 해결을 위해 성리학의 관념성과 경직성을 비판하며 경세치용과 이용후생, 실사구시의 학문을 실학(實學)이라고 지칭한다. 17세기~19세기에 걸쳐 조선 후기 사회에서 유형원(柳馨遠), 이익(李瀷), 정약용(丁若鏞), 박지원(朴趾源), 홍대용(洪大容), 박제가(朴齊家), 김정희(金正喜), 최한기

(崔漢綺) 등이 실학의 대표적 사상가로 알려져 있다.

그 사회경제적 배경을 보자. 조선시대 후기에는 인구가 크게 증가하였다. 16세기말 옥수수, 1763년 일본으로부터 고구마, 1820년대 중국으로부터 감자가 전래되어 구황작물로서 널리 보급됨에 따라, 이러한 밭작물의 보급으로 인구는 급속히 증가하고 고지대에로 인구가 이주하는 현상이 발생했다. 게다가 농촌에서 시장망이 촘촘하게 짜여 지면서 농가는 식량을 판매하고 일반 민중들은 식량의 확보가 원활하게 되었다. 기근을 구제하기 위한 환곡의 대량 방출과 시세 이하의 곡물판매도 인구가 증가하는데 한 몫 하였다. 이러한 요인에 힘입어 18세기도 인구는 증가하는 추세였으며, 18세기 후반 인구는 1500~1700만명에 이르렀을 것으로 추정된다. 1인당 경지면적은, 중국의 선진지대와 일본과 더불어 세계에서 가장 낮은 수준이었을 것으로 추정된다.

다른 한편, 인구증가는 기술혁신을 촉진하여 벼농사에 있어서 이앙법(移秧法 모내기)이라는 새로운 경작방법의 보급으로 전대(前代)의 직파법(直播法)에 비해 농민들의 노동력이 절감되어서 동일한 노동력으로 더 많은 경작지를 경작할 수 있게 되었다. 직파법에 비해서 이양법은 제초작업을 덜 해도 되었고 단위 면적당 생산량이 훨씬 높았고. 벼농사를 추수한 뒤에 보리를 경작하는 이모작이 가능하였다. 그래서 이앙법은 직파법에 비해 경작 노동이 2할 밖에 필요하지 않아 경작 능력을 약 4배로 증가시켰다. 이에 직파법에서 필요하던 노동력이 불필요하게 되어 필요 이외의 노동력은 농촌을 떠나지 않을 수 없었다. 실업 소작농이 대거 발생하고 이들은 다른 직업을 찾아 나서서 도시로 임노동자로 들어가고 도시의 규모는 커지고 자유상공업의 규모가 커지고 발전한다.

이러한 기술 혁신은 이앙법이 출현한 조선 초기부터 서서히 일어났지만, 인구가 증가하면서 그리고 이들 인구가 도시로 이주하여 소비자가 늘어나게 되면서 이들에게 식량을 판매하여 이윤을 얻으려는 기업농들이 늘어나면서 조선 후기에 들어 이앙법을 채택하는 기업가적 농부들이 갈수록 늘어났을 것이다. 이렇게 조선 후기 사회·경제적 변화에 따라 농민들이 경작지를 확대시켜 많은 토지를 경영하려던 현상인 광작[廣作]은 일종의 이윤을 추구하기 위한 기업농으로서 도시로의 인구 증가에 발맞추어 그 수와 경작지의 면적도 더 늘어났을 것이다. 그 결과 점점 더 많은 수의 농촌인구가 도시로 이주하고 이들은 더 많은 소비층을 형성하고 그러면 다시 광작의 면적이 늘어나는 바로 되먹임 작용이 일어났을 것이다.

토지가 소수의 손에 집중되면서, 실학자들은 이에 대한 해결책들을 제시했는데, 특히 정약용은 경자유전의 원칙에 입각하여 국가 또는 경작자 이외의 지주제를 인정하지 않는 여전론(閭田論)을 창안하였다. 그는 현명한 목민관은 권농(勸農)을 으뜸가는 임무로 삼아야 한다는 중농정책(重農政策)을 주장하였다. 경자유전의 원칙에 따라 농토는 완전국유로 하되 산간이나 들판을 일정한 구획으로 나누어 이를 여(閭)라 하여 1여를 30가구로 하여 공동 경작하도록 하고 여에는 여장(閭長)을 두고 경작과 분배를 관장하게 하자고 제안하였는데 그의 경자유전의 원칙은 위에서 보았듯이 우리나라 헌법에서 성문화되었다.

가톨릭 사회사상과 경자유전

가톨릭 사회교리는 인간의 존엄성과 사회의 공동선 문제에 관한 가톨릭의 가르침이다. 이 가르침은 억압, 국가의 역할, 보조원리, 사회 조직,

사회 정의에 대한 관심, 그리고 부의 분배 문제를 다룬다. 보조원리란 사안들은 가장 작거나 가장 하위의 또는 가장 덜 중앙 집중화 된 유능한 당국에 의해 다루어져야 한다는 조직 원리이다. 정치적 결정은 가능하다면 중앙당국이 아닌 지역 차원에서 취해져야 한다고 보조원리는 주장한다.

가톨릭 사회 가르침의 원리는 희년의 구약성서의 관습에 뿌리가 있지만 19세기 후반에 처음으로 하나의 체계로 결합되기 시작했다. 그 이후로, 교황들은 원칙적으로 회칙을 통해 교회의 사회적 가르침을 추가하고 발전시켰다. 세계의 온 교회에 보내는 교황 서한인 교황 레오 13세(1810년~1903년 Leo XIII)의 1891년의 회칙(回勅, Encyclical Letter)인 《새로운 사태 Rerum novarum》에 의해 가톨릭 사회교리의 본격적인 시초로 간주된다. 그것은 경제 분배를 옹호하고 자본주의와 사회주의 모두를 비난했다. 그것의 뿌리는 토마스 아퀴나스 (Thomas Aquinas)와 성 아우구스티누스(St. Augustine of Hippo)와 같은 가톨릭 사상가들의 저서로 거슬러 올라갈 수 있으며, 성경과 고대 근동의 문화에 있는 개념들로부터도 파생된 것이다.

교황 베네딕토 16세(Pope Benedict XVI, 1927~)에 따르면, 그 목적은 단순히 "이성을 정화하는 것을 도우며 지금 여기서 공의(justice)를 인정하고 달성하는데 기여하는 것이다. [교회]는 합리적인 논쟁을 통해 역할을 해야 하고, 그것이 없으면 공의가 승리하고 번영할 수 없는 영적 에너지를 다시 불러 일으켜야 한다." 교황 요한 바오로 2세에 따르면, 그 기초는 "인간의 존엄성, 연대성, 보조원리의 세 가지 초석에 입각한다."

가톨릭 사회교리는 좌우를 막론하고 현대 사회 및 정치 이데올로기에 대해 일관되게 비판한다는 점에서 독특하다. 자유주의, 공산주의, 페미니즘, 무신론, 사회주의, 파시즘, 자본주의, 사회주의, 사회주의 그리고 나치즘은 19세기 후반 이후 여러 교황에 의해 모두 비난 받았다.[104]

주요한 가톨릭 회칙들은 다음과 같다.:

성 요한 23세/제 2차 바티칸 공의회:
"어머니요 스승(Mater et Magistra)"(1961), "지상의 평화(Pacem in terris)"(1963), 제2차 바티칸 공의회의 "사목헌장(Gaudium et Spes)"(1965)

바오로 6세:
"민족들의 발전(Populorum progressio)"(1967)
"인간의 생명(Humanae vitae)"(1968),
"팔십주년(Octogesima Adveniens)"(1971)

성 요한 바오로2세:
"노동하는 인간(Laborem exercens)"(1981)
"백주년(Centesimus annus)"(1991)

베네딕토 16세:
"진리 안의 사랑(Caritas in veritate)"(2009)

프란체스코:
"복음의 기쁨(Evangelii Gaudium)"(2013)

가톨릭 사회사상에서 현대 사회의 부조리와 갈등을 해결하는 중요한 수단으로서 소유권 문제를 다룬다. 교황 레오 13세의 사회회칙인 "새로운 사태"의 제1장은 사유재산소유권 문제를 다룬다. 이 회칙에서 사유재산권은 천부적 자연권이라고 천명하는데, 그것이 "가난한 노동자들을 포함하여 모든 사람은 자기 재산을 소유할 수 있고 이는 하느님께서 사람의 본성에 넣어 주신 천부적이고 자연적인 권리이기 때문이다" 그 회칙은 법률은 정의에 어긋나지 않는 한, 언제나 그 구속력이 자연법에서 비롯되고 자연법의 근거인 신법도 다른 사람의 소유를 차지하는 것은 물론 탐내는 것조차 아주 엄격하게 금지하면서 사유재산권을 강하게 옹호하고 있다고 주장한다. 또한 "사유재산 소유권은 사람과 다른 생물을 구분할 수 있는 근본적 차이점"이라고 한다. 사람만이 영혼과 이성을 가지고 있기 때문에 사람은 다른 생물처럼 일시적이고 순간적으로 필요한 것만을 사용하고 가지는 것이 아니라 지속적이고 안정된 소유권까지 가져야 할 필요가 생긴다고 본다.

"따라서 사람은 자신을 위해 현재 가장 시급한 것만이 아니라 앞으로도 자신에게 있어야 할 것을 미리 생각하여 선택할 수 있는 능력을 가지고 있다. 그러므로 사람은 토지의 산출물만이 아니라 토지 그 자체까지 소유할 수 있다. 사람은 앞으로도 토지의 산출물, 즉 농산물이 없이는 살 수가 없기 때문이다. 사람의 욕구는 한번 충족되면 없어지는 것이 아니라 다시 생겨나는 것이다. 오늘 채워졌어도 내일은 또 새 것이 필요하게 마련이다. 따라서 자연은 끊임없는 이 욕구를 충족시키기 위해 영구적이고도 안정된 역할을 담당해야 한다. 이러한 기능을 감당할 수 있는 것은 농업 노동자라면 풍성한 창고인 토지, 공장 노동자라면 생산수단 이외에는 없다."

또한 생산물은 그것을 생산하는 사람의 인격의 산물이기 때문에 노동을 통해서 그 생산물을 창조한 자가 소유해야 한다고 본다. 일종의 "노동재산설"로서 이는 로크의 노동재산설과 일맥상통한다.

"사람이 경작하지 않고 가꾸지 않으면 토지는 아무 것도 생산하지 못한다. 사람이 토지로부터 결실을 얻기 위해 정신력과 육체적 노력을 다할 때 그 결실에는 사람의 인격이 그대로 박혀 있다. 그러므로 인격의 결정인 그 몫을 소유하는 것은 지극히 당연하며, 아무도 그 권리를 빼앗아서는 안 된다."

그래서 토지는 경작자가 소유해야 한다. 즉 경자유전의 원칙이 토지소유에 적용되어야 한다.

토지는 고대로부터 가장 중요한 생산수단이긴 하지만 근대에 들어서는 자본과 기계 그리고 단체가 가장 중요한 생산수단 중의 하나로 등장했다. 우리나라에서도 생산가능 인구 중 절대 다수는 단체에서 일하는 노동자들이다. 그래서 현대산업사회에서는 '자본'과 '노동'의 갈등이 있어왔다. '자본'과 '노동'의 갈등이란 생산수단을 소유한 소수 자본가 집단과 오로지 노동만을 통해서 생산에 참여하는 노동자 대중과의 대립을 말한다. 교황 요한 바오로 2세의 사회회칙 "노동하는 인간(Laborem Exercens)"에서는 이 문제를 거론하면서 "이 대립은 노동자들이 자신들의 힘을 자본가들의 손아귀에 맡긴 반면, 이 자본가들은 최대의 이윤을 얻으려고 할 수 있는 한 싼 임금을 노동자들에게 주려고 한 데서 시작되었다."고 진단한다. 인간의 노동을 경제적인 기준으로만 따지기 때문에 이런 현상이 발생하는데 이것을 '경제주의'의 오류라고 일컫는다. 또한 인격적인 것보다도 물질을 더 앞세운다는 면에서 '물질주의'의 오류라고도 일컫는다.

그런데 회칙은 "노동과 자본이 대립되고 있는 현실구조는 정확하게 말하자면 소유하지 못하고 있는 사람과 소유하고 있는 사람 사이의 대립"으로 본다. 그래서 자본과 노동의 대립을 해소하기 위해서는 소유권 문제가 선결되어야 한다. 그래서 "할 수 있는 한 노동이 자본을 소유할 수 있도록" 하여서 "각자가 자신의 노동을 기반으로 하여 다른 모든 사람과 함께 하는 커다란 일터에서 자신도 한 사람의 소유자라고 온전히 생각하게" 될 때에 노동과 자본의 갈등은 사라질 것이다. 노동은 생산의 원인이지만 자본은 생산의 도구에 지나지 않기 때문에 노동이 자본보다 더 중요하며 성서에 따르면 땅에 있는 모든 자원이 이를 위해 인간에게 맡겨진 것이다. 이 자원들은 오직 노동을 통해서만 인간에게 봉사할 수 있으므로 인간은 이 자원들의 작은 일부를 소유하는 것이다. 그래서 노동은 자본보다 더 중요하고 "노동자들이 기업경영 또는 이윤배당에 참여한다든지, 노동에 의한 주식 소유 등 '노동수단의 공동 소유'를 제안한다. 이런 제안들이 구체적으로 적용될 수 있든 없든 노동의 우위를 보장하기 위해서 생산수단의 소유권을 노동자가 자본가와 경영자와 함께 공유하거나 적어도 자본가의 권리를 제한해야 함은 명백하다"고 가르친다.

"새로운 사태"에서도 짤막하게 생산수단의 소유권 문제를 거론하면서 경자유전의 원칙을 더 분명하게 선언한다.

"노동과 땀의 결실은 노동한 사람, 땀을 흘린 사람이 차지해야 마땅하다. 자본가든 국가든 노동과 땀의 결실을 대신 차지한다면 이는 커다란 사회적 불의를 저지르는 것이다

모든 결과는 그 원인에로 돌아가야 한다. 따라서 노동의 결실이 노동한 당사자에게 돌아가야 한다는 것은 지극히 공정하고 정당하다. 토지와 마찬가지로 생산수단 역시 노동자의 수고와 땀에 의해서만 그 이용가치가 생겨나므로 토지가 경작자의 소유가 되어야 하는 것과 마찬가지

로 생산수단 역시 자본가나 국가가 아니라 노동자가 소유해야 한다고 말할 수 있다.

독일 예수회 사제 겸 경제학자인 하인리히 페쉬 (Heinrich Pesch, 1854~1926)는 지난 몇 세기 동안 가장 중요하고 영향력 있는 가톨릭 사상가 중 한 사람이다. 피우스 11세가 1931년 5월 15일에 발표한 사회 회칙 "40주년[Quadragesimo Anno, 四十週年]"를 집필할 때에 페쉬와 그의 제자들의 사상을 참조했다. 교황 요한 바오로 2세도 자신의 사회 회칙에 대한 많은 아이디어를 페쉬에게서 취했다. 인간은 일의 주체라는 생각, 일에 기초해 세계를 지배한다는 관념, 심지어 핵심 용어인 "연대주의(連帶主義 solidarism 연대성)"조차도 포함된다.

페쉬는 카톨릭 경제학자로서 사회주의와 모든 형태의 집단주의를 필연적으로 거부하는데. 그는 가족과 국가 이외에 사회 질서의 세 가지 기둥 중 하나로서 사유재산을 내세운다. 그러면서도 그는 자유 시장 자본주의를 거부한다. 왜냐하면 인간과 사회의 성질에 대한 그의 연구에서, 그는 모든 사회 구성원들이 상호의존 한다는 아이디어에 도달했기 때문이다. 따라서, 그의 경제체계는 연대주의라고 불린다. 그가 제창하는 경제시스템의 주요한 특징으로는 직업단체 또는 "길드"의 형성, 농사와 농촌생활의 중요성, 공정한 가격, 정당한 임금 등이 있다. 페쉬는 위에 언급 된 직업그룹 내에서 정당한 가격이 가장 잘 결정될 수 있다고 언급한다. "가격에 대한 일반적인 합의가 가장 구체적이고 객관적인 용어로 자리 잡기 위해서는 생산자, 상인 및 구매자가 그들의 견해를 표명할 수 있는 조직을 설립하는 것이 바람직하다"고 그는 말했다. 페쉬의 정당한 임금에 대한 논의는 확실하게 경제적, 도덕적 이론에 대한 그의 가장 근본적인 공헌 중 하나이다. 왜냐하면 그는 "경제적으로 올바른 임금으로서의 정당한 임금"이라는 개념에 대해 말하고 있기 때문이다.[105]

그에 따르면, 사람들과 국가의 진정한 복지를 위해 기독교의 가르침이 물질적 재물의 소유, 재산 획득에 관해 무엇을 말해야하는지가 결정적으로 중요하다. 그렇지만, 기독교인의 경우, 소유와 소비는 달성해야 할 가장 높은 목표가 아니며 세속적인 소유물에 대한 무제한적이고 쉴 틈 없는 갈망은 기독교의 기본적인 교훈과는 양립할 수 없다고 한다. 그는 사유재산권이 자연법에 부합한다고 본다. 사유재산제도는 높은 수준의 문화로 발전한 모든 국가에서 국법(만민법(萬民法)jus gentium)에 의해 인간, 가족, 정체의 자연권의 필수조건 중 하나로서 확립되었다. 그러나 기독교적인 관점에서 의무를 포함하지 않는 무조건적이고 자유롭고 절대적인 사유재산권은 없다고 그는 본다. 소유권은 권력과 지배권을 의미하는 동시에 "권리"로서 도덕적 소유와 도덕적 지배를 함의한다. 따라서 재물과 관련이 있는 권리들 중에서 사유재산권이 가장 높지만 물질적 재화들의 세계에서 사람이 누리는 가장 높은 수준의 권리로 간주되는 것은 결코 아니다. 삶과 생존수단에 대한 자연적 및 개인적 권리는 재물에 대해서 파생된 권리보다 높은 위치를 차지하므로, 극단적인 필요성이 발생할 경우 재물을 소유할 권리는 사람의 생존권에 양보해야 한다. 이러한 의미에서 페쉬에게 있어서 모든 것이 공유다. 즉, 그 모든 것들은 인류의 보전을 위해 쓰여 지고 있고 계속 그렇게 되어야 할 것이라고 그는 주장한다.[106]

허치슨의 양도불가권리와 노동재산설

자본이 노동을 고용하여 물건을 만들면 보통 그 물건은 노동이라는 행위를 통하여 그 물건을 만든 노동자가 아니라 그 노동자를 고용하고 일을 시킨 자본이 소유한다. 그런데 로크의 노동재산설에 따르면 자연 상태의 토지나 피조물에 인간 노동을 섞어서 무엇인가 만들어지면 그 물건은 그 노동을 섞은 자의 재산이 된다고 주장한다. 다시 한 번 그의 말을 인용하면.:

"비록 대지와 모든 열등한 피조물들은 모든 인간에게 공유되지만, 모든 사람은 자신의 신체를 재산으로 갖는다. 이것에 대해서는 그 자신을 제외한 그 누구도 권리가 없다. 그의 신체의 노동은 그리고 그의 손의 일은 본래적으로 그의 것이라고 우리는 말할 수 있다. 그러므로 그가 자연이 제공하고 남겨둔 상태에서 제거하여 그의 노동을 섞고 그 자신의 것을 합친 것은 그러므로 그의 재산이 된다. 자연이 놓은 공통된 상태에서 그가 제거하였기 때문에 그의 노동에 의해서 무엇인가가 그것을 다른 사람들의 공유 권리를 배제하는 것이 그것에 합쳐졌다. 이 노동은 의심할 바 없이 그 노동자의 재산이기 때문에 그 말고 아무도 일단 그것에 합쳐진 것에 대한 권리를 가질 수 없다, 적어도 다른 사람들에게 충분히 좋은 것이 공통으로 남겨진 곳에서는"[107]

이것이 사람들은 그들의 노동의 과실에 대한 권리가 있다는 로크의 고전적인 노동재산설이다. 그 논리는 자연이 모든 사람들에 대한 공동자원일 때, 가설적인 원초적인 사회 상태에서 전개된다. 로크가 상정(想定)하는 "권리"는 사회의 특정한 법에 의존하지 않는 "자연권"을 가리킨다. 노동재산설은 때때로 "자연권 재산설"로도 불린다. 그 이론은 실증이론도 기술적 이론(descriptive theory)도 아닌 규범적 이론이므로 한 사회에서 주어진 법제는 이 자연권을 인정할 수도 안 할 수도 있다. 그렇지만 그 이론은 사회는 실정법 체제에서 노동의 과실에 대한 자연권을 인정하고 명문화해야 한다고 주장한다.

그러나 다른 한편, 로크가 "그의 노동의 과실"이라고 말할 때의 "그"는 사실상 자영자 즉 타인에 의해 고용되지 않고 독립적으로 일하는 사람을 가리킨다. 그의 유명한 잔디 구절을 보면:

"그래서 나의 말이 뜯은 풀; 나의 하인이 자른 풀; 내가 다른 사람들과 공통으로 권리를 갖고 있는 곳에서 파낸 광석은 다른 누구의 배정(assignation)이나 동의 없이도 나의 재산이 된다. 내 것인 노동은 그것들이 있던 공통된 상태에서 그것들을 제거함으로써 그것들을 나의 재산으로 고정시켰다."[108]

여기서 보면 하인의 노동이 들어간 잔디가 나의 재산이 된다고 주장한다. 즉 하인의 노동을 주인이 소유하기 때문에 그 하인이 노동한 결과물을 주인이 갖는다고 주장한다. 이것은 명백히 노동재산설에 반한다. 노동재산설에 따르면 하인이 깎은 잔디는 하인 것이 되어야 마땅하다. 그렇지 않으면 로크는 노동을 수행하는 자가 아니라 노동을 소유하는 자가 그 노동의 결과물을 소유할 권리가 있다고 주장한 셈이 된다.

한 사람이 타인의 노동을 소유할 권리가 있다면 그것은 노동이 양도될 수 있다는 주장과 같다. 과연 노동이 양도될 수 있는 종류의 그런 재산이 될 수 있는지 여부가가 관건이다. 이 문제에 관해서 아담스미스의 스승인 허치슨이 발전시킨 양도불가 이론을 보자.

조선시대에 스스로 인신을 팔아서 노비가 되는 계약서인 자매문기(自賣文記)가 있었다. 자매문기란 자기 자신을 남에게 파는 사실을 스스로 입증하는 문서라는 뜻이다. 실례로 1862년 1월 서른한 살 된 사내 심성옥은 자신과 자신의 아내 복례, 그리고 앞으로 태어날 자신의 자식들을 50냥을 받고 원진사 집에 팔고, 자매문기를 작성한다. 문서 끝에는 차후에 만약 자신의 친척들이 이의를 제기하면 이 문서를 증거로 내세우라는 말도 붙어 있다.[109]

유스티니아누스 법전(Institutes of Justinian)」에도 자발적 계약에 의해서 한 사람이 다른 사람의 노예가 될 수 있다는 법조항이 있다. 그 법전에서 한 사람이 노예가 되는 3가지 합법적인 경로들이 있었다.:

"노예들은 그렇게 태어나거나 그렇게 된다. 그들은 그들의 어머니가 노예일 때 그렇게 태어난다. ;그들은 국가법에 의해서 즉 포로가 됨으로써 또는 20살 이상 된 자유인이 그에게 치러지는 가격을 얻기 위해서 자신을 팔 때 민법에 의해서 그렇게 된다."[110]

인간이 자발적인 계약에 의해 자신을 다른 사람에게 파는 계약에 동의한다면, 그 사람은 그 상대방의 재산이 될 수 있는지 여부가 우리의 의문점이다. 물론 현대에서는 강제는 말할 것도 없거니와 자발적인 동의에 의해서도 한 사람이 다른 사람의 노예가 될 수 없다.

계약이 강제가 아니라 자발적으로 이루어 질 때, 문제는 권리를 양도하는 것인가 아니면 위임하는 것인지가 핵심적 의문점이 된다. 양도도 위임도 둘 다 동의에 기초한다. 가령 민주주의 국가들에서 국민들은 주권을 정치가들에게 양도하는 것이 아니라 단지 위임할 뿐이다. 위임 받은 정치가는 국민의 대리인으로 활동한다.

토마스 홉스는 피치자의 동의에 근거하여 비민주적 정부를 설립하려는 시도를 하였다. 인민을 경외에 잡히게 할 압도적인 힘이 없다면, 삶은 만인의 만인에 대한 끊임없는 전쟁일 것이다. 이런 혼란과 투쟁의 상태를 방지하기 위해서, 사람들은 뭉쳐서 주권자로서 한 사람 또는 사람들의 단체에게 자발적으로 자치권을 양도하고 이전해야 한다. 이런 복종계약으로서 자신의 모든 권리를 한 사람에게 양도한다.:

"마치 모든 사람이 다른 모든 사람에게 나는 나의 자치권을 이 사람 또는 이 사람들에게 포기하겠다고 약속하는데 그 조건은 당신도 당신의 권리를 포기하고 비슷한 방식으로 그의 모든 행위에 권한을 주는 것이라고 말하는 것과 같다."[111]

이렇게 동의에 기초하여 전제정을 옹호하는 논리에 비추어 보면, 강제에 기초한 정부와 피치자의 동의에 기초한 정부 간의 구별이 중요한 것이 아니라, 피치자가 양도(translatio)에 동의를 했는지 아니면 위임(concessio)에 동의를 했는지 하는 것이다.

14세기 이탈리아의 저술가로, 파리대학 총장을 지냈고 《평화 옹호자》를 저술한 파두아의 마르실리우스(Marsilius of Padua, 약 1275년~약 1342년)는 권한의 위임 및 신탁 대 양도에 대한 동의라는 구분을 하여 만주주의 이론의 기초의 일부를 놓았다. 마르실리우스가 발전시킨 인민주권이론은 초기 근대 입헌주의 [立憲主義]의 가장 급진적인 버전을 형성하는데 주요한 역할을 하였다. 그는 주권은 그가 "입법자"로 부른 집합적 시민에게 있으며, 인민은 그것을 위임할 수만 있지 절대로 양도할 수 없기 때문에 그 어떠한 합법적인 지배자도 그 자신의 백성이 임명하고 파면할 수 있는 관리의 지위보다 더 높은 지위를 누릴 수 없다고 주장하였다.

《평화 옹호자》에서 그가 내린 42가지 결론 중 일부를 보면:

9. 선출 공국(principality) 또는 기타 관직은 다른 그 어떠한 권한의 확인 또는 승인이 아니라 선거권을 가진 기관의 선출에서 그 권한을 얻는다.
10. 모든 군주 또는 다른 관리, 특히 강제력을 가진 사람의 선거는 "입법자"의 표현된 의지에 의해서만 결정된다.
11. 국가나 왕국에는 단 하나의 최고 통치 권력만 있을 수 있다.

....

13. 그 어떠한 군주 더욱이 부분 평의회 또는 직위에 있는 한 사람도 "입법자"의 허가 없이 다른 사람, 평신도 또는 성직자에 대한 권한과 통제권을 가지지 않는다.[112]

마르실리우스는 아리스토텔레스처럼 정부의 목적이 "자족적인 삶"에 대한 인간의 자연적 욕망을 합리적으로 충족시키는 것이라고 주장한다. 그러나 그는 국민을 정치적 권위의 유일한 합법적인 원천이라고 보고, 주권은 국민과 함께 있으며, 국민은 정치지도자를 선출하고, 교정하고, 필요하다면, 퇴출시킬 수 있다고 주장한다. 마르실리우스는 가장 현명한 법률을 제정하고 공통의 이익을 보호하며 "삶의 자족성"을 증진시키고 순종될 가능성이 가장 큰 법률을 제정하기 때문에 정부의 최선의 형태라고 주장한다.[113]

마르틴 루터([Martin Luther1483~1546)는 《세속정부에 대하여, 어느 정도까지 복종해야 하는가》에서 양심의 자유를 옹호하는 논리를 폈다. 자유는 외적인 것에 의해서는 주어지는 것이 아니며, 그리스도인은 신앙에 의해 의(義)로워지고, 따라서 신앙이 사람을 자유롭게 만든다. 자유란 혼(魂)의 자유이며 그것은 그리스도에 의해 죄를 용서받아 얻게 되기 때문이다. 혼에 있어서 필요한 것은 신의 말씀일 뿐이며, 그것이 기록된 것, 즉 성서(聖書)뿐이다. 더구나 그 누구도 그의 양심을 대신할 수 없다.

"더욱이 모든 사람은 그 자신의 신앙에 책임이 있으며, 자신이 옳게 믿게 알아서 행동해야 한다. 다른 사람이 나를 위해서 지옥이나 천국에 갈 수 없듯이, 그 누구도 나를 위해서 믿거나 믿지 않을 수 없다.; 그리고 그가 나를 위해 천국이나 지옥을 열거나 닫을 수 없듯이 그는 나를 믿음이나 불신앙으로 이끌 수 없다."[114]

즉 루터에 따르면 인간의 양심은 양도불가하다. 양심의 자유는 양도불가권리이다.

양심의 자유 교리를 동의에 의해서도 양도될 수 없는 권리라는 정치적 관념으로 최초로 해석한 사람은 《신학정치론》에서 그 어떤 사람의 마음도 다른 사람이 좌지우지할 수 없는데 왜냐하면 아무도 그의 자유로운 이성 및 판단의 자연권을 선뜻 이전할 수도 그렇게 강제될 수도 없기 때문이라고 주장한 스피노자(Spinoza, Baruch De1632~1677)일 것이다. 그는 인간의 자연권은 동의에 의해서도 결코 이전될 수 없다고 보았다. 인간 오성의 그의 것이기 때문이다.[115]

인격에 대한 권리는 결코 양도하거나 포기할 수 없는 권리이다. 만일 한 사람이 그의 인격을 포기한다면, 그는 더 이상 도덕적 존재가 아니게 되고, 자신을 노예로 만드는 복종계약, 포기 행위에 의해서 그는 그의 본성과 본질을 구성하는 바로 그 특성 즉 그의 인간성을 상실할 것이기 때문이다.

양도불가 논리는 스코틀랜드 계몽주의자인 프랜시스 허치슨Francis

Hutcheson(1694~1746)의 《도덕철학 체계》에서 고도로 세련되고 강력하게 전개되었다. 허치슨은 다른 사람들에게 실제로 이전될 수 있는 사실상의 양도 가능한 재화들과 사실상 양도 불가한 재화들을 대비하는데 그는 개인적 판단 권리와 양심의 자유는 그 누구도 다른 사람의 감정, 판단 및 내적 느낌을 바꿀 수 없기 때문에 양도불가임을 논증한다. 이런 면에서 홉스의 복종계약 논리는 오류에 기초했다. 자기 결정은 취득하고 버릴 수 있는 소유권에 대한 요구가 아니라 인간이라는 것과 뗄 수 없는 한 측면이기 때문에 결코 양도불가하기 때문이다.[116]

사람은 그 자신의 행위를 그 누구에게도 이전하거나 양도할 수 없다. 한사람이 자발적으로 고용주와 장단기 고용계약을 맺을 때에도 양도불가 권리 이론을 고용계약에 적용하자

한 사람을 한 인격체로 만드는 속성 즉 책임을 지는 행위가 한 사람에게서 다른 사람에게로 이전될 수가 없기 때문에 만일 그 계약이 그에게 비인격체 또는 책임능력이 없는 인격의 역할을 계약으로 부과한다면 그 계약은 무효이고 부당하다. 그런 계약을 받아들이는 실정법은 제도적인 사기다. 그것이 사람이 사람으로서 갖는 속성의 사실상의 양도불가성에 기초한 양도불가 권리 이론이다. 책임이 있는 인간 행위 및 의사결정의 사실상 양도 불가하다는 속성은 그 계약의 기간과는 무관하다. 그것은 계약의 보수와도 무관하다. 법체계가 그런 계약의 타당성을 인정하면, 그것은 공동으로 책임이 있는 일을 한 피고용인을 허구적으로 하나의 도구나 사물로 보는 셈이 된다. 그러나 만일 고용주와 피고용인이 범죄를 저지르면 그 때는 피고용인은 그 범죄에 공동 책임을 진다.

고용주-피고용인 계약은 위임계약이 될 수 없는 일종의 양도계약이다.

고용주는 피고용인의 대표도 신탁인도 위임자도 아니다. 고용주는 피고용인의 이름으로도 피고용인의 이익을 위해서 일하는 것이 아니라 자신의 이름으로 자신의 이익을 위해서 회사를 경영한다. 산업의 경영자는 정치인과도 다르다. 그는 그 산업의 노동자들에 의해 선출되지도 않고 그들에게 책임도 없다. 그는 동업자나 이사들 또는 다른 전제적인 기관에 의해 뽑히고 책임을 질뿐이다. 경영자는 관리도 아니고 종복도 아니다. 노동자들은 주인이 아니라 하인들이다. 허치슨이 루터의 양심의 자유에서 끌어낸 인간 의사 결정과 책임의 양도불가성의 원리에서 보면 하인이나 피고용인은 그가 하는 일에 주인과 고용주와 함께 그 결과에 대해 사실상 책임이 있다. 고용된 범죄자의 경우에는 누구나 이것에 동의한다. 피고용인의 경우에도 그가 결코 도구로 전락될 수 없음에도 마치 법적으로는 하나의 도구로 취급당한다.[117]

노동자의 노동행위는 이전되거나 양도될 수 없는 인간의 자기 판단이 들어간 행위이기 때문에 노동자는 자신의 노동에 대한 책임이 있게 되며, 따라서 노동자는 자신의 노동행위의 산물에 대해서도 양도불가한 권리 즉 재산권을 갖는다고 말할 수 있다. 고용주만이 그 생산물에 대한 소유권을 갖는 것이 아니다. 허치슨의 양도불가 권리 이론에 따르면 고용주는 피고용인에 대해서 명령하고 일을 시킬 권한 즉 통치권(rulership)을 갖지만, 그 노동의 생산물에 대한 소유권은 고용주와 노동자 모두에게 귀속된다. 노동자들의 행동에 대한 고용주의 재량 통제권은 고용 계약에 기초한다. 그러한 "통치권(rulership)"은 자본 자산의 소유권과 섞이지도 않고 그 일부도 아니다. 자산소유권 그 자체는 소유자에게 노동자를 무단이용자(trespasser)로 만들 권리만 줄 뿐이다.[118]

노동재산설과 양도불가 권리 이론에 따르면, 노동자가 생산하는 생산물에 대해서 노동자들은 양도 불가한 권리를 가지므로, 그들은 그 생산물에 대한 소유권을 행사할 수 있게 해주는 제도적 장치가 필요하다. 자본가들과 노동자들이 한 팀을 이루어서 생산에 참여하고 공동 소유권을 갖는다면, 자본가들만이 아니라 노동자들도 이사와 경영자 선거권을 갖는 것이 마땅할 것이다.

대안적 단체 소유

협동조합

국제협동조합연맹(International Cooperative Alliance. ICA)의 규정에 따르면 협동조합은 "조합원들이 공동으로 소유하고 민주적으로 운영하는 사업체를 통해 그들 공통의 경제적 사회적 그리고 문화적 필요와 염원을 충족하고자 자발적으로 결합한 사람들의 자율적인 결사체"이다.[119]

협동조합은 하나의 사업으로서 작은 상점에서 대형회사들에 걸쳐 다양한 크기와 업종이 있다. 그것들은 다른 사업체들과 비슷한 면도 많지만, 중요한 면들에서 독특하고 다르다.

- 외부 투자자들이 아니라 협동조합의 서비스를 이용하고 재화들을 사는 사람들인 조합원들에 의해서 소유되고 민주적으로 통제된다: 조합원들은 자신들 중에서 그들의 이사회를 선출한다.
- "투자" 또는 구좌 수에 비례해서가 아니라 조합을 얼마나 많이 이용하는지에 비례하여 잉여를 조합원들에게 돌려준다.

- 이윤 동기가 아니라 조합원들의 필요 또는 재화 및 용역의 구매능력이나 높은 품질에 대한 요구에 부응하기 위해서 운영된다.
- 투자와 유보금을 위해 조합에 남겨진 소득에 대해 세금을 지불한다. 잉여 수익은 그 소득에 대해 세금을 납부하는 개별 조합원들에게 돌려준다.

협동조합은 7대 원칙을 기본철학으로 삼아서 운영되고 조직된다.

제1원칙: 자발적이고 개방된 조합원제

협동조합들은 자발적인 조직으로서, 성별, 사회, 인종, 정치 및 종교적 차별을 받지 않고 서비스를 이용하며 조합원으로서 책임을 질 용의가 있는 모든 사람들에게 개방된다.

제2원칙:민주적 조합원 통제

협동조합들은 그 조합원들에 의해서 통제되는 민주적 조직으로서 조합원들은 정책을 설정하고 의사결정을 하는데 적극적으로 참여한다. 선출된 대표로 봉사하는 사람들은 조합원들에게 책임을 진다. 제1차 협동조합들에서 조합원들은 1인 1표를 행사한다. 그리고 다른 수준의 협동조합들도 민주적 방식으로 조직된다.

제3원칙: 조합원의 경제적 참여

조합원들은 협동조합의 지본에 공평하게 기여하고 민주적으로 통제한다. 최소한 그 자본의 일부는 조합의 공동 재산이다. 조합원들은 보통 조합원 조건으로 낸 자본에 대해 제한적인 보상을 받는다. 조합원들은 다음과 같은 목적들에 대해 잉여를 할당한다.: 유보금을 쌓거나 조합과의 거래에 비례하여 조합원들에게 혜택을 주거나; 조합원들이 승인한 다른 활동들을 지지한다.

제4원칙: 자치와 독립

협동조합들은 그 조합원들에 의해 통제되는 자치적이고 자조적인 조직들이다. 지배 또는 외부 자본 조달을 포함하여 다른 조직들과 합의를 한다면, 조합원들의 민주적 통제를 확보하고, 협동조합의 자치를 유지하는 조건으로 그렇게 한다.

제5원칙: 교육, 훈련 및 정보

협동조합들은 조합원, 선출 대표들, 경영진, 그리고 직원들에게 교육 및 훈련을 제공하여 그들이 협동조합의 발달에 적극적으로 기여할 수 있도록 한다. 그들은 협동의 본성과 혜택에 관하여 일반인들–특히 젊은이들과 여론 주도층–에게 정보를 제공한다.

제6원칙: 협동조합들 간의 협동

협동조합들은 지방, 국가 및 국제적인 구조들을 통해서 공동으로 일함으로써 조합원들에게 봉사하고 협동운동을 효과적으로 강화한다.

제7원칙: 공동체에 대한 관심

협동조합들은 조합원들이 승인한 정책들을 통해서 그들 공동체의 지속가능한 개발을 위해 일한다.

현재 전 세계 인구 중 6명당 1명꼴인 1억 2천만 명이 지구상에 있는 3백만 협동조합의 조합원이다. 협동조합은 총고용인구의 10%를 고용하고 있고 매출액은 2조 1천억 달러를 창출한다.[120]

협동조합 운동의 약사

가장 초기의 협동조합은 산업혁명 기간인 18세기와 19세기 후반 사이에 유럽에서 나타났다. 사람들이 농장에서 커가는 도시로 이주하면서 더 이상 자신들의 식량을 키울 수 없기 때문에 가족을 먹이려고 상점에 의존해야 했다. 노동자들은 음식의 질이나 생활조건을 거의 통제하지 못했다. 돈이 있는 사람들은 돈 없는 사람들에 대해서 점점 더 많은 힘을 얻었다. 공동체 정체성은 약화되었다. 노동자, 소비자, 농부 및 생산자와 같이 사회적 약자들은 자신들의 이익을 보호하기 위한 방법으로 협동조합을 설립하였다.

영국에서는 상점 주인들의 남용으로 소비자들이 불이익을 보았다. 대부분의 경우, 노동자의 임금은 회사의 상점에서만 사용할 수 있는 신용인 "전표[傳票, Chit]"로 지불되었다. 평균적인 소비자는 선택의 폭이 너무 적고 통제력이 거의 없었고 그래서 노동자들은 그들의 필요를 스스로 제공하기 위한 다양한 방법들을 실험하기 시작했다. 그들은 돈을 모아서 식료품을 공동구매하기로 결정했다. 그들이 도매상에서 제품을 구입한 후 그 제품을 균등하게 나누었을 때, 그들은 많은 돈을 절약할 수 있었고 제품의 품질은 더 좋다는 것을 알게 되었다.

1843년 영국의 로치데일(Rochdale)에 있는 섬유 공장노동자들이 파업에 돌입했지만 실패했을 때, 그 공장노동자들은 삶을 개선할 수 있는 다른 방법을 모색하기 시작했다. 다른 파업을 요청하거나 자선단체에 도움을 요청하는 대신, 이 사람들 중 일부는 삶의 가장 즉각적이고 긴급한 영역 중 하나를 통제하기로 결정했다. 그들은 회사 가게의 대안으로 자신의 식품점이 필요하다고 생각했다. 28명의 사람들이 로치데일 공정선구

자조합(Rochdale Equitable Pioneers Society)를 결성했다.

1년 넘게 돈을 저축한 후에 이 선구자들은 1844년 12월 31일의 추운 저녁에 Toad Lane에 협동조합 가게를 열었다. 창립자들은 버터, 설탕, 밀가루, 오트밀만을 판매하기로 동의했지만, 그들은 그날 밤에 수지양초도 판매용으로 내놨다. 가스회사가 새 그룹의 조명에 가스를 공급하기를 거부했기 때문에 그들은 양초를 사야했기 때문이었다. 그들은 양초를 대량구매하고 그들이 사용하지 않는 것을 회원들에게 팔았다. 로치데일 개척자들은 협동조합을 구성하려고 시도한 첫 번째 그룹이 아니었지만, 그들은 그들의 협동조합이 성공하고 버틸 수 있게 만든 최초의 단체였다. 이전의 협동조합 사회가 저지른 실수를 피하고 다른 사람들을 도울 수 있도록 조직을 운영하는 운영원칙 목록을 개발했다.[121]

로치데일 소비자협동조합은 평등, 공평 및 상부상조라는 3가지 원칙에 기초하여 설립되었다. 공식적으로 로치데일 공정선구자조합라고 알려진 협동조합은 현대 협동조합 운동의 기초로 간주된다. 세 가지 원칙에 기반한 협동조합 운동은 소비자 소매(영국)와 농업(독일)을 넘어서는 경제영역으로 확대되었다. 협동조합은 대출 및 저축, 고용 기회 및 주택 기회와 같은 재정적 문제와 관련하여 발전되었다. 이러한 원칙은 국제협동조합연맹(ICA)이 3원칙을 7가지 원칙으로 확장한 1963년까지 유지되었다 새로운 7가지 원칙의 밑바탕에는 여전히 원래의 3가지 로치데일 원칙이 있다.

소비자 협동조합은 산업혁명과 근대화의 심장부인 영국에서 1850년대에 극적인 속도로 발전했다 이 기간 동안 독일에서는 협동조합이 형성되고 있었지만 소비자 협동조합은 아니었다. 농촌 지역의 농업 수요를 기반으로 소규모 농업협동조합이 개발되었다. 이후 20년 안에 독일은 조합원들이 제품을 생산하고 마케팅을 돕기 위해 지역 및 전국 농업협동조합을 개발했다.

산업화와 노동의 전문화로 인해 로치데일원칙이 지역사회 구성원들 사이에서 성공할 수 있는 환경이 조성되었다. 대안을 제공함으로써 협동조합은 그렇지 않았다면 필요로 하는 것을 사람들이 얻지 못하는 재화와 서비스를 조합원들이 얻고, 더 강한 공동체를 만들고 외부요인으로부터 자율성을 창출하는 것을 돕는 것으로 나타났다.[122]

몬드라곤 협동조합

몬드라곤 협동조합(Mondragon Corporation)은 스페인의 바스크 지역에 소재한 근로자 협동조합이자 법인이다. 바스크의 매출액을 총자산으로 나눈 수치로 기업이 자산을 얼마나 효율적으로 활용해 수익을 창출하는지 보여주는 지표인 자산회전율로 보면 스페인에서 10번째로 큰 회사이자 주요 비즈니스 그룹이다. 2014년 말, 금융, 산업, 소매 및 지식의 네 가지 활동 영역에서 257개의 협동조합 및 조직에서 74,117명의 직원을 고용했다. 2015년에는 74,335명이 고용되었다. 몬드라곤 협동조합은 국제협동조합연맹이 유지하는 협동조합 정체성에 관한 국제협동조합연맹 선언에 따라 운영된다.

1941년 젊은 가톨릭사제인 호세 마리아 아리스멘디아리에타(José María Arizmendiarrieta는 스페인 내전의 빈곤, 굶주림, 추방 및 긴장에서 아직 회복하지 못한 인구 7,000명의 도시인 몬드리곤에 부임했다. 호세 마리아 신부는 지역 교회 조직을 통해 의료 진료소와 스포츠 경기장을 세우고, 스포츠팀을 조직하는 등 지역사회 재건을 위해 노력하였다.

1943년 호세 마리아 신부는 독자적인 학교설립위원회를 발족하고, 지역의 청년과 학부모들과 힘을 모아 '민주적인 권력을 위해 사회화하는 지식'의 가치 아래, 20여명 규모의 기술전문학교를 세웠는데 그 대학은 현지 회사 그리고 주로 협동조합을 위해 관리자, 기술자 및 숙련된 인력을 위한 훈련장이 되었다. 그는 가톨릭 사회교리와 조화를 이룬 연대와 참여, 그리고 최초의 협동조합을 창설하기 전에 필요한 기술적 지식을 습득하는 것의 중요성에 기반한 휴머니즘의 형태에 관해 젊은이들을 교육시키는데 수년을 보냈다. 그는 카톨릭 사회사상의 강력한 옹호자였다. 이 독트린은 기존의 자본주의 경제학 및 사업 관행들에 비판적이었고, 위계질서의 약화, 협동 및 인간 발달을 더 강조했다. 그는 새로운 종류의 일터, 고된 일, 협동, 보상 공유 및 개인적 책임을 촉구하는 그런 일터의 창조를 통해서 사회적 정의와 개인들의 도덕적 성격을 신장시키기를 희망했다. 동시에 그는 전쟁, 독재 및 방기 등에 의해서 빈곤하게 된 지역에 고용과 소득을 발생시키려고 하였다. 법률 전문가들과 상의한 끝에 그는 "노동자 협동조합"이 이런 목표들을 함양시키는 최선의 법적 구조를 제공한다고 결정했다

카톨릭 사회사상의 4가지 개념들은 사회 정의, 경제정의, 사람들의 존엄성 및 연대이다.

"한 회사의 노동자는 그들이 대표되고 참여하지 않는 한 그 사업의 핵심에서 노동 요소로서 그들의 위치를 긍정할 수 없다. 일 공동체는 법적으로 그 대표성이 보장되어야 한다."(아리스멘디아리에타)

"동지애 및 연대감은 평등이 있는 곳에서 만개한다. 이런 기초가 결여되면, 이런 간정들은 일시적이고 곧 사라진다."(아리스멘디아리에타)

이후, 제철제강 공장을 비롯하여, 커피숍 지점망, 상점, 보험협회 등 지

역 경제의 대부분을 장악하고 있던 세라헤라 유니온은 1950년대 초, 회사자본금 증자를 위해 주식 추가 발행을 결정하였는데, 이 과정에서 호세 마리아 신부와 기술전문학교의 제자들은 노동자들의 투자권을 보장할 것을 세라헤라 유니온 측에 요청하였지만, 고위 경영진은 이를 거절하였고, 그래서 호세 마리아 신부와 제자들은 직접 노동자의 회사 경영 참여 권리를 인정하는 회사를 세우기로 뜻을 모았다. 기술전문학교의 5명의 학생이 처음 파라핀 히터를 생산하는 회사를 세웠고, 3년 후 24명의 노동자 회원들과 함께 Ulgor라는 이름으로 협동조합이 본격적으로 시작되었다.

처음 15년 동안 스페인 경제의 부흥과 자급자족 덕분에 많은 협동조합이 설립되었다. 이 기간 동안 마리아 신부의 격려에 힘입어 저축은행 노동인민금고 Caja Laboral (1959)과 사회복지조합 Lagun Aro (1966)가 설립되었고 최초의 지역 그룹 Ularco가 창설되었다. 1969년 Eroski는 10개의 소규모 지역소비자협동조합을 합병하여 설립되었고 1970년에서 1990년 사이 20년 동안 노동인민금고의 사업부가 추진한 협동조합 신설, 협동조합 연합의 추진, 지역 그룹의 창립 그리고 1974년에 기술자, 물리학자, 화학자들의 협동조합인 Ikerlan 연구 센터 설립이 있었다. 노동인민금고는 현재까지도 몬드라곤 협동조합의 경제적 영향력의 바탕이 되고 있다. 노동인민금고는 조합원들과 가족들의 사회 안전망을 관리할 뿐만 아니라, 신규 협동조합 설립, 신규 사업관리, 전문 경영 지식 제공 등의 역할을 수행한다. 몬드라곤 협동조합의 각 회원 협동조합은 노동인민금고에 분담금을 내고, 은행거래를 의무적으로 시행하며, 정기적으로 회계감사를 받는 등, 노동인민금고는 몬드라곤 협동조합의 효율적인 경영과 지속가능한 성장을 이루어 낸 핵심 요인으로 평가받고 있다.[123]

1986년에 스페인이 유럽경제공동체에 가입할 계획을 세우자, 몬드라곤 협동조합은 1984년에 'Mondragon Co-operative Group'을 결성하여 현재의 형태를 구성하게 된다. 관리자를 위한 현장 교육은 훈련 및 협동조합 보급에 전념하는 Otalora를 창설함으로써 강화되었다.

국제무대에서 목표는 세계화 진척에 대응하고, 여러 국가에서 생산 공장을 설립하여 해외로 확장하는 것이었다. 첫 번째는 1990년 멕시코의 Copreci 공장이었고, 2008년 말에는 최대 73개 자회사, 2013년 말에는 122개의 자회사가 그 뒤를 이었다. 목표는 경쟁력과 시장점유율을 높이고 부품 공급을 특히 자동차 및 가전분야에서 고객 회사공장에 더 가까이 위치하는 것이었다. 그리고 새로운 플랫폼을 통해 협동조합 제품의 수출을 촉진함으로써 바스크지방에서의 고용을 강화하려고 했다.

2009년 10월, United Steelworkers는 미국에서 노동자 협동조합을 창설하기로 몬드라곤과 합의했다고 발표했다. 2012년 3월 26일, USW, 몬드라곤 및 오하이오 종업원지주제센터(Ohio Employee Ownership Center, OEOC)는 그것의 상세한 합동 협동조합 모델을 발표했다.

2012년에 몬드라곤의 산업부문은 2007년에서 2008년까지의 금융위기 이전의 판매수치를 뛰어 넘는 40억 유로의 국제 매출을 기록했다. 몬드라곤은 11개의 새로운 생산 자회사를 열었다. 그 해의 국제매출은 전체 매출의 69%를 차지하여 2009년에서 2012년까지 26% 증가했으며 해외에서 14,000명의 직원을 보유했다. 몬드라곤의 BRIC 시장점유율은 전년 대비 20% 증가했다. 2013년 국제매출액은 6.7% 성장했으며 전체 매출의 71.1%를 차지했다.

2013년 10월 16일, 국내 가전회사인 Fagor Electrodomésticos는 유로 위기 동안에 막대한 손실을 겪었고 재무 관리가 열악하여 5,600명의 직원을 직업 상실의 위험에 빠뜨리면서 스페인 법에 따라 파산을 신청하여 11억 유로의 부채를 재협상했다. 이것은 2013년 11월 6일 Fagor 그룹 전체의 파산이 뒤따랐다. 2013년 7월 Fagor는 카탈로니아 Cata에게 4250만 유로에 인수되었다. 카타는 바스크 지방에서 705명의 직업을 창출하고 파고(Fagor), 에데사(Edesa), 아스프(Aspes), 스플렌 디드(Splendid)라는 브랜드 이름을 계속 사용하겠다고 약속했다.[124]

몬드라곤 협동조합은 노동자-소유 및 관리 협동조직이다. 그것은 광범위한 종업원 참여를 촉진하는 한편, 의사 결정 권한을 그 조직 전체에 걸쳐 골고루 분산시킨다.

반면에 전통적인 조직은 영리든 비영리든 모두 제한적이고 피고용인들의 참여, 조직의 맨 위로 권력의 집중 그리고 피고용인들에게 이용 가능한 조직에 관한 제한된 정보의 하향 의사결정에 의해서 특징지어진다. 게다가 전통적인 영리 조직은 자본 투자자들과 피고용인들이 통상 서로 다르다는 것에 의해 특징지어진다.: 경제 혜택은 주로 투자자들의 보상을 극대화 위해서 행해진다; 투자자들, 경영자들 및 노동자들의 목표들은 종종 서로 상충된다.;

몬드라곤 협동조합의 조직 원리를 상세하게 보면 다음과 같다.

노동자가 곧 소유자

몬드라곤 노동자소유자들은 직무 종류나 위계서열과 무관하게 동등한 양의 초기 자본을 투자하여 노동자가 곧 소유자가 됨과 동시에 1인1표 시스템을 통하여 의사결정에 기여한다.

초기 자본 기여는 1년치 최저 봉급에 해당하는데, 이 기여금의 85%는 그 노동자-소유자의 자본 계정에 예치되고 나머지 15%는 집단적 준비 자금에 예치된다. 그 노동자-소유자에게 속하는 85%의 기여금은 이자가 붙고, 퇴직 시에 수령된다. 그 15%의 기여금은 몬드라곤 준비 자금의 일부가 된다. 이런 협동적인 자본형성 시스템은 책임감과 초기 투자의 리스크를 노동자-소유자들에게 동등하게 분배한다. 더구나 노동자-소유자들은 자본 투자자들이기 때문에 그들은 이윤을 나누어 가질 자격을 갖는다. 그렇지만 이윤 분배는 변동이 있다. 왜냐하면 이윤 분배는 자본 투자에 기초하지 않고 행해진 일의 종류와 그 협동조합들의 수행에 기초하기 때문이다.

근로자 참여

1. 경제적 참여
   a.몬드라곤 초기 투자-동등한 리스크 감수 및 동일한 금액 기여
   b. 소유권-동등한 권리 및 책임

2. 의사 결정에서의 민주적 참여
   a. 단체 수준에서
   I. 각 협동조합마다 단체 대표 선출
   ii. 각 협동조합마다의 노동자-소유자의 투표에 의한 결정들을 전달하는 단체 대표들을 통한 의사결정
   b. 각 조합마다의 참여
   I. 집행부, 회계감사 및 사회 위원회 구성원 선출
   ii. 토론에서의 개별 노동자-소유자 참여 및 투표에 의한 사업 경영
   iii. 개인적 직업 설계-직업 묘사에의 참여

3. 공동체 개발에의 참여

a. 직업 창조-개인적 이윤 공유 기여를 통한 기금

b. 공동체 개발 프로젝트-노동자-소유자의 이윤 공유의 10%

무해고 정책

몬드라곤에서는, 직업은 신성한 것이고 노동자-소유자가 직업을 잃지 않도록 만전을 기한다. 그래서 무해고 정책을 채택했다. 그 결과 지금까지 그 어떠한 노동자-소유자도 몬드라곤에서는 해고된 적이 없다. 노동자-소유자들은 시장에 관련된 원인들 때문에 일자리가 없어지면 다른 협동조합으로 재배치함으로써 시장의 변동으로부터 보호된다.

몬드라곤은 이 일자리가 없어진 노동자-소유자들을 추적하고, 재-훈련시키고 재배치하는 메커니즘을 갖고 있다. 그들은 이전보다 더 낮은 임금을 받는 새 일자리로 갈 때에는 이전의 봉급수준을 유지한다. 또한 일시적으로 일자리가 없어진 노동자들은 그들이 재배치되기 전까지는 그들의 마지막 봉급의 80%를 유지한다.

최고 경영자들과 공장/현장 노동자들 사이의 급료 비율의 제한

급료 연대 원리는 "다른 사람들과의 연대를 유지하는 한편 충분한 보상은 관리의 기본 원리이다" 몬드라곤에서는 집행 일을 하는 노동자-소유자들과 현장 또는 공장에서 일하고 최저 임금을 받는 자들 사이의 합의된 임금 비율이 있다. 이 비율은 각 협동조합마다 다른데 3:1에서 9:1까지 있지만, 평균 비율은 5:1이다.

몬드라곤의 10가지 기본 원리

몬드라곤 조직은 개인, 조직 및 공동체 필요들의 균형을 맞추는 10가지

기본 원리들에 기초하고 있다.:

1) 개방 입사 일을 할 수 있는 모든 사람들에게 몬드라곤은 개방되어 있다.종교, 정치, 인종, 성 나이, 사회경제적 이유로 인한 차별은 없다.

2) 민주적 조직

노동자들은 소유자들이고 소유자들은 노동자들이다. 각 협동조합은 "1인 1표" 시스템에 의해서 운영된다.

3) 피고용인의 노동의 자본에 대한 우위

모든 노동자들은 공평한 이윤 분배를 받을 자격이 있지만, 자본에 대한 수익은 공정하지만 제한되어 있다. 그 협동조합의 잉여나 손실에 의존하지 않는다.

4) 자본의 종속적 성격

자본은 목적을 위한 수단이지 그 자체로서 목적이 아니다. 자본은 주로 일자리를 창출하기 위해 사용된다.

5) 참여경영

노동자-소유자들은 의사결정 및 협동조합 경영에 참여한다. 그래서 자기-관리 기술, 형식적 교육 적절한 정보가 제공된다.

6) 급료 연대

급여는 내부적 및 외부적으로 규제된다. 내부적으로는 최고 급료와 최저 급료 간의 비율이 결정된다. 외부적으로는 유사한 지역 산업들의 수준에 의해서 결정된다.

7) 상호협력

협동조합들은 집단을 형성하여 이윤을 모으고, 필요하면 노동자-소유자를 흡수하고 시너지를 발생시킨다.

8) 사회 변모

몬드라곤 협동조합들은 그들의 이윤의 대부분을 새 직업 창출에 투자한다.

9) 보편적 성격

몬드라곤은 다른 협동조합들과의 연대를 천명한다.

10) 교육

몬드라곤 협동조합들은 인적 및 경제 자원들을 노동자-소유자들이 그 모든 위의 기본 원리들을 적용할 수 있게 하기 위하여 기초, 전문 및 협동 교육에 쓴다.[125]

클리블랜드 모델

클리블랜드는 미국 서부 오하이오주의 중간에 위치한 인구 39만 명의 중소도시로 한때 미국 중공업의 상징으로 불리기도 했지만 중공업의 쇠퇴로 인해서 인구도 약 반 정도로 줄고 산업 노동자 비율도 급감한 도시다. 이처럼 급격한 쇠퇴를 경험하던 클리블랜드는 2000년대 후반부터 도시를 축소하고 유휴지를 재활용하는 'Re-imaging Cleveland' 사업을 시작해 도시 재건에 대한 토대를 마련했다.

2005년에 클리블랜드 주립대학 병원들은 비전 2010이라는 5년간의 전략적 성장 계획을 발표했다. Vision 2010의 가장 눈에 띄는 특징은 5개 주요 시설 및 외래환자 건강센터의 신규 건설 및 기타 시설 확장이었는데. 이 계획의 총 비용은 12 억 달러였으며 이 중 7억 5천만 달러가 건설비용이었다. Vision 2010을 시행함에 있어 대학병원은 클리블랜드 거주자와 오하이오 북동부의 전반적인 경제에 직접적으로 이익을 주기 위해 경비지출을 의도적으로 목표로 삼고 이를 활용하기로 결정했다. 예를 들어 Vision 2010에는 다양성 목표 (소수 및 여성 비즈니스 목표 설정 및 모니터링), 현지 회사에서 제공하는 제품 및 서비스 조달, 지역주민 고용 및 기타 대상 이니셔티브가 포함되었다. 이러한 목표는 건설 단계 및 영업이 시작된 새로운 시설의 지속적인 운영에 연결되었다.

프로젝트가 끝날 때에는 대학병원의 노력을 통해 100개의 소수인종 또는 여성 소유 기업이 참여했으며 Vision 2010에 참가한 모든 비즈니스 중 90% 이상이 지역 기반이었고 목표를 훨씬 초과 달성했다.

또 다른 클리블랜드대학의 노력인 더 큰 대학 우리 구상 (The Great University Circle Initiative)에서는 클리블랜드 재단, 앵커 기관, 시 정부, 지역사회 기반 조직 및 기타 시민 지도자들의 참여를 권장한다. 시간이 지남에 따라 이 이니셔티브는 기관과 지역 간의 장벽을 허물어 대학 영역권을 더욱 변화시킬 수 있는 포괄적인 공동체 구축 및 개발 전략이 되었다. 이니셔티브는 다수의 전선에서 작업하고 있다. 새로운 운송 프로젝트 및 대중교통 기반 상업개발, 고용주가 지원하는 주택 프로그램은 지역 비영리기관의 직원들이 도시의 이웃으로 다시 돌아갈 수 있도록 장려하고 있다.

가장 최근의 전략적 개발은 '상록수 협동조합 구상 (Evergreen Cooperative Initiative)'으로 알려진 경제 포용 프로그램을 2007년에 시작한 것이다. 상록수 이니셔티브의 대담한 목표는 43,000명의 거주자가 있는 6개의 저소득층 지역에서 생활임금으로 고용하고 그 직원들에게 재산을 축적할 기회를 창출함으로써 클리블랜드에서 경제적으로 획기적인 발전을 촉진하는 것이다. 상록수 협동조합은 처음부터 아래로부터 지역경제를 건설하려 한다. 종종 저임금 일자리를 가져오기 위해 외지기업에 공공 보조금을 제공하는 대신, 상록수 전략은 직원들이 소유하는 새 사업 창출에 촉매역할을 하는 것이다. 저 숙련 및 저소득층 근로자가 거의 이용할 수없는 직업에 대한 인력교육에 집중하기보다 에버그린 이니셔티브는 먼저 직업을 창출한 다음 지역 주민을 모집하고 훈련시킨다.

상록수 협동조합은 저소득층 지역에서 광범위하게 공유되고 소유되는 자산과 자본을 창출하기 위한 닻기관(anchor institutions)의 경제적 힘을 하나로 모으는 강력한 메커니즘이다. 앵커 기관은 해당 지역에 확고하게 뿌리를 두고 있는 대학 및 병원 외에 문화 기관, 보건 시설, 공동체 기반, 신앙 기반 기관, 공공 유틸리티 및 지방 자치 단체가 포함하여 다른 지역으로 웬만해서는 이전해 갈 수 없는 대형기관들을 가리킨다. 일반적으로 앵커는 비영리법인인 경향이 있다. 그들은 여러 가지 이유로 재배치 될 수 있는 영리 목적의 회사와 달리 장소에 뿌리를 두고 있기 때문에 앵커 기관들는 적어도 원칙적으로 그들이 기반을 둔 공동체가 안전하고 활기가 차고 건강하고 안정적이 되면 그들 자신에게도 도움이 된다는 면에서 지역의 안정과 발달에 이해관계가 걸려있다. 상록수 협동조합 이니셔티브는 알맞은 임금과 혜택을 지불할 뿐만 아니라 노동자들에게 소유권을 부여하여 직원을 위한 자산과 부를 구축하는 녹색 일자리를 창출한다.

이 이니셔티브는 5가지 전략적 기둥으로 구축된다. (1) 앵커기관의 연간 수십억 달러 사업비 중 일부를 주변 지역으로 활용한다. (2) 이러한 제도적 필요를 충족시키기 위해 고안된 지역사회 부의 자산 및 소유 모델을 기반으로 상록수 협동조합의 견고한 네트워크 구축한다. (3) 환경적으로 지속가능한 에너지 및 친환경 일자리를 창출하기 위한 성장 모멘텀을 구축한다. (4) 건강 및 지속 가능 에너지 같은 대규모 공공 투자 경제부문에 전폭적인 노력을 기울인다. (5) 이 노력을 확장시킬 수 있는 재정지원 및 관리역량을 개발한다.[126]

상록수 협동조합 네트워크에는 세탁업(Evergreen Cooperative Laundry), 태양광사업(Evergreen Energy Solutions), 농작물 재배업(Green City Growers) 등이 포함된다. 가장 먼저 설립된 협동조합인 에버그린 협동조합 세탁회사는 지역병원에서 나오는 세탁물 처리를 담당하고 있다. 에버그린 에너지 솔루션은 녹색기술을 적극 도입해 지역 대학 및 병원에 태양광 시설을 설치하고 가정집에 태양광 시설을 공급하는 사업체다. 그린시티 그로어스(Green City Growers)는 가장 최근 설립된 사업체로, 그린하우스 수경재배 방식으로 1년 사시사철 농작물 재배를 하는 협동조합으로서 약 10에이커의 토지 위에 건립된 거대한 그린하우스에서는 연간 약 300만 포기의 신선한 채소가 재배되고 있다.

한국협동조합의 약사

우리나라의 민간 협동조합 효시(嚆矢)는 지난 1927년 1월 당시 경북 상주군 함창면에 세워진 '함창 협동조합'이 꼽힌다. 일본 동경에서 전진한(錢鎭漢)을 중심으로 일본에 있는 유학생들이 1926년 6월 ① 중간이윤 철폐, ② 고리대 구축, ③ 경제적 단결, ④ 자주적 훈련' 등 일제의 식민지 착취를 배제하고 농민의 경제적 권익을 보호, 증진하기 위하여 협동조합운동사[協同組合運動社]라는 협동조합을 설립하였다. 기본강령으로는 '① 우리는 협동자립정신으로써 민중적 산업의 관리와 민중적 교양을 기한다. ② 우리는 이상의 목적을 관철하기 위해 조합정신의 고취와 실지 경제를 기한다.' 등을 정하였다. 그리고 기관지 『조선경제(朝鮮經濟)』를 발간하는 한편, 방학을 이용해 국내에서 협동조합운동의 취지를 선전, 강연하며 조합의 조직을 추진하였다.

이에 따라 1927년 1월 경상북도 상주군 함창(咸昌)에서 첫 번째 협동조합을 설립하였다. 일본 유학생들이 함창에 협동조합을 가장 먼저 설립한 이유에 대해서는 알려진 바가 없다. 다만 전문가들은 함창에 유독 가난한 농민들이 많아서였다고 추측하고 있다. 산으로 둘러싸인 함창은 당시 양식이 없어 나물죽으로 연명해야 할 만큼 낙후된 마을이었다고 한다. 1927년 11월 「협동조합운동의 실제」라는 팸플릿을 제작하여 전국에 배포하며 조직을 확대하는 데 힘을 모았다. 1928년 4월 1일에는 본부를 동경에서 서울로 옮기고, 순회강연을 통해 조합 설립에 더욱 힘을 기울여 충청도와 경상도에 조직을 가지게 되었다. 그리하여 같은 해 11월 현재 조합 22개, 조합원 5,000명에 자본금 4만 5000원을 보유하였다.[127]

광복 이후엔 한동안 주춤하다가 1961년 8월 '농업협동조합법'이 공포되면서 지금처럼 신용(금융) 사업과 경제(유통) 사업을 함께 영위하는 형태인 농협중앙회가 생겨났다. 당시 조합 수는 전국에 걸쳐 2만 곳이 넘었지만 단위 조합원 수는 100여명에 지나지 않는 곳이 많아서 조합 한 개당 규모는 매우 영세한 편이었다. 그렇지만 농협중앙회는 통폐합 작업을 거듭하여 지금은 전국에 총 1177개(3월말 기준)의 단위 조합이 있다. 수산단체들도 1962년 수협법이 제정되면서 근대적인 형태로 재편됐다. 당시 전국에 102개 조합이 만들어졌으며, 조합을 총괄하는 수협중앙회도 이때 생겼다. 수협중앙회는 지난 1965년부터 어민들과 관련된 자금 일체를 조달하는 역할을 맡고 있다. 양축가(養畜家)의 협동조직인 축산업협동조합은 지난 1981년 처음 발족했고 축산물 유통과 사료가공 사업 등을 담당했는데, 2000년 농협중앙회로 통합됐다.

2012년 12월 1일부터 시행된 협동조합기본법에는 5인 이상 조합원을 모으면 누구나 금융·보험업을 제외한 모든 분야에서 협동조합을 만들 수 있도록 규정하고 있다. 또한. 3억 원 이상이던 출자금 제한을 없애고, 200명 이상이던 설립 동의자를 5명으로 줄이는 등 설립 요건을 대

폭 완화한 게 핵심이다.

협동조합의 이점과 영향

1) 사업체의 수명이 길다:

미국에서 사업 시작 5 년 후에, 협동조합의 약 62 %는 여전히 사업 중이지만 전통적인 비즈니스는 단지 약 35 %만 살아남는다.

2) 더 높은 보수:

예를 들어, 프로스페라 (Prospera)는 Bay Area에서 노동자 소유의 협동조합 네트워크를 배태해왔다. 그 협동조합들의 대부분의 노동자 소유주는 집 청소 일을 하는 라틴계 여성이다. Prospera 노동자 협동조합에 가입함으로써 이 근로자들은 그들의 평균 수입을 24,000 달러에서 40,989.달러로 올렸다.

3) 더 많은 현지 지출:

미국에서 지역 식품협동조합에서 1,000달러를 소비할 때마다 1,604 달러가 지역경제로 간다. 같은 돈이 일반 식료품 가게에서 쓰일 때보다 그 액수는 239달러 더 많은 액수이다.[128]

종업원지주제

2011년 기사에서 미국의 네이션지는 종업원 소유를 공동번영에의 길이라고 극찬했다.[129]

2004년 내일신문이 주최한 '우리사주제 활성화 국제컨퍼런스'에서 '영국의 종업원 주식소유 및 종업원 소유'를 주제로 발제한 데이비드 어달 (David Erdal) 박사는 "종업원 소유는 윈-윈-윈(win-win-win)"이라고 주장했는데, 유럽전역에서 사원주주제 확산을 위한 컨설턴트로 활동하는 그는 "종업원 소유는 생산성과 경쟁력을 높이고, 공동체에 부를 널리 분산시키며, 소유를 지역사회에 정착시킬 뿐만 아니라 종업원의 훈련과 교육을 지원할 수 있다"고 장점을 열거했다.[130]

종업원지주제(ESOP) 회사는 종업원이 종사하는 사업의 일부 또는 전부를 소유하는 영리 법인을 말한다. ESOP는 두 가지 독특한 특징을 가진 연금계획을 통해 창출된다. : 1) 근로자 연금의 대부분은 근로자가 고용되어 있는 회사에 투자되고, 2) 근로자는 자사주를 구입하기 위해 미래의 기업소득에서 차용할 수 있다. 회사가 그 계획에 자금을 제공하는 돈이나 주식은 세금이 공제된다.

ESOP는 다음과 같은 몇 가지 주요한 이유로 공동체의 자산을 구축하는 데 중요한 역할을 한다.

- 지역 사회의 경제기반을 안정화시키는 데 도움이 된다. 일반적으로 소유권은 지역 사회에 거주하는 근로자에게 부여되므로 회사가 다른 지역으로 재배치될 가능성은 적다.
- 지역 주인이 은퇴할 때 현금을 갖고 나가게 할 수 있는 메커니즘을 제공하고 사업이 재정적으로 생존하고 지역에 뿌리내릴 수 있도록 보장한다.
- ESOP 회사는 경기 침체기에 비교 회사보다 근로자를 해고할 개연성이 더 작다.
- ESOP는 직원들이 소유권을 통해 부를 축적 할 수 있는 기회를 제공한다. 실제로 ESOP 직원은 전통적인 회사의 직원보다 임금과 퇴직소득이 많다.
- ESOP 회사는 근로자가 의사결정 과정에 참여할 수 있는 더 많은 기

회를 제공하여 지역 자산에 대한 공동체 통제를 강화한다.

ESOP의 철학과 역사

켈소(Louis O. Kelso, 1913~1991)는 스미스, 마르크스 그리고 케인즈의 고전적 전통을 잇는 정치경제학자였다. 그는 또한 기업과 금융 변호사, 저자, 강연자, 그리고 상업은행가로서 우리사주 신탁제도(종업원지주제 ESOP)의 발명자이자 선구자로서 오늘날 기억되고 있다. 켈소는 신문 체인의 소유자들이 은퇴할 때 그들의 주식을 직원들이 살 수 있게 해주기 위해 1956년에 ESOP를 창조하였다. 2년 후에 켈소와 그의 공저자인 철학자 Mortimer J. Adler는 자본가 선언 (Random House, 1958)에서 ESOP의 기초가 되는 거시경제 이론을 설명하였다.

켈소는 대공황 2년 차인 1931년에 아직 18살이 채 안 된 나이에 경제학에 대해 진지하게 생각하기 시작했다. 그는 Boulder에 있는 콜로라도 대학에 입학하여 기업행정과 금융에서 B.S.학위로 1937년에 졸업했다. 다시 그는 로스쿨로 진학하여 1938년에 J.D.학위를 받았다. 그 후로 덴버 로펌에 취업했다.[131]

케인즈는 고용을 회복하고 유지하는 방안을 연구했지만, 켈소는 자본주의 시스템의 논리에 관하여 의문을 제기하였다. 경제학자 세이는 "공급은 자신의 수요를 창조한다."고 말하는데 이 세이의 법칙은 대공황 이전의 고전경제학의 주춧돌이었다. 그 추종자들은 국가가 시장에서 손을 떼면, 시장 경제는 자동적으로 생산과 소비 간의 불균형을 시정하여 완전고용 상태인 균형으로 돌아간다고 믿는다. 그렇지만 대공황이 발생하고 수많은 사람들이 실업이 되자 이 패러다임에는 심각한 문제가 있음이 드러났다.

처음에 켈소에게 세이의 법칙은 난공불락의 진리인 것으로 보였다. 세이의 법칙에서는 한 시장은 차변에서는 비용으로 계산되는 생산적 인풋이 들어오고, 대변에서는 소득으로 계산되는 "거시적 복식부기" 시스템이다. 생산비용은 그 생산에 기여하는 사람들에게 지불되는 소득이 된다. 그래서 "생산량에 따라 각자에게" 라는 분배법칙은 도덕적이고 법적인 구성물인 사유재산이라는 "보이지 않는 손"에 의해 집행된다.

세이의 법칙에 따르면 수요공급 법칙은 스스로 규제하는 피드백 시스템이다. 그렇지만 생산에는 노동만이 아니라 자본도 참여한다. 기술이 자본집약적인 방향으로 가는 경향이 있기 때문에 노동은 더 생산적이 되지 못하지만, 자본은 갈수록 더 생산적이 된다. 노동의 생산력은 정체되고 기술변화로 노동의 인풋 비중은 줄어드는 반면 자본의 인풋비중은 증가하여 갈수록 산업은 더 자본집약적이 된다. 그래서 노동의 생산력이 아니라 자본의 생산력이 더욱 증대된다. 사유재산제도라는 분배 메커니즘을 택하는 경제에서는, 생산성에 따라서 그 소득이 분배되므로 노동에게 가는 비중은 점점 더 줄어들고 자본소유자들에게 가는 비중은 갈수록 비례적으로 더 증가한다.

생산성 차이가 갈수록 벌어지면서 소득의 차이도 양극화되어서 시간이 지남에 따라 시장에서 나오는 소득의 중 소비자로서 재화와 서비스에 대한 구매를 하지 않는 그래서 시장을 통해 그 돈을 재순환 시키지 않는 자들의 수중에 점점 더 집중되어서 들어가게 된다. 그들은 그들이 원하고 필요로 하는 대부분의 것을 갖고 있기 때문에 그들의 잉여를 새로운 생산적인 힘에다 투자한다. 그러므로 생산력은 급증하지만 일반 노동자들의 소비여력은 정체되거나 늘어도 공급을 소비하지는 못할 정도로만 증가한다. 그래서 경제에서 과잉생산이 발생한다. 켈소가 보기에 이것이 사유재산, 자유 시장 경제가 점점 더 그 기능을 상실하게 만드는 분배 병목현상의 원천이다. 그 기능상실의 징후는 자본의 집중과 부족한 소비자수요로 나타난다. 그 결과 임금 소득에 전적으로 의존하는 대다수의 사람들은 빈곤에 빠지고 불안전한 삶을 살게 된다.

루이 켈소는 이런 추론을 한 결과 세이의 법칙을 "재화 및 서비스를 생산하는 자들이 그 생산물을 원하고 소비할 능력이 있을 때에만 공급은 자기 수요를 창조한다."고 수정했다. 그러므로 켈소에 따르면, 세이의 법칙은 소비의 균형을 맞추기 위한 민주적 생산력의 분배를 전제로 한다.

소유권은 개인적 소득에서 자본을 축적하거나 새 자본을 빌린 자들만이 얻을 수 있는 특권이었다. 일반 노동자들은 번 돈을 생활에 필요한 재화나 용역을 사는데 다 소비해야 되었기 때문에 자본을 소유할 수가 없었다. 자본이 점점 더 생산적이 되고, 따라서 갈수록 더 많은 몫을 가져가는데 노동은 자본에 접근하거나 소유할 수 없었음으로 생활수준이 정체되든지 아니면 올라가더라도 자본소유자들의 생활수준의 껴차는 가속적으로 벌어질 수밖에 없었다.

자본 소유자의 소득은 그가 생산적으로 투자할 수 있는 자본의 양에 의해서만 제한된다. 새 사업에 돈을 대고 새 자본을 창조하는 전통적 방법들은 보통 신용에 의존하는 것이다. 그렇지만 대출자들은 과도한 리스크를 회피하기 때문에 그 신용에 대한 보증으로서 기존에 자본을 가진 자들을 선호한다. 그래서 그 차입자의 자본은 대출자에게는 리스크에 대한 담보가 된다. 그러므로 이미 자본이 있는 자들만이 더 많은 신용을 얻고 더 많은 자본을 창출할 수 있다.

일단 자본이 생기면 추가적인 자본을 얻는 것은 더 쉬워진다. 이러한 자본 형성 메커니즘 때문에 국민 대부분은 자본이 생산하는 소득을 공유할 기회를 갖지 못한다. 그들은 담보로 쓰일 자본이 없으며, 그렇다고 많은 돈을 저축할 여력도 없다. 그렇지만 소수의 가족들은 그들이 소비할 수 있는 것보다 한참 더 많은 자본 소득을 벌고 있다. 이 과잉소득은 다시 자본자산들에 재투자되어서 더 많은 자본을 벌어들인다. 그와 함께 대부분의 사람들과의 격차가 더욱 벌어지기 때문에 대부분의 사람들은 소비를 위한 소득을 가져다주는 새 자본의 성장에 참여할 수 없게 된다. 그러므로 경제에서 자본은 갈수록 더 소수의 손에 집중되는 현상이 나타난다.

이러한 양극화를 막기 위해서 이전에는 참여할 수 없었던 대다수의 사람들에게 자본 형성 과정에 참여하게 하는 다양한 방안들이 루이 켈소를 비롯한 많은 사람들에 의해서 제안되었다. 그것은 기존 자본을 재분배하는 것과는 전혀 무관하다. 켈소의 기본 아이디어는 종업원들이 그들이 근무하는 회사의 "소유자"가 될 수 있게 일종의 "기금 트러스트"를 만들어서 그 트러스트를 통해서 대출을 받고 자사주를 매입하되 그 주식은 오직 퇴직할 때에만 수령이 가능하게 하자는 것이었다.[132]

ESOP가 어떻게 근로자와 지역 사회의 부를 쌓을 수 있나?

1) 직원들이 퇴직계정에 보유한 소유 지분을 통해 부의 축적이 가능하다. 또한 ESOP의 직원 소유자는 전통적인 회사의 직원보다 더 많은

임금을 받는다.:

미국에서 ESOP의 직원은 비교할 수 있는 전통적인 회사의 근로자보다 평균 5~12% 임금을 더 받는다. ESOP의 종업원은 전통적 소유 회사 종업원보다 평균 2.5배에 달하는 퇴직계좌를 보유하고 있는 것으로 나타났다.

2) 고용 안정성 향상; ESOP는 경기 침체기에 비교대상 기업보다 근로자를 해고 할 개연성이 훨씬 더 적다. 미국에서 ESOP 직원은 전통 소유 직원 대비 해고 가능성이 4분의 1이다.

3) 지역 경제 기반의 안정화:

소유권은 일반적으로 공동체에 거주하는 근로자에게 부여되기 때문에 회사 이전은 거의 발생하지 않는다. 미국에서 종업원지주제를 채택한 회사들의 30~40%에서 ESOP는 회사 주식의 100%를 소유하고 있다. 대부분의 ESOP 회사는 매우 효율적이고 수익성이 있다. 직원들이 거버넌스 및 관리에 대한 의견을 제시하기 때문에 ESOP은 더 생산성이 높다. ESOP가 채택되는 해에는 생산성이 추가적으로 평균 4~5% 더 향상되고 그 이후로도 그 높은 생산성 수준은 계속 유지된다. 이 일회성 점프는 지난 20년간 미국 경제의 평균 연간 생산성 증가율의 두 배를 넘는다.

4) 지역 소유자가 은퇴할 때 현금으로 출금 할 수 있는 메커니즘을 제공하고, 기업은 재정적으로 건실하며 현지에 뿌리 내릴 수 있도록 보장한다.

5) 근로자가 의사 결정 과정에 참여할 수 있는 더 많은 기회를 제공함으로써 지역 자산을 근로자와 지역 사회를 보다 잘 통제 할 수 있다.[133]

PART III

돈과 철학

01

돈의 심리학

돈은 마약

한 실험에 따르면 섭씨 50도로 가열된 물에 손을 담근 피실험자들 중에서 그 전에 돈을 세었던 자들은 그렇지 않은 자들에 비해서 그 물이 덜 뜨겁다고 느낀다고 답했다. 두뇌에 관한 한, 돈은 사회적 불편함 따라서 신체적 불편함 심지어 고통까지도 줄여주는 대용물로 작용할 수 있다는 것이다. 따라서 돈은 일종의 진통제-마약으로 볼 수 있다. 돈을 생각하는 것과 고통을 덜 느끼는 것과의 오래 지속되는 연관성은 심리학자들이 점화 효과[priming effect]-시간적으로 먼저 제시된 단어가 나중에 제시된 단어의 처리에 영향을 주는 현상 즉 어떤 것을 생각하면 잠재의식적으로 관련된 반응이 촉발하는 것의 한 예로 보인다.

이 경우 먼저 제시된 단어를 점화 단어(prime), 나중에 제시된 단어를 표적 단어(target)라고 한다) 가령 나이든 사람들을 생각하면 사람들은 더 느리게 걷는다! 우리의 두뇌 속에서, 돈은 묘한 힘, 마약 같은 것이 되었다.

사람들은 사회적 및 문화적 동물로서 원하고 필요로 하는 것을 얻기 위해서 서로에게 의지한다. 따라서 사람들은 그들이 속한 집단의 승인을 받을 강한 필요성이 있다. 그것이 생존수단을 확보하는데 중요하기 때문이다. 그런데 돈은 일종의 사회적 자원으로서 그 사회에서 원하는 것을 얻게 해주는 아주 강력한 수단이다. 인맥이나 관계도 자원을 얻게 해주미나 돈은 다른 사람의 도움을 받지 않고도 그런 것들을 가능하게 해준다. 돈은 문제들이 해결될 수 있고 필요가 충족될 수 있다는 자신감을 제공하고, 다시 그러한 자신감은 사람들로 하여금 타인들의 승인에 관하여 덜 개의하게 만든다. 돈은 사람들이 홀로 설 수 있게 해준다. 그러므로 돈을 생각하면 마약을 먹은 것과 비슷한 효과가 나타나는지 모른다.[134]

성경에서 돈 사랑은 만악의 뿌리라고 한다.

"돈을 사랑함이 일만 악의 뿌리가 되나니 이것을 탐내는 자들은 미혹을 받아 믿음에서 떠나 많은 근심으로써 자기를 찔렀도다."

(디모데전서 6:10)

사람은 평시에 즐거운 것을 꿈꾸듯이 돈을 생각한다.

"네 보물 있는 그 곳에는 네 마음도 있느니라."

(마태복음 6:21)

돈은 마약과 같고 돈은 힘과 자유를 주기 때문에 사람들은 돈을 사랑한다. 현대의 화폐경제에서 돈은 신과 다툴 정도로 강력한 숭배의 대상이 되었다. 일찍이 예수는 다음과 같이 갈파하였다.:

"그 누구도 두 주인을 섬기지 못한다. 하나는 미워하고 아니면 다른 하나는 사랑하든지 하나에 헌신하고 다른 것은 경멸할 것이다. 너희는 신과 돈을 동시에 섬기지 못한다."

(마태복음 6:24)

명심보감, 채근담과 함께 중국 3대 처세 격언서의 하나인 증광현문(增廣賢文)에는 돈 사랑이 워낙 지독하여 사람은 죽음도 불사한다고 말한다.

"378. 人爲財死(인위재사) 鳥爲食亡(조위식망):
사람은 재물 때문에 죽고, 새는 먹이 때문에 죽는다."

또한 돈을 중요시 여겨서 형제들과 반목하기 십상이라고 한다.

"246. 妻財之念重 (처재지염중), 兄弟之情疏 (형제지정소)
아내와 재물을 중요하게 여기면, 형제에 대한 정이 멀어진다."

돈의 힘

"만물은 돈에 복종한다(All things are obedient to money.)"라는 속담이 있다. 돈이 사람들에게 미치는 힘은 그만큼 세다는 말일 것이다. 비슷하게 돈의 힘을 나타내는 "돈은 만능열쇠.(Money is the key that opens all doors.)"라는 속담도 있다. 아름다움은 사람들을 감동시키고 움직이게 하는 강력한 힘이 있지만, 그 힘은 돈의 힘보다 못하다는 말도 있다.: "아름다움은 강력하지만, 돈은 더 한층 강력하다.(Beauty is potent, but money is more potent)" 비슷하게 "一钱遮百丑 (일전차백추) 즉 돈 일전이 백 가지 추함을 가린다 "라고 하여 돈은 추함도 능히 커버할 수 있다는 중국 속담이 있다.

가난하면 친구도 친척도 왕래가 드물지만 반대로 부유하면 왕래가 잦아진다.

"사람이 가난하면 친척도 왕래를 끊는다(人穷断六亲 인궁단육친)"고 중국 속담은 말한다.

그래서 증광현문에는 "貧居鬧市無人問, 富在深山有遠親.(빈거뇨시무인문 부재심산유원친) 즉 가난하게 살 때는 번화한 시장에서 살아도 안부를 물으로 오는 자가 없으나, 부자는 깊은 산 속에 살아도 먼 친척이 찾아온다."고 한다.

또한 돈은 많은 친구들도 만들어준다고 한다.

> "有酒有肉多兄弟, 急難何曾見一人? (유주유육다형제, 급난하증견일인)
> 술(酒) 있고 고기 있을 때는 형제 같은 이도 많더니, 급(急)하고
> 어려울 때는 어찌 한 사람 보기도 힘든가?"

마르크스도 경제철학수고 1844 중 "돈의 힘"에서 돈은 사람들을 묶어주는 힘이라고 본다. 돈이 있어야 사람들은 친근해지고 왕래하게 된다. 물론 돈은 사람들을 분리시키는 힘으로도 작용한다.

> "만일 돈이 나를 인간 삶에 묶고, 사회를 나에게 묶으며 나를 자연과 사람에게 연결해주는 유대(끈)이라면, 돈은 모든 유대들의 유대가 아닌가? 그것은 모든 끈들을 풀고 묶을 수 있지 않은가? 그러므로 그것은 또한 분리의 보편적 주동자가 아닌가? 그것은 진정한 묶는 주동자일 뿐만 아니라 진정으로 분리시키는 주화–사회의 화학적 힘이다."[135]

돈이 있을 때에는 사람은 낙관하고 모든 것을 긍정적으로 보며 원칙을 믿고 사람들을 믿고 세상은 장밋빛으로 보이지만 돈이 없을 때 사람 마음은 비관과 우울증에 시달리게 된다고 독일 시인이자 극작가인 베르톨트 브레히트[Bertolt Brecht 1898~1956]는 한 시에서 말한다.

"1

사람들은 돈이 역겹다고 계속 말한다
그러나 돈이 떨어지면 이 세상은 추운 곳이다.
돈을 가질 수 있으면 그렇지 않다.
그리고 두둑한 돈의 지원을 가지면.
그러면 너는 사기 당한다고 생각할 필요가 없다.
모든 것이 장밋빛으로 싸이고 .
당신이 눈을 두는 모든 것을 따스하게 하고.
각자에게 권리상 그의 것을 주며
햇빛은 지평선으로 퍼진다.
그냥 연기를 봐라. 불이 붙었다.
그러면 사물들은 아주아주 다르다
멀리 보며. 심장은 더 힘차게 뛴다.
먹을 적절한 음식. 훨씬 더 영리해보이고
당신은 상당히 다른 사람이다.

2

오 너는 모두 절망적으로 착각하고 있다.
만일 돈 흐름이 효과가 없다고 생각한다면,
비옥한 농장은 베이컨을 생산하지 않고.

물 펌프가 파손되었을 때
이제 사람들은 모을 수 있는 한 많이 움켜쥔다.
한때 그들은 위반하지 않던 규칙이 있었다.
배가 부르면 쏘지 않는다.
지금은 너무 많은 폭력이 산재하고
아버지, 어머니, 형제들이 비난한다
더 이상 연기가 나지 않고 불이 꺼졌다.
모든 것이 폭발하고, 방화된다.
약탈이 만연하고. 그것은 재앙이다.
모든 하인이 스스로를 주인이라고 생각한다.
그리고 세상은 매우 쓴 장소다.

3.

그것은 고귀하고 훌륭한 모든 것의 운명이네.
사람들은 그것을 쓰레기로 본다네
주린 배와 꿰매지 않은 신발로는
아무도 이목을 끌 수가 없다네
그들은 좋은 것을 원하는 것이 아니라 돈을 원한다.
그리고 그들의 본능은 비열하고 빡빡하다.
하지만 권리가 그것을 뒷받침할 돈이 있으면
그것은 옳다고 생각하는 일을 한다.
너의 작은 더러운 라켓은 신경 쓰지 마라.
그냥 지금 연기를 봐라. 불이 붙었다.
그러면 너는 다시 한 번 인간성을 믿기 시작한다.
모두 석고처럼 하얀 성인이다.

원칙은 이전과 마찬가지로 강해진다.
넓게 보고 심장은 더 빨리 뛴다.
당신은 주인과 종을 구분할 수 있다.
그래서 법은 다시 법이다.[136]

술좌석에서도 돈의 위력은 어김없이 나타나는데 돈 있는 자에게 술잔이 올려 진다고 한다.

"不信但看筵中酒, 杯杯先敬有錢人. (불신단간연중주, 배배선경유전인.)
믿지 못하겠거든 잔치 자리에서 술잔을 보라.
잔마다 먼저 술잔을 올려 공경하는 이는 바로 돈이 있는 자다."(증광현문)

돈 있는 자의 말은 무게가 있고 사람들이 경청하지만, 반대로 돈 없는 자의 말은 듣지도 않고 먹히지도 않는다.:

"有錢道眞語, 無錢語不眞.(유전도진어, 무전어부진)
돈 있는 자는 도를 말해도 말 그대로 되고, 돈 없는 자는 말을 해도 진실되지 않게 된다."(증광현문)

다른 한편, 돈이 있는 자는 남보다 앞에 서고 군장이 되는 한편, 돈 없는 자는 뒤에 서고 신복(臣僕)이 된다고 3세기 중국 서진(西晉) 때 노포(魯褒:?~?)는 그의 저서 《전신론[錢神論]》에서 갈파한다. "錢多者處前, 錢少者居後 (전다자처전,전소자거후) 處前者爲君長, 在後者為臣僕(처전자위군장, 재후자신복)(전신론)

"돈이 많은 사람은 앞에 서고 적은 사람은 뒤로 간다. 앞에 선 사람은 군장이 되고, 뒤에 있는 사람은 신복(臣僕)이 된다."(증광현문)

도스토에프스키는 돈으로 재능까지도 살 수 있다고 말한다.

"(· · ·) 돈을 벌면 나는 그야말로 아주 독창적인 사람이 되어 있을 것이다. 돈에서 가장 치사하고 증오스러운 것은, 그것으로 재능까지 구매할 수 있기 때문이다. 아마 세상이 끝나는 날까지 그러할 것이다."[137]

마르크스도 비슷한 생각을 한다.

"...나는 아둔하다, 그러나 돈은 모든 것의 진짜 두뇌이다, 그렇다면 그 돈의 소유자는 어떻게 아둔할 수가 있단 말인가? 게다가 그는 그 자신을 위해서 영리한 사람들을 살 수 있다. 그리고 영리한 자들에 대해 힘을 갖고 있는 그는 영리한 자들보다 더 영리하지 않은가? 돈 덕분에 인간의 가슴이 열망하는 모든 것을 할 수 있는 나는 모든 인간 능력들을 갖고 있지 않은가? 그러므로 나의 돈은 나의 모든 무능을 그 반대로 변모시키지 않는가?"[138]

[138] (Karl Marx, Economic and Philosophic Manuscripts of 1844, "The Power of Money")

돈으로 법과 관리들도 살 수 있다. 그리고 돈이 없으면 아무리 무구하고 위법행위가 없어도 소용없다.

"衙門八字開, 有理無錢莫進來. (아문팔자개, 유리무전막진래)
관청의 팔자 대문이 열려 있어도, 이치만 있고 돈이 없으면 들어가지

말라."(증광현문)

"官尊名顯 , 皆錢所致 (관존명현, 개전소치) 벼슬이 높아지고 이름을 떨치는 것도 다 돈 덕분이다"(전신론)

"是故忿諍辯訟시고분쟁쟁송, 非錢不勝비전불승 ; 孤弱幽滯고약유체, 非錢不拔 비전불발 ; 怨仇嫌恨원구혐한, 非錢不解비전불해 ;
이런 까닭에 분쟁과 쟁송에 있어서도 돈이 아니면 이기지 못한다. 홀로 쇠약하여 벼슬이 없어서 민간에 거주할 때 돈이 아니면 일으킬 수 없다. 원수가 지거나 이웃과 원한이 있어도 돈이 아니면 풀 수가 없다."

돈은 관리만이 아니고 심지어 귀신도 부릴 수 있다. 중국속담에 유전능사귀추마(有錢能使鬼推磨): 돈이면 귀신을 부려 맷돌도 돌릴 수도 있다 한다. 또한 돈은 귀신도 부린다는 전가통신(錢可通神)라는 고사성어가 있는데 이는 당(唐)나라 때 장고(張固)가 지은 《유한고취(幽閒鼓吹)》의 일화에서 유래한다.

당나라 때 장연상(張延賞)이라는 관리가 있었다. 그는 경서를 많이 읽어 정치에 능통하였고 벼슬길은 매우 순탄하게 잘 나갔고 조정대신들이 칭찬을 마다하지 않았다. 그가 하남 부윤으로 재직하고 있을 때에 고위층이 연루된 큰 사건을 맡아 부하들에게 10일 안에 조사를 끝마치라는 엄명을 내렸다. 그런데 이 사건에 연루된 사람들 중에는 전직 고관과 지방 유지를 비롯하여 황제의 친척들도 있었다. 다음 날 누군가 그의 책상에 3만 관의 돈을 뇌물로 놓아두고 더 이상 사건을 추궁하지 말라는 청탁 쪽지가 책상 위에 있었다. 장연상은 크게 노하여 더욱 조사에 박차를 가하라고 명령하였다. 그러자 그 다음 날에는 5만 관이, 다음 날에는 10만 관의 뇌물이 그의 책상 위에 놓여 있었다. 그래서 장연상은 그 사건을 무마시켜 버렸다. 이 사건이 거의 잊혀질 무렵에 부하가 그에게 영문을 묻자 "10만 관이라는 돈은 귀신과도 통할 수 있는 액수이다. 이를 거절했다가는 내게 화가 미칠까 두려우니 그만두지 않을 수 없다.(錢至十萬, 可通神矣. 無不可回之事, 吾懼及禍, 不得不止.)"라고 대답하였다고 한다.

전가통신(錢可通神)은 전가통귀(錢可通鬼), 전가사귀(錢可使鬼), 전능통신(錢能通神)이라고도 한다.

노포는 속담을 인용하여 "돈은 귀가 없지만 귀신을 부릴 수 있다(錢無耳, 可使鬼 전무이, 가사귀)"라고 하였다

또한 돈은 만병통치약이라고 한다.

"돈은 죽은 것도 능히 살릴 수 있고 .산 것도 죽일 수 있다
死可使活(사가사활) 生可使殺(생가사살)"

"생사와 부귀는 돈에 달려 있다.(死生無命,富貴在錢 사생무명
부귀재전)(전신론)

당조 현종 때의 명재상 장설(張說, 667~730)의 《전본초(钱本草)》(돈 약물)에서 "돈은 맛이 달고 아주 뜨겁고 독이 있지만 그것은 기아, 한기, 및 가난, 곤액(困厄)의 우환을 치료하는데 좋고(善療飢寒困厄之患 선요기한곤액지환) 즉각 효과가 나타난다(立驗입험)고 한다.

돈은 돈만이 군대를 모으고 전쟁에서 이길 수 있게 한다.

BC 431~BC 404년 아테네와 스파르타가 각각 자기 편 동맹시(同盟市)들을 거느리고 싸운 전쟁인 펠로폰네소스전쟁[Peloponnesian War, ―戰爭]을 촉구하는 마지막 연설에서 아테네의 위대한 정치가인 페리클레스(Pericles 495~429 B.C.)는 토지 기반 권력과 비교하여 아테네인들의 해군력의 우월성에 대한 이유를 설명하며 전쟁에서의 해상력의 탁월성에 주목했다. 그는 이미 이러한 종류의 힘이 돈 축적과 비용에 절대적으로 의존한다는 사실을 분명히 밝히고 있다. 그러므로 그 부담은 아테네인들을 공격하는 스파르타 인들에게 있지 그 역이 아니다. 따라서 싸움의 준비 상태와 전쟁의 종류는 돈에서 연원하고, 본질적으로 우월한 지위는 돈이 더 많은 편에 주어진다는 것이 페리클레스의 발언에서 분명히 드러난다.

"이제 전쟁과 양 진영이 소유한 수단에 관해서는, 우리가 약한 편이 아니라는 것을 그 내용을 듣고 확신하시오. 펠로폰네소스 인은 자신의 땅을 스스로 경작하는 사람들입니다. 그들은 사적이거나 공적 자금으로 돈이 없습니다. 그 무엇보다도 그들은 돈이 부족하여 애를 먹을 것이고 돈을 모으는데 시간이 걸릴 것이고 그래서 계속해서 군사작전을 지연시킬 것입니다. 그렇지만 전쟁의 기회는 아무도 기다리지 않습니다."[139]

프랑스 귀족 출신의 독일 시인이자 ·식물학자인 아델베르트 폰 샤미소[Adelbert von Chamisso1781~1838]도 돈은 힘이자 영광이며 돈만이 전쟁과 평화를 만든다고 본다.

"돈은 힘과 영광이며,
Rothschild 남작은 우리 시대의 영웅이다.
부채와 부채만이 치명적이다.

돈만이 돈 단독으로 평화와 전쟁을 만든다. 돈, 소중한 돈만이.
돈만이 평화와 전쟁을 만든다.
돈, 귀중한 돈만이 누가 승리 할 것인지를 결정한다.

그리고 신사 여러분, 저의 판단을 중히 여긴다면
나를 아주 높이 보는 사람은
나에게 아주 많은 돈을 주라, 그러면 적절한 만큼
나로부터 합당한 대가를 받을 것이다, 그리고 그것도 아주
이상적으로."[140]

노포에 따르면 돈이 있어야 신하도 모이고 군사도 모인다고 한다.

"오직 공방(돈) 뿐이다. 그러므로 임금에게 재물이 없으면 신하가 오지
않고, 군대에서 상을 주지 않으면 군사가 움직이지 않는다.
(唯孔方而已(유공방이기)！故日 (고왈) ："君無財，則士不來
(군무재.즉사불래) ；軍無賞，則士不往.(군무상, 즉사불주) "

셰익스피어도 돈이 있으면 패주할 국가도 승산이 있다고 말한다.

"오라, 빌어먹을.
패주할 국가들에게 승산을 넣는 그대 인류 공통의 창녀여"[141]

그래서 모든 것이 끝났다. 칼이든 펜이든 다른 그 어떠한 것도 돈 앞에서는 당하지 못한다.

"신사 여러분, 다 끝났다.
절대적으로 아무것도 할 일이
없다. 솔직히,
영웅적 행위, 전 세계 항해 같은 것도.

절대적으로 아무것도 없다, 절대적으로 돈을 벌 수 없다.
그리고 이제, 문필가로서 나는 세상에 나아가려고 노력한다.
그러나 펜에서 얻을 것도 아무 것도 없다.

칼과 펜의 과도한 영향으로부터 자유롭기 때문에.
나는 양쪽 모두를 판단할 수 있다.
돈만이, 그리고 돈 단독으로
승리한다는 것은 의심의 여지가 없다."[142]

02

기게스의 번지와 주화, 관료제와 폭정

리디아와 최초의 주화

화폐연구가들은 최초의 주화들은 기원전 7세기 중반에 리디아에서 생산된 것으로 본다. 그 주화들은 호박(금과 은의 천연 혼합물)으로 만들어졌고 일정한 중량을 가졌지만, 금의 비율이 아주 높았다. 이 주화들은 용병들에게 지급하기 위해 도입되었다고 Cook이 주장했지만, 나중에 Kraay(1964)는 납세수단을 창조하기 위해서 용병들에게 지급할 주화를 주조했다고 수정했다.[143]

리디아는 서부 아나톨리아(소아시아) 역사상의 한 지방으로 터키의 현대 이즈미르 주, 마니사 주에 해당한다. 그 전통적인 수도는 사르디스였지만 리디아 왕국은 한때 서 아나톨리아 전체를 확보하기도 하였다. 주화가 기원전 660년경에 발명되었다. 역사적인 리디아의 경계는 수세기 동안 변하였다. 그것은 미시아, 카리아, 프리기아와 해안의 이오니아와 경계하였다. 그 후 알리아테스와 크로이소스 왕의 군사력으로 리디아는 제국으로 팽창하였는데 그 수도는 사르디스가 되었다. 사르디스는 리키아를 제외한 소아시아의 할리스 강 서쪽 모두를 통제하였다. 헤로도토스에 따르면 리디아인은 금화와 은화를 사용하고 상설 소매점을 세운 첫 민족이었다. 이들 첫 주조된 주화는 기원전 650~600년경에 주조되었다고 한다. 첫 주화는 호박금으로 만들어졌다. 무게는 1/3 슬레이터로 4.76 그램이었다. 겉면에 사자 머리가 찍혀 있었는데 이는 왕의 상징이었다. 14.1 그램의 일렉트럼이 1슬레이터(표준)이다. 1슬레이터가 병사의 한 달 봉급 정도였다.[144]

주화는 돈의 일종이다. 주화의 정의는 "특징적인 낙인이 있고, 고장된 가치와 중량을 가지면서 돈으로서 정부가 발행한 통상 둥근 금속조각"을 말한다.[145]

주화 주조는 이오니아와 리디아 이외 지역에서는 매우 느리게 일어났다. 귀금속을 돈으로 쓰는 습관이 가장 깊게 빛어진 곳에서 이륙이 특히 느렸던 것으로 보인다. 그리스 본토와 해외의 일부 그리스 도시 국가들이 기원전 550년경부터 주화를 만들기 시작했는데. 호박금이 아니라 단 하나의 금속 재료인 은으로 그렇게 했다. 다음 반세기 동안에 그리스 도시 국가들에서 주화가 널리 퍼졌지만 다른 곳에서는 거의 없었다.

페니키아 인들은 기원전 5세기 중반에 주화를 만들기 시작했고, 카르타고 전초 기지는 5세기 말에 다소 늦게 동전을 만들기 시작했다. 이집트는 상업에서 후진 지역이 아니었는데에도 BC 4세기 후반까지는 주화 주조를 시작하지 않았다. BC 4세기 후반에 알렉산더 대왕의 정복과 다음 4세기 동안에 이어지는 로마의 정치적 팽창으로 인해 중국과 인도 이외의 고대 세계에서 화폐가 널리 보급되었다 인도와 중국에서는 주화가 독립적으로 시작되었지만 이오니아와 리디아보다 훨씬 늦게 시작되었다.

위에서 보듯이, 초기 호박금 주화는 매우 큰 금액의 품목 거래에서만 유용했다. 가장 큰 동전 (슬레이터) 하나는 황소 한 마리를 살 수 있었으며, 가장 작은 주화조차도 빵 한 덩어리를 사기에는 그 가치가 너무 컸다. 게다가, 리디아 사자는 국제 무역에서 사용되지 않았을 것인데 서부 아나톨리아 외부에서는 상당량이 퇴장된 증거가 없기 때문이다

많은 학자들 사이의 공통적인 견해로는 적어도 리디아 왕인 알뤼아테스(.Alyattes 610~560 BC)와 크로이소스(Croesus 560~547 BC)의 경우 주화 주조로 큰 시뇨리지 효과를 보았을 것이라고 한다. 그 주화의 재료인 호박금의 재료 금속의 시장가치보다 리디아 사자의 명목가치 사이에 차이가 꽤 있었다고 주장되지만, 주화주조 비용이 들어갔고 특히 소액주화 주조 비용은 훨씬 더 늘어났다. 그리고 만일 시뇨리지 효과가 컸다면 많은 도시들이 앞 다투어 주화를 주조했을 터이지만 위에서 보았듯이 그렇지 않았다.

또한 주화들은 녹여져서 주괴(鑄塊)로 바뀌는 경우가 거의 없었다. 그리고 그리스 외부에서만 주괴로 유통되었다. 즉 그 권위로 주화에게 신탁가치를 부여한 국가의 관할영역 외부에서만 주화는 주괴로 유통되었다. 그리스 주화를 주괴와 구분하는 것은 오늘날의 돈처럼, 그 발행자인 국가가 그것에 낙인을 찍었다는 것이다. 낙인은 원래는 그 발행자의 소유권을 표시한 것에 불과했을지 모르지만, 국가의 낙인은 그 주화의 "반환

가능성"의 사인으로 작용했다. 국가는 신민이 자신에 대해 지불할 때 그 주화를 받아들일 것이다. 국가가 자신이 발행한 주화를 수령하겠다는 약속은 조건부가 아니라 법에 의무적으로 명문화될 뿐 아니라 그러한 지불들은 주화로 이루어져야 했다.[146]

일반적으로 양도가 가능한 부채로서의 "돈"은 동전이 등장하기 수천 년 전부터 있어왔다 동전은 아마도 무역에서 큰 이해관계를 가진 용병들과 국가의 출현과 관련이 있을지 모른다. 군인들은 들고 다닐 수 있는 익명의 재산을 원했고, 국가정부는 외국인 병사들을 원했을 것이고 그래서 금속에 도장을 찍었다. 그들의 상당한 유동 인구(용병, 외국인)가 있는 그리스 국가들도 마찬가지다. 그리고 페르시아 제국의 위대한 왕의 황금 다릭[Daric 페르시아 금화]은 상업이 아니라 병사들과 보조금을 지불하기 위해서 주조되었다.[147]

다른 한편 주화와 국가의 과세 및 지출의 용이성과 비용 절약과 관련이 있을 것이다.

돈이 없다면, 재화의 생산, 운송 및 무역 외에 다른 것에는 과세를 할 수 없다. 왜냐하면 현물로만 납부가 가능하기 때문이다. 일단 돈이 존재하게 되면, 서비스& 생산 과세만이 아니라 인두세, 소득세, 지출세[支出稅] 등도 징수가 쉬워지기 때문이다. 세금들이 현물이나 노동으로 납부되면, 그 재화(노동)의 양은 공공부분 지출에 부합하지 않을 수가 있다. 그러므로 돈은 민간부문 거래비용을 줄이는 만큼 정부의 거래비용도 줄인다. 또한 화폐 형태의 납세는 기초통화에 대한 수요를 증가시킨다. 정부는 화폐 주조로 시뇨리지 효과를 얻음으로 정부의 재정적 상황은 이중으로 좋아진다. 국가에 대한 지불에는 항구 사용료, 벌금 및 세금이 있었고, 국가 지출에는 공공 인프라, 공공 페스티벌, 희생, 함대, 군사 서비스 및 배심원에 대한 지출이 있었다.[148]

그러므로 리디아 정부와 그리스 도시국가들은 주화를 장려하려고 했다. 관리 급여, 용병 및 병사의 급여 지불 같은 지출과 벌금과 세금 징수가 용이해지고 비용도 줄어들기 때문이다. 더구나 시장이 커지면 언제든지 그 곳에서 원하는 물자를 동원할 수가 있다.

농업은 국경에서 싸우는 대규모 상비군의 장기간 주둔 유지에 별 도움이 되지 않는다. 국경에 집중된 병사들을 멀리 떨어진 농촌인구가 쉽게 부양할 수 없다. 그들이 영토를 정복하면 그 영토에서 나오는 물자로 먹고 살아야 한다. 그들이 패배하면 도망갈 것이다. 그러나 수년간 격렬하게 승리하거나 패배하지 않고 장기전으로 가는 경우에 그들은 약탈로 먹고 살아야 한다. 약탈하는 병사들은 실제로 여자, 술 또는 음식을 먼저 찾겠지만, 쉽게 휴대할 수 있는 귀중품들을 뒤지기도 할 것이다. 장기 주둔군대는 휴대 가능한 많은 귀중품을 축적하는 경향이 있다. 그 중 가장 귀중하고 휴대 가능한 품목은 귀금속과 보석이다. 최초의 주화 발명은 오래 지속된 전쟁이 있었고 그래서 귀금속을 가진 많은 인구가 생긴 나라들에서 발생했다. 리디아. 인도, 중국, 간단히 말해 군인들은 귀금속을 가지고 있었을 것이고 그것을 교환하고 싶어 했을 것이다. 일반 사람들이 현재 소유하고 있는 은은 이전에 자신의 귀족들이 갖고 있던 은이 아니라 그들의 적들이 갖고 있던 것이었다. 일단 군대의 손에 넘어지면 각자는 상대적으로 적은 양만 갖고 있어서 병사들은 자신들이 필요로 하는 것을 가진 사람들과 교환했을 것이다.

군대에 대해 시장은 유용하다. 민중의 입장에서도 주민들이 약탈당하지 않고 군대에게 제공할 수 있는 방법을 시장이 제공한다. 그리스의 고대 시대, 인도의 Janapadas, 중국 춘추전국시대의 끊임없는 전쟁은 시장 거래의 발전, 특히 소량의 귀금속 교환을 기반으로 한 시장 거래의 강력한 원동력이었다. 약탈 덕분에 군인들의 손에 귀금속이 들어온다면, 시장은 많은 사람들에게 그것을 퍼뜨릴 것이다.

주둔군의 존재는 시장의 발전과 귀금속의 엘리트 상품에서 보편적인 교환매체로 변형을 설명할 수 있다. 그러나 그것은 왜 귀금속이 제일적이고 상호교환 가능한 단위로 도장이 찍혀야 되어야 하는지를 설명하지 못한다. 우리가 시장이 존재한다고 가정하고, 시장에서 귀금속이 통용된다고 가정할 수 있다면, 쿡(Cook)이 제안한 것처럼 용병들에게 제공했거나 파울루스가 제안한 것처럼 단지 거래에서 편리했기 때문일 수도 있다. 하지만 좀 더 일반적이며 주화에 관한 초기 문헌들과 더 잘 맞는 설명이 가능할 수 있다. 시장의 새로운 번영은 국가, 또는 왕에 의해, 군대와 그 수행원들을 유지하기 위해 활용할 수 있는 새로운 자원을 제공했다. 시장에서 많은 부가 교환되었음으로 왕은 왕토를 내놓을 필요가 없이 그 부의 일부를 자신의 금고로 빨아들이는 방법을 언제나 찾을 수 있었다. 물론 내부 시장은 그 자체로서 국가를 위한 부를 창출하지 않으며 기존 자원이 단순히 교환될 뿐이다. 시장에서 왕은 봉건제에서와 마찬가지로 소유주가 자신의 자원을 내놓도록 (즉, 과세로) 강제하거나, 국가 소유의 자원의 일부를 내놓을 (즉, 구매할) 수 있다. 그러나 시장의 물품들은 정의상 잉여물품이었고, 매도인의 자유의사에 의해 판매하려고 나왔다. 판매할 용의가 있는 사람들로부터 물품을 구입하거나 심지어 판매 시점에 그것들의 몫을 요구하는 것은 약탈이나 직접 몰수보다 훨씬 덜 고통스러운 방법이었다. 경제에 영향을 미칠 수 있을 정도로 강력하거나 공공 이미지에 대해 신중해야 할 정도로 불안정한 통치자에게는 시장이 기술적으로 자원의 원천이거나 아니면 매우 매력적인 도관이었다. 자원들은 커지고 있었고 왕들은 그 어떠한 자원도 소홀하게 여길 수 없는 시대에 살고 있었다. 시장에서 상품들의 쉬운 가용성을 보장하는 것은 왕과 왕국의 이익을 위해 일할 왕의 책임이었다. 생산자가 구매자에게 제공할 것이 거의 없거나 농작물이 흉작이거나 판매용 품목이 토장되어 있기 때문에 또는 구매자가 교환에서 내놓을 것이 거의 없어서 시장이 가난해지면 교환수단은 공급이 부족해진다. 첫 번째 문제는 일반적으로 풍작을 보장하기 위한 의식 및 퇴장자를 처벌하는 법률로 처리된다. 각각의 장소에서 주화의 발명은 두 번째 문제에 대한 명확한 해답이었다.

최초의 동전은 시장에서 항상 상품과 교환하기 위한 물건을 풍부하게 공급하는 것을 보장하기 위한 왕실의 노력의 결과였다. 왕궁 자체는 그것들을 생산하지 않았다. 왕궁은 그 어디에서도 주화 생산의 중심지가 아니었다. 금속 세공인들과 협의하여 지불할 양을 대량으로 생산하면 충분했다. 주화가 인구 전체에 빠르게 퍼지게 한 것은 이 정부의 사용이었다. 어쨌든 이 첫 번째 동전들은 거래에서 받아들일 수 있도록 긴급하고 명시적인 의도로 만들어졌음에 틀림없다. 그것들이 귀금속으로 만들어진 리디아에서는 그다지 문제가 없었을 것이다. 왜냐하면 그것들은 참으로 귀한 물건이었기 때문이다.

동전의 작은 크기와 그 위의 표시는 다른 사람들이 받아들일 수 있는 진품이라는 것을 보증하는 것 외에도 또 다른 중요한 기능을 가졌다. 스페이드와 나이프는 어느 시점에서 시장에서 퇴장하여 파거나 자르는

데 이용될 있고 은은 보석으로 만들 수 있다; 곡식을 먹을 수 있다. 반면에 동전은 시장 밖에서 아무런 쓸모가 없었다. 그러나 가장 시사적인 증거는 가장 초기의 경제 사상가들이 동전의 중요성뿐만 아니라 시장의 중요성과 왕실 수입의 원천으로서의 잠재력에 관심을 기울인 중국에서 온다. 초기 통화 정책에 대한 중국의 논의는 공급이 많은 물품이 "가벼운" (즉, 싸다) 반면 부족한 물품은 "무겁다" (즉, 비싸다)는 점을 고려하여 가격 변동 문제에 초점을 맞춘다. 너무 높은 가격 수준과 너무 낮은 가격 수준 사이에서 적절한 균형을 유지하는 것이 중요하며, 주화 유통을 일정하게 유지하는 것이 중요하다.

원래의 동기 부여는 더 많은 생산물이 있을 때에만 시장이 이용될 수 있다는 간단한 분석에 의해 제공되었다. 농산물의 이용 가능성은 교환 매체로 사용 된 것이 무엇이든지간에 충분히 공급됨에 달려 있었다. 그러한 공급을 할 수 있는 통치자는 그의 신민들의 사랑과 백성들의 부의 상당 부분을 모두 얻을 수 있을 것이었다.[149]

인류학자 그래버에 따르면 주화와 시장은 결국 국가의 필요성에 따라서 생겨났다고 한다.:시장과 주화의 충격이 워낙 커서 종교도 이 언어를 채택한 것으로 보인다.

세금들은 현금으로 작동되는 최초의 시장들을 창조하는 열쇠이기도 하다, 왜냐하면, 화폐주조는 병사들에게 지불하기 위해 발명되든지 또는 최소한 널리 쓰이게 된 것으로 보인다. 정부들이 군대들에게 지급하는 가장 쉬운 방법은 그들에게 표준화된 금은 조각들을 발행하고, 그 다음에 그 왕국의 모든 사람들에게 그 주화들을 내놓으라고 요구하는 것이라는 것을 발견한 중국, 인도, 그리고 지중해에서 다소간 동시에 발생했다.

산스크리트, 히브리어, 아람어에서, '빚'('debt'), '죄'('guilt') 그리고 '죄악'(sin)은 사실상 같은 단어들이다. 위대한 종교운동들의 언어의 많은 부분들-심판(reckoning), 구원(redemption), 업보(karmic accounting) 등-은 고대 금융 언어에서 나왔다.[150]

돈과 관료제

관료제[官僚制, bureaucracy]란 엄격한 권한의 위임과 전문화된 직무의 체계를 가지고 합리적인 규칙에 따라 조직의 목표를 능률적으로 실현하는 조직의 관리운영체제를 지칭한다.

'관료제'라는 용어는 프랑스의 중농주의 경제학자 구르네(V. de Gournay)가 1745년 경에 처음 사용한 것으로 전해지고 있다. 그 어원인 bureaucracy는 '(사무용)서랍 달린 큰 책상'을 뜻하는 bureau와 '통치'를 뜻하는 그리스어인 cratia가 결합된 합성어이다.[151]

관료제 하에서는 각 구성원이 계층화된 위계질서를 가지고, 업무를 세분화하여 그 업무를 한정된 관할권을 가진 사람들에게 배정하고, 인간관계가 아닌 일정한 규칙과 절차에 따라 업무를 처리하게 된다. 그 결과 전통적 권위에 의존하지 않으며 합리성과 합규칙성을 기반으로 한다. 관료제의 구성원은 신분이나 인맥이 아닌 실적에 따라 평가받으며 그 결과 조직 전체의 효율성은 증가한다. 실적은 효율성에 부합하는지 여부에 따라 결정되기 때문이다. 정부뿐 아니라 민간에서도 관료제가 시행될 수 있다. 민간회사도 관료제적인 특성을 갖는다. 관료제의 어원은 bureau(사무실)와 cracy(지배)로 사무실 책상물림이 사람을 지배한다는 말이다. 독일의 사회학자 막스 베버는 이 체계를 "가장 합리적이며 효율적인 조직의 형태"라고 했다.

막스 베버에 의하면 관료주의 조직은 분업화된 전문화, 엄격한 위계서열, 문서주의, 연공서열과 능력에 의한 승진 등의 특징을 가지고 있다. 관료제는 필요한 직무에 따라 직위를 고안하고 직위 간의 위계적 서열을 미리 결정하는 것이다. 그러면 누가 그 직위에 임명되어도 각 직위자는 서열에 따라 지시를 순차적으로 이행하게 된다. 이러한 조직은 당시 기존에 있던 귀족중심적(혹은 엽관제적) 조직과는 다르게 높은 효율성과 정치적 중립성을 가져왔기에 당시에 만연했던 정치와 행정(또는 경영)간의 거리를 둘 수 있었다.[152]

관료주의의 특징은 다음과 같이 요약될 수 있다.:

1. 규칙 및 규정에 따라 질서가 주어지는 고정된 관할영역
2. 관료주의의 목적을 위해 필요한 정규 활동은 공식적 의무들에 배분된다.
3. 이러한 의무의 수행에 필요한 명령을 내릴 수 있는 권한은 안정된 방법으로 배포된다.
4. 이러한 의무들의 정기적이고 지속적인 이행을 위한 절차가 존재하며, 오직 자격을 갖춘 사람만 고용된다.

하위 직급은 상위 직급의 감독을 받는다. 공직 관리는 문서 "파일"을 기반으로 한다. 공직재산은 사유재산이 아니다. 공직관리는 훈련을 전제로 한다. 그리고 관리는 공무수행에 모든 시간을 바친다. 사적인 용무시간은 일과 시간이 아니다. 공직은 배울 수 있는 규칙에 따라 운영된다. 공직보유가 과거의 역사에서처럼 다른 사람들로부터 돈을 강탈할 이유

는 아니다. 공직에 들어가는 것은 안전한 존재에 대한 보답으로 충직하게 관리할 책임을 수락하는 것으로 간주된다. 관료는 계층구조에서 자신의 직위에 따라 봉급과 연금을 지급받는다. 그의 경력은 일반적으로 하위직에서 고위직으로 이어진다.

관료주의가 성립하기 위한 필요조건들에는 문자와 돈이 있다. 화폐경제의 발전은 관료제의 전제이다. 이집트에서 가톨릭교회까지 역사상 많은 위대한 관료제들이 있었다. 시간이 지남에 따라 관리에 대한 보상 관행은 다양한 현물지급에서부터 통화로 지급되는 고정된 급여로 발전했다. 정부의 꾸준한 수입은 돈으로만 확보될 수 있다. 서양 중세시대의 응집력 있는 "국가"의 발전은 정교한 관료제의 발전과 일치한다.

베버에 따르면 화폐경제의 발전은 오늘날 공무원의 보상이 돈으로 봉급을 받는 형태를 취하는 한 현대관료제의 전제라고 한다. 그렇지만 화폐경제의 관료주의에 대한 중요성에도 불구하고, 그것은 그 자체로 관료주의의 존재에 결정적인 필요조건은 아니다. 역사적으로 관료주의적 정부를 가진 문명들, 이집트, 후기 로마, 가톨릭교회, 진시황 이래의 중국은 관리에게 현물로 지급했다. 그렇지만 그에 따르면, 역사적인 경험상, 화폐경제가 없다면 관료주의적 구조는 실질적인 내부 변화를 겪든지 또는 실제로는 다른 구조로 변형되는 것을 거의 피할 수 없다고 한다.

그의 말을 인용하면:

"화폐경제의 완전한 발전이 관료화의 필수조건은 아니지만, 영구적인 구조로서의 관료제는 그것을 유지하기 위한 지속적인 세입의 가용성을 전제로 하여 짜여졌다. 마치 현대기업의 관료적 조직이나 장원에서처럼 토지지대에서와 같이 그러한 소득이 사유 이익에서 파생될 수 없는 곳에서는, 안정적인 조세제도가 관료행정이 영구적으로 존재하기 위한 전제조건이다. 잘 알려진 일반적인 이유들로 인해 완전히 발달된 화폐경제만이 그러한 조세제도에 대한 안전한 기반을 제공한다.

따라서 행정 관료화의 정도는 완전히 발달된 화폐경제를 가진 도시 공동체에서 동시대의 훨씬 더 큰 영토보다 비교적 드물지 않다."[153]

그러므로 최초로 주화가 발명된 리디아에서 관료제도 발달했으리라고 추정할 수 있다. 다른 한편 돈은 폭정과도 관련이 있다.

돈과 참주정치

기원전 7세기가 시작될 무렵에 새로운 리디아 Mermnadae 왕조는 사르디스를 세계 역사에서 가장 중요한 무역 센터의 하나로 만들었다. 리디아 상인들은 그리스와 극동 사이의 중개자가 되었다. 이집트는 번영을 회복하고 그리스인들을 포함한 이웃 국가들과의 상업적 관계를 비롯하여 관계를 빠르게 발전시키기 시작했다. 그리스 무역상들은 스페인에서 크리미아까지 모든 방향으로 해로를 통해서 물건들을 실어 날랐다. 이 활동에 대한 구체적인 증거는 여전히 북부이탈리아와 남부러시아와 같이 멀리 떨어진 곳에서 발굴된 그 시기의 코린트와 밀레토스의 도기에서 볼 수 있다. 그것은 특별한 지적 각성의 시대였다. 탈레스(Thales)와 이오니아학파의 다른 수많은 철학자들은 그들의 시대의 상인과 제조업자들과 밀접한 관련을 맺고 있었다. 그들은 후대의 좁은 현대 의미에서 철학자라기보다. 과학자들이었다.

정치적으로 이 두 세기는 일반적으로 폭군[tyrannos, 참주僭主]의 시대로 알려져 있다. 폭정이 대세가 된 이유는 주화의 발명과 어떤 면에서 관련이 있다는 견해가 가끔 표명되었다 첫 번째 폭군이 첫 번째 주화 주조자였을 수도 있다.

기원전 7세기와 6세기 그리스 폭군은 여러 도시에서 새로운 주화의 도입으로 인해 창출된 새로운 조건의 정치적 가능성을 처음으로 깨달은 사람들이었다. 그들은 폭군으로서의 지위는 여러 국가들에서 최고 정치 권력을 획득하기 전에 이미 확립한 금융 또는 상업적 우위에 기인한다. 금화와 은화가 처음 유통되었을 때 그것은 현대에서 지폐가 발행된 것에 해당하는 효과가 있었다. 그것들은 재산을 더 용이하고 신속하게 이전할 수 있게 했다. 그러나 새로운 통화의 성격과 가능성이 금방 보편적으로 인식되지는 못했다. 그것을 사용하는 방법을 가장 잘 이해한 리디아와 이오니아의 시장 상인들 엄청난 이익을 얻고 큰 재산을 축적할 수 있었을 것이다.[154]

여인숙 주인은 리디아의 헤라클레스 왕조의 왕 Ardys (766~730 b.c.) 시대에는 상인과 동의어였을 것이다. 당시는 리디아가 이미 아시아와 에게해 사이의 교역의 주요 통행로가 될 때였다. 이 기간의 리디아 상인들은 그들이 거래한 캐러밴 상인(대상)들에게 식량과 피난처를 제공하여 돈을 벌었음이 틀림없다.

그 기간의 리디아 지도자들은 대 상인들과 사업가들로 보인다. 그리고 더구나 통치자들은 상인과 사업가로서 권좌를 확보했다. 이 새로운 유형의 상인 왕들은 리디아로부터 서쪽으로 그리스 전역으로 퍼져 나가서 폭정(참주정)이라는 단어도 같이 퍼졌다. 폭군이란 단어는 그리스 단어가 아니라 리디아 단어인 것으로 보인다.

고대 그리스의 7현인 중 한 명으로 꼽히는 솔론(기원전 640년경~기원전 560년경)은 그의 단편집에서 돈으로써 도시 권력을 장악하려는 자들에 대해 아테네인들에게 경고한다.:

"도시인 자신들은 어리석게도, 돈(부)에 현혹되어서
우리의 위대한 도시를 파괴하기를 원한다.
....
그 적들에 의해서 이 사랑스런 도시는 재빠르게
파괴되어 가고 있다, 불의를 사랑하는 도당들 속에서.
그것들이 시민들 사이를 배회하는 악이다, 다른 한편, 빈자들에 관해서,
많은 이들은 외국으로 갔다
노예로 팔려서 수치스런 족쇄에 묶인 채로"

BC 6세기경에 활약한 그리스 메가라 태생의 비가(悲歌) 시인으로서 오랜 전통적인 귀족의 교양과 근본 원칙을 중심으로 민중에 대한 증오와 귀족의 긍지를 노래한 테오그니스(Theognis, BC 544?~BC 480)의 정치적 목적은 메가라에서 폭정의 재발을 막는 것이었다. 그 시인은 그의 성읍 주민들에게 웅변도 폭력도, 입법자도 아니라 그 무엇보다도 돈을 조심하라고 경고했다. 당시에 메가라 성읍 전체가 상업화되었고. 출신 성분은 빛이 바랬고 돈이 전례 없는 힘을 얻은 시기였다.

"많은 나쁜 사람들은 분명히 부자이며 많은 좋은 사람들은
가난하다"(Theognis,비가, 315)
"타당한 이유로 부, 사람은 그 무엇보다도 너를 공경한다,"(비가,523)

"모든 사람은 부자를 공경하며 가난한 자를 경멸한다. 모든 사람 안에 있는 마음은 똑같다."(비가, 621-622)

"상인들이 제일 위에서 통치한다.; 나쁜 자가 그들보다 나은 자들 위에 군림한다."(비가, 679)

"모든 사람들에게 가장 큰 힘을 갖는 것은 재산(부, 돈)이다."(비가, 718)

지금까지 제시된 증거는 다음과 같은 결론을 가리킨다. 금속화폐는 리디아에서 마지막 진화에 이르렀을 것이다. 이것은 아마도 기원전 8세기 후반에 일어났을 것이다. 폭군이라는 명칭은 아마 7세기 초에 리디아로부터 그리스에 도착했다. 8세기 중반부터 폭군시대의 종말까지 리디아의 모든 지배자들과 지배자가 되려고 하는 자들은 모두 돈을 정치권력의 기초로 간주했다. 초기의 폭군들은 최초의 주화 주조자들임에 틀림없다.[155]

기게스의 반지

기게스의 반지(Ring of Gyges)는 고대 그리스의 철학자 플라톤의 저서 《국가》 제2권(2.359a~2.360d)에 나오는 가공의 마법 반지이다. 이 반지는 소유자의 마음대로 자신의 모습을 보이지 않게 할 수 있는 신비한 힘이 있다. 플라톤은 《국가》에서 기게스의 반지 이야기를 통해 일반인이 만약 그 자신의 행동에 대한 결과를 책임질 필요가 없다면 어떻게 행동할 것인가에 대해 토론하고 있다.

반지의 전설은 다음과 같다.:

전설에 따르면, 기게스는 리디아 왕을 섬기는 목자였다. 큰 폭풍이 몰아쳤고. 지진이 일어나서 그의 양 무리가 풀을 뜯고 있는 곳에 땅이 갈라졌다. 그 광경에 놀란 그는 개구부로 내려갔다. 거기서 그는 다른 경이로운 일들 가운데서 문이 달린 속이 빈 청동 말을 보았다. 그는 몸을 굽히고 안을 들여다보았을 때 금반지에 아무것도 없는 거인의 시체를 보았다, 이것을 그가 죽은 자의 손가락에서 빼낸 후에 지상으로 올라왔다.

관습에 따라 이제 목자들은 양 떼에 관한 달마다 왕에게 보고를 위해 보낼 사자를 정하기 위해 모였다. 그들의 모임에 그는 손가락에 반지를 끼고 왔다. 그리고 그들 사이에 앉았을 때, 그는 그의 손 안의 반지의 깃을 우연찮게 돌리게 되었는데 그 즉시 그는 모여 있는 나머지 사람들에게는 보이지 않게 되었고, 그들은 마치 그가 더 이상 그 자리에 있지 않은 것처럼 그에 관해서 말하기 시작했다. 그는 놀랐고 다시 반지를 만져 콜레트를 바깥쪽으로 돌리자 그가 다시 보이게 되었다. 그는 반지를 갖고 여러 번 시험을 했는데 언제나 같은 결과가 나왔다. 콜레트를 안쪽으로 돌리면 그는 보이지 않게 되고 바깥쪽으로 돌리면 다시 나타났다. 그 후에 그는 왕실에 파견되는 사자 중 한 명으로 용케 선택되었다. 그는 도착하자마자 여왕을 유혹하고, 그녀의 도움을 얻어 공모하여 왕을 죽이고 왕국을 차지했다.

문제는 이 "마법 반지"가 과연 무엇을 가리키는 비유인가 하는 것이다. 성경의 창세기를 보면 반지 돈을 대상[隊商]과 연관시킨다. 그러므로 반지들이 리디아에서 새로운 도장이 찍힌 주화로 대체될 때까지 유통되었

고 리디아주화는 그 모양을 반지에서 가져왔을 것이다

"그러자 그는 네게 줄 만한 담보물이 무엇이냐 하고 되물으니 그녀는 당신의 인장 반지와 당신의 끈과 당신 손에 든"(창세기 38:18)

"42 자기의 인장 반지를 빼어 요셉의 손에 끼우고 그에게 세마포 옷을 입히고 금사슬을 목에 걸고"(창세기 41:42)

통상적으로 도장이 찍힌 주화가 도입되기 전에 무역은 세계의 많은 지역에서 주로 특정 무게의 반지들에 의해서 행해졌다. 최초의 리디아 주화를 반지라고 부르는 것은 아테네의 가장 초기의 동전을 꼬챙이라고 부르는 것과 같았을 것이다.

아리스토텔레스의 《Mirabiles Auscultationes 외전[外傳]》의 두 일화에서 금광이 발견된 곳은 두 곳인데 그 중 한 일화에서 비가 내리고, 틈이 있어서, 금을 발견하고 그것을 궁전에 가져간다. 두 가지 경우 중 적어도 하나는 기게스의 반지처럼 보물을 발견한다. 그러나 주목할 점은 두 곳 모두 다 아테네와 마케도니아의 역사에서 큰 역할을 한 유명한 광산 지역에 있다는 것이다. 리디아의 광산의 명성을 고려할 때 반지 이야기의 진화에 관련이 있다고 보아야 할 것이다. 리디아의 광산에 묻힌 사람들의 이야기는 실제로 존재했다. 외전에서 언급된 한 곳은 리디아에서 판가이온[Pangaion] 산과 스트리몬강(Strymon R) 지역과 같이 해골과 금을 포함하고 있는 틈은 사실상 광산 갱구이었을 개연성이 있으며 그 곳을 발견한 자는 갑자기 비밀리에 얻은 재산에서 권력을 차지하게 되었을 것이다. 그러므로 기게스의 반지 이야기는 폐광에서 금을 발견하고 그로부터 많은 돈을 얻고 부자가 되고 권력을 장악한다는 당시 리디아의 현실을 반영한 이야기일 수 있다.

현대에도 돈은 정치권력을 살 수 있고 또 그렇게 한다.
미국 메사추세츠 대학교 보스턴의 정치학과의 명예교수인 토머스 퍼거슨(Thomas Ferguson)은 "정당경쟁의 투자 이론"이라고 부른 것을 제안한다. 이 모델에서 정치적 공직 후보자들과 정당후보들은 유권자가 아니라 투자자들에게 호소한다. 유권자가 아니라 투자자들이 정당정책의 향방을 결정하는 기본 구성원이 된다. "정당들은 투자자들의 이해를 대변하는 후보자들을 밀기 위해 연합한 주요 투자자들의 블록으로서 더 정확하게 분석될 수 있다." 정당들의 플랫폼은 유권자의 민심이 아니라 주요 투자자들의 이해를 반영하는데, 개미투자자들-유권자들은 사실상 정책에 영향을 미칠 수 없다. 주요 투자자들은 전부 상층계급에서 오고 대부분의 유권자들은 일반 평민들에게서 오기 때문에, 만일 계급간의 이해관계가 첨예하게 걸리면 그 이론은 공공정책은 한쪽 즉 부자들에게로 편향될 것이라고 예측한다.

정당경쟁 투자론 틀에서, 주요 투자자블록들은 국가정책을 통제하기 위해서 서로 경쟁한다. 정당 플랫폼은 일반 유권자의 이해가 아니라 그들의 주요 투자자들의 이해를 반영한다. 각 블록의 목표는 그 무엇보다도 자신들의 사활적인 이해관계를 방어하는 것이다. 블록들은 자원들을 동원하고 동맹을 규합하여 라이벌 블록들과 정책을 놓고 다툰다. 각 투자자 블록의 힘은 그들이 고용할 수 있는 금융자원=돈에서 나온다. 투자자 블록들 안에서는 다시 결정적으로 중요하고 강력한 투자자들이 있다. 입법자들 즉 국회의원들과 정책 실행자인 대통령을 위시한 집행자들은 그런 강력하고 돈이 두둑한 투자자들의 후견을 받으려고 서로 간에 경쟁할 것이다.[156]

퍼거슨의 이론은 미국의 현실에서 실제로 작동하고 있는 것으로 보인다. 돈으로 권력을 사고 돈을 받은 그 대리인인 입법부와 행정부는 그 돈과 교환하여 자신들에게 부여된 책무를 다하고 있는 것으로 보인다. 일반적인 유권자 미국인들은 국가정책에 대해서 거의 아무런 영향력이 없다는 연구결과가 나왔기 때문이다. 2014년 가을에 "정치 전망 Perspectives on Politics"이라는 학술 저널에 실린 한 연구는 누가 진짜로 미국을 지배하는가 하는 물음에 관한 해답을 검증하려고 했다. 그 연구자들은 "상반되는 이론들의 예측들을 검증하기 위해서" 1779가지 정책이슈들에 대한 핵심변수들을 측정했다. 즉 미국이 민주주의적으로 정책을 정하는지 아니면 경제엘리트들에 의해 그 과정이 지배되는지 아니면 둘 다가 작용하는지를 테스트하려고 했다.

"미국인들은 정기적 선거, 언론 및 결사의 자유 같은 민주정치 지배에 중심적인 많은 특징들을 향유하기는 하지만," 그 자료들은 "중간 유권자나 다른 다수 선거 민주주의 이론들의 거의 전적인 실패"를 함의한다. "경제엘리트들의 선호들과 조직 이익집단의 입장을 고려하면, 평균적인 미국인들의 선호는 공공정책에 대해서 미미한, 거의 제로인, 통계적으로 무의미한 충격(영향, 효과impact)밖에 없는 것으로 보인다."고 그들은 결론 내렸다. 돈이 정치도 지배하고 돈이 없는 자는 정치적 결정들에 아무런 영향을 미치지 못한다는 말이 되겠다.[157]

돈은 어떤 힘이 있기에 정치권력을 장악할 수 있게 하는 것일까?

기게스는 최초로 폭군(참주)라고 불린 통치자이다. 기게스를 마법 반지 이야기와 관련되게 한 사실들은 아마 마법반지와 그것을 땅 속에서 발견한 것과 어떤 연관성을 가지고 있었을 것이다. 예를 들어, 기게스의 반지의 진정한 마법은 통행증으로 사용되는 인장에 놓여 있으며, 그에 따라 사람의 신분을 드러내거나 숨길 수 있다. 기게스의 반지가 권력의 진정한 원천이라는 의미가 무엇인가?

많은 그리스인들은 기게스가 최초의 폭군이었고 믿었으며 종종 그를 폭정과 연관시켰다. 그는 원형적인 주조자였던 것처럼 원형적 폭군이었다. 폭정과 주화가 한 사람과의 빈번하게 연관된다는 것은 그것들이 서로를 강화하고 상호의존적일 수 있음을 시사한다. 약 2500년 동안 주화를 사용했던 우리가 도시국가에서 최초로 사용한 사람들의 마음에 상상했던 인상을 상상하기란 쉽지 않다. 그리스에 돈을 도입과 유사한 예는 거의 없다. 기게스의 이야기는 그를 리디아의 폭정을 세우고 보이는 것을 눈에 보이지 않게 하는 이 힘은 이전 세계와 그 문화를 완전히 해체한 새로운 경제적 정치적 형태와 관련이 있을 것이다

가시성과 비가시성

BC 8~BC 7세기의 아시리아에서 독립한 초대 메디아의 왕 데이오세스[Deioces]에 관한 이야기가 그리스 역사가 헤로도토스의 책《역사》속에 서술되어 있다.

헤로도토스의 책에서 프라오르테스[Phraortes]의 아들인 데이오세스는 메디아의 통일 정부를 구성하려는 안과 그 실행계획을 심사숙고했다. 메디아 사람들은 분리된 자치마을들 또는 작은 도시에서 살았다. 데이오세스는 메디아의 무정부 시대에 자신의 마을에서 정의를 시행하려고 시도했으며 중립적인 판관으로서 신용과 평판을 얻었다. 그의 활동영역이 확장되어갔고 다른 마을의 사람들도 그에게 의지하게 되었지만 그는

사람들의 요청이 너무 많고 그 자리는 그에게 너무 번거롭고 힘들어서 일을 계속할 수 없다고 선언했다. 그가 판관직을 사임한 후에, 도둑질과 혼란은 증가했고 자신들 사이의 이견을 해결하기 위해 메디아 사람들은 모여서 그를 왕으로 추대했다.

기원전 8세기 후반에 그는 도시의 언덕에 요새화된 성을 건설하여 군사, 정부 및 재무 업무를 모두 그 안에서 수행하도록 했다. 헤로도토스는 왕성이 7개의 동심원 벽으로 이루어졌으며, 안쪽으로 갈수록 벽이 더 높아졌다고 말했다. 일곱 벽 각각은 특정한 색으로 장식되었다. 첫 번째 (외부) 벽은 흰색이었고, 두 번째 벽은 검은 색이었고, 세 번째는 진홍색이었고, 네 번째는 푸른색이었고, 다섯 번째는 빨강이었고, 여섯 번째 벽은 구리색이었고, 일곱 번째 가장 안쪽 내벽은 금색이었다. 그 왕의 궁전은 그것의 보물 창고들과 함께 마지막 벽 안쪽에 놓였다.

아무도 왕에게 직접 연락할 수 없었다. 탄원과 메시지는 전령(傳令)들에 의해서만 수행되었다. 그런 제한은 국민들 사이에서 경외감을 불러일으키기 위한 것이었다. 게다가, 왕의 면전에서 웃거나 침을 뱉는 것이 금지되었다. :

"그리고 모든 것이 지어졌을 때, 데이오세스는 아무도 왕의 면전에 들어설 수 없으며, 항상 사자를 통해 그와 통해야 하고. 왕은 아무에게도 보이지 말아야 하며. 그의 면전에서 웃거나 침을 뱉는 것은 무례한 짓이며 이 마지막 것은 예외 없이 모든 사람에게 적용된다는 규칙을 명하고 확립했다."[158]

그는 또한 "왕의 눈과 귀"라는 그룹을 운영했는데, 그 그룹은 왕을 위해 스파이 활동을 하는 사람들로 구성되어 있었다.[159]

아리스토텔레스의 『정치학』에는 참주정치를 유지하는 2가지 방식을 언급한다. 한 가지 방법은 뛰어난 자를 제거하고 자부심을 파괴하고 서로를 불신하게 하는 것이고 다른 하나는 신민의 일거수일투족을 감시하는 한편 통치자는 신비한 베일에 싸여서 눈에 보이지 않게 하는 것이다.:

"모든 백성의 우연찮은 모든 발언이나 행동에 관해서도 보고받으려고 하고, 시라큐스에서 '도발자(provocatrices)'라고 불리는 여성과 같은 간첩과 Hiero가 집회가 있는 곳은 어디에나 보낸 '예리한 귀' 같은 간첩을 가지려고 한다. (사람들이 이런 종류의 스파이들을 두려워 할 때 그들은 말을 억제하고 자유롭게 말하면 발견될 개연성이 크기 때문이다); 사람들을 서로 불화하게 하고, 친구와 친구 사이, 그리고 사람들과 귀족들 사이, 그리고 부자들 사이에서 다툼을 일으키려고 시도한다.. 그리고 백성들을 가난하게 만들어서 경비할 수 없고 일상업무에 바빠서 사람들이 자신의 통치자에게 대항하는 모의를 할 여가가 없도록 한다."[160]

전제적인 권력을 얻기 위해서 폭군은 자신을 사람들에게 보이지 않게 만든다. 따라서 그들은 그의 진정한 본성을 볼 수 없으며 폭군을 그의 진짜 정체 이외의 다른 어떤 것이라고 생각한다. 폭군은 좋은 왕의 역할을 한다. 그는 자신이 정직한 사업가 또는 국가의 경제적 청지기인 것처럼 가장한다. 이를 위해 폭군은 수입과 지출을 설명하고 폭군이 아닌 수탁자처럼 도시를 장식하고 마치 공공 기금의 보호자인 것처럼 행동한다.(폭군은 다른 사람들을 그에게 보이게 만드는 한편 자신은 그들에게 보이지 않게 하는 사람이다.[161]

돈과 문자를 활용하여 데이오세스는 관료주의와 폭정을 수립할 수 있었다. 관료주의의 발전은 돈과 글쓰기와 같은 상징화 형태의 발전과 통치자의 상대적 비가시성이라는 두 가지 근본적인 사회적 조건을 가정한다. 데이오세스가 건설한 도시 에크바타나(Ecbatana)의 동심원 벽들은 왕궁의 보이지 않는 사적 영역을 가시적인 공공영역에서 구별하는 역할을 한 "반지의 벽(ring-walls)"이었다. 새 교환수단-문자와 돈 덕분에 그는 그리스인들이 가장 두려워했던 정부를 창건할 수 있었다.

힘은 비가시성의 힘이다. 보이지 않는 힘, 즉 자신의 신체나 명성에 해를 끼치지 않고 악을 행할 수 있는 힘을 부여받음으로써, 어떤 사람은 모든 사회적 제약으로부터 해방되어서 (처벌에 대한 두려움 없이) 자기가 원하는 모든 것을 가질 수 있다

기게스의 반지는 기게스를 사람들의 눈에 보이지 않게 만든다. 역으로 기게스는 보이지 않게 됨으로써 모든 사람의 행동을 얼마든지 엿볼 수 있게 되었다.

그리스 고대 그리스에서 화폐가 발명되기 전에, 교환계약은 증인 및 / 또는 가시적인 상징이 요구되었다. 상징물은 추후의 목적을 위해 나누어진 두 조각을 합쳐서 어긋나지 않고 잘 맞으면 진짜임을 확인하기 위한 일종의 약속, 담보 또는 약정이었다. "원 약정과 충분히 관련이 있는 반지와 같은 작은 물건"이 약정의 토큰으로 교환되었다. 은행 예탁과 같은 많은 그리스 계약에서 작은 상징물은 필수적이었다.

기탁(寄託)물은 기탁자만, 또는 그의 대리인만 볼 수 있었다. 대리인은 작은 상징물-인식의 수단을 보여주어야 했다. 가장 통상적인 상징물은 보증금을 봉인하기 위해 사용되었던 인장반지였다. 그러나 그 대신에 예금자는 깨진 동전이나 점토 토큰의 반을 그와 함께 가져가고 다른 반

쪽은 사원이나 은행에 보관하여 두 조각을 결합하여 자신의 정체성을 증명할 수 있었다. 상징은 거래에 대한 일종의 "증인"이다. 반면에 화폐 경제에서는 보이지 않는 교환은 쉽게 이루어진다. 증인이나 상징이 없으면 그러한 거래가 보이지 않게 된다. 돈은 확실하게 증인 또는 상징이 없는 계약을 용이하게 하고, 따라서 보이지 않는 재산-돈이 중요해진다. 돈이 점점 더 중요해짐에 따라 모든 상징은 계약금이 되었다.

기게스의 반지는 돈을 비유한 것인지 모른다. 기게스의 반지가 그 반지를 낀 사람을 보이지 않게 만들 듯이 돈을 가진 사람은 그 돈으로써 사람이나 물건을 매수해도 그 흔적이 남지 않는다. 돈은 사람을 부릴 수 있게 하고 은밀하게 나쁜 일을 시킬 수 있는 힘을 가지고 있다. 돈은 그 사람을 보이지 않게 한다. 폭군의 힘은 돈의 보이지 않는 힘에서 나온다.

돈과 플라톤의 동굴의 비유

철학자 플라톤은《국가》제7권 에 있는 유명한 동굴의 비유에서 인간은 궁극적 실재(善의 이데아)를 보지 못하고 단지 이데아의 그림자만 보고 있다고 주장했다.

"…… 지하의 동굴에 살고 있는 사람들을 상상해 보자. 빛으로 향한 동굴의 좁은 통로가 입구까지 달하고 있다. 사람들은 어릴 적부터 손과 발, 목이 속박되고 있어 움직이지도 못하고, 쭉 동굴의 안쪽을 보면서, 되돌아보지도 못한다. 입구의 아득한 위쪽에 불이 타고 있고, 사람들을 뒤로부터 비추고 있다. 불과 사람들의 사이에 길이 있어, 길을 따라서 낮은 벽이 만들어져 있다. ……"[162]

그 사람들은 등 뒤에 있는 불빛에 의하여 앞면 벽에 비치는 사람이나 동물의 그림자를 실재라고 생각하게 된다. 그들은 동굴에서 석방된 뒤에 불빛에 의해서 생겼던 그림자의 본체를 보게 되더라도 여전히 그림자 쪽을 진실이라고 생각하게 된다.

플라톤의 사상에서 이데아(특히 선의 이데아)는 가시적이기도 하고 비가시적이기도 한, 실재적이기도 하고 비실재적이기도 한 역할을 한다. "이데아(eidos 복수형Eide)"는 사실상 "보다 idein"과 어근이 같다. 소크라테스의 견해는 이데아는 보이지 않는 반면 사물은 가시적이라는 것이다 : "이데아는 지적으로 파악되지만 눈에 보이지는 않는 반면, 사물은 보이지만 지적으로 파악되지는 않는다"고 말한다.[163] 이데아를 볼 수 없다는 것은 이데아 교리의 중심이다.

한편 플라톤에게 있어서, 기원전 5세기부터 4세기까지 그리스를 중심으로 활동했던 철학사상가이자 교사들인 소피스트[Sophist]들 또는 세계의 철학적 폭군은 중대한 위협을 제기했다.

소피스트란 기원전 5세기부터 기원전 4세기까지 그리스를 중심으로 활동했던 철학사상가이자 교사들이다. 설득을 목적으로 하는 논변술을 강조하였으며, 진리와 정의를 상대적인 기준으로 바라보았다. 기원전 5세기 후반, 특히 아테네에서 "소피스트들"은 다양한 주제의 과목을 가르치고 언어와 문화의 본질에 대해 사변하며 일반적으로 다른 사람들을 확신시키거나 설득하는 목적을 달성하기 위해 수사학을 구사하는 대부분 순회하는 지식인을 지칭하였다.

소피스트란 말은 '현인(賢人)' 또는 '지자(知者)라고 번역되고 있지만, 그리스어 sopho는 명사 sophia(소피아)와 관련되어 시인 호머의 시대부터 "숙련된" 또는 "현명한"이라는 의미를 지녔고 원래 지식이나 공예의 특정 영역에서 전문지식을 가진 사람을 묘사하는 데 사용되었다. 예를 들어, 마차를 다루는 사람, 조각가 또는 전사는 그들의 직종에서 sophoi로 불릴 수 있었다.

아테네가 번창하는 도시가 였기 때문에 소피스트들은 의도적으로 그 곳으로 가서 수사학을 가르쳤다. 토론에 능숙한 사람들에게는 그것은 좋은 직업이었고 특히 최초의 소피스트들은 토론에 능란했다. 그들은 그들이 찾고 있던 명성과 재산을 얻었다. 프로타고라스(Protagoras)는 일반적으로 최초의 소피스트들 중 한 사람으로 간주된다. 다른 사람들로는 고르기아스(Gorgias), 프로디코스(Prodicos), 히피아스(Hippias), 트라시마코스(Thrasymachus) 등이 있다

소피스트는 교사이자 철학자로 볼 수 있는데 그리스 전역을 돌면서 학생들에게 다양한 수법, 특히 수사학과 대중 연설을 가르쳤다. 이것은 설득능력이 정치권력과 경제적 부에 큰 영향을 미쳤던 시대에 유용한 품성이었다. 아테네는 시민의 표현의 자유과 풍부한 자원으로 인해 소피스트들의 활동 중심지가 되었다. 소피스트의 가르침에는 많은 차이가 있었고, 그들은 의미론과 수사법, 존재론, 인식론 등 다양한 주제를 강의했다. 대부분의 소피스트들은 개인사뿐만 아니라 도시의 관리와 운영의 아레테 [Arete]("탁월함" 또는 "덕")을 가르친다고 주장했다. 기원전 5세기 이전에, 귀족 출신은 덕과 정치에 대한 자격이 있다고 믿어졌다. 그러나 첫 번째 소피스트로 여겨지는 프로타고라스는 덕(arête)은 출신보다 훈련의 결과라고 설명했다. 프로타고라스는 가장 잘 알려지고 가장 성공적인 교사 중 한 사람이었다. 그는 학생들에게 철학보다는 정치

에서 특히 성공적인 삶을 위해 필요한 기술과 지식을 가르쳤다. 그는 진실이 논리의 한 면에만 국한될 수는 없다고 믿었기 때문에 양쪽 모두의 관점에서 논쟁하도록 학생들을 훈련시켰다. 프로타고라스는 다양한 주제에 대해 썼으며 그의 작품 일부는 살아남았다. 그는, "사람은 만물의 척도이다."는 유명한 말을 남겼다. 《진리》라고 불리는 작품의 첫 문장이다.

많은 소피스트들은 돈을 받고 그들의 기술을 가르쳤다. 이 기술이 아테네의 송사가 많은 사회생활에서 중요하기 때문에 소피스트들은 종종 매우 높은 수업료를 요구했다. 대조적으로, 소크라테스는 수업료를 받지 않았고 대신 소크라테스 식의 문답법을 썼다. 디오게네스 라에르티오스(Diogenes Laertius, 3세기의 그리스의 철학사가)는 프로타고라스가 문답법을 발명했다고 적었다.

플라톤의 저술 전에 "sophist"라는 단어는 오늘날 사용되는 것처럼. 존칭으로 도는 경멸적인 칭호로 사용되었다. 플라톤의 대화, 소피스트 편에서, "소피스트는 무엇인가?"라는 질문에 대한 기록된 첫 번째 대답을 하였다. 플라톤은 젊고 부유한 사람들을 쫓는 유급 사냥꾼들로서, 지식의 상인으로서, 말 경연 대회에 출전한 선수들이라고 소피스트들을 묘사했다. 플라톤의 소피스트에 대한 평가에서, 소피스트들은 진정한 지식을 제공하지 않고 단지 사물에 대한 의견만을 제공한다고 결론지었다.[164]

플라톤에게는 돈과 언어(궤변)는 선(철학)에 필연적으로 대립하였다. 따라서 플라톤은 소피스트에 대한 비판에서 그리고 자신의 사상에서 의도적으로 그리고 비판적으로 돈 형태를 내부화했다. 사실, 플라톤의 정치적, 언어적, 경제적 폭정에 대한 비판은 그의 관념(이데아)의 이론과 변증법의 가설에까지 그 영향을 미쳤다.

플라톤은 소피스트들과 소크라테스 이전 철학자들을 마음의 상인이라고 비난했다. 왜냐하면 그들이 유용하고 달콤한 말에 대해 돈을 받았을 뿐만 아니라 의미의 내부적 교환이 화폐 거래에서의 된 상품교환과 동일한 담화의 생산자였기 때문이다 플라톤은 그들의 돈 은유의 정치적 경향을 두려워했고, 그의 《대화》에서 그들의 담론은 언어에 대한 지혜를 파괴하는 전제적인 형태의 보이지 않는 침략의 한 증후라고 표현했다.

마르크스는 《헤겔 철학 일반 비판》에서 논리는 마음의 돈이라고 말하였다. 돈이 모든 것과 교환되듯이 논리는 상이하고 관련이 없는 개념들을 구체성을 기각하고 추상적인 성질들을 교환하기 때문이다.:

"논리-마음의 돈, 인간과 자연의 사변적 또는 정신적 가치-모든 현실적 확정성(determinateness,)에 전혀 무관심한 그러므로 비현실적인 그것의 본질-는 소외된 생각이며 따라서 자연과 실제 인간으로부터 추상된 사고: 추상적인 생각이다."[165]

플라톤은 소피스트들이 돈을 받고 지혜를 팔고 수사가들처럼 언어와 돈에 전범화 된 관습을 그들의 보편적인 척도로 삼았기 때문에 그들을 공격했다. 참주처럼, 소피스트들은 순전히 돈벌이꾼이다. 소피스트들은 지혜를 원하는 누구에게나 지혜를 팔아넘기는 자다. 소피스트들은 지혜가 돈으로 매매되거나 측정될 수 있는 것처럼 보이게 만들었다. 선은 진실한 철학자의 건축원리이지만, 돈은 돈벌이꾼 소피스트들의 원리로서, 폭군이 돈으로써 통치하듯이 소피스트들에게 돈이 건축원리이다.

그렇지만 이데아의 길조차도 항상 마음의 돈에서 멀어지는 것은 아니다. 플라톤의 사고에서의 화폐적인 사고가 내면화되었고 그것은 마침내 화폐의 저당과 기게스의 이재술을 극복하기 위한 필사적인 시도의 형태를 취한다. 그러나 플라톤이 소피스트들을 격렬하게 공격했는데 이것은 궁극적으로 소크라테스의 생각은 마음의 돈일지 모른다고 플라톤은 두려워했기 때문일지 모른다.[166]

03

고대 그리스에서 주화의 발명과 광범위한 유통

주화는 기원전 7세기 말엽에 리디아에서 나타났다. 리디아(현재의 서부 터키)에서는 호박금이 풍부했다. 리디아 왕국은 그리스인 용병들에게 지급하기 위해서 풍부한 호박을 사용했을 것이라는 이론이 유력하다. 그러나 주화는 리디아 서부 해안에 있는 그리스 도시국가들의 일상생활에서 처음으로 사용되었다. 최초의 주화는 리디아에서 만들어졌지만, 그것들을 일상에서 광범위하게 사용한 것은 그리스인들이었고 그들은 리디아와는 다르게 그리고 큰 액수만이 아니라 소액의 주화들도 사용하였다. 그리스 주화는 막대한 양으로 발견된다. 주화는 급속하게 그리스 도시국가 전역으로 퍼졌는데 이것은 모든 종류의 거래에 쓰일 수 있을 정도로 편리했기 때문이었다. 왜 그리스에서 주화가 광범위하게 유통되었던 것일까?

계산단위로서의 돈은 고대 메소포타미아에서 기원

돈의 기능은 교환수단, 가치척도, 지불수단, 가치저장의 4가지로 분류된다. 이러한 기능들 중에서 역사적으로 가치척도 즉, 계산단위가 가장 먼저 고대 메소포타미아에서 생겨났다고 한다. 고대 메소포타미아의 신전들과 왕궁들에서 계산단위와 가치저장의 수단으로서 돈은 사상 최초로 도입되었던 것으로 보인다. 그 사원들과 왕궁들은 그들의 노동력들(전쟁고아들, 과부들 그리고 가속들)과 작업장 인부들에 대한 배급과 원료들의 흐름을 수량적으로 파악하고 그 값을 책정할 표준이 필요하였다. 그래서 수메르 사원들은 회계를 기록하고 계획을 조정하기 위해 은을 회계의 단위로 채택하였다. 그래서 이 기관들의 외부 공동체 구성원들은 시간이 가면서 점차적으로 은을 점점 더 거래에 사용하게 되었을 것이다. 메소포타미아 지역 동부 티그리스 강의 한 지류인 디얄라(Diyala)강 유역에 있었던 수메르인의 고대 도시인 에슈눈나[Eshnunna])에서는 설형문자 점토판이 약 1500점 발견되었는데, 그 중에 아카드어로 기록된 최초의 성문법이 새겨진 토판이 있었다. 해당 토판은 1930 BC. 년경에 작성된 것으로 추정되며, '에슈눈나 법전'이라고 한다. 그 조항들에는 당시 사회의 주요 관심사였던 생필품 가격, 임대와 매매, 임금, 절도, 소송, 강간, 상해, 노예 등 다양한 사회 문제를 다루고 있다. 에슈눈나 법전은 함무라비 법전보다 앞선 것으로 후대에 나타나는 여러 아카드어 법전의 효시로 평가받는다. 그 법전에는 1 gur(300 사발 부피)의 보리와 1 shekel의 은이 같은 것으로 공표되었다. 함무라비 법도 비슷하다.

그 당시는 대부분의 생산이 자급자족 시대였다. 왕궁들과 사원들은 판매되는 주요 재화, 특화된 수제품, 금속 제품, 위신 직물, 원료 등에 대한 생산과 무역을 매개함으로써, 시장에서 교환이 발생하게 하는데 일조했다. 그렇지만 실제로 시장 거래에서 은이 사용되는 경우는 드물었고 주로 신용거래로 이루어진 것으로 보이며 주로 이들 공공 기관들 내에서의 거래가 화폐단위로 이루어졌다. 남부 메소포타미아에서 필요한 원료를 얻기 위해서 상인들에게 곡물들을 비롯한 다른 제품들을 빌려주고 그 빚을 돈 단위로 표기하였다. 그러면 그 상인들은 그것들을 가지고 장거리무역을 행했다. 소작인들에게 내어준 땅에 대해서 받는 수확지불을 표기하는데도 돈이 사용되었다. 기원전 4000년에서 기원전 2000년 까지, 아직 일반적인 세금이 존재하기도 전에, 큰 공공기관들은 빚 관행의 발달에 주요한 역할을 하였다.[167]

호머시대 그리스에서의 경제 그리고 황소단위 가치

고대 그리스에서의 주화도 비슷하게 국가-종교에서 기원한 것으로 보인다. 그리스에서 돈은 nomisma로 불렸다. 아리스토텔레스에 따르면:

"그리고 그래서 그것은 nomisma라고 불린다, 그것은 자연에 의해서가 아니라 관습(nomos 법, 규범)에 의하기 때문이고, 우리 마음대로 그것을 바꾸어서 무용지물로 만들 수 있다."[168]

그런데 nomos(법, 관습)는 nemein(분배하다)에서 파생했는데 이것은 고대 그리스의 신전에서의 희생 제물 의식에서 고기를 분배하는 광범위하고 경제적으로 근본적인 관행에서 기원했다. nemesis(복수), isonomia(정치권의 평등), nomisdein(인정하다, 고려하다)도 동물 희생 의식에서

의 제물의 분배에서 유래하는 것으로 보인다.[169]

고대 그리스에서 국가-종교에서 돈이 기원한 과정을 알기 위해서는 먼저 호머시대로 돌아가서 당시의 정치사회-종교적 상황을 살펴보자.

호머시대에 "거래"는 주로 선물증여였다. 선물교환은 동시에 이루어질 수도 있지만 일반적으로 시차를 두고 발생했다. 선물증여는 호혜적인 관계를 전제로 한다. 그렇게 증여된 재화들 중에서 어떤 재화들은 명예와 위신을 부여하고 그 기증자의 정체성을 여전히 간직한다. 그러나 호머 시대 상업적 거래는 결코 한 공동체 내에서는 일어나지 않는다. 교환수단에 대한 언급이 전혀 없기 때문에 모든 거래는 재화들의 교환(물물교환)이었을 것으로 추정된다. 호머시대 거래의 대부분의 경우에 오직 한 가지 품목 주로 노예만 언급되고 그에 맞바꾸는 물품은 언급되지 않는다.

호머시대 가치척도는 소 특히 황소였다. 그리스-로마문화의 초기 역사에서 소는 일반적으로 가치와 계산단위로 사용되었다 또한 황소 가치단위는 드라코(Draco) 법전(ca. 620 BC)과 같은 그리스로마세계의 최초 법률에서 여러 가지 벌금과 지불금을 표시하는 계산 단위가 되었다 화폐와 금융에 관한 많은 현대용어들은 그리스 로마 초기 시대의 가치와 계산단위로서 소의 사용으로부터 파생되었다.

우선, 소를 나타내는 라틴어 페커스(pecus)에서 pecuniary(금전상의)이라는 용어가 유래되었다. 또 다른 예로는 'fee'라는 용어가 있는데, 아마도 고대 영어의 faihi(소)에서 파생된 것이다. capital(자본)은 capitale에서 유래되었는데 원래는 머리수에 의해 계산된 소를 가리킨다, 주화에 대한 가장 초기의 그리스어 단어인 nomisma는 nemein에서 파생되었는데 이 단어는 황소를 희생 제물로 바치고 극 구운 고기를 분배한 데서 파생되었다.[170] 호머 서사시에서 찾을 수 있는 유일한 '돈 기능'은 소에 의해서만 수행되는 가치의 측정이다. 구체적으로 말하면, 가치 측정은 호머 서사시에서 여섯 번 발생하며, 모두 소로써 수행된다. 예를 들어, 일리아드는 아테네 여신의 황금 술을 '백 마리 소의 가치가 있는'것으로 묘사한다. 황금의 가치는 소의 가치로 표현되지 소위 가치가 황금으로써 표현되지 않는다.[171] 이들과 수많은 다른 사례들은 소가 리디아와 그리스에서 주화를 도입하기 전후에 인정된 전통적이며 관습적인 단위로 사용되었다는 사실을 입증한다. 황소 단위의 사용은 금속 사용의 도입과 주화의 발명 이후 오랫동안 지속되었다.

호머 시대 사회에서 무역의 주변성

시포드는 호머시대 사회에서 대내외무역은 주변적 역할 밖에 하지 못했다고 지적했다. 호머시대에 상거래는 지역사회 내 구성원들 사이에서는 결코 발생하지 않고 거래는 항상 비-그리스 사람들과 이루어진다. 호머는 교역에 대해 일반적으로 간략하게 언급하며 그 내용에는 세부 사항이 거의 없다. 교환수단에 관해서는 일절 언급되지 않으며, 아마도 모든 교역은 물물교환이었을 것이다 마찬가지로, 재화들이 시장에서 낯선 자들 사이에 교환되는 상품으로 묘사되는 경우는 드물다. 그것들은 개인적인 친분을 쌓거나 공고히 하기 위해서 선물로 교환되거나 전리품으로 나누어지거나 상 또는 경품으로 주어지는 대상이다. 선물 증여는 주로 다른 그룹의 구성원들에게 국한되어 있는데 그 목적은 그룹 간 우호와 연대를 확립하는 것으로 보인다. 또한 호머 서사시에 언급된 대부분의 무역은 노예무역에 국한되어 있다.[172]

호머사회에서는 시장 상품교환은 단지 주변적인 역할만 했고 상호주의와 재분배가 재화와 서비스의 분배에서 중요한 역할을 담당했다. 특히 호머에 언급된 상호 또는 재분배적인 '거래'는 다음 범주로 분류할 수 있다.

1) 폭력에 의한 배분 (강탈, 트로피, 전리품)
2) 경기에서 제공된 상
3) 서로 다른 집단 구성원 간의 선물 증여
4) 집단 내의 희생 동물 분배 (공동 희생 제물의 의식)
5) 군 복무와 같은 서비스에 대한 보상
6) 손실 또는 모욕에 대한 보상
7) 몸값
8) 신부 가격[173]

한편 그룹 내의 연대성, 응집성 및 우정은 분배 또는 중앙집중식 재분배를 통해 달성될 수 있다 선물은 다른 그룹의 개인들 간의 연대를 형성하는 반면, 그룹 내의 연대는 분배 또는 재분배에 의해 달성된다. 이것이 기본 경제 단위인 가정 내에서뿐만 아니라 집단 내에서 특히 두 가지 중요한 상황-전리품 나누기와 동물 희생에서의 고기 공유에서 시행되는 분배 방식이다. Seaford는 재분배 활동이 발생하는 세 가지 주요 상황을 다음과 같이 구분한다.

1) 가구
2) 전리품 공유
3) 공동 희생 제사

공동 희생 제사와 황소단위 가치의 발생

고대 그리스에서 도시들은 도시의 안녕을 위해서 그 수호신에게 공개적으로 제물을 헌납하여 그 수호신을 진정시켜야 했다 여기서 황소는 “가장 귀하고 중요한 희생 제물”로 사용되었다. 제물로 사용된 소의 종류, 질 및 양은 국가-종교 당국의 철저한 규제를 받았다 공공 희생 제사는 공동체적이고 포용적인 잔치였다. 그들은 그 의식에서 공동으로 식사를 하였다. 그리스 전역의 도시 제사의 보편적 특징으로서, 공동 제식 식사는 공동으로 경배하는 신을 기리기 위한 의례적인 식사였다 그 의식은 예식과 기도가 수반되는 희생동물-주로 황소의 공개 살해, 희생동물 굽기 및 먹기로 구성된다. 의식 참가자들 사이에서 불에 구워진 황소의 고기의 평등한 분배는 고대 그리스 제사의 강력한 전통이었다. 지 사회 내에서 단결과 결속을 창조하는 것은 그러한 공동체 잔치의 주요 사회적 기능 중 하나였다. 그래서 ‘평등한’ 참여, 배급 및 소비의 원칙이 의식에서 중요했다. 호머는 희생 제물에 대한 6가지 긴 설명에서 이 점을 강조했다. “그들은 주연을 벌였다. 그 누구의 굶주림도 동등한 향연이 부정되지 않았다.”[174]

공공 희생 제사에서 희생물을 먹을 권리는 그 공동체의 모든 구성원들에게 있었다. 그 비용은 주로 세금과 폴리스가 관리하던 신이 소유한 재산에 대한 임대료에서 나왔지만 공물과 벌금 그리고 수수료도 한 몫 했다. 그리스 신전들은 전반적으로 식량을 저장하지도 않았고 대규모 식량 생산에 참여하지도 않았다. 그리스의 공공 희생은 많은 고기를 제공하긴 했지만 메소포타미아에 비하면 경제에 주변적인 역할만 했고 식량의 획득에도 공동체 소비에 비해서도 주변적이었다.

황소가 희생되는 제물이었기 때문에 신전에 바쳐지는 공물들의 가치는 점차적으로 황소에 비교되어 평가되었을 것이다. 의식에 필요한 경비를 부담할 때 가축(소, 특히 황소)은 신에게 바쳐지는 가장 중요하고 신성한 희생 제물의 범주였기 때문에 그것들은 자연적으로 제사장에게 지불하는 수단이 되었다. 그래서 시장에서가 아니라 황소는 국가-종교적 맥락에서 사람들 사이의 지불에 처음으로 사용되기 시작했을 것이다. 점차적으로, 신전에 지불되는 물품의 범위가 증가하기 시작했고, 이전에 황소의 관점에서 표현되고 지불되던 희생 동물들을 대체하여 다른 공물들로 헌납할 수 있도록 공물들의 등가 비율을 확립하는 것이 필요했을 것이다. 이 목적을 위해서, 이 다른 물품들은 이미 존재하는 가치와 계산의 황소 단위로 비교평가 되었을지 모른다.[175]

그리스 주화의 국가-종교적 기원

의식은 집단 참여 원칙과 모든 사람에게 동등한 분배 원칙을 사용하는 반면 한 사람의 평등한 몫은 그의 사회적 지위에 대응되었다: 사회적 위계에 따라 불에 구워진 고기가 분배되었다 의식 참가자들에게 배분된 바로 그 몫은 양뿐만 아니라 질에서도 달랐다. 팔 다리와 같은 희생동물의 더 인기 있는 부위는 사제에게 관행적으로 할당되었다. 이런 식으로, 희생 제물은 절대 평등보다는 비례의 원칙을 반영했다. 비례적인 평등은 각자의 신분에 비례하여 상급자에게 더 많이 가고 하급자에게 덜 가게 위계에 비례한다.

그러나 비례 평등의 원칙은 공동체 잔치의 평등주의적 측면을 부인하지 않았다. 평등은 사회 공동체 구성원의 사회적 지위에 비례한다. 사실상은 평동하지 않은 공동체의 구성원들에게 평등한 몫을 준다는 공동 희생 식사 의식은 조화되고 합의된 사회관계라는 외양을 만듦으로써 사회 계층과 경제적 불평등의 근본적인 현실을 은폐하려는 의도가 있었을 것이다.[176]

황소를 희생하여 제를 지내고 난 후에 그것을 구워서 고기를 나누어 주고 잔치를 벌였는데, 이때 그 고기는 불꼬챙이에서 구워졌다. 희생 동물을 구울 때 사용된 오벨로스(obelos)라고 불리는 이 쇠꼬챙이는 의식 참가자들에게 고기의 볶은 부분을 분배하는 데에도 사용되었다. 시간이 흐르면서, 쇠꼬챙이 위의 희생 제물 고기는 'obelos'로 알려지게 되었다. 특이하게도, obolos는 기원전 6세기경의 그리스 은화의 이름이다. 기원전 6세기 경의 그리스 주화의 더 큰 금액인 드라크마(drachma)는 원래 여섯 개의 쇠꼬챙이(오벨로스)을 의미한다.

볼꼬챙이의 생산은 기원전 8세기 후반에 대규모로 시작되어 7세기에는 대량생산이 본격화 된다. 불꼬챙이는 6세기 상반기까지 소량으로 유통되었는데 그때는 그리스 본토에의 주화 도입에 이르는 시기에 정확하게 일치한다. 꼬챙이들은 희생과 공동 평등주의의 분배와 참여의 행위에서 그들의 역할 때문에 공동체적인 상징적 의미를 지니고 있었다.

공동체 제사를 지내기 위해서 성소는 공물(작은 상, 기부, 요금, 벌금)을 받아야 했는데, 주로 가축들이 그러한 공물들로 헌납되면 그것들을 희생하여 남는 고기는 부패하기 쉽고 보관도 어렵다. 성소의 입장에서는 내구성이 있는 공물들을 받을 필요가 있었다. 그러므로 귀금속을 받는 것이 더 나았다 또한 신이 보호하는 성스런 장소이고, 강력한 성벽 때문에 신전은 귀금속 저장소로 안성맞춤이었다.[177]

부패하기 쉬운 고기의 분배는 점차적으로 불꼬챙이을 분배로 대체되었고, 마지막으로 주화를 분배함으로써 대체되었다. 주화는 공동체 희생 의식에서 나눠진 희생 제물의 구운 고기 조각을 나타낸다. 고대 그리스 도시들에서 동물 희생의식 식사에서 주화가 기원했다. 희생의식의 평등주의적 원칙으로 시민들은 꼬챙이를 받았고 결국 주화를 받게 되었고 이는 그리스 도시들에서 주화가 광범위하게 유통되는데 큰 역할을 했을 것이다.

처음 등장했을 때, 주화는 꼬챙이(obelos)를 상징했을 것이다. 주화는 꼬챙이를 대신했고 희생 황소고기의 분배는 주화분배로 대체했다. 당시에는 마술에 대한 믿음이 만연했기 때문에 상징물인 주화와 상징이 나타내는 것인 희생 황소 고기가 구분되지 않았다. 주화를 소지하는 것은 희생 황소의 고기를 나누어 갖는 것과 진배없었다.

주화는 종교적 상징으로 시작되었고 희생 황소의 구운 고기를 상징하는 주화는 신전-국가에 바친 재화와 서비스에 대한 '보상', '보답' 또는 '지불'로서 시민들에게 분배되었다. 가장 오래된 주화는 상거래 매체로 시작하지는 않았고 신성한 희생 식사에서 분배된 고기와 같은 역할로 기능하면서 생겨났다.

만일 주화가 희생 제물의 고기 대용이었다면, 왜 초기의 리디아와 그리스주화들 중 많은 것들이 그들의 표면에 황소 머리 또는 황소의 이미지를 지니고 있는지 설명할 수 있다. 이것은 또한 사제들의 직속 관할하는 신전 내에서 초기의 리디아와 그리스 주화들이 주조된 이유가 설명된다.. 더욱이, 가장 초기의 리디아와 그리스 주화들은 상업유통을 목적으로 하지 않았기 때문에 주화 표면에 있는 황소의 이미지는 그 주화의 상업적 가치를 보장하는 역할을 하지 않았다 가장 초기의 리디아와 그리스 주화의 가치는 경제적이 아니라 상징적이었다. 주화는 성전 국가에 대한 기여의 상징으로 사용되었다.[178]

그리스 민주주의와 주화

호머시대에는 재화 및 서비스를 배분하는 주요한 2가지 방식이 있었다. 하나는 제사에서 평등주의적으로 희생된 고기를 분배하는 방식이고 다른 하나는 전리품의 분배였다. 그러한 재분배 권한은 명목상으로는 인민들에게 있었지만 사실상은 지도자가 재분배했고 지도자의 재량으로 분배되었다. 아킬레스는 혁혁한 전공을 세웠지만 그 전리품은 아가멤논이 배분했다. 분배에서 아가멤논의 전리품 몫은 아킬레스의 것보다 훨씬 더 크다 아가멤논은 자신이 가장 좋고 많은 전리품을 차지한다. 아킬레스는 자신이 세운 전공에 상응하는 보상을 받지 못하는 데에 불만을 품는다. 그는 자신이 이룬 공적에 필적하는 보상이 주어져야 주장한다.

10년 간의 트로이 전쟁에서 승리하고 고향으로 향하는 길에 오르는 오디세우스가 이끄는 선단은 트로이를 떠난 직후 바람에 휩쓸려 사나운 키콘족(Cicones)이 사는 섬에 상륙하여 치열한 전투를 벌이고 그 섬의 도시를 함락시키고 남자들을 죽인 후에 여자들과 재물들을 균등하게 나누어 갖는다. 그 후에 외눈박이 거인(사이클로프스 Cyclops)과의 모험 후에 오디세우스는 바람의 신인 아이올로스(Aeolus)의 섬에 도착하여 환대를 받는다. 고향으로 다시 출발하는 오디세우스에게 아이올로스는 오디세우스의 항해를 방해할 만한 사나운 바람들을 모조리 커다란 가죽 주머니에 가둔 후 그 주머니를 오디세우스에게 건네주며, 목적지까지

도착할 때까지 절대로 주머니를 열어보지 말 것을 당부한다. 그러나 그의 일행들은 "오디세우스는 도시들과 나라들을 방문하면 사랑받고 영예를 얻는다. 그는 트로이 전리품으로 좋은 보석들을 갖고 가지만, 같은 모험을 치룬 우리는 빈손으로 돌아가고 있다."고 불평한다. 그래서 그 주머니에 금은보화가 들어있을 거라 생각한 오디세우스의 부하들은 고향땅인 이타카 섬에 도착하기 직전에 주머니를 몰래 열어본다. 그와는 대조적으로 오디세우스 일행 사이에서 고기의 분배는 평등했다.

먹고 살기 위한 재화나 희생 동물 고기는 평등하게 나누어졌지만, 전리품은 불평등하게 나누어졌다. 아킬레스의 경우에서 보듯이 전리품이든 식량이든 지도자들이 과도하게 전유하는 경향이 있었다. 전리품 분배는 개인주의적 능력주의적이었고 이것은 균등한 분배의 원리와 상충되었다. 이러한 경향은 시민들 사이에 불화와 불만을 일으켰고, 호머에 묘사된 동물희생에서 아마도 그 의식의 주요 목적은 고기의 균등한 분배 및 공동체적 식사로 이러한 불화를 해소하고 구성원들 간의 연대와 단합을 고양시키는 것이었을 것이다.[179]

불평등한 부의 분배로 인해서 신성한 정의에 대한 믿음이 가속적으로 쇠퇴하게 되었다. 따라서 불확실한 신의 보상에 의존할 필요가 없도록 인간이 통제하는 정치적 지불수단을 도입하려는 새로운 사회적 움직임이 생겼다. 구 귀족이 대표하는 신성한 정의의 권위에 대항하여 이러한 지불수단은 폴리스의 시민 권위에 의해 확립되어야 했다.

자체적인 분배적 정의 모델을 수립할 때, 신생 폴리스 당국은 공동체 평등주의 분배의 이상화된 모델을 채택했지만 부패하기 쉬운 고기를 버렸다. 사회정의는 금속조각 배분 의례에 의해 정치적으로 성취될 수 있다는 아이디어에 근거하여 고기를 내구성의 금속조각으로 대체했다 그런 다음 폴리스 당국은 폴리스의 정치권력을 수용한 사람들에게 금속조각을 배포함으로써 귀족의 권력 모델을 해체하려고 시도했다.[180]

주화는 귀족의 안정적인 위계질서에 대한 엄청난 위협이었다. 귀족정에서 귀족들은 신분과 권력을 상징하는 귀금속을 비롯한 위신재(威信財)를 독점한다. 시민들의 손에 금속조각을 나누어주는 것은 귀족들의 선물제공이라는 폐쇄된 영역에서의 귀금속에 대한 귀족들의 독점을 파괴할 것이었다. 주화의 도입과 더불어 무차별적인 분배가 이루어지고, 선물교환 문화에서 작용하는 위계적인 교환을 전복시키는 낯선 자들 사이에 교환이 발생할 전망이 등장한다. 다시 이 위협은 엘리트 통제에 대한 사회적이고 정치적인 위협이 될 것이다. 위계적인 귀족들의 선물교환 시스템에서는 소유되고 통제되는 귀금속을 그 사람의 자아 그리고 지위와 완전히 동일시하는 문화가 있었기 때문이다. 그러므로 폐쇄적인 선물교환 시스템 내에서의 보화들을 독점하여 귀족들은 그러한 위계를 확보하고 영속시킬 수 있다. 주화는 그 시스템에 대한 이중의 위협이었다. 귀금속이 평민들에게 유통되므로 위계적이고 배타적인 귀족들만의 교환권역 시스템이 와해되고, 이제 교환은 폴리스의 상징적 권역 하에서 이루어진다. 또한 각인된 시민의 토큰으로서, 주화는 귀족 엘리트들의 자연적이고 천부적인 권력이라는 관념에 도전한다.[181]

돈의 가치의 원천: 금속주의 대 증표주의

금속주의(Metalism)는 돈의 가치는 그것의 기초가 되는 상품의 구매력에서 파생된다고 주장하는 경제이론이다. 금속주의 화폐시스템에서 통화는 상품 그 자체로 만들어지거나(상품화폐) 해당 상품으로 바꿀 수 있는 국가지폐와 같은 토큰을 사용하여 만들어질 수도 있다. 금속주의 경제이론에서 화폐가치는 그것이 화폐 역할을 하는 데에서 나오지 않고 그것을 이루는 재료의 시장가치에서 파생된다. 결국 그 돈의 가치는 그 돈을 구성하는 금속재료의 가치와 등가라는 주장이다. 이 용어는 독일의 경제학자 크나프 [Georg Friedrich Knapp]에 의해 은, 금 또는 다른 금속으로 주조된 화폐를 사용하는 화폐시스템을 설명하기 위해 만들어졌다.[182]

19세기 경제학자 카를 멩거 [Carl Menger]는 돈은 물물교환 비용을 줄이기 위해 시장에서 구매자와 판매자가 공통의 상품을 교환수단으로 합의했을 때 발생했다는 이론을 개진하였다.:

"어떤 상품들에 대해서는, 어떤 면들에서 덜 바람직한 상품들보다 더 크고 더 일정하며 더 유효한 수요가 있었다. 전자는 교역할 능력도 의사도 있는 자들의 욕구에 부응하는 것으로, 더 보편적이며 상대적 희소성에 의해서 항상 불완전하게 충족된다. 더구나, 자신의 재화와 교환하여 특정한 재화를 획득하는 자는 그런 이점을 갖지 않거나 최소한 같은 정도로 갖지 않는 그런 재화를 가지고 시장에 온 자들보다 이런 종류를 시장에 갖고 나가면 더 유리하다. 그런 이점을 갖고서 그는 그가 최종적으로 얻기를 바라는 재화들을, 더 쉽고 확실하게 그리고 그의 상품들에 대한 더 꾸준하고 더 많은 수요 덕분에 일반적 경제적 상황에 대응되는 가격 즉 경제 가격으로 얻을 가능성이 높다. 이러한 환경 하에서, 잘 팔릴 가능성이 적은 재화를 누군가가 시장에 가져온 왔을 때, 그가 염두에 둔 것은 그것을 그가 필요로 하는 것과 바꾸는 것이 아니라 자신은 원하지 않지만 자기 것보다 더 팔릴 가능성이 높은 다른 재화들과 교환하는 것이다. 그렇게 함으로써, 그는 그의 교역의 최종 목표 즉, 그 자신에게 필요한 재화를 획득하지는 못하지만, 그것에 더 가까이 가게 된다.

중간적 교환이라는 우회적 방법을 통해서, 그는 그가 직접적 교환에로만 자신을 국한시켰을 때보다 더 확실하고 경제적으로 그의 목적을 달성할 개연성을 높이게 된다."[183]

주류학설에 따르면 처음에는 자급자족 경제생활을 하다가 물물교환으로을 대체되었고 따라서 전문화(분업화)가 허용되어 효율성이 증대되었다. 이 과정에서 물물교환이 발생하는데 필요한 "욕구의 이중적 일치" 문제를 제거하기 위해서 교환수단으로서의 모종의 물체를 사용하면 효율성이 더욱 제고될 수 있다는 것이 발견되었다. 그러므로 돈은 이전에는 물물교환에 의존했던 시장 메커니즘을 매끄럽게 함으로써 교환을 용이하기 위해서 출현했다. 따라서 돈은 거래비용을 최소화하기 위해서 창조되었다고 정통학설은 가르친다. 더구나 "장터 물물교환"이 "고립된 물물교환"을 대체했는데, 한 거래를 마치는데 걸리는 시간 다위당 비용이 낮아지기 때문이었다. 그래서 돈과 시장의 발전으로 경제는 거래 비용이 최소인 최적 상태로 이동하였다.

물물교환에서 황소나 금 또는 은 같은 귀금속이 가장 많이 수요 되는 가치가 있는 물품이었기 때문에 결국에 교환수단이 되었다고 멩거는 주장한다. 그렇지만 역사적으로 물물교환에서 돈이 출현하거나 물물교환 경제의 단 하나의 실례도 발견된 적이 없다. 비슷하게, 계산 단위 돈을 준거하지 않고 직접적으로 재화들을 물물교환하기 위해 정기적으로 사람들이 모이는 시장들이 기록된 사례도 없다. 인류학자들은 돈이 사용되지 않는 곳에서 신용과 빚이 광범위하게 사용되고 있음을 관찰했다. 대부분의 그런 사회들에서, 만일 이웃이 당신의 소유물 중 어떤 것을 원하면, 보통 그것을 칭찬하기만 하면 충분하다. "얼마나 멋진 돼지인가!" 그러면 그 소유자는 즉각적으로 그것을 넘겨주면서 이것은 선물이라고 완고하게 주장하고, 대가로 절대로 다른 것을 원하지 않는다고 말한다. 사실상 그 수령인은 그에게 신세를 진 것이다.

그와는 대조적으로 물물교환은 낯선 자들 사이에, 서로에게 도덕적인 관계가 없는 사람들 사이에서 전형적으로 일어난다. 거의 모든 유럽언어에서 truck과 barter라는 단어들은 원래 '사취하다, 사기 치다 또는 바가지를 씌우다 '를 의미했다. 물물교환은 서로 간에 다시는 절대로 만날 가능성이 없는 사람들 간의 우연한 상호 작용의 형태를 띨 수도 있다 화폐가 없는 경제들에서 낯선 자들 사이에서의 지속적인 거래 관계가 있다면, 그것은 거래 쌍방이 그들이 얻기를 원하는 특정 제품을 상대측이 갖고 있다는 것을 알고 있기 때문이다. 그런 경우에 '욕구의 이중적 일치' 문제는 없다. 그런 경우에는 그 당사자들은 거래를 용이하게 하기 위헌 유통 교환수단(돈)의 필요성을 느끼지 않는다. 그런 거래에서는 통상적으로 수요와 공급의 변덕스럽게 변동하지 않기 때문에 상대적으로 고정된 전통적인 등가물 시스템의 창조로 이끈다.[184]

그리고 물물교환에서 귀금속 돈이 출현했다는 이론에는 해결하기 관란한 문제점들이 있다.

1) 가공되지 않은 귀금속은 그 가치를 알기가 아주 어렵다.
2) 가공되어도, 보석상에게 가도 그 입증 비용은 상당히 비싸다. 그 보석상이 거짓말 할 수도 있고, 더구나 그 보석상이 그 가치를 올바르

게 추정한다는 보장도 없다 그런데 돈은 그 입증 비용이 낮을 경우에만 돈으로 작용할 수 있다. 그런데, 주화 위에 그 질을 보증하는 낙인이 찍혀 있으면, 그 입증 비용은 극적으로 낮아진다.

이러한 이유 때문에, 금속주의자들은 귀금속의 특성 및 주조 기술 발달에 힘입어 민간부문이 금속 화폐시스템을 진화시킬 수 있었다고 주장한다. 그러나, 이것은 역사적 사실과는 일치하지 않는다. 사실상 거의 대부분의 경우에 조폐는 정부나 공공기관이 담당했다. 설령 민간부문이 조폐를 하는 경우에도, 정부는 정밀도 기준을 정하고 지대를 받아갔다.

여기에는 본질적인 이유가 있다.

1) 주전소[鑄錢所]에는 귀금속 재고가 있어야 하는데 그러면 그곳은 도둑이나 도적의 호시탐탐 노리는 곳이 된다. 그래서 보호가 필요한데, 그 보호자는 그 지대를 가져간다.
2) 주조된 주화에 포함된 귀금속의 진짜 가치를 입증하는 비용이 크다. 주전사업자는 그 주화의 질이 언제나 유지된다고 주장할 것이지만, 빠르고 즉각적인 이윤을 취하기 위해서 금속 물 타기를 할 강력한 인센티브가 항상 존재한다. 그래서 강력한 정부가 존재하면, 주화의 질이 일정하게 유지되고, 반면에 약한 정부가 들어서면, 그 질은 하락한다.[185]

거시경제학에서, 증표주의(Chartalism)는 물물교환의 문제에 대한 자발적인 해결책으로 돈이 기원한 것이 아니라 국가가 경제활동을 유도하려는 시도나 부채를 토큰화하는 수단으로서 돈이 기원했다고 주장하는 화폐이론이다. 증표주의는 경제활동에 대해서 국가가 발행하는 통화로 지불해야 하는 세금을 부과할 수 있는 주권자의 힘으로 인해 불환화폐는 가치를 갖는다고 본다. 독일의 경제학자인 게오르그 프리드리히 크나프(Georg Friedrich Knapp)는 1905년에 독일어로 출판되었고 1924년에 영어로 번역된 자신의 《화폐국정설(State Theory of Money)》에서 "증표주의chartalism"라는 용어를 조어했다. 이 이름은 토큰 또는 티켓이라는 뜻의 라틴어 charta에서 유래한다. 크나프는 "돈은 상품이 아니라 법의 창조물"이라고 주장했다. 크나프는 당대에 금본위제에 구현된 "금속주의"를 그의 화폐국정설과 비교했는데 금속주의에서는 화폐의 가치는 그것이 포함하거나 그것과 교환될 수 있는 귀금속의 양에 의존한다. 반면에 그는 돈이란 국가가 "공공 수납기관[收納機關]에서 받아들이는 것"이라는 기준을 주장했고 국가가 순수한 지폐를 법화로 인정하면 교환수단으로 만들 수 있다고 주장했다.[186]

아담스미스도 그의 유명한 《국부론》에서 증표주의를 지지하는 것으로 보이는 주장을 했다. 물론 그는 물물교환의 불편함 때문에 돈이 기원했다고 주장했지만.:

"특정 종류의 지폐로 일정 금액의 세금을 납부해야한다고 제정하는 왕은 최종 지불과 상환 조건이 그 왕의 의지에 모두 의존해야 한다고 할지라도 이 지폐에 일정한 가치를 부여 할 수 있다 군주의 이 지폐를 발행한 은행이 이 금액을 항상 이 방식으로 쉽게 사용할 수 있는 금액보다 약간 적게 유지한다면 그것에 대한 수요는 심지어 프리미엄을 받거나 뒷받침된 금이나 은의 양보다 시장에서 약간 더 비싼 값에 팔릴 수 있게 만들 수 있을 것이다."[187]

증표주의는 돈은 공공부문에서 기원했을 것이라고 본다. 그 본성상 돈은 특정한 종류의 사회적 관계 즉 채권채무 관계이다. 증표주의에서 돈은 우선적으로 그리고 그 무엇보다도 추상적인 계산단위로 기능하고, 그 다음에 그것은 지불 및 빚 결제 수단으로 사용된다. 금, 은, 지폐 같은 교환수단으로 쓰이는 사물들은 국가가 관리하는 계산단위를 표현하는 매체에 불과하다. 그러므로 교환수단으로서의 돈의 기능은 계산단위와 지불수단의 기능에 따르는 부차적이고 우연적인 기능일 따름이다. 계산 화폐는 시장 교환보다 논리적으로 우선하고 역사적으로도 선행한다. 돈은 특정한 국가 권력들의 맥락에서 존재한다. 그 중 가장 본질적인 두 개의 국가 권력들은 a) 백성들에게 세금을 징수할 권력 b) 징세시에 무엇을 받아들일 것인지를 선언할 권력이다. 그러므로, 국가는 국가에 대한 빚 즉 세금을 말소시키기 위해서 수납기관에서 받아들일 것을 선언할 수 있고 그것이 곧 돈으로서 기능한다. 이 경우에 과세의 목적은 정부 지출 자금을 얻기 위한 것이 아니라 그 통화에 대한 수요를 창조하기 위한 것이다–그래서 "세금 구동 돈"이라는 용어가 나왔다.[188]

증표주의 관점에서 돈의 가치는 그 어떠한 귀금속 또는 그것에 의해서 뒷받침되는 것에 의해서가 아니라 그 돈을 발행하는 권부 당국의 권력에 기초한다. 그래서 돈의 진화와 사용에서 국가가 중심적 역할을 했을 것이다. 돈은 물물교환에서의 거래비용을 감소시키기 위해서 진화된 것이 아니라, 국가가 지출하고 과세할 때에도 화폐를 통하여 지출하고 납세하게 만들어서 자원들을 통어하는 권한을 증대시키려는 국가의 필요에 의해서 돈이 창조되었다고 본다. 국가는 그 국가 자신의 통화로 납부할 수 있는 세금을 강요하기만 하면 된다. 국가는 그 의무를 측정하는데 쓰이는 일반화된 사회적 계산단위의 형태로 신민에게 부채를 부과한다. 관청들이 그런 의무들을 징수할 수 있게 되면, 바칠 수 있는 것들을 공표함으로써 이 의무를 완수하는 것이 무엇인지 명시할 수 있다. 국가가 그 계산단위를 선택하고, 자신에 대한 의무를 갚을 때 받아들이는 사물(돈-사물)을 지명하고, 자신이 받아들이는 돈-사물을 발행한다. 실제로 수천 년 동안 정부들은 화폐-채무의 형태로 이 의무들을 부과해 왔다. 원래 돈은 일정한 수의 밀이나 보리에 의해서 대표되는 계산단위로써 나타내어졌다. 사실상 모든 초기 돈 단위들은 곡물 중량 단위들-미나, 쉐켈, 리라, 파운드-였다. 일단 정부가 세금 의무를 부과하면, 그 백성들은 국가가 받아들일 것을 얻어야 한다. 그것은 점토판, 개암나무 탤리, 또는 귀금속 주화들 같이 국가가 수납하는 것이면 아무 것이나 될 수 있다.

국가는 돈을 지출하면 일종의 채무자가 된다. 정부의 IOU는 종이에 인쇄되든 금화에 인쇄되든, 그것은 언제나 채무증서일 뿐이다. 신용의 본성은 발행자는 자신의 IOU를 받아들여야 한다는 것이다. 국가 IOU도 마찬가지이다. 신민은 국가에게 진 빚(세금)을 납부할 때 국가의 IOU 즉 돈을 다시 채권자인 국가에게 돌려줄 수 있다. 돈은 국가의 IOU이고, 세금이란 형태로 국가에게 빚을 진 백성은 국가의 IOU 인 돈을 납세할 때 사용할 수 있다. 국가는 돈을 지출할 때에는 일종의 채무자이지만, 과세할 때에는 백성에 대해서 채권자가 된다.

증표주의에서는 돈은 돈 이전의 시장에서 진화한 것이 아니라 고대의 피해보상(wergild) 관행에 기초한 "형벌 시스템"과 종교의식에서 진화했다고 본다. 유럽의 역사 대부분에 걸쳐, 국가가 발행한 돈-서물은 참나무 탤리 막대기였다; 다른 돈-물건에는 점토판, 가죽, 비금속주화 및 종이 증명서 등이 있었다. 사람들은 본질적 가치가 없는 막대기, 점토, 비금속 [base metal, 卑金屬], 가죽 또는 종이를 받아들인 이유는 그것들은 정부에 납세하거나 정부에 진 빚을 갚을 때 정부가 받아들이겠다는 국가의 IOU(채무증서)이기 때문이다.[189]

기원전 7세기에 그리스에서 전리품 분배와 공동 희생 제사 고기 분배 사이의 갈등은 재산 소유에서의 불평등과 함께 커졌고 이때에 주화가 등장하였다. 당시 엘리트들은 주연과 네트워크를 통해서 지배력을 다지고 있었지만 폴리스가 이에 맞설 수 있는 힘이 생기자 주화가 등장하였다. 동시에 아고라 및 주화의 사용으로 선물교환의 위계질서가 전복되었고, 도시 관리들에 대한 납세 및 정기적 지불로 인해서 엘리트들 사이의 선물과 우애에 전통적으로 의존했던 "자연적" 질서가 도전받았다. 고대 그리스에서 엘리트들은 위계적 선물교환에서 귀금속을 사용했고 따라서 귀금속을 중히 여겼다. 주화들은 도시의 권한을 나타내는 토큰에 불과하므로, 그것들은 다른 재료로도 얼마든지 주조될 수 있었을 것이다. 그렇지만, 귀족들은 사람의 가치를 그가 축적한 귀금속의 양과 질에 의해서 측정했기 때문에 폴리스는 일정한 순도의 고품질의 주화를 생산하여 그에 대항하였다. 폴리스의 시민들은 고품질의 제일적인 주화와 연관됨으로써 귀족들과 동등한 지위를 획득했다. 주화는 표준적인 가치척도를 제공함으로써, 노동들을 비교할 수 있게 해주었고 따라서 돈으로 모든 사람은 대등한 관계에서 등가교환을 하게 해준 평등주의적 혁신이었다. 주화는 거래비용을 최소화하는 발명이 아니라 선물교환으로 위계를 보존하려는 엘리트들과 자신의 주권을 주장하는 민주적 폴리스 간의 특정한 시기에 특정한 장소에서 나타난 투쟁의 산물이었다. 본질적 가치가 높기 때문에 귀금속이 주화의 재료로 선택받은 것이 아니라 위계질서에서 귀금속이 한 특별한 역할 때문에 주화로 선택되었다. 귀금속 주화들은 국가 토큰의 한 종류일 뿐으로서, 그것들의 기원은 기원전 7세기 말에 발생한 특정한 사회적 소요로 추적할 수 있다.

그래서 주화는 귀금속에 대한 엘리트들의 독점에 정면으로 도전하여 귀금속을 주화로 만듦으로써 그 독점을 타파하고, 폴리스는 선물교환에서 가장 귀중하게 여겨지는 귀금속을 평민들에게 광범위하게 유포시켜 그 희소가치를 무력화시키고, 귀금속에 낙인을 찍음으로써 대내외적으로 자신의 궁극적 권한을 널리 선언하였다. 주화는 도시 자체가 내부 엘리트들의 주장들에 대항하여 자기 자신을 최종 권력으로 구성하는 많은 제도들 중의 하나였다.. 폴리스는 주화로써 지불하고 받을 때에도 주화로 받으면서, 아고라에서의 소매 거래에 자신의 주권을 주장하였다. 세계의 다른 경제들에서는 주화가 중요한 역할을 하지 못한 것은 이런 특정한 지역의 특정한 시기의 특수한 사회적 상황에서 주화가 생겨났기 때문이었다.[190]

도장에서 주화로

도장을 점토 위에 찍는 관습은 이미 기원전 4000년대에 재화들을 상징하고 보호하기 위해서 수많은 도장들이 적힌 데에서 알 수 있다. 소유를 나타내기 위해서도 도장이 쓰였으며 더 나중에는 문자의 발달로 도장들은 영수증, 매매계약, 지시, 편지 및 조약들에도 쓰였다.

도장은 그 소유자의 정체성, 마법적인 힘, 왕명의 전달에서의 중요성을 구현한다. 그 반지도장은 그것 속에 구현된 마법적인 힘의 비가시성 특히 왕의 보이지 않는 힘을 표현한다. 도장 속에 구현된 힘으로 기게스는 왕권을 찬탈하였다.

도장 표식과 주화 표식에는 -본질적인 사회적 기능에서 차이점이 있다. 도장 표식은 구체적인 한 사람을 구현하는 것으로서, 그 사람과 낙인찍힌 것과 동일한 것으로 보이게 함으로써 소유권, 힘 또는 권위를 나타낸다. 반면에 주화는 그 어떠한 사람과도 동일시되지 않는다. 고대 및 고전기에 그리스 도시국가들의 주화-마크에 의해 나타내어지는 자들은 거의 언제나 신 아니면 전설적인 영웅들이었다. 그리고 주화에 지배자의 두상이 새겨진 후에도, 주화는 그 소유자가 통제했지 지배자의 것은 아니었다. 주화는 한 사람에게서 다른 사람으로 넘어가면서 문란하게 순환한다. 도장 표식은 그 도장소유자의 힘을 구현하는 것이고, 주화 표식은 그 주화의 주조자와는 아무런 관계가 없다. 도장 마크는 그 소유자의 정체성, 또는 힘 또는 권위를 구현함으로써만 소유권의 표시 또는 재화의 영수증으로 기능한다. 그것은 그 소유자를 대신한다. 반면에 주화 마크는 단지 하나의 표시일 뿐 개인적 또는 신적인 힘을 구현하는 것이 아니라 금속 속에 구현된 하나의 순수한 형태로서 그 금속은 단지 하나의 질료에서 진짜 주화가 된다.

주화 마크는 그 소유자의 힘을 나타내지도 않고, 그 주화의 본질적 가치도 나타내지 않는다, 왜냐하면 그리스 주화는 그 본질적 가치와 그 사회적 가치에서 차이가 나는 것이 그 특징이기 때문이다. 주화는 질료(귀금속)와 형태(마크)의 결합으로서 사용가치가 없는 순전히 교환가치만을 갖기 때문에 주화가 된다. 주화는 그 질료가 아니라 그 위에 찍혀진 낙인 그 형태 대문에 가치를 얻는다. 주화는 추상적인 균질적인 가치의 물리적 구현이다.. 도장 표식은 지배자의 보이지 않는 현존을, 주화 표식은 금속의 보이지 않는 이상적 가치를 구현한다.

주화–마크는 기원전 6세기에 그리스 도시 국가들 곳곳으로 급속하게 퍼지면서 화폐경제의 발달을 촉진하였다. 재화와 용역들은 중앙기관에 의한 강제 징수와 재분배가 아니라 시장 거래, 분산화된 수많은 교환들에 의해서 생산과 분배가 수행되었다. 이 분산된 교환행위들은 관료적 통제가 아니라 똑같은 범용 화폐의 사용에 의해 수행되었다.

04

주화 사용이 그리스 사회에 미친 충격: 철학과 비극

주화는 기원전 7세기 말엽에 리디아에서 나타났다. 리디아(현재의 서부 터키)에서는 호박금이 풍부했다. 그러나 주화는 리디아 서부 해안에 있는 그리스 도시국가들의 일상생활에서 처음으로 사용되었다. 리디아 왕국은 그리스인 용병들에게 지급하기 위해서 풍부한 호박을 사용했을 것이라는 이론이 유력하다. 호박 조각 각자는 상이한 비율의 금과 은의 혼합 (따라서 상이한 금속 가치)을 갖고 있었지만, 그것들에 '이것은 X 만큼 가치가 있다'는 표식을 하면 똑같은 가치를 갖는 수많은 주화가 만들어질 수 있었다. 그러므로 처음부터 주화의 관습적 가치는 그것의 금속의 가치와는 달랐다. 주화는 기원전 7세기 말경에 발명되었지만 그것이 광범위하게 사용된 곳은 기원전 6세기 초부터 그리스 도시국가에 급속히 퍼진 후부터였다. 그리스 도시국가들에서 주화의 통용은 새로운 종류의 사회와 새로운 방식의 시고에 있어서 중심적인 요인이었다. 세계문화에서 그리스인들의 중추적인 위치는 기원전 6세기에 중국을 제외하고는 폴리스들이 역사상 처음으로 돈이 널리 쓰인 곳이라는 사실에서 비롯된다고 리차드 시포드(Richard Seaford)는 주장한다.

민주주의는 아테네에서 주화가 도입된 지 1세대 후에 나타났다. 돈으로 거래할 때 거래 당사자들은 평등한 관계가 된다. 그들은 등가교환을 한다. 득이 될 때에만 거래가 성사된다. 이러한 평등주의적 효과들 외에도 주화는 개인적 자립을 촉진시켰다. 그것은 호혜에 기초한 수직적 후견 관계를 해체하는 경향이 있었다. 이것이 민주주의의 전제조건이었다. 더구나 돈은 중앙집권적으로 공급되었고 그것은 모든 사람들이 감시할 수 있었고 단순했다. 돈이 널리 퍼지자 처음에는 참주정이 등장했지만 그 다음에는 민중(demos)이 돈의 공급 통제권을 찬탈했으며 그것은 민주주의에 필수적으로 남았다. 많은 도시국가들은 자신의 주화를 주조했으며 그래서 민주주의에 대한 잠재력이 있었다. 그러나 아테네는 특별한 경우였다. 거의 유일하게 아테네는 자신의 은 공급지를 갖고 있었다. 아테네는 기원전 6세기 말까지만 해도 문화적으로 별 볼일 없었다. 그 때 즈음에 아테네는 주화를 대량으로 생산하기 시작했고, 남동 아티카에서 은을 채굴하기 시작했다. 아마 이것이 아테네가 정치, 문화 및 과학적으로 발전하여 '서구문명의 발상지'가 된 이유 중의 하나일 것이다.

이 새롭고 혁명적인 돈이라는 현상은 기원전 6세기 그리스의 철학과 비극이라는 두 가지 위대한 발명을 뒷받침하고 자극했다. 비인격적 시스템으로서의 우주라는 관념이라는 의미에서 "철학"은 최초의 화폐사회 즉 기원전 6세기 초 이오니아에서, 그리고 더 구체적으로 상업 센터인 밀레토스(Miletos)에서 처음으로 생겨났다. 그들은 돈이라는 사회적 구성물의 특징을 자연과 우주에 적용했다. 보편적인 힘은 인격적인 것이 아니라 비인격적이고 근본적이며 반-추상적인 실체라는 관념은 이오니아 학파의 우주론 철학에서 공통적으로 뚜렷하게 나타난다.

그러나 돈과 비극의 관계도 그에 못지않게 두드러진다. 비극은 아테네에 주화가 도입된 직후에 만들어졌다. 이것은 비극에 관한 가장 중요한 사실 중 하나이다. 희랍신화는 상당부분 주화 이전부터 있었지만, 비극은 돈의 힘이 널리 퍼진 곳에서 형성되었다. 비극적 폭군(예를 들어, 오이디푸스)들은 돈에 집착했다. 돈의 완전히 새로운 특징은 그것을 소유하면 원리상 화폐 이전의 사회과계의 모든 형태들-호혜, 재분배, 친족관계, 의례 등을 불필요한 것으로 만든다는 것이다. 돈으로 모든 필요를 채울 수 있다. 돈은 균질하고 비인격적이었고, 추상적이면서 구체적이었고, 그 자체가 목적이자 보편적인 목표를 위한 수단이었다. 그것은 다른 모든 것과는 달랐다. 그것에 관한 가장 심란하게 하는 점은, 적어도 원리상으로는, 폭력, 상호주의, 재분배, 혈연관계, 의례 등, 화폐 이전의 다른 모든 사회적 관계의 형태로부터 벗어나서 마음대로 모든 것을 구매할 수 있다는 인식이었다.

그리스의 비극은 고대 그리스와 소아시아의 연극의 한 형태이다. 그것은 디오니소스 제례에서 야외의 극장에서 실연되는 가면극이었다. 그것은 기원전 5세기에 아테네에서 가장 중요한 형태를 갖추게 되었다. 그 작품들은 때때로 아티카 비극으로 불린다. 그리스 비극은 디오니소스를 기리며 수행되는 고대 의식이 진화한 것으로 알려져 있으며 고대 로마와 르네상스 시대의 극장에 크게 영향을 미쳤다. 비극의 플롯은 구술 서사시의 구전 전통에서 비롯된 신화에 근거한 경우가 많다. 그러나 비극에서는 이러한 서사가 배우들에 의해 제시되었다. 가장 유명한 그리스 비극작가는 아이스킬로스(Aeschylus), 소포클레스(Sophocles) 및 에우리피데스(Euripides)이다.

아리스토텔레스는 《시학》에서 처음에는 비극이 "디오니소스 사튀르 코러스를 이끄는 사람들에 의한" 즉흥적인 임기응변이었다고 썼다. 즉 비극은 디오니소스를 경배하는 댄스와 함께 불려지던 고대 그리스의 코러스(chorus) 공연(디티람 dithyramb: 디오니소스를 찬양하는 열광적인 코러스 노래)에서 진화했다고 한다. τράγος "염소"와 ᾠδή "노래"에서 파생된 τραγῳδία라는 용어는 "염소의 노래"를 의미하며 이는 사튀르(Satyre, 반인반수의 색광 괴물)의 합창을 가리킨다. 다른 사람들은 이 용어가 전설상의 테스피스(Thespis)가 염소 상을 얻기 위한 최초의 비극 경연에서 사용한 것에서 기원했다고 주장한다.

이것은 사튀르극의 요소들을 포함하고 있었기 때문에 짧고 가락은 형편없었다. 점차적으로, 언어는 더 진지해지고 운률은 장단격 테트라메터(trochaic tetrameter)에서 더 신나는 약강 운률(iambic trimeter)로 바뀌었다. 헤로도토스는 《역사》에서 서정시인인 아리온(Arion)이 디티람의 발명가라고 불렀다. 디오니소스 합창 디티람(dithyramb)은 원래 즉흥 연주되었지만 나중에 공연 전에 명문화 되었다. 최대 50명의 남성과 소년으로 구성된 그리스 합창단은 디오니소스 생애의 어떤 사건과 관련하여 아마도 고대 그리스의 관악기인 아울로스:aulos)를 동반 연주하여 원를 그리면서 춤을 추며 노래를 불렀을 것이다.

학자들은 디오니소스 코러스가 비극으로 변하는 방식에 대해 여러 가지 제안을 했다. 누군가 아마도 테스피스가 시 낭송과 합창을 결합하기로 결정했을 것이다. 비극이 발전하면서 배우들이 서로 더 많이 상호작용하기 시작했고 코러스의 역할은 더 작아졌다.

고대 그리스극은 BC 6세기에 테스피스가 음유시인들처럼 신화의 이야기를 암송하며 노래하는 대신에, 처음으로 그 이야기에 등장하는 캐릭터들을 흉내 내며 연기한 것에서 비롯되었다고 한다. 그는 BC 534년에 각기 다른 캐릭터를 혼자서 다른 마스크를 써가며 연기하면서 희랍비극이 시작되었다고 전해 내려온다. 기원전 534에 아테네의 참주(僭主) 페이시스트라토스(Peisistratus)가 설립한 디오니소스 축제 중에 행하여진 최초로 기록된 비극 콘테스트에서 테스피스는 최초의 우승자였다. 그의 비극 중에서 합창은 여전히 디오니소스 마스크를 쓴 사람들이 했고, 아리스토텔레스에 따르면, 그는 극 경연에서 우승한 첫 번째 선수이자 자신이 아니라 배우로서 연기한 최초의 배우였다.[191]

돈은 자기 자신을 증식시키는 힘을 갖고 있다. 그리고 그것은 약탈적인 고립을 조장하는 경향이 있다. 그러므로 신으로부터 그리고 심지어 살해를 통하여 가장 가까운 친족으로부터 개인이 극단적적으로 고립되는 데에 대한 많은 아테네의 비극들은 초점을 맞춘다. 문학에 있어서 이것은 전례가 없다. 돈이 사회 전반에 침투되기 전에는 이런 현상은 거의 없었다. 역사, 철학 및 비극 텍스트들에서 이러한 돈이 주는 독립과 자립의 가능성에 관한 이야기는 특징적으로 자신의 친족을 죽이고, 신성을 위반하며 권력의 수단으로 돈을 많이 염두에 두고 있는 폭군(turannos)의 모습에 구현된다. 폭군들은 권력의 수단으로서의 돈에 매몰되어서, 성스러운 것을 위반하고 살인을 저지른다.

아이스킬로스의 《테베의 일곱 장수》에서 오이디푸스 왕의 아들들은 상속재산을 놓고 다투면서 서로를 죽인다. 이것은 자기이익(kerdos) 즉 상속재산이 그것을 위해 죽을 가치가 있다는 것을 의미한다. 자기이득은 명예보다 더 강력한 욕망이 되었다. 그래서 여기에 신들과 근친으로부터 완전히 멀어져 있는 전형적인 비극적인 개인이 나타난다. 화폐 이전 신화의 신비스럽고 무시무시한 힘인 저주는 자기보존의 본능보다 더 강력해진 개인의 이익을 위한 무한정한 열정이라는 새로운 불가사의하고 무서운 힘을 표현하기 위해 채택되었다.

돈은 너무 바람직하고 강력해서 어떤 사람들은 그것을 위해 무엇이든 할 것이다. 더욱이 그것의 축적이나 그것을 축적하려는 욕망에는 제한이 없다. 이 모든 것은 우리에게 친숙하지만 그리스인에게는 완전히 새로운 것이었다. 돈은 달랐다. 그것은 개인을 고립시키고 그것의 축적에는 한계가 없다. 돈은 개인의 고립을 촉진하고 조장한다. 그래서 혼인을 통한 다른 가문들과의 동맹을 추구할 필요가 감소되었을 것이다. 이것은 다시 내혼제[內婚制]를 증가시켰을 것인데, 그것은 부를 가족 내에 지키는 이점이 있기 때문이다. 그렇지만 호소할 수 있는 친족이 없기 때문에 부인의 상황은 곤란해진다, 주위에는 온통 남편의 친족만 있다.. 아내들은 친족과 친지로부터 고립되었고 그래서 아테네 폴리스에는 부인을 보호하기 위한 입법들이 생겨났다, 아내들의 고립은 아이스킬로스의 「탄원하는 여인들」의 중심 이슈였다. 다른 비극들이 근친상간에 초점을 맞춘 것도 혼인에 대한 돈의 영향에 대한 반작용이었다. 예를 들면 소포클레스의 《제왕 오이디푸스 (Oedipus Tyrannus)》는 근친상간을 자립적인 돈의 축적과 연관시킨다. 개념적 수준에서, 돈과 재화의 관계에서 심대하게 영향을 받은 그리스 형이상학은 예를 들어 플라톤의 티마

이오스[Timaios]에서 (존재론적으로 열등한) 무지한 물질은 여성과 연관되고 (존재론적으로 우등한) 추상적 형태는 남성과 연관된다는 의미에서 성차별적이다.[192]

돈의 가장 독특한 특이성은 그것이 무한정이라는 것이었다. 예를 들어, 리차드 시포드는 아리스토파네스의 마지막 연극인 《복신(Wealth)》을 인용한다. 전 희곡은 돈이 평준화하는 힘을 중심으로 돌아가지만, 핵심적인 문구는 다음과 같다. "사람은 섹스, 빵, 또는 음악 또는 명예, 케이크 또는 남자다움 등등은 충분히 가질 수 있는 반면 돈은 다르다. 누군가가 13달란트[talent]를 얻어도, 그는 열심히 16달란트를 얻으려고 하고, 그가 16달란트를 얻는다 해도 그는 40달란트를 얻지 않는 한 인생은 견딜 수 없다고 맹세한다."

리차드 시포드 교수에 따르면 고전시대의 그리스인들은 돈의 잠재적으로 무제한적인 작용범위와 힘에 대해 염려하고 있었다. 그래서 이런 불안으로 인해서 특히 형이상학과 윤리에서는 무한한 것을 제한하려고 했다. 예를 들어 필레보스(Philebus)에서 플라톤은 한계가 무한계를 통제해야하며, 한계의 도입은 무수한 영역, 특히 건강과 음악에서 안전을 가져온다고 명시한다. 아리스토텔레스는 《니코마코스윤리학》에서 "피타고라스 인들이 추측했듯이 무한한 것은 나쁘다"며 "한계가 있는 것이 선한 것이다"고 말한다. 이것은 고대 전반에 걸쳐 널리 알려진 피타고라스와 플라톤주의 철학에서 지속되었다.

그러나 이 그리스의 사상은 철학적 텍스트에만 국한되지 않는다. 아이스킬로스의 《오레스테스 3부작(Oresteia)》가 말하고자 했던 요지는 잠재적으로 무제한적인 복수의 순환과 잠재적으로 무한한 부의 축적의 한계를 포함하여 다양한 면에서 무한한 것에 대한 한계의 승리라는 것이었다.. 고대 그리스인들 중에 한계 문화라는 것이 있었지만 그와는 반대로 현대 문화는 경제, 형이상학, 개념 등 다양한 분야에서 한계에 대한 적개심을 특징으로 한다고 시포드는 말한다.[193]

돈의 특성과 초기 그리스 사상

돈은 제일(齊一)적이며 비인격적이며 보편적 목적이자 보편적인 수단이다. 돈은 한계를 모르고 무한정 증식할 수 있다. 또한 돈은 대립적인 것들을 하나로 결합시킬 수 있다. 주화는 그 재료는 구체적이지만 주화의 표시가 나타내는 것은 추상적이다. 이러한 돈의 독특하고 고유한 특성은 그 어떠한 다른 물건과도 달랐다. 돈의 광범위한 유통은 초기 그리스의 사회, 문화, 경제 사상 곳곳에 심대한 충격을 주었다. 돈은 새로운 사회적 현실이었고 그것은 강력한 힘으로 사회 곳곳에 충격을 주었다, 돈은 기존의 사회적 관계들에 격변을 일으켰다. 이러한 돈의 특성들이 초기 그리스 사상에 미친 영향들을 자세히 살펴보자. 아래의 논의는 리차드 시포드의 《돈과 초기 그리스 정신》에서 주로 빌려왔다.[194]

1) 돈은 균일[均一]하다.

B.C. 9세기의 그리스 시인.호메로스(호머 Homer)의 영웅시대에 물건들은 귀하고 고유했기 때문에 가치가 있었다. 그리스 신화의 불과 대장장이 신 헤파이스토스[Hephaistos]의 그릇, 오디세우스의 활, 황금 양털 등은 그 독특함과 고유함에서 그 힘이 오지만, 돈은 교환되는 상품들이 추상적으로 동질적인 등가라는 사실에서 힘을 얻는다. 돈의 제일성은

주화에서 완성된다.

BC 525/4년경에 아테네 인근 엘레우시스에서 귀족 가문의 아들로 태어난 그리스의 비극 작가인 아이스킬로스(BC 525?~456?)는 20대 중반인 BC 499년에 처음 비극 경연에 참석한 이래, 모두 합쳐 13회나 우승했다. 첫 우승은 40대였던 BC 484년에 차지했고, 마지막 우승은 60대였던 BC 458년에 '오레스테스 3부작'으로 차지했다. 그는 '비극의 아버지'로 불린다. 아이스킬로스는 비극의 기본 규칙을 제정했다. 그는 3부작의 창시자라고 믿어진다. 3부작이란 하나의 긴 이야기를 이어진 3부로 얘기하는 비극이다. 그는 또한 두 번째 배우를 도입하여서 갈등을 극적으로 만들었다. 이이스킬로스 전의 비극에는 코러스의 제안에만 반응할 수 있는 한 명의 배우만 있었다. 두 번째 배우를 추가함으로써 아이스킬로스는 음모와 갈등을 보여줄 수 있었다.그는 코러스가 차지하는 비중을 줄이고 극적 대화의 중요성을 높였다. 합창단은 배우들이 연기하는 연극 활동에 대한 분위기를 언급하거나, 경고하거나, 설정하는 등 보조 역할을 맡게 되었다. 3부작은 일출에서 일몰까지 온종일 연기되었다. 극의 종말에서, 아마도 비극의 사건에 의해 침울하게 된 대중의 기분을 풀려고 사튀로스극이 연출되었다.

아이스킬로스의 작품에서, 초기의 작품들과 후기의 작품들을 비교하면 비극의 적절한 요소들-대화, 대조, 그리고 극적인 효과-이 진화하고 풍부해 진 것을 식별할 수 있다.: 이것은 아마도 고령의 아이스킬로스가 젊은 극작가들과 경쟁해야 했기 때문이었을 것이다. 특히 젊은 소포클레스는 세 번째 배우를 도입했고 더 복잡한 플롯을 구성했으며 관객이 자신들과 동일시할 수 있는 더 인간적인 등장인물들을 개발했기 때문이었다.

이른바 '오레스테스 3부작'은 아이스킬로스의 가장 유명한 작품이자, 그리스 3부작 비극 중에서는 유일하게 거의 완전한 형태로 전해지는 작품이다. 그것은 [아가멤논], [제주를 바치는 여인들(코에포로이)], 그리고 [자비로운 여신들]로 이루어진다. 이 작품은 트로이 전쟁의 주역 가운데 하나인 그리스군의 총사령관 아가멤논의 죽음, 그리고 그의 아들 오레스테스의 복수를 둘러싼 이야기가 소재다. 미케네의 왕 아트레우스는 동생 티에스테스와 불화하게 되고 화가 난 그는 조카들을 죽여서 자기 동생에게 먹이는 천인공노할 만행을 저지른 대가로 대대로 저주를 받는 신세가 된다.

아트레우스의 아들인 아가멤논은 트로이 전쟁 당시 그리스 군의 총사령관 자격으로 병력을 이끌고 전장으로 향한다. 중도에 그는 실수로 아르테미스 여신의 분노를 사고, 여신을 달래기 위해 아가멤논은 신탁의 지시대로 딸 이피게네이아를 데려다가 산 제물로 바쳐서 여신을 진정시키고 바람을 불게 한다. 친딸의 목숨을 버린 남편의 행위에 격분한 그의 부인 클리타임네스트라는 이에 대한 복수를 계획하고, 아이기스토스와 밀통하며 남편을 없애려는 흉계를 꾸민다.

[아가멤논]에서 트로이 전쟁을 마치고 고향으로 돌아온 아가멤논이 포로인 예언자 카산드라를 데리고 궁전에 도착하지만, 그는 어이없게도 목욕 도중에 아내의 손에 의해 카산드라와 함께 피살된다. 곧이어 아이기스토스가 미케네의 새로운 지배자가 된다. 클리타임네스트라와 함께 권력을 찬탈한 아이기스토스는 "나는 이 남자(아가멤논)의 돈(chremata)를 통해서 시민들을 다스리겠다."고 말한다. 이제 왕가의 힘은 신화의 부적 같은 물건. 신이 부여한 유일무이한 지배 권력을 구현한 물체에서 나오는 것

이 아니라 상대적으로 새로운 돈의 힘, 동질적인 힘으로부터 나온다.

돈은 균일하기 때문에 거의 모든 것들과 교환될 수 있다 아리스토텔레스는 『니코마코스 윤리학』에서 “통화는 재화들을 공통적으로 측정할 수 있게 만들어 그것들을 같게 만드는 척도로 작용한다”라고 말한다.[195]

천지창조부터 율리우스 카이사르가 신이 되는 과정까지를 그린 서사시 〈변신 이야기(Metamorphoseon Libri)〉(AD 8)에서 오비디우스는 소아시아 지역의 프리기아의 왕인 미다스의 신화를 전한다.

어느 날 디오니소스는 그의 오래된 스승이자 수양부인 실레노스(Silenus)가 실종되었다는 사실을 발견했다. 늙은 살레노스는 와인을 마시고 술에 취해 떠돌아다니던 프리기아 농부들에 의해 발견되었다. 그들은 그를 미다스 왕에게 실어왔다. 미다스는 그를 알아보고 친절하게 대했다. 미다스는 10일 밤낮으로 그를 극진하게 대접했다. 열흘 째, 그는 실레누스를 리디아의 디오니소스에게로 데려왔다. 디오니소스는 미다스에게 그가 원하는 모든 보상을 들어주겠다고 했고. 미다스는 그가 만지는 것은 무엇이든 금으로 바꾸어주라고 요청했다. 디오니소스는 그 요청을 들어주었고 미다스는 새로운 힘에 기뻐서 서둘러서 이것저것 만져보았다. 참나무 나뭇가지든 돌이든 궁정 정원의 장미 꽃밭에 있는 장미든 만지는 것은 모두 다 금으로 바뀌었다. 그렇지만 잔치 상을 차려서 음식을 먹으려고 손을 닿으면 그 음식조차도 금으로 변한다는 것을 발견하자, 그는 자신의 소원을 후회하고 저주했다. 이제 미다스는 그가 탐냈던 선물을 증오하게 되었다. 그는 디오니소스에게 기도했고 디오니소스는 그의 기도에 응답하여 팍톨로스(Pactolus) 강에서 손을 씻고 그가 그 물에 넣는 것은 무엇이든 원상태로 돌아올 것이라고 말한다. 미다스는 그렇게 했고, 그가 강물에 손을 대자 금으로 변하게 하는 힘은 그의 손에서 나왔고 강모래가 황금으로 변했다. 이 신화는 팍톨로스 강이 왜 금이 풍부했는지를 설명한다. 그리고 의심할 여지없이 미다스를 조상으로 주장하는 왕조의 부가 금에서 나왔음을 보여준다.

이 미다스 왕의 황금 손(golden touch) 신화는 모든 것을 자신과 같은 것으로 보이게 하는 돈의 힘에 대한 경험을 묘사하는 것인지도 모른다. 돈이 모든 것을 돈처럼 변화시키는 보편적 힘을 미다스 왕이 만지면 모든 것이 황금으로 변한다는 비유로 표현했다.

돈은 또한 그 사용자들을 동질적이 되게 한다. 돈을 매개로 하는 거래는 다른 모든 관계와는 동떨어진 순전히 추상적인 가치만이 중요한 상업적 교환을 촉진한다. 그러한 교환에서 당사자들의 유일한 관계는 상업적인 관계뿐이고 다른 모든 사회적 관계는 배제된다. 이 관계의 시각에서 보면 그 당사자들은 평등하다 돈은 수많은 개인들에 의해서 아주 다양한 활동들을 위한 균일한 목표이자 수단으로 발달했다. 개인들 사이의 사회적 구분은 돈 앞에서는 사라진다. 선물은 그 기증자의 개별성과 쉽게 연관되지만, 돈은 균질적이기 때문에 그 어떠한 개인과도 특별하고 고유한 관계나 연관성을 나타내지 않는다. 돈은 균일하고 따라서 돈은 그 어떠한 개인의 특성도 없는 몰개인성을 함의한다.

2) 돈은 몰인격적이다

호머 시대 귀중한 물건들은 그 독특성 때문에 가치를 인정받았다. 그것들의 고유성은 특정한 개인들과의 지속적으로 연관되었다. 돈은 비인격적이고 개별적 특성이 없다. 돈의 힘은 그것의 독특성에서 오는 것이 아니라 모든 돈은 전혀 구분이 안 되는 제일적인 성질에서 나온다. 돈은 동질적이고 따라서 비인격적이다. 돈은 특정 개인과의 연관이 없고 그 소유자는 단지 일시적으로 그것을 점유할 뿐 개별적인 그것에 대한 애증의 감정이나 집착이 전혀 없다. 모든 돈은 똑같다.

에우리피데스의 엘렉트라

에우리피데스[Euripidēs, BC 484~BC 406]의 작품 《엘렉트라 Ēlektra》는 미케네의 왕 아가멤논과 클리타임네스트라 사이에서 태어난 딸 엘렉트라가 동생 오레스테스와 함께 어머니를 죽여 아버지의 원수를 갚은 여인을 묘사한 비극이다.

거기에서 공동체에 대한 통제력은 영웅적 개인들이 아니라 비개인적인 것, 즉 돈에 의해서 획득된다 동생 오레스테스의 머리에는 현상금이 걸려있다. 오레스테스는 추종자가 없는데 그것은 그에게는 돈이 없기 때문이다.

아이기스토스는 엘렉트라의 후손이 아가멤논의 죽음을 복수하는 일이 없도록 하기 위해 그녀를 미케네에서 멀리 떨어진 시골의 농부와 결혼시킨다. 하지만 그 농부는 엘렉트라가 왕가의 혈통이며 그 혼인이 강제된 결혼이라는 것을 알고 그녀를 건드리지 않는다. 한편 오레스테스는 스무 살이 되자 아버지의 원수를 갚기 위해 스트로피오스 왕의 아들이자 절친한 친구인 필라데스와 함께 미케네로 돌아오고, 엘렉트라와 오레스테스는 아버지의 무덤 앞에서 감격적으로 재회한다.

그 전에 아가멤논의 종복이었던 노인과 엘렉트라는 아가멤논의 무덤에서 발견된, 한 줌의 머리털, 발자국, 그리고 옷이라는 토큰에 관해 대화를 한다. 그 전 종복 노인은 엘렉트라보고 그 머리카락을 그녀의 머리카락과 비교하여 유사한지, 발자국이 그녀의 발 모양과 흡사한지 그리고 아기 오레스테스를 감싸던 옷인지를 식별해 보라고 한다. 그러나 엘렉트라는 이 토큰들을 무시한다. 머리털, 발자국, 그리고 옷은 모두 오레스테스의 개인적 정체성을 나타내는 토큰들이다. 머리털은 또한 장례의식에서 아버지와 맺었던 그의 개인적 관계를 나타낸다. 그 옷은 엘렉트라와의 관계를 나타낸다. 엘렉트라가 토큰이 전하는 메시지를 거부한 까닭은 토큰들이 전하는 희소식이 믿기지 않았을지도 모르지만 지금 돈의 동질성에 의해 지배되는 세상에서 개인적 정체성이나 부적 같은 독특한 것들의 전통적인 힘이 주변화되었기 때문인지도 모른다. 이제 사물의 고유함, 독특함은 그 중요성과 의미를 잃었고 동질성, 제일성, 균일성이 힘을 갖게 되었기 때문일지도 모른다.

돈은 그 누구와도 개인적이고 친밀한 관계를 맺지 않는다. 돈은 그 누구도 가리지 않고 문란하게 이 손 저 손을 오가며 그 소유자와 화폐관계가 아닌 다른 그 어떠한 관계도 맺지 않는다. 돈은 그 어떤 것과도 아무 하고도 교환될 수 있다. 돈은 즉각적으로 일반적으로 받아들여진다. 돈은 언제나 어디서나 상환될 수 있다. 물물교환에서는 거래자들은 상대방을 잘 알아야 되고 신뢰해야 한다. 그러므로 그것은 지속적인 개인적 관계를 맺고 있어야 가능하며 그런 전제가 없으면 상당히 위험스런 도박이 된다. 돈은 확립된 가족관계, 사회적 집단 관계, 증여 및 물물교환 관계를 초월하는 무차별적인 교환 네트워크 형성을 촉진한다. 돈은 낯선 자들, 이방인들과의 교환을 가능케 한다. 아니 돈은 낯선 자나 이방인들과 관계를 맺기 위한 목적으로 만들어졌다. 돈은 그 누구와도 영속적인 관계, 친밀한 관계도 맺지 않으며 익명의 일회적인 스쳐지나가는 관계만 맺는다. 돈은 사람들을 차별하지 않는다.

그런데 바로 이런 문란하고 낯선 자들과만 교환하는 직업은 바로 매춘이다. 돈은 창녀와 닮았다. 셰익스피어의 《아테네인 티몬》에서 돈은 인류 공통의 창녀로 묘사된다.

"금, 노랗고 번쩍거리는, 귀중한 금?

....

국가들의 패주 사이에 승산을 넣는 그대 인류 공통의 창녀"

짐멜에서의 돈과 매춘

독일의 철학자, 사회학자인 짐멜[Simmel, Georg, 1858 ~ 1918]은 자본주의 화폐경제의 토대 위에서 어떻게 문화가 가능한지 모색하고 물질문화와 정신문화 또는 객관문화와 주관문화를 결합하고자 시도한 『돈의 철학』에서 돈과 매춘 간의 유사성을 논한다. :

"매춘은 양성간의 관계에서 돈의 의미를 또 다른 각도에서 비춘다. 남자의 부인에 대한 모든 선물은 현물 또는 돈-선물의 형태를 띠는 반면, 혼외 섹스 관계에서 지불되는 가격은 돈의 형태를 띤다. 오직 돈 거래만이 매춘의 경우처럼 완전히 스쳐지나가는 무심한 관계라는 특성과 일치한다. 그 관계는 특정한 물건에 의한 것보다 돈에 의한 지불에 의해서 더 완전히 해소되고 더 근본적으로 종결된다. 선물은 그 내용물, 선택, 그리고 사용을 통해서 그것을 준 사람의 흔적을 보유한다. 그 어떠한 구속도 함축하지 않는 그리고 언제나 손쉽게 이용할 수 있고 환영되는 돈 만이 매춘이 제공하는 스쳐가는 강렬하고 쉽게 꺼지는 성적 욕구와 적적한 등치이다.

돈은 절대로 진정한 애정관계 같은 개인적 관계의 적절한 매개자가 아니다. 돈은 화폐적 성적 충동을 넘어 계속되는 그 어떤 관계도 거부하는 객관적으로도 상징적으로도 구매 가능한 만족에 가장 잘 봉사한다."[196]

돈은 그 누구에게도 무심하고 돈은 아무도 개의하지 않는다. 역으로 그 누구도 돈을 구분하지 않는다. 사람들에게 모든 돈은 똑같다. 그것이 돈이기만 하면 모두 같은 것으로 취급된다.

3) 돈은 보편적 목적이다

돈은 사람들에게 보편적인 목표가 되었다. 누구나 돈을 원한다. 사람들은 다른 그 무엇보다도 돈을 더 바란다.

아리스토파네스의 복신

아리스토파네스[Aristophanes, BC 445?~BC 385?]는 고대 그리스의 최대 희극시인으로 최초의 작품 《연회의 사람들》 이래 시종 신식 철학, 소피스트, 신식 교육, 전쟁과 데마고그(선동 정치가) 등을 비난하고 풍자하였다. BC 423년에는 《구름 Nephelai》에서 소크라테스를 도마 위에 올려놓고 그가 젊은이들을 오도한다고 비난하였다. BC 405년의 《개구리 Batrachoi》는 이 시인과 아이스킬로스(BC 525~BC 456)를 비교한 것이다. 현재까지 전해 내려오는 마지막 작품 《복신(福神) Plutos》은 BC 389년에 상연되었다.

《복신(福神) Plutos》은 당대 아테네에 대한 정치적 풍자로, 복신을 등장시킨다. 그 희극에는 늙은 아테네 시민인 클레미로스(Chremylos)와 그의 노예 카리오(Cario) 또는 카리온(Carion)이 등장한다. 클레미로스는 자신과 그의 가족은 유덕하지만 가난하기 때문에 오라클로부터 조언을 듣기 위해 델포이로 간다. 그 연극은 그가 만난 첫 번째 사람을 따라가서 설득하여 그의 집으로 데려가라는 아폴로의 신탁(神託)을 듣고 델포이에서 아테네로 돌아가는 데서 시작된다. 그가 만난 첫 번째 사람은 나중에 복신으로 밝혀진 맹인 노인 거자였다. 설왕설래 끝에 복신은 클레이로스 집으로 들어간다.

희곡의 제1부는 부(富)가 반드시 유덕한 사람에게도 부덕한 사람에게도 분배되지 않고 무작위로 분배된다는 관념을 검토한다. 클레미로스는 복신의 시력이 회복될 수 있다면, 이러한 잘못은 시정되어서 세계를 더 좋은 곳으로 만들 수 있다고 확신한다.

제2부에서는 빈곤의 여신(Penina)이 등장한다. 그녀는 빈곤이 없으면 모든 노예가 자유를 사기 때문에 노예도 없어지고 모든 사람들이 부자라면 아무도 일하지 않을 것이기 때문에 훌륭한 재화나 사치품이 없게 될 것이라고 주장하면서 부자가 되는 것이 더 낫다는 클레미로스의 주장을 반박한다.

시력을 되찾은 후, 복신은 형식적으로는 클레미로스의 가족의 일원이 된다. 동시에 전 세계는 경제적으로나 사회적으로 전도된다. 당연히, 이것은 자신의 재물을 박탈당한 사람들로부터 불공평하다는 불평불만을 야기한다.

결국, 전령의 신 헤르메스가 클레미로스와 그의 가족에게 신들의 분노를 알리기 위해 나타난다. 신들은 인간이 모두 복신에게만 주의를 기울이기 때문에 인간들로부터의 공물(供物)이 없어져 곤궁에 빠지게 되었고 인간들은 더 이상 전통적인 올림픽 신에게 경의를 표하지 않게 되었다. 헤르메스는 자기 자신의 곤경에 대해 걱정하여서 실제로 사람들을 위해 하인으로서 일하겠다고 나서고 클레미로스의 집으로 들어간다.

《복신》에서 돈은 이미 아테네 시민들의 보편적 목표가 되었음이 극명하게 표현된다. 클레미로스는 복신에게 외친다.:

"60 클레미로스 :복신에게
모두 당신 때문이다. 부! 사람이 하는 모든 거래와 모든 생각은 당신 때문에 행해진다. 사람은 벤치에 하루 종일 앉아서 구두를 고친다...
....
누군가의 부인과 함께 벌건 손에 붙잡혀서 그 남편에게 엉덩이를 질질 끌리는 것은 모두 당신 때문이다"

아리스토텔레스의 정치학

아리스토텔레스도 돈이 사람들의 보편적 목표가 되었다고 《정치학》에서 갈파한다.

"그리고 그들의 목표를 좋은 삶에 고정시키는 자들도 신체적 향락으로 측정되는 좋은 삶을 찾기 때문에 이것이 재산 소유에서 발견되는 것처럼 보이는 한, 그들의 모든 에너지는 부를 얻는 일에 몰두한다.; 그리고 이 때문에 2번째 종류의 부 획득 기술이 나타났다.
....
그럼에도 이 사람들은 부는 목적이고 모든 것은 그 목적으로 향해져야 한다는 믿음에서 이 모든 능력들을 부를 얻는 일을 위한 수단으로 만든다."[197]

밀티아데스의 파로스 원정

키케로(Cicero)가 '역사의 아버지'라고 부른 헤로도토스[Herodotos, BC

484?~BC 425?]는 페르시아 전쟁(Greco-Persian War : 499?479 BC)을 다룬 《역사》를 저술하였다. 헤로도토스는 과거의 사실(史實)을 시가(詩歌)가 아닌 실증적 학문의 대상으로 삼은 최초의 그리스인으로, 《역사》는 그리스 산문사상 최초의 걸작으로 평가된다. 그 책에는 아테네 군이 페르시아 군을 대파한 마라톤 전투가 서술되어 있다.

BC 490년 페르시아의 다리우스대왕이 보낸 그리스 원정군(遠征軍)은 낙소스·델로스 섬 등을 정복한 후 아테네를 공략하기 위하여 아티카(Attika)의 북동 해안에 있는 마라톤 광야에 상륙하였다. 그리스인들은 수적으로 우세한 페르시아 군대에 직면했다. 이 때 장군 밀티아데스(Miltiades, BC 555-489 년)는 마라톤에서 적을 맞아 싸워야 한다고 제안한다. 그래서 아테네 군은 약 1만의 중장보병군(重裝步兵軍)을 급파하여 마라톤 광야가 내려다보이는 산기슭에 포진하여 적군을 기다렸다. 밀티아데스는 전통적인 그리스 전략으로는 페르시아 대군에 대항하여 결코 성공하지 않을 것임을 간파하고는, 예상치 못한 전술을 채택하여 페르시아 전열을 깨고 적군을 대파하여 페르시아 지배에서 그리스를 구했다.

밀티아데스는 페르시아 전역에 공을 세워 이름을 떨친 아테네의 장군 키몬[Cimon of Athens, BC 515년~BC 449년]의 아들로서 20대에 소아시아의 케르소네소스(Chersonese) 지역의 한 왕국을 물려받았다. 다리우스 대왕이 소아시아에 있는 그리스 식민지 정복 전쟁을 벌였을 때 그는 항복하고 그의 치하에 들어갔다. 기원전 499년에 이 식민지들은 페르시아 통치에 대항하여 반란을 일으켰고 밀티아데스는 그들을 비밀리에 지원했으며 아테네에서 추가 원조를 조달하는 것을 도왔다가 결국

발각되어서 그는 아테네로 피난했다. 그래서 그는 아테네에 와서 정주하게 되었고 마라톤 전투에서 위명을 날리게 되었다.

마라톤 전투에서 혁혁한 전과를 올린 후에 아테네 사람들은 밀티아데스를 높이 평가했고 그의, 영향력은 더 한층 커졌다. 따라서 그가 무장한 군대를 갖춘 70척의 배와 돈을 원한다고 말하면서 그들에게 그가 공격할 나라는 알려주지 않으면서, 그 나라는 부유한 땅이고 원하는 만큼 얼마든지 황금을 쉽게 얻을 수 있을 것이라고 약속했을 때, 그들은 매우 흥분하여 그가 요구한 모든 군비(軍備)를 그에게 주었다. 이것이 밀티아데스의 파로스(Paros)를 원정이었다.[198]

그가 파로스를 친 이유는 파로스 사람들이 마라톤 전투에서 페르시아군과 함께 아테네에 대항하여 싸웠기 때문이라는 명분을 내세웠지만 우리에게 있어서 중요한 것은 아테네 시민들이 돈에 눈이 멀어서 단지 돈을 벌 수 있다는 말만 듣고서 원정지가 어디인지도 모르면서 자금과 군비들을 제공했다는 사실이다.

알키비아데스의 시실리 원정

고대 그리스에서 아테네와 스파르타가 각각 자기 편 동맹시(同盟市)들을 거느리고 싸운 전쟁인 펠로폰네소스전쟁[Peloponnesian War,一戰爭, BC 431~BC 404년] 중에 비슷한 일이 벌어진다. 돈은 전쟁의 보편적이 목적이 되었음을 보여주는 일화가 시실리 원정 여부를 놓고 찬반이 격돌하면서 적나라하게 드러난다.

시실리를 사찰하고 돌아오라는 임무를 맡고 떠난 사절이 많은 돈을 갖고 귀환하자 아테네 사람들은 민회를 열고 사절들의 보고 특히 돈에 관한 보고를 들었다. 사원과 보고(寶庫)에 돈이 넘친다는 말을 듣고, 민회는 아테네의 정치가·장군인 알키비아데스[Alcibiades], 니키아스[Nicias]와 라마쿠스{Lamachus}의 지휘 하에 시칠리아에 60척의 배를 보내겠다고 표결했다. 니키아스는 자신의 의지에 반하는 명령을 받았고, 국가가 잘못된 결정을 내렸으며 대단치 않고 미심쩍은 구실로 전 시실리를 정복하려고 한다고 생각하여서, 나서서 말리기로 하고 연설을 하였다.

그러나 원정대의 가장 열렬한 옹호자는 알키비아데스였다. 그는 니키아스의 정적이었고 니키아스가 그의 연설에서 자신을 공격했기 때문에 그를 좌절시키려고 했다. 게다가 지휘권을 얻어서 시실리와 카르타고를 정복하고 개인적으로 그의 성공을 통해 부와 명성을 얻으려는 야심이 극도로 강했다. 그는 말을 사육하는 등 지출이 지나치게 많았다.

아테네인 다수가 그 원정에 찬성했는데 패전하지도 않을 것이고 안전하게 귀향할 것이라고도 믿었다. 평민들과 병사들은 지금 임금을 받고 미래에도 영속적인 임금자금을 제공받을 수 있을 것이라고 생각했기 때문에 그 원정에 열광하였다. 이제 돈은 보편적이 목적이 되었고 전쟁도 그 목표에 종사하는 사업이 되었다.[199]

소포클레스의 안티고네

다시 오이디푸스 왕의 아들들 간의 권력과 돈을 놓고 다툰 이야기로 돌아오면, 전투에서 테베가 승리했지만 오이디푸스의 두 아들은 서로의 목숨을 빼앗게 된다. 결국 왕위는 외삼촌 크레온이 차지한다. 크레온은 테베를 지키다 죽은 에테오클레스의 장례식을 성대하게 치르도록 명하지만 자신의 도시를 상대로 싸움을 벌였던 폴리네이케스의 시체는 들판에 그대로 방치하고 매장을 금지한다. 그러면서 이 명령을 어기는 자는 죽음을 면치 못할 것이라고 경고한다. 폴리네이케스의 시신 매장을 금하는 크레온의 명령에 모든 백성들은 침묵한다. 그러나 그의 동생인 안티고네는 테베의 왕인 크레온의 명령을 어기고 오빠의 시체를 묻어 주기로 결심한다.

크레온의 명령과 경고에 대한 안티고네와 이스메네의 대사로 <안티고네>는 시작된다. 두 오빠는 사실상 돈과 권력을 놓고 다투었고 불법적으로 왕위를 차지하려고 한 데서 갈등이 발생했지만 크레온은 테베를 지킨 에테오클레스의 명예는 존중하지만 부당하게 왕좌를 빼앗긴 폴리네이케스는 들판에 방치한다. 테베 밖에서 반역을 도모했다는 이유 때문이었다. 그는 폴뤼네이케스의 시신을 길바닥에 버려두고 새나 개들이 뜯어 먹게 했고, 조의를 표하거나 시신을 매장하는 자는 돌로 쳐서 처형한다고 했다. 그러나 안티고네는 왕의 명령을 무시하고 밤의 어둠을 이용하여 오빠의 시신을 묻는다. 이를 발견한 크레온과 보초 사이에 누가 시체를 묻었는지에 관한 대화가 소포클레스의 비극, 《안티고네》에 나오는데 여기서 소포클레스 자신이 돈의 힘, 돈은 보편적인 목표가 되었다는 것을 청중들에게 극명하게 보여준다.:

"쿠레온 [295] 돈처럼 사악한 그 어떠한 것도 사람들 사이에서 이처럼 횡행하게 된 적이 없다. 이것은 도시들을 파괴하고, 사람들을 집에서 내쫓으며, 이것은 정직한 마음들을 돌리고 왜곡시켜 수치스런 일들을 하게 만든다.
[300] 이것은 사람들을 가르쳐서 못된 짓을 하게하고 각종 신성모독적인 행위를 하게 한다."
[310] 너의 돈이 어디에서 나오는지를 잘 알고 도둑질하고, 온갖 원천에

서 돈을 버는 것을 좋아하지 않는 것이 최선임을 배워라. 왜냐하면 나쁘게 번 이득은 사람들에게 안전이 아니라 파멸을 불러온다는 것을 알게 될 터이니까.

[322] 크레온

그렇다. 그리고 더욱이, 너는 너의 생명을 은 때문에 팔았다.

(소포클레스, 안티고네, Sir Richard Jebb 편집)

4) 돈은 보편적 수단

아리스토파네스 복신

《복신》에서 돈은 보편적 목적일 뿐만 아니라 보편적 수단으로도 묘사된다. 돈은 제사의 목표일뿐만 아니라 전제조건이기도 하다.

> "당신(복신)이 나타나서 돈을 주지 않는다면, 희생물을 사는 것이 불가능하다. 그러므로 만일 제우스가 당신을 곤경에 빠뜨린다면 당신은 단신으로 제우스의 힘을 파괴할 것이다"(137-42)

아리스토파네스의 개구리

BC 405년에 상연된 고대 그리스의 극작가 아리스토파네스의 희극《개구리》는 3대 비극시인이 사라져 간 아테네의 무대에 그 옛날의 모습을 되살리려고 비극의 신 디오니소스가 저승으로 가서 3대 비극시인이었던 아이스킬로스와 에우리피데스 중 한 사람을 되돌려오려고 하는 내용을 다룬다. 작품의 제목은 디오니소스가 삼도천(三途川)을 건널 때 들려온 개구리의 합창 소리에서 비롯되었다.

저승에 한 번 가면 더시는 영영 돌아오지 못하는 운명이 될까봐 디오니소스는 그래서 과거 저승세계를 갔다온 경험이 있는 헤라클레스에게서 도움을 받아서 임무를 완수하려고 한다. 그러나 저승세계로 가는 중간에 그 깊이를 측량할 수 없는 엄청나게 큰 강들이 있다고 헤라클레스는 디오니소스에게 알려준다. 즉 '비통의 강' 아케론과 '시름의 강' 코키토스, '불의 강' 플레게톤, '망각의 강' 레테를 건넌 뒤 극락의 벌판 엘리시온을 지나고 '증오의 강' 스틱스를 거쳐야 하데스의 궁전으로 들어갈 수 있다. 그래서 디오니소스는 강을 건너는 방법을 헤라클레스에게 묻는다. 아주 늙은 뱃사공이 있어서 그 양반에게 2오볼의 뱃삯을 주면 건네줄 것이라고 헤라클레스는 알려준다. 예전에 헤라클레스는 에우리스테우스의 명령을 받아 저승의 문을 지키는 개 케르베로스를 잡으러 갔을 때, 그 뱃사공 카론은 그를 배에 태워 강을 건네주었다가 하데스에 의해 1년 동안 쇠사슬에 묶이는 벌을 받았었다. 은화 2오볼의 돈으로 그런 강을 그것도 저승에서 건널 수 있다는 사실에 디오니소스는 경악한다. 세상에 돈의 힘은 지상과 지하세계 안 미치는 곳이 없다. 돈은 세상 어디에서나 보편적인 수단이 되었다!

"헤라클레스

　　위태로운 여로,

　　처음에 깊이를 잴 수 없을 정도의

　　엄청나게 큰 호수에 다다를 것이다.

디오니소스

　　그리고 어떻게 건너야할까?

헤라클레스

　　작은 나룻배에 태워서 아주 연로한 선원이

　　너를 건네줄 것이다.. 뱃삯은 2 오볼이다.

디오니소스

와! 2 오볼이 온 세상에 대해 가지고 있는 힘이라니!
어떻게 돈이 거기까지 힘을 미치게 되었는가!"

5) 돈은 한계가 없다

지구는 유한하고 그 자원도 토지도 유한하다. 그렇지만 돈에는 한계가 없다. 귀금속이 양과 종류가 무한적인 물건들을 얻을 힘을 획득할 때 그것에 대한 욕망도 무한해진다. 획득 가능한 돈에 대한 자연적 한계는 없는 것으로 보인다. 다른 모든 물건의 획득에는 한계가 있다. 돈은 무한정의 욕망과 무한정의 축적의 대상이기도 하지만 돈에는 사용가치가 없고 오직 교환가치만 있고 따라서 그것은 질료는 없고 순수한 양적인 형태만 갖는다는 의미에서도 무한정이다.

솔론과 무한 축적

그리스 7현인(七賢人)의 한 사람으로 널리 알려진 솔론(BC 640?~BC 560?)은 아테네의 정치가이자 시인이다. 집정관 겸 조정자로 선정되어 정권을 위임받은 후, '솔론의 개혁'이라 일컫는 여러 개혁을 단행하였다. 당시 빈부의 극심한 차이에서 빚어진 사회 불안을 개선하기 위하여 '솔론의 개혁'이라 일컫는 여러 개혁을 단행하였다. 먼저 '부채의 조정 포기'와 '채무 노예의 해방과 금지'를 단행하여 가난한 사람의 구제에 힘썼다. 시가 단편 형태로 전해진다.

기원전 7세기에 아테네는 다른 그리스 도시국가들처럼 인구 증가의 압력에 직면했다. 그리고 기원전 525년 즈음에는 오직 풍작일 때만 먹여 살릴 수 있을 정도로 인구가 증가했다. 당시 아테네에는 귀족들과 평민들 사이에 오랜 기간에 걸쳐서 갈등이 있었다. 그들의 정체는 모든 면에서 과두정적이었다. 특히 빈자들은 그들의 처자식과 더불어 부자들의 노예였고, 모든 토지는 소수의 손에 있었다. 그리고 만일 사람들이 지대를 물지 못하면, 그들 자신들이나 그 자식들은 노예로 잡혀갈 수 있었다. 모든 대출에 대한 담보는 솔론의 시대까지는 그 채무자의 신체였다.

아리스토텔레스에 따르면, 솔론은 모든 시민이 민회에 참석할 수 있도록 입법하였고, 모든 시민들로 구성되는 최고재판소(the Heliaia)를 창설하였다. 그 최고재판소는 배심원들로 구성된 민회 또는 그 대표자들의 모임이었던 것으로 보인다. 평민들에게 관리들을 선출할 뿐만 아니라 그들의 책임을 물을 수 있는 권한을 줌으로써 솔론은 진정한 민주주의 기초를 놓았다.

그러므로 솔론의 개혁은 농촌 생계경제가 점점 더 발흥하는 상업부문을 촉진할 경제적 필요가 컸던 결정적 시기였다. 솔론의 경제적 개혁들을 구체적으로 보면:

- 아버지들은 그들의 아들들에게 장사(상공업)를 찾아 주도록 권장되었다. 만일 아들들이 장사를 하지 못하면, 아들들은 노후의 아버지를 부양할 법적 의무가 없었다.
- 외국 상공인들의 아테네 이주가 장려되었다: 가족과 함께 아테네로 이민한 자에게는 시민권이 부여되었다.
- 올리브 경작이 권장되었다:다른 모든 농수산물 수출은 금지되었다.
- 도량형의 개정을 통해서 아테네 상업의 경쟁력을 촉진하였다

솔론의 시대에는 농부가 귀족 후견인이나 채권자에게 빚을 지거나 계약의무가 있다는 것을 나타내는 포목 또는 표석인 horos가 있었다. 솔론의 시대 전까지 토지는 한 가족 또는 씨족의 양도 불가능한 재산이었다. 많은 땅을 가진 자 또는 씨족은 그 땅을 소작인들에게 빌려줄 수

있었다. 그러나 소농은 그 자신 또는 그의 가족을 담보로 잡혀서 소작해야 했다. 또는 한 가족은 그의 농장 소득 또는 노동을 담보로 간력한 씨족에게서 보호를 받아야 했다. 그러한 처지에 있는 농부들은 예속민(hektemoroi)이라고 불렸다. 그들은 수확의 1/6을 지불하든지 가졌음을 의미한다. '파산'의 경우에, 또는 표석에 명시된 계약을 이행할 수 없을 시에 그 농부와 가족들은 사실상 노예로 전락했다.

솔론의 이 개혁들은 나중에 Seisachtheia (shaking off of burdens, 부채 말소, 부담 털기)로 알려졌다.

1) 표석에 의해 상징화 된 모든 계약들의 취소
2) 채무자의 신체가 대출의 담보로 사용되는 것을 금지
3) 노예가 된 모든 아테네인들의 해방

부채말소는 모든 노예와 쌓인 빚을 말소했을 뿐만 아니라, 일반 농부의 신용을 얻는 유일한 수단도 없앴다. 다른 개혁들로는:

1) 과도한 지참금 금지
2) 상속 시스템, 특히 여성상속인이 부계 중 가장 가까운 친척과 결혼해야 되는 제도에 관련된 남용을 막는 입법
3) 내전 발발 시 무장을 거부하는 시민의 참정권 박탈, 위험한 수준의 정치적 무관심을 축출하기 위한 조치.[200]

솔론의 시대에 이미 돈의 힘은 그 한계를 몰랐던 것으로 보인다. 부자들의 축적 욕구는 무한히 컸고 평민들과 농민들은 흉작이 들거나 긴급한 필요가 발생하여 부채나 기타 채무를 갚지 못하면 토지를 빼앗기거나 자신의 신체를 노예로 내놓아야 했다. 부에 대한 욕심은 끝이 없었다. 그래서 솔론은 이렇게 한탄했다.:

"사람들에게 명백하게 복신에 대한 한계는 없다.;
가장 부유한 삶을 가진 자들은
그들의 재산을 배로 불리려고 한다. 누가 그들 모두를 만족시킬 것인가?
불사의 신들은 필사의 존재들에게 이익의 수단을 허용했다,"[201]

그리고 그는 도시가 이 돈에 대한 탐욕으로 파멸로 향해 간다고 진단한다.:

" 차라리, 도시인 자신들은 그들의 우행에서, 돈(부)에 현혹되어서
우리의 위대한 도시를 파괴하기를 원한다.
그리고 데모스의 지도자들의 마음은 불의하다; 그들에게
많은 비통한 고난은 확실하다, 그들의 오만의 열매.
그들은 욕심을 절제할 줄 모르거나 그들의 잔치의 기쁨을 점잖게 행하는 방법을 모르기 때문이다
그와는 달리 그들은 불의한 행위를 믿으면서 더 부자가 된다."[202]

아이스킬로스의 〈아가멤논〉

아가멤논은 트로이 전쟁이 끝난 후에 트로이 공주 카산드라를 첩으로 데리고 귀향한다. 카산드라는 아폴론에게서 예지능력을 받았지만 그의 사랑을 거절한 대가로 아무도 그녀의 예언을 듣지 않게 된 비운의 예언자이다. 트로이 목마를 성안으로 들여 놓아서는 안 된다는 그녀의 절규에 귀를 기울이지 않은 트로이는 결국 멸망한다.

아가멤논의 집으로 가면서 아가멤논의 부인 클리타임네스트라가 정부 아이기스토스와 함께 아가멤논을 살해할 것이고 자신도 곧 죽음을 당할 것임을 아는 카산드라는 절규한다. 카산드라는 아가멤논의 탐욕을 규탄

하면서도 클리타임네스트라를 “불길한 여인”, “쌍두사”, “스킬라”, “하데스의 어머니”라 부르며 곧 닥칠 무시무시한 재앙을 경고한다. 이 때에 코러스가 답한다.:

“번영(돈)에 만족하지 않는 것은 모든 인간의 본성이다.”[203]

아리스토파네스의 《복신》

《복신》에서 돈은 보편적 목적이자 보편적 수단으로만 묘사되지 않는다. 그것은 절대로 충족될 수 없는 목적으로 묘사된다. 돈에 대한 욕망은 무한하므로 결토 만족될 수 없다. 돈은 아무리 많이 가져도 부족하다.

“181-89 클레밀로스:

결단코 그렇다! 그 모든 것 그리고 그 이상! 훨씬 더! 아무도 당신을 충분히 얻을 수 없다! 사람은 다른 모든 것은 넘치도록 가질 수 있다. 그러나 당신은..절대!

당신은 이력이 나도록 섹스 할 수 있다.(섹스, 빵, 명예, 음악, 용기, 수프 등등)

클레밀로스:

그러나 당신, 부에 대해서는, 지금까지 아무리 많이 가져도 충분한 사람은 전혀 없었다.!

“누군가에게 13달란트를 주면 그는 16달란트를 원할 것이다. 그의 주머니에 16달란트를 넣으면 그는 40달란트를 달라고 고함칠 것이다. 그 다음에 그는 그것으로 먹고 살 수가 없다고 징징댈 것이다!”

아리스토텔레스의 정치학

아리스토텔레스는 《정치학》:에서 부(돈)에 대한 욕망은 한계가 없다고 주장한다. 좋은 삶에 필요한 재산들은 충분히 가질 수 있지만 돈은 아무리 가져도 부족하고 돈 획득 욕망은 무한하다고 그는 말한다.

"좋은 삶을 위해서 그 자체로서 충분한 그런 재산들의 양은 솔론이 시에서 말하듯이 무한하지 않다, 그러나 재물에 대해서는 그 어떠한 한계도 고정되어 있지 않고 사람들에게 밝혀진 적도 없다.:...... 그러므로 가장이나 정치인에게 그 자연적 속성상 속하는 어떤 획득 기술이 있다. 그 이유는 명백하다. 그러나 특히 이재술(理財術)라는 다른 종류의 획득이 있다. 그리고 그것이 그렇게 불리는 이유가 있고 이런 종류의 축재 때문에 재물과 재산에는 한계가 없다고 생각되어진다."[204]

아리스토텔레스는 자연적인 부의 획득에는 근본적인 한계가 있지만 재물(돈)의 획득에는 한계가 없다고 말한다.:

"자연적 부-획득은 가정 관리에 속하지만, 다른 종류는 거래에 속하는데, 모든 방법으로 재화를 생산하는 것이 아니라 재화들을 교환하는 방법에 의해서만 그렇게 한다. 돈에 관심을 갖는 것은 이런 부 획득 기술이라고 생각되고 있다, 왜냐하면 돈은 교역의 제1원리이자 한계이기 때문이다. 그리고 이런 부 획득 기술에서 생긴 이 재물들은 진정으로 무한정하다: 의술이 건강에 대해서 한계가 없듯이, 그리고 그 기술들 각자는 그 목적에 대해서 한계가 없듯이, 이 부-획득 기술도 그 목적에 대해서 한계가 없다. 그것의 목적은 재물이자 상업적 의미에서의 재화 획득이다. 그러나 가정의 부 획득은 한계가 있다, 왜냐하면 상업적 재물의 획득은 가정 관리의 기능이 아니기 때문이다."[205]

6) 돈은 상극(相剋)도 하나로 합친다.

돈이 있으면 신분이나 태생이 천한 자도 고귀한 자들과 교류할 수 있고 혼인도 할 수 있다. 돈이 있으면 유전적으로 열등한 자도 우월한 자와 유전자를 섞을 수 있다. 마음이 비열한 자도 마음이 돈이 없으면 점차로 비열해지고 타락해 간다.

테오그니스의 비가(悲歌)

그리스 메가라 태생의 비가(悲歌) 시인 테오그니스(Theognis, BC 544?~BC 480)는 오랜 전통적인 귀족의 교양과 근본 원칙을 중심으로 민중에 대한 증오와 귀족의 긍지를 노래하였다고 한다. 화폐경제로 인하여 많은 구 귀족들이 상대적으로 몰락하고 신흥 상인계급이 돈과 권력을 쥐게 되는 갈등의 시기에 살면서 과거의 귀족의 가치가 사라져가고 돈이 만물의 척도가 되어 가는 것을 비통해 한 것으로 보인다. 가령 그는 《비가(悲歌)》에서 다음과 같이 노래한다.

"좋은 이유가 있기 때문에 부, 사람은 그 무엇보다도 너를 무엇보다도 공경하는가, 너는 얼마나 쉽게 나쁜 것을 참는가?"

(비가, 523-524)

그는 모든 사람이 육체적 힘이나 용감함 같은 전통적인 미덕이 아니라 돈을 숭배한다고 질타한다.

"모든 사람은 부자를 공경하며 가난한자를 경멸한다. 모든 사람 안에 있는 마음은 똑같다"

(비가, 621-622)

그는 또한 귀족과 천민의 지위가 역전되어서 돈을 가진 자들이 명령을 내리고 귀족들은 명령을 받는자가 되었다고 한탄한다.

"천한 짐꾼들(상인들)이 명령을 내리고 악한 자가 선한 자 위에 있다.

(비가, 680)

그는 돈이야말로 모든 사람에게 가장 큰 힘을 갖는 것이라고 생각한다.

"태반의 사람에게 부자가 되는 것이 유일한 미덕이다. 다른 모든 것은 아무런 가치가 없는 것 같다. 당신은 위대한 Rhadamanthus의 지혜를 가지든 Aeolus의 아들 Sisyphus보다 더 잘 알고 있어도 가치가 없다. 모든 사람은 이 말을 마음에 새겨야 한다.: 모든 사람들에게 가장 큰 힘을 갖는 것은 재산(부, 돈)이다."

(비가, 699-718)

《비가》의 주제 중의 하나는 전통적 가치에 대한 돈이라는 강력한 위협이었다. 돈은 출생신분, 덕성, 정의에 비견되는 하나의 기초가치로 등장하였고 가장 존중되는 가치가 되었다. 대부분의 인류에게 유일한 미덕은 돈이다, 그에 비해서 자기 통제, 지식, 언변, 날쌤 등의 미덕은 그리 중요하지 않다, 돈은 가장 큰 힘이기 때문이다 그래서 돈은 결코 양립하지 못하는 상극들을 하나로 합칠 수 있는 힘이 되었다.

돈은 대립물을 합일시킨다. 배우자를 고를 때 사람들은 출신이나 명성보다 돈을 먼저 생각한다. 돈은 출신도 섞고 품종도 섞는다.

"양과 당나귀와 말에서, 우리는 순종(純種)을 찾는다. 그리고 남자는 좋은 품종의 자식을 얻는데 관심이 있다.; 그렇지만 결혼에서 만일 장인될 사람이 많은 재산을 준다면 나쁜 종자의 나쁜 딸과 결혼하는 것에 망설임이 없다. 여자도 한 남자가 부유하면 그 남자의 침대를 경멸하지 않는다. 그리고 좋은 사람보다는 흔쾌히 부자가 되려고 한다 ; 왜냐하면 이 재물들에 그들은 눈독들이기 때문이다.; 좋은 남자는 나쁜 품종과 나쁜 남자는 나쁜 품종과 결혼한다.; 품종은 재물과 혼동된다."

(테오그니스, 비가, 183-192)

귀족 남자는 여자가 미천해도 돈이 있으면 아내로 맞는다. 돈은 귀천을 합일한다.

"여자가 그런 것인 줄도 알면서 남자는 금전을 위해서 미천한 여자와 결혼한다, 비록 그가 명망이 높고 그녀는 낮아도; 왜냐하면 그는 그에게 역경을 주는 강한 필요성 때문에 그렇게 하는 것이다."

(상동, 193-196)

돈이 없으면 의로운 자도 악하게 되고 돈이 있으면 악한 자도 선하게 된다. 돈이 없으면 정직한 자도 거짓말을 하고 남을 속이게 된다. 상극은 서로 자기의 반대로 전환된다.

"그럼에도 사악한 자는 평온한 번영을 누리지만, 그들의 마음을 비열한 행위에서 멀리 하는 자들은, 의로운 것을 사랑함에도 불구하고, 당혹감의 어머니인 가난에 처한다. 강력한 필요성 때문에 한 사람의 마음을 악한 짓으로 이끌고 그의 재치를 타락시키는 가난, 부득이 그는 많은 수치를 견디고 모든 악, 거짓말과 속임수 그리고 악의적인 말싸움을 그에게 가르치는 결핍에 굴복한다."

(상동, 373-392)

노포(魯褒)의 전신론(錢神論)

3세기 중국 서진(西晉) 시대의 문신 노포(魯褒,?~?)는 혜제(惠帝:서진의 제2대 황제 사마충/司馬衷,291~299) 이후 기강이 무너지고 사람들이 오직 돈만 탐하는 세상이 되자 '전신론'을 지어 그 세태를 풍자했다. 공방(孔方 돈)을 대표하는 사공공자(司空公子)와 학문과 기예를 숭상하는 기무선생 간의 대화에서 돈의 힘을 적나라하게 표현한다. 그는 돈이 상극적인 것으로 상호변환하게 한다고 말한다. 죽을 것도 살리고 살아 있는 것도 죽이며 귀천이 서로 바뀐다.

"관위가 없어도 존귀하고, 세가 없어도 뜨겁다. 돈이 있는 곳에서는 위태로움도 안전해지고, 죽은 것도 살릴 수 있다. 돈이 떠나가면 귀한 것도 천해지고, 살아있는 것도 죽일 수 있다.
무위이존(無位而尊), 무세지열(無勢而熱); 전이소재(錢之所在),
위가사안(危可使安), 사가사활(死可使活); 전지소거(錢之所去),
귀가사천(貴可使賤), 생가사살(生可使殺)"

"돈은 능히 화를 복으로 만들며 실패를 성공으로 바꾸고, 위태로움은 안전함을 얻으며, 죽은 자도 살려날 수 있다
전능전화위복(錢能轉禍爲福), 인패위성(因敗爲成), 위자득안(危者得安),
사자득생(死者得生)"

7) 돈은 구체적인 동시에 추상적이다

주화는 그것의 재료인 금속 때문에 가치를 갖는 것이 아니라 동질적이고 추상적인 가치를 대표하기 때문에 가치를 갖는다. 돈의 가치는 그것이 구현된 금속의 가치와는 구분되는 이상적인 보이지 않는 추상적인 실체이다. 그러나 이 추상적인 가치는 구체적이고 특징적인 것들 예를 들어 부엉이나 사자 또는 거북이 같은 상징이 새겨진 금속 같은 구체적인 것에 의해서 표현된다. 돈은 그것을 이루는 구체적인 금속 질료와는 전혀 다른 어떤 추상적이고 동질적인 가치를 나타내지만 현실에서 그 추상성을 파악하기란 쉽지 않다. 사람들은 구체적인 것을 통하여서만

추상적인 어떤 것을 이해하고 소통할 수 있다.

아리스토파네스의 새

아리스토파네스의 《새》는 BC 414년에 공연된 작품으로서 아리스토파네스의 작품 중 가장 위대하다는 평가를 받고 있는 극이다. 그 극의 줄거리를 보면:

극은 두 명의 중년 남성 피스테타이로스와 에우엘피데스가 애완동물 까마귀와 갈까마귀가 안내하는 산허리 황야를 넘어가면서 시작된다. 그들은 사람들이 하루 종일 아무 일도 하지 않고 법에 대해 논쟁하는 아테네의 삶에 지쳤다고 말한다. 그리고 그들은 오디새로 변신한 테레우스(Tereus)를 찾고 있다. 그들은 그가 다른 곳에서 그들에게 더 나은 삶을 찾아 줄 것으로 희망한다. 바로 그때 나무 그늘로 위장한 아주 크고 두려운 새가 하늘로 오르는데 그 새는 오디새의 시종새로 밝혀진다. 그들은 그를 설득하여 오디새를 데리고 오게 한다. 그들은 그 오디새에게 .새들은 바보처럼 날아다니지 말고 하늘에 큰 도시를 건설해야 한다고 말한다. 사람들 위에 군림하는 한편, 그것은 또한 올림픽 신들에게 바치는 제물 통로를 봉쇄 할 수 있게 할 것이다. 오디새는 이 아이디어를 좋아하고 그것을 실천할 것에 동의한다.

새의 나라(구름 뻐꾸기나라)가 건국되었다는 소식을 듣고 별의별 인간들이 찾아온다. 엉뚱한 신탁으로 본인의 이익을 챙기려는 사제를 비롯하여 감찰관, 건축가, 시인, 불효자, 변호사 등이 새의 나라를 찾지만 그들은 모두 쫓겨 간다.

프로메테우스가 찾아 와 신들이 제물을 받지 못해 굶고 있다는 사실을 알려준다. 신들의 사절단이 오고 결국 신과 새들이 화친하고 거래가 성립되어서, 구름 뻐꾸기나라의 왕이자 신들의 왕홀까지 차지한 피스테타이로스가 공주와 결혼하는 것으로 이야기는 마무리된다.

〈새〉에서 새들은 아테네인들을, 올림퓨스 신들은 사실상 아테네인들의 적들을 비유하고 구름 뻐꾸기나라(공상의 세계)는 야심찬 시실리 원정에 대한 은유, 또는 이상적인 폴리스에 대한 코믹한 표현이고; 알키비아데스는 피스테타이로스로 묘사되었다는 설도 있고 그와는 달리 그 극은 밝고 재미있는 대화, 즐거운 서정적인 단서 및 화려한 무대 효과의 매력적인 전시를 위해 주어진 기회를 위해 명시적으로 선택된 진지한 정치적인 모티프가 없는 도피적인 오락, 우아하고 기발한 주제에 불과하다는 또 다른 견해가 있다

〈새〉에는 올빼미에 관한 이야기가 나온다. 사실상 올배미는 아테네 주화인 4 드라크마 뒷면에 새겨진 작은 올빼미를 가리킨다. "올빼미"가 구체적인 새를 가리킬 수도 있고 추상적인 가치로서의 돈을 가리킬 수도 있다.

"301 트루스티:
너는 거기 그 새가 당신 머리털을 자르게 해준다고 말하는 것은 아니지?
딘큠:
그가 우리 자신의 이발사보다 너 나을까? 아! 그리고 거기에 삐딱한 올빼미가 있다.
트러스티:
누가 올빼미 한 마리를 아테네에 데려왔나? 그 곳은 올빼미로 가득하다.

1105-08

우선, 올빼미가 새겨진 그 작은 주화들–모든 판관들이 손에 넣고 싶어하는 그것들–은 절대로 당신 지갑에서 떠나지 않을 것이고, 그것들은 당신에게 더 많은 작은 올빼미들, 더 많은 작은 주화들을 만들어 줄 것이다."

이 대화 중 "누가 올빼미 한 마리를 아테네에 데려왔나? 그 곳은 올빼미로 가득하다"에서 언급하는 '올빼미'는 사실상 정말 하늘을 날아다니는 진짜 새를 가리키는 것이 아니라 '아테네 올빼미' 즉 테트라드라크마(tetradrachm) 은화를 가리키고 있을 것이다.

현대에서 "올빼미를 아테네로" 데려간다는 격언은 어리석은 사람을 빗대는 말이 되었다고 한다.

아테네의 올빼미 주화

아테나 여신의 머리(앞면)과 올빼미(뒷면)가 새겨진 아테네 테트라드라크마 은화 (기원전 480-420 년경),아테나의 올빼미 4 드라크마(테트라드라크마 tetradrachm)은화. 비문 "ΑΘΕ"는 ΑθΗΝΑΙΩΝ의 약자로

"아테네인의"으로 번역 될 수 있다. 일상사용에서는 아테네 드라크마 은화는 "올빼미"라고 불렸다.[206]

아테네의 군사력과 해군력의 지금은 아테네 남동쪽 라브리온[Lávrion]에서 채굴된 은으로 인한 자금 유입과 아테네가 당시 이끌고 있는 델로스 동맹의 자원에서 주로 나왔다. 아테네인들 통제하는 많은 양의 은에서 고대 그리스의 권위 있는 주화, 두드러지고 무거운 아테네 올빼미-4드라크마(l tetradrachm)가 만들어졌다. 테트라드라크마의 가치는 일상 거래에 비해 너무 높았지만, 프로젝트 건설, 대규모 상업 거래, 국제무역 및 전쟁 자금으로 사용되었다. 신중한 통제를 통해, 그들의 테트라드라크마는 훌륭한 금속품질과 일관된 중량으로 평판이 높았고, 다른 도시의 상인들은 휴대성이 좋고 다른 지역사람들이 많이 돈으로 받아들였기 때문에 그것들을 즐겨 사용했다. '아테네의 올빼미'의 앞면에는 아테나 여신의 머리가 뒷면에는 올빼미가 새겨져 있다. 이 주화는 당시의 가장 큰 은화였으며, 동전의 앞면을 "머리"로 뒷면을 "꼬리"라고 부르는 용법은 여기에서 대중화되었다.

그리스인들은 새를 신적인 것으로 생각하지는 않았지만 많은 새들이 다양한 신의 상징적인 동물이 되었다. 4 드라크마의 뒷면에 묘사된 올빼미 종은 금눈쇠올빼미 [Athene noctua], 작은 올빼미이다. 그들은 지중해 연안 지역에서 발견되며 크기가 6~8인치에 불과하다. 주로 성벽의 돌짬, 산록지대, 주민지 가까운 산기슭의 밤나무림에서 살며 번식한다. 주로 초저녁과 새벽에 활동하며 쥐와 곤충을 많이 잡아먹는다. 그 주화는 대부분 초승달 모양으로 발행되었는데, 아마도 야행성 올빼미가 가장 활발하게 활동하는 시간을 나타내거나 아니면 살라미스 해전의 페르시아 함대에 대한 아테네의 유명한 야간해전 승리를 나타낼 것이라고 추측된다.

그리스 신화에서, 작은 올빼미는 전통적으로 지혜의 처녀 여신 아테나, 또는 로마 신화에서의 미네르바(Minerva)를 대표하거나 동반한다. 이러한 연관성으로 인해, 종종 “아테나의 올빼미” 또는 “미네르바의 올빼미”로 불리는 새는 서구 전역에서 지식, 지혜, 명쾌함 및 박학의 상징으로 사용되었다.

아테나 여신과 올빼미가 연관되는 이유는 명확히 밝혀지지 않았다. 신시아 버거(Cynthia Berger)는 어둠 속에서 볼 수 있는 능력과 같은 올빼미의 일부 특성으로 인해서 올빼미가 지혜의 상징으로 사용된다는 이론을 제시했다. 다른 사람들은 아테네의 신화와 이 지역의 작은 올빼미가 많이 서식한 것 사이에 연관이 있다고 본다. 어쨌든 아테네 시는 수호 여신에 대한 충성의 증거로 올빼미를 채택한 것으로 보인다.

올빼미는 일반적으로 화병, 범-아테네 게임에서의 상금 항아리에 그려졌다. 아테나의 올빼미는 기원전 510 년 이후 아테네 4드라크마의 공통적인 뒷면 상이 되었고 아테네의 4드라크마는 고대 세계 전역에서 “작은 올빼미” (glaux (γλαύξ, little owl)로 알려졌다고 한다.[207]

05 돈과 소크라테스 이전 철학

이오니아 계몽

이오니아의 기원

이오니아는 소아시아 아나톨리아의 에게 해 해안의 중부 지역-현재의 터키 지역에 대해 고대 시대에 주어진 이름으로서 고대 그리스 세계의 가장 중요한 중심지 중 하나였다. 여기에 그리스인들은 12개의 작은 도시국가들을 설립했다. 그 중 2개는 근해의 키오스(Chios) 섬과 사모스(Samos) 섬에 있었고 그 나머지는 산악 해안지대를 따라 있었다. 이오니아는 7세기 후반부터 그리스 세계에서 점점 더 중요한 부분이 되었다. 그리스전통에 따르면, 이오니아는 그리스본토 출신의 식민지 개척자들에 의해 정착되었다. 흥미롭게도 아테네인들은 자신들을 이오니아의 도시국가의 창설자로 생각했다. 그래서 그들은 이오니아의 조상이라고 주장했다. 기원전 6세기에 이오니아는 고전 그리스문명 초기 단계의 이름인

"이오니아 계몽"으로 알려진 그리스의 지적 생활의 초점이 되었다.

이오니아는 기원전 1000년경 아테네 지역의 그리스 사람들에 의해 식민지가 되었다. 이오니아인들은 상업 활동에 주로 종사했는데 그들은 그 당시 해상무역의 주도자인 페니키아인들과 경쟁하게 되었다. 그런데 기원전 8세기에 지중해 동쪽 해안에서 몇 가지 중요한 변화가 일어났고 그 덕분에 이오니아는 해상무역의 중심지가 되는 행운을 잡았다. 아시리아는 전례 없이 부강해지면서 페니키아 도시국가들을 정복하자 페니키아 해상무역은 시들어졌고, 페니키아가 종속되자 해상무역이 줄어들었고 그리스 도시국가들은 이 틈을 타서 아시리아에 차츰 주도적인 해상 상인이자 항해자들로 되어갔다. 서부의 일부 페니키아 식민지가 독립된 채로 남았지만, 팽창해가는 카르타고만이 그리스인들에게 유일한 심각한 경쟁자로 남았다.

이오니아의 부의 원천은 올리브유 같은 이오니아의 값진 특산품과 무역이었다. 북으로는 흑해와의 무역로를 관리했고, 아시아 쪽으로는 아시리아 상인들과 거래하여 동양과 서양 사이의 중심에 위치했고 남쪽으로는 페니키아의 배들이 들어와서 그들로부터 그리스인들은 알파벳을 차용했다. 그리스 도시국가들은 보통 상당수의 노예, 수공업, 상업이 혼합된 경제였고, 자유 시민으로 구성되어 있었다. 기원전 8세기 말에 왕정은 막을 내리고 시민들은 입법자, 임시 집정관을 선출한다. 왕은 귀족들에게 쫓겨난다, 다음 세기 동안 이오니아 도시들은 중요한 변화를 겪었다. 지주 귀족의 손에 집중되어 있던 정치경제적 힘은 점차 상인계급으로 옮겨갔다. 이오니아의 상인들은 이집트, 이탈리아, 흑해에 교역 식민지를 세웠다.[208]

그들의 조상이 실제로 어디에서 왔든, 이오니아인들은 우리가 현대의 사람들이 터키라고 부르는 곳에 위치했는지에 상관없이 그들은 확실히 문화적으로는 그리스인이었다. 그들은 헤로도토스가 쓰는 헬라어의 방언인 이오니아어를 말했다. 고대 그리스 문학의 가장 흔한 방언이고 그리스문학이 가장 많이 쓰여진 일반적인 방언은 아테네와 그 주변 지역의 방언인 아티카어였다. 물론 이오니아인은 그리스 신들을 숭배했다. 그들의 관습과 도시 정치조직은 그리스식이었지만 기원전 546년부터는 페르시아 통치하에 있었고 그 전에는 리디아 왕 크로이소스(Croesus) 통치하에 있었다.

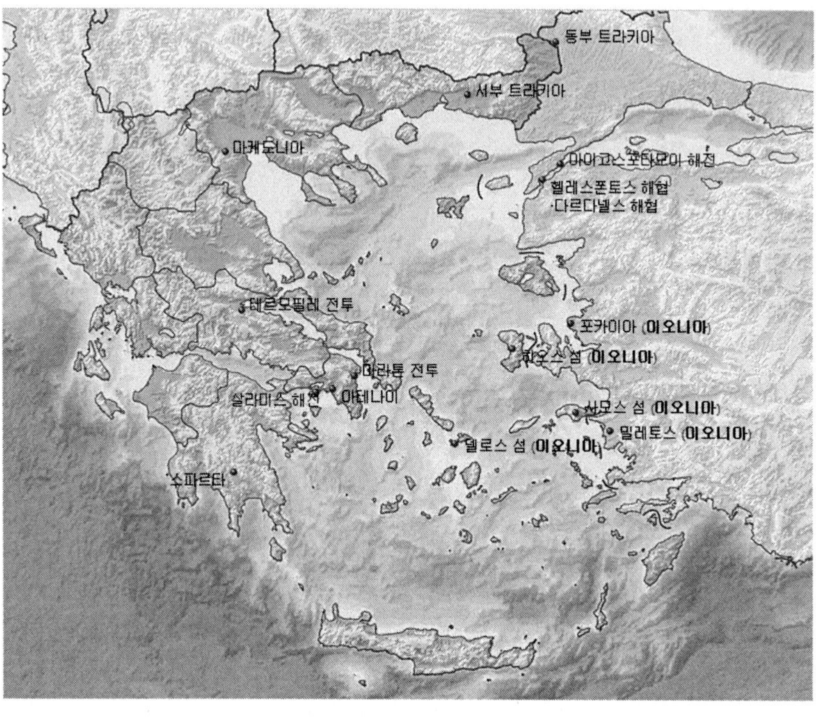

기원전 5세기의 이오니아 지방 지도

(https://ko.wikipedia.org/wiki/%EC%9D%B4%EC%98%A4%EB%8B%88%EC%95%84)

이런 지리적 입지 때문에, 이오니아는 여러 면에서 문화적 교차점이었다. 이오니아 시민들은 정치 사신, 무역 사절단 또는 다른 여러 가지 이유로 이오니아를 방문하는 다양한 문화권 출신의 여행자들에게 매우 익숙했을 것이다. 이오니아인들은 자신들도 널리 널리 견문했던 것 같다. 그래서 이오니아계 그리스인들은 상이한 문화들의 사람들을 만날 수 있는 기회를 가졌고, 따라서 다양한 전통과 문화적 가정들을 비교할 기회가 많았지만, 반면에 그리스 본토의 그리스 시민들은 이러한 기회가 적었을 것이다.[209]

밀레토스

이오니아 최남단 도시인 밀레토스(Miletus)는 약 80개의 식민지를 가지고 있었고 그리스 세계에서 가장 부유한 도시가 되었다. 그 도시의 부와 사치는 그리스 전체에 걸쳐 유명했다. 밀레토스 상인들은 이익은 그렇게나 컸고 많은 사업과 그 도시에 돈을 빌려줄 정도였다. 역사가 헤로도토스는 밀레토스를 "이오니아의 보석"이라고 불렀다.

기원전 6세기 초에 밀레토스는 그리스 세계에서 가장 중요한 무역항으로 황금기에 접어든다.

밀레토스에서 취급하는 무역품에는 스키티아(현재의 우크라이나) 지방의 식민지에서 온 밀, 건축 목재, 염장 생선, 철, 납, 은, 금, 양털, 아마, 황토, 소금, 향신료, 가죽 등이 있었다.

이집트와 중동의 대상은 소금, 파피루스, 상아, 향료 등을 가지고 왔고 밀레토스는 토기, 무기, 오일, 가구, 옷감, 생선, 무화과, 포도주를 수출하였다. 밀레토스 산 옷감은 특히 유명했다.

그들의 문화는 이집트와 중동에서 차용했고 부활하는 그리스 문명의 최고 문화와 결합시켰다. 내부적으로, 밀레토스의 정치는 파벌, 다툼, 피의 혁명으로 점철되었다. 외부적으로 그들은 리디아와 페르시아라는 두 개의 강력한 제국과 이웃했다. 이러한 불리한 상황에도 불구하고, 밀레토스는 상업적으로 지칠 줄 몰랐다. 그들은 동방 제국뿐만 아니라 이집트와도 거래했다. 그들은 트라키아와 흑해 연안에 수많은 식민지를 개척하여 정착했다. 밀레토스는 이집트, 메소포타미아, 아나톨리아의 위대한 문명과 연결되어 지중해와 3대륙의 다양한 상품과 아이디어를 교환할 수 있었기 때문에 지적 혁명을 위한 안성맞춤의 장소였다.

기원전 6세기에 이오니아 도시들이 그리스의 지적 지도자가 되었을 무렵, 밀레토스는 지적 혁명의 중심이 되었다. 이 도시에서 권력은 상인의 수중에 있었고 신권은 사회적으로 큰 영향을 미치지 않았다. 이오니아 지식인들은 종교에 크게 영향을 받지 않았으며 진리나 신의 계시를 주장하는 고대 책들에 의해서도 사상을 제한받지 않았다. 심지어 호메르스 시조차도 아직 거의 확실한 형식을 취하지 못했다. 밀레토스 사람들은 원거리 지역으로 여행하곤 했으며 리디아, 바빌론, 페니키아 및 이집트 문명으로부터 문물을 받아들였다. 수학지식, 해외교역 및 지리학, 천문학, 항해술, 이 모든 개념은 밀레토스를 풍부하게 하는 데 도움이 되었다. 한편, 부는 여가를 만들어 냈고 사상의 자유가 널리 받아 들여졌다. 이러한 모든 요인들은 많은 이오니아인들이 신화나 미신에 대한 언급 없이 세계가 물리적 현상으로 이해될 수 있다는 생각을 발전시키는 데 일조했을 것이다. 초자연적인 설명을 자연법칙에 의해 지배되는 우주라는 개념으로 대체하는 혁명적인 생각은 탈레스라는 남자와 함께 밀레토스에서 시작되었다.

이오니아 계몽(Ionian Enlightenment)

이오니아 계몽이란 기원전 6세기 초 고대 그리스 이오니아 지방에서 일어난 과학적 사고에서의 일대 진전을 가리키는데, 그 사고는 관찰현상의 배후에 있는 자연적이고 합리적인 원인을 발견하려고 시도하였다. 이 운동은 밀레토스, 사모스, 할리카르나소스(Halicarnassus)와 같은 도시에서 소수의 그리스사람에 의해 시작되었다. 그들은 세상은 질서가 있고 이해 가능한 것으로 보았고, 그 역사는 설명할 수 있는 과정을 따르고 그 부분들은 이해하기 쉬운 체계로 배열되었다고 보았다. 기원전 6세기까지 그리스인들과 앞선 많은 제국은 세상의 사건들을 신들의 초자연적인 행동의 산물로 설명했다. 이것은 두 유명한 그리스 시인인 호머와 헤시오도스의 저서에서도 볼 수 있다. 대부분의 역사학자들은 그리스 칠현 중 한 사람인 탈레스(Thales)가 일식을 정확하게 예측함으로써 이 운동을 시작했다고 믿는다.

이오니아학파의 소크라테스 이전 사상가들을 이오니아 계몽 사상가라고도 하는데 계몽이란 용어는 우주가 규칙적인 법칙을 따르고 따라서 자연현상이 임의적이지 않다는 것을 인정함으로써 서구의 철학과 과학 전통을 시작했기 때문에 사용되었다. 2500년이 지난 후 우리는 이 개념에 너무나 익숙하기 때문에 그 개념적 도약이 얼마나 중요한지를 간과하기 쉽다. 그러나 우주는 관찰로부터 추론할 수 있는 일정한 법칙에 따라 작동하고, 자연현상은 임의적이지 않고 정렬된 질서와 법칙을 반영한다는 아이디어는 인격화되거나 신들의 자의적이거나 신비한 행동에 의해서 자연현상을 설명하려는 사고방식에서 자연주의적이고 합리적인 사고로의 인지혁명이었다. 이 사고방식은 고대그리스 철학과 과학뿐만 아니라 서구 철학과 과학의 전체 지적 전통의 토대가 되었다. 이것이 이오니아계몽이 지적 역사에서 매우 중요한 시기인 이유이다.

우주가 규칙적인 법칙을 따르고, 자연현상은 임의적으로 발생하는 것이 아니라 자연적 인과관계에 의해 발생한다는 관념은 동시에 인간 이성은 지성을 사용함으로써 그러한 법칙을 발견할 수 있을 뿐만 아니라 자연 현상을 관찰하고, 그것에서 외삽하여 그것들로부터 자연법칙을 발견할 수 있음을 함의한다. 그래서 이오니아 계몽은 우주의 과정을 지배하는 자연법칙이 있다는 생각을 강조할 뿐만 아니라 관측과 논리를 통해 인간의 이성이 그 법칙을 발견할 수 있다고 본다.

이성에 의해 발견할 수 있는 자연 법칙에 대한 관념은 "코스모스"라는 용어에서도 나타난다. 코스모스라는 용어는 지금도 우리가 우주 전체를 가리킬 때 쓰이고 있다. 코스모스가 문자 그대로 그리스어 kosmos에서 의미하는 것은 "정렬 또는 질서"이다. 그 동사 kosmein은 "군대 질서를 잡고 정열한다"는 의미였다.[210] 이 용어는 우주가 정해진 법칙에 따라 배열되었음을 의미한다. 신이 부여했고 신이 시행하고 만든 법칙을 통해 작동하는 메커니즘일지라도 불규칙하거나 임의적지는 않다.

이 시기에 있어서의 그들의 관심사는 외견상 잡다하고, 변화무상한 자연현상의 근저에는 어떤 근본 물질, 근원(根原) 또는 시원(始原) 또는 원질(原質)이 있어서 이 근원의 변형, 변화에 의하여 만물이 생성되는 것이라고 보았고 그래서 이 근원이 무엇이냐 하는 문제에 천착했다.

그리스어로 아르케(Arche)는 "시작", "기원" 또는 "행동의 근원"이라는 1차적인 의미를 가진 그리스 단어다. 나중에 밀레토스의 과학자 아낙시만드로스(Anaximander)는 제1원리 또는 원소로, 아리스토텔레스는 지식의 원리라는 의미로 사용했다. 제1원리 또는 원소는 "궁극적인 근원적인 물질"과 "궁극적인 입증할 수 없는 원리"에 해당한다. 고대그리스 시대

(BC 8~6세기)의 철학적 언어에서 arche (또는 archai)는 존재하는 것의 근원을 나타낸다. 고대 그리스 철학에서 아리스토텔레스는 아르케(arche)의 의미를 증명불가하고 무형적이지만 사물의 가능성의 조건을 제공하는 그 사물의 원소 또는 원리로 정초했다.

"가장 초기의 철학자들 대부분은 오직 물질적인 원리들만이 모든 것의 기저에 깔려 있다고 생각했다. 모든 것은 그것으로 이루어지고 모든 것들은 처음에 그것으로부터 왔고 결국 파괴될 때에 궁극적으로는 그것 속으로 해체되며 그 영향에 의해서 변경될 수 있을지 몰라도 그것의 본질은 지속된다. 이것은 존재하는 것들의 원소이자 원리라고 그들은 말한다. 그러므로 그들은 아무 것도 생성되거나 파괴되지 않는다고 믿는다. 왜냐하면 이러한 종류의 1차적인 실체가 항상 지속되기 때문이다. 유사하게 우리는 소크라테스가 잘 생기거나 유식하게 되었을 때 절대적으로 (새로) 생겨났다고 말하지 않으며, 그가 이러한 자질을 잃었을 때에도 그가 파괴되었다고 말하지 않는다. 그 기질 즉 소크라테스 자신은 지속되기 때문이다. 같은 식으로 그 어떤 것도 생성되거나 파괴되지 않는다. 왜냐하면 항상 지속되고 다른 모든 것들이 그것으로부터 생성되는 하나(또는 둘 이상)의 실체가 있기 때문이다.

그러나 이 원리들의 개수와 성격에 관해서는 모두가 의견이 일치하지는 않는다. 이 철학학파의 창시자인 탈레스는 그 영구적인 실체는 물이라고 말한다. (그래서 그는 지구가 물 위에 떠있다고 주장했다). 아마도 그는 모든 것의 영양소가 촉촉하다는 것을 알았을 때 이 가정을 유도했을 것이고, 열 자체는 습기에서 생성되며 그것의 존재는 그 습기에 달려 있다고 생각했을 것이다(그리고 사물이 그로부터 생성되는 것이 항상 그것의 첫 번째 원리이다). 그는 이것으로부터 그리고 모든 것의 씨앗이 촉촉한 성격을 지니고 있지만 물은 촉촉한 것들의 본성의 제1원리라는 사실로부터 자신의 가정을 유도했다."[211]

밀레토스학파는 기원전 6세기에 소아시아 에게 해 연안의 이오니아의 밀레토스의 세 명의 철학자, 탈레스, 아낙시만드로스, 아낙시메네스(Anaximenes)에 의해 대표되는 학파를 말한다. 그들에게 있어서 세상은 근원으로 형성되었고 근원은 모든 것의 원천이었다. 탈레스는 그것을 물이라고 생각했다. 그러나 불 같은 것은 물로 구성된 것으로 설명하는 것은 불가능했기 때문에 아낙시만드로스는 관측되지 않고 정의되지 않은 원소를 선택했고 이 원소는 아페이론(apeiron, 무한자)이라고 불렀다 시간적 무한성의 개념은 종교적 개념으로 그리스 마음에 익숙했기 때문에 아낙시만드로스의 설명은 이 개념에 적절한 용어로 사용되었다. 이 아르케는 "영원하고도 무시간적"이라고 불린다. 비판가들은 아페이론의 특성이 없는 성질을 싫어했고 아낙시메네스는 만물의 근원을 공기라고 주장했다. 이것은 더 구체적이면서도 여전히 미묘한 요소이다. 아낙시메네스는 증발과 응축에 의해 공기가 불, 바람, 구름, 물, 흙과 같은 다른 원소나 물질로 변할 수 있다고 주장했다. 그러나 현대의 에너지 개념은 아낙시만드로스의 아페이론(apeiron)과 훨씬 유사하다.

아낙시만드로스

이태리 물리학자이자 저술가인 카를로 로벨리는 아낙시만드로스(BC 610~BC546)를 "첫 번째 과학자"라고 부른다. 과학을 체계적 실험적 활동에 기반한 연구라고 정의한다면 과학은 갈릴레오에서 출발한 것이 된다. 과학은 관측과 이러한 관측들을 정리하여 정확하게 예측할 수 있게 해주는 이론적 수학적 모형이라고 정의한다면 과학은 히파르코스와 프톨레마이오스의 천문학에서 기원한다고 볼 수 있다. 과학적 예측은 2가지 면에서 중요하다.

1) 과학을 기술적으로 적용할 수 있게 한다.
2) 이론들의 선택과 검증에서 핵심적인 역할을 한다.
   양적 예측, 계산 기술, 시험 계획서, 가설연역법은 예리한 도구들이고 과학 활동에 있어서 필수적이다.

다른 한편, 과학적 연구의 목표는 정확한 양적 예측이 아니라 세계의 작동 방식을 이해하는 것이고 과학적 지식의 핵심은 확신 혹은 자기 세계관에 갇혀서 머무르지 않는 능력 또는 그런 확신과 세계관을 바꿀 준비가 되어 있는 태도, 관찰, 토론과 새로운 시각이나 비판들을 통해 실제로 변화하는 행동을 보이고, 모든 선입견, 숭배, 영원한 진실이라고 가정되는 것을 비판하고, 반항하고 배척하는 것이라고 정의한다면 최초의 과학자는 아낙시만드로스라고 로벨리는 주장한다. 맹자는 공자의 사상을 그대로 받아들이고 그것을 확장시킨반면 아낙시만드로스는 스승인 탈레스의 사상을 비판하고 발전시켰다.[212]

아낙시만드로스는 《자연에 관하여》라는 저서에서 다음과 같은 것들을 주장했다.:

- 대기현상은 자연적인 원인으로 인해서 발생한다. 빗물은 바닷물과 강물이 태양열로 인해 증발되어 생긴 것이다. 이러한 물은 결국 바람에 실려 땅으로 떨어진다. 천둥과 번개는 구름들이 격렬하게 부딪혀서

일어난다. 지진이 나고 땅이 갈라지는 이유는 너무 강한 열이나 폭우 때문이다.

- 지구는 크기가 정해져 있고 우주에 떠 있는 천체이다. 굳이 특정한 방향으로 떨어질 이유가 없음으로 떨어지지 않는다.
- 태양, 달, 별들은 완벽한 원을 그리며 지구 둘레를 돈다.
- 자연을 이루는 사물들의 기원 혹은 유일한 근원은 "양적이나 질적으로 제한이 없는 아페이론"이다.
- 자연은 필연성에 따라 발생한다. 이러한 필연성으로 인해서 시간이 흐름에 따라 현상이 전개된다.
- 아페이론이 뜨거운 것과 차가운 것으로 갈라지면서 세상이 생겨났다.
- 과거에는 물이 지구를 덮어서 동물은 원래 바다에 살았다. 최초의 동물은 물고기 아니면 물고기 비슷한 종류의 것이다. 물이 말라 육지가 드러나자 이들은 육지에 올라와서 새로운 환경에 적응했다.

아낙시만드로스는 탈레스의 제자로 알려져 있다. 그리고 그는 서양철학에서 지금까지 남아있는 가장 오래된 철학 저서의 저자이다. 그는 "무한자(무한정)"에 관해서 사변했고 그것이 존재하는 모든 것의 기원(근원, 원리)이라고 주장했다. 그는 또한 우리가 지금 지리학 및 생물학이라고 부르는 분야에 관해서 연구했다. 게다가, 아낙시만드로스는 최초의 사변적(思辨的) 천문학자였다. 그는 실험이나 관찰 같은 경험 아니라 순수한 이성을 사용한 사변을 통해서 닫힌 천구가 아니라 열려 있는 공간 속에 별과 태양이 앞뒤로 들어서 있는 우주라는 세계상을 창안했다. 그의 저작들은 언제나 단편적으로만 발견된다. 그럼에도 불구하고, 우리가 그에 대해 아는 바에 따르면, 그는 지금까지 살았던 가장 위대한 정신 중 한 사람이라고 말할 수 있다. "무한"에 대해 추측하고 거기서 결론들을 끄

집어내었음으로 그는 최초의 형이상학자라고 볼 수 있다. 그는 최초의 세계지도 작성했고 자연현상을 다룬 최초의 책을 저술했으며 그리스 세계에 최초로 그노몬(gnomon)을 도입했다. 그노몬이란 땅 위에 수직으로 세워 그림자 길이를 재어서 태양의 높이를 알아내는데 쓰이는 막대기이다.

그의 사변적 천문학을 보자.

바빌로니아인들과 이집트인들과 같은 이웃 나라들의 천문학은 주로 천체들의 뜨고 지는 현상과 천구를 가로지르는 경로에 대한 관측으로 이루어져 있다. 육안 또는 그노몬 같은 단순한 도구의 도움을 받아 이러한 관찰이 행해졌다. 특히 바빌로니아 사람들은 다소 선진적인 관찰자였다. 그와는 달리 아낙시만드로스는 묘성(昴星)이 아침에 지는 날짜에 관한 단 하나의 관찰 보고만 남겼다. 이는 그가 관측천문학자가 아니라 사변적 천문학자임을 보여준다.

그의 천문학적 사변은 주로 3가지 주장으로 이루어져 있다.: (1) 천체들은 완전한 원을 그리며 지구 둘레를 운행한다. (2) 지구는 허공에 떠있고 아무 것에 의해서도 떠받쳐지지 않는다. (3) 천체들은 서로 앞뒤로 놓여있다.

(1) 천체들은 지구 주위로 원주운동을 한다.

천체들이 매일 지구 주위를 운행한다는 가정은 참으로 대담한 도약이었다. 천체들이 원주 운동을 한다는 것은 당시에는 관측에 의해서 확인될 수 없었다. 별들이 보이지 않을 때에 사실은 그 별들은 원을 그리며 계속 원주운동을 하고 있다고 결론짓는 것은 이성의 추론에 의한 결론이었다.

(2) 지구는 우주에서 떠받쳐지지 않고 떠있다

아낙시만드로스는 지구는 그 어떠한 것에 의해 밑에서 떠받쳐지고 있지 않고 그냥 허공에 떠 있다고 주장했다. 그는 천체가 완전한 원운동을 한다는 그의 가정으로부터 과감하게 이런 결론을 이끌어냈다. 물론 이 사실도 관측에 의해 증명될 수 없었다. 아낙시만드로스에 따르면 지구는 지름이 높이의 3배인 원통형이다.

그렇다면 그는 왜 지구가 허공에 떠 있으면서도 떨어지지 않는다고 생각한 것일까?

아리스토텔레스의 『천체론』이 전하는 바로는 지구는 그 어느 쪽으로도 움직일 이유가 없음으로 그대로 그 자리에 머물러 있다는 논리를 아낙시만드로스가 개진했다고 한다:

"아낙시만드로스와 같은 몇몇 고대인들은 그것(지구)은 무차별성 때문에 있는 자리에 그대로 머무른다고 말한다. 왜냐하면 중앙에 위치하고 극단점들에서 등거리인 것은 위쪽이나 아래쪽 또는 옆쪽 그 어느 쪽으로도 움직일 이유(성향)가 없기 때문이다. 그리고 동시에 반대 방향들로 움직이는 것이 불가능하므로 그것은 반드시 있는 자리에 그대로 있어야 한다."[213]

많은 저자들은 이것은 충족이유율[Principle of sufficient reason, 充足理由律]에 근거한 논증의 최초의 예라고 지적했다. 충족이유율이란 일어나는 모든 것에는 이유가 있거나 그리고 왜 일어나는지 그리고 다른 식이 아닌 이런 식으로 일어나야 되는 이유가 있다는 원리이다.

아낙시만드로스의의 이런 논증은 플라톤의 《파이돈》에서 다시 나타난다. 여기서 플라톤은 사상 최초로 지구가 구형임을 논증하려고 시도한다.:

"나는 우선 지구가 둥글고 하늘 한가운데 있으면 공기가 필요하지 않다는 것을 확신한다."[214]

그러면서 그는 아낙시만드로스와 아주 유사한 논리를 내세운다. 다르게 될 충분한 이유가 없다는 충족이유율 논리였다.:

"낙하를 막는 다른 힘은 없고, 그 자체의 평형과 모든 측면에서의 하늘의 균질한 성질은 그것을 그 자리에 유지하기에 충분하다. 평형상태에 있고 균질한 무언가의 중심에 놓여있는 물체는 어떤 방향이든 방향전환을 할 수 없고 항상 같은 위치에 머무르게 될 것이다."[215]

(3) 천체들은 서로 앞뒤로 놓여있다.
아낙시만드로스는 하늘을 바라보면서 사상 최초로 우주공간이라는 것을 상상했다. 그에게 우주는 하나의 구(球)가 아니라 깊이가 있고 천체들은 하나의 구면에서 운행하는 것이 아니라 어떤 것은 더 가까이 어떤 것은 먼 데서 운행하는 공간이었다. 우주의 공간에 깊이가 있는지 없는지는 당시에 관찰로 알 수가 없는 사실이었기에 이것은 실로 대담한 제안이었다.

그렇지만 그는 별들이 지구에 가장 가까이 있고, 그 다음에 달이 있고 태양이 가장 멀리 떨어져 있다고 생각했다. 달에 의해서 별이 가려지는 현상인 성식[星飾, occultation]의 발생을 알았을 텐데 아낙시만드로스가 왜 별들이 가장 가깝다고 생각했는지에 대한 의문이 있다. 우리는 별들이 달의 뒤편에 있다는 것을 알기 때문에 달 뒤에 별이 사라지는 것을 보았을 때 성식을 이야기한다. 그러나 아낙시만드로스는 그런 사실을 몰랐기 때문에 성식이라는 아이디어가 떠오르지 않았을지 모른다.

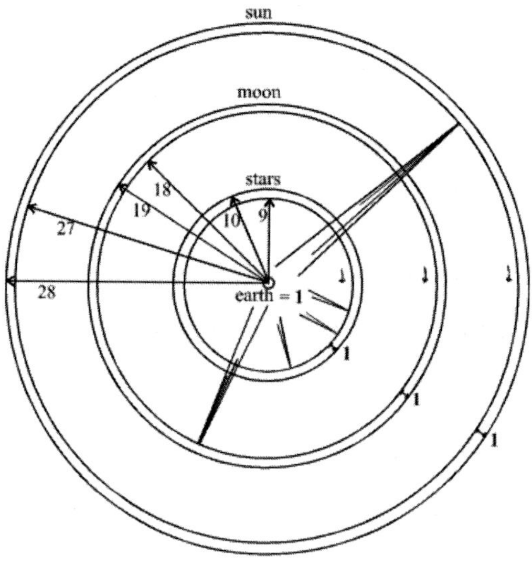

Figure 1
A map of Anaximander's universe

아낙시만드로스는 천체들은 일종의 바퀴라고 보았다. 속은 비어 있고 불로 차 있지만 걸 테두리는 증기로 덮혀 있다. 이 속에서 타는 불빛이 바퀴 구멍들을 통해서 빛을 낸다. 천체들이 지구로 떨어지지 않는 이유는 충족이유율 논리로서 천체는 지구 주위에서 원주를 도는 것 말고 다르게 움직일 이유가 없기 때문이다, 왜냐하면 그들 각 점은 항상 다른 어떤 것과 마찬가지로 지구에서 차이가 없이 떨어져 있기 때문이다.

그는 지구에서 천체들까지의 거리도 제시했다. 지구에서 태양 바퀴까지의 거리는 지구 지름의 27배~28배이며 달 바퀴까지의 거리는 지구의 18-19 배이다 1세기 전, Paul Tannerysms 9-18-27 거리라는 해석을 제안했고 Hermann Diels는 이 숫자는 종교적 신비주의적으로 3이라는 숫자가 중요했기 때문에 제시된 것이라고 주장하였다. 그들은 천구의 바퀴가 1 단위 두께이며, 이 단위는 지구의 지름이라고 제안했다. 그래서 전체의 거리 순서는는 별들에 대해서는 9와 10, 달에 대해서는 18과 19, 태양에 대해서는 27과 28이 되어야한다고 주장했다. 그래서, 9-18-27은 지구를 중심으로 운행하는 천체 바퀴들의 동심원의 반경을 나타낸다.[216]

아낙시만드로스의 무한정자(apeiron)

아낙시만드로스의 『자연에 대하여』라는 그리스 최초의 철학책은 단편만 남아 있는데 거기에서 그는 세계의 근원은 전혀 규정되지 않는 무규정의 물질이라고 하고, 이것을 아페이론(그리스어 apeiron: 무한정자, 한계가 없는 것)이라 불렀다. 이것은 불사불멸(不死不滅)의 영원히 운동하는 물질이고, 이것이 뜨거움과 차가움이라는 대립을 낳으며, 이들의 투쟁에 의해 만물이 만들어지지만, 만물은 또 필연적 법칙에 따라 쇠멸하여 근원으로 되돌아간다고 하였다.

아리스토텔레스에 따르면, 최초의 그리스 철학자들은 모든 것의 "기원" 또는 "원리"(헬라어 "archê"는 두 가지 의미를 모두 가지고 있음)를 찾고 있었다. 아낙시만드로스는 이것을 "무한정" 또는 "한계가 없는 것"(그리스어 : "아페이론", 즉 "한계가 없는 것" 또는 "규정되지 않는 것")으로 보았다. 아낙시만드로스는 무한자(무한정자)가 원리라는 테제를 제시했을 뿐만 아니라 그것을 지지하는 논증도 시도한 것으로 보인다.

"이 사실들로부터 이 탐구가 자연의 연구자들에게 적합하다는 것이 분명하다. 원리(근원)이 아니라면 무한은 끝이 없이 존재할 수도 없고 다른 어떤 힘도 가질 수 없기 때문에 그들은 모두 무한을 원리(근원)로 만든다. 모든 것은 원리(근원이거나 원리에서 파생되기 때문이다. 그러나, 무한을 파생시키는 원리는 없다. 만일 무한이 파생된 것이라면 무한은 한계가 있을 것이기 때문이다 게다가, 그것은 생겨나지도 않고 소멸되지도 않는다, 그러므로, 그것은 일종의 원리임을 시사한다. 왜냐하면 생겨나는 것은 끝나야 하고, 소멸되는 모든 것에는 종말이 있기 때문이다. 그래서 내가 말하듯이, 무한은 원리가 없지만 그 자체가 다른 것들의 원리가 되고 무한 이외의 다른 설명적인 요소들을 제공하지 않는 [자연 철학자들]에 의해 말해지듯이 '모든 것을 둘러싸고 모든 것을 조종하는' 것으로 생각된다. 그리고 그것은 아낙시만드로스와 대부분의 자연 철학자들이 말하듯이 '불사불멸'이며 이기 때문에 그것은 신적이라고 생각된다."[217]

아낙시만드로스는 공기나 물이 아니라 왜 무한정한 것이 근원이 되어야 한다고 생각했던 것일까? 그는 공기나 물이 무한정 한 것이라면 그것에 상극인 것은 "이미 오래 전에" 소멸되어 없어졌을 것이라기 보기 때문이다.:

"어떤 사람들은 이것을 무한정자로 본다,.왜냐하면 그들 중 하나에 의해 다른 것들이 파괴될 수 있기 때문에 공기나 물은 무한정할 수 없기 때문이다. 그것들은 서로 상극이기 때문이다. (예를 들어 공기가 차고 물은 습하고 불은 뜨겁다) 만일 그들 중 어느 것이 무한정하다면 그것들은 오래 전에 이미 다른 것들을 파괴해 버렸을 것이다.;그렇지만 지금 그것들이 존재하므로, 그것들 모두를 생성하는 어떤 다른 것이 있다고 그들은 말한다."[218]

무한정은 우주의 기원에 대한 아낙시만드로스의 설명에서 중요한 역할을 한 것으로 보인다. 그는 아페이론의 영원한 운동이 하늘을 생성시켰다고 말한다:

“아르케가 하나이고 운동하며 무한정하다고 주장한 사람들 중에서 아낙시만드로스는 아페이론(무한, 무한정)이 존재하는 사물들의 근원(원리)이자 원소라고 말했다. 그리고 그는 아르케에 대해서 이 이름을 도입한 최초의 사람이다. [즉, 그는 아르케를 아페리온이라고 부른 최초의 사람이었다] 또한 그는 운동은 영원하고 그 속에서 하늘이 생겨나게 된다고 말했다. 그는 아르케는 물도 원소들이라고 불리는 그 어떤 다른 것들도 아니라 아페이론이라는 어떤 다른 자연이라고 말한다. 거기에서 모든 하늘과 세상들이 생겨났다. 존재하는 것들은 필연적으로 그것들이 생겨난 것들 속으로 소멸된다, 왜냐하면 그가 시적 언어로 말하듯이, 그것들은 시간의 명령에 따라 서로에게 그들의 불의에 대한 형벌과 배상을 지불하기 때문이다.”[219]

형태도 없고 질료도 없고 규정되지도 않은 그러면서도 한계가 없이 무한정하면서 모든 것들의 원리(근원)가 되는 이 추상적인 아페이론이라는 개념을 아낙시만드로스는 도대체 어디에서 가져온 것일까? 이 개념은 현대의 “에너지” 개념과 흡사하지만 현대의 에너지 개념은 오랜 시간에 걸쳐 많은 사람들의 협업에 의해서 생겨나고 정립되었다. 하지만 아페이론이라는 개념은 실체가 전혀 없으면서도 가장 일반적이고 추상적인 개념이다. 이런 개념이 갑자기 하늘에서 떨어질리 없다. 이 비인격적인 원리는 당대의 사회적 관계를 반영했을지도 모른다. 그 중에서도 돈은 새로운 현상이었고 아주 사회생활과 사고방식 전반에 강력한 영향을 미친 사회적 관계였다. 이 돈이 사상과 철학 그리고 우주론에도 영향을 직간접적으로 미쳤을 것이라고 보는 것이 진실에 가까울 것이다.

그리스의 호머 시대에는 인간관계는 선물 증여로 이루어지고 그러한 선물은 그 기증자의 인격을 상징하기 때문에 그 고유성에 의해 가치가 생겨났다. 인간관계는 친선적인 호혜주의였고 인격적인 관계였다. 국가의 힘이 약한 곳에서는 상해에 대한 보복은 인격적으로 해소된다. 이에는 이, 눈에는 눈이라는 원칙이 작용한다. 그래서 피의 보복은 악순환의 끝없는 굴레에서 좀처럼 빠져 나오지 못한다. 그런데 돈이 등장하면서 이런 관계는 근본적으로 변화를 겪게 된다.

고대 그리스인들은 이집트와 교역을 했는데 이집트 수입품에 대해 아마 은으로 지불했던 것으로 보인다. 리디아인들은 그리스 용병들에게 주화를 지급했다. 화폐화된 시장이 생겨나고 번성하기 시작할 무렵에 밀레토스는 두 가지 측면에서 특별한 역할을 수행했다.

1) 가장 초기의 호박금 주화 중 중 일부는 밀레토스 주화였으며 아마도 이르면 기원전 7세기 늦어도 6세기중반부터 밀레토스는 은화를 생산하고 있었다. 기원전 6세기에 걸쳐 밀레토스는 일상적인 거래를 위한 충분히 작은 단위의 주화들을 생산하고 있었다. 초기부터 밀레토스 산 주화는 이오니아 남부와 리디아의 주화들과 동일한 중량단위로 만들어졌다

2) 밀레토스는 수륙교통의 요충지였다. 밀레토스의 부자들은 '영원한 선원들'이라고 불렸는데 이 명칭은 밀레토스의 부의 원천을 보여준다. 이런 해상 및 육로무역은 주화형태 또는 금괴 형태의 귀금속의 유통과 관련이 있다. 탈레스와 아낙시만드로스 시대의 다른 모든 그리스 도시국가들과 비교하여 밀레토스를 구분하는 특징은 정치체제가 아니라 그것의 경제였다.

솔론법은 상해에 대한 금전적 보상을 규정하고 있으며, 당시에 아테네

보다 더 화폐화된 밀레토스도 역시 금전적 상해보상을 했을 것으로 보인다. 상해보상으로서 돈이 지불되면 상해는 돈에 의해 소멸되거나 흡수되는 것으로 보인다. 금전적 보상을 통해 적대적인 당사자들 간의 관계는 상업적 거래에 동화되며, 교환수단과 가치척도로서의 돈에 의해 규제되는 상품유통의 무한한 영역으로 끌려 들어간다. 그러한 동화는 상업적 교환은, 가령 선물교환에서 표현되는 환대하는 상호주의 관계와는 달리, 각 당사자가 자신을 위해서 상대방에게서 가능한 최대한 많이 얻어내려고 시도한다는 면에서 서로에게 대립되는 적대적 관계라는 사실에 의해 촉진된다. 상업거래는 정의 실현과 동일한 어휘로 기술된다.

상해보상 금액에 대한 공공 합의는 보복의 악순환을 방지함으로써 폴리스에서 평화적 질서를 보장하는 핵심수단이다. 법률에 의한 그러한 합의의 확립은 사회적 관계를 변화시킨다.

보상이 금전적으로 정의되면서 상해에 대한 정량적인 정확성, 획일성 및 비인격화가 동반된다. 폭력과 지배를 하려는 잠재성이 있는 사람들 사이의 적대관계는 희생자, 범법인, 또는 판관의 신분과 관계없이 일률적으로, 적용되는 금전적 상해보상이라는 비인격적인 양적 등가성이라는 개념에 의해 통제되고 감소된다. 범죄와 금전적 보상 사이의 등가라는 법적 집행은 또한 적대적인 당사자 사이에 동가관계가 있음을 암시한다. 아리스토텔레스가 명시적으로 말했듯이, 미천한 자가 고귀한 자를 상하게 했든 그 반대의 경우든 마찬가지다. 법률은 가해자와 피해자를 평등한 사람으로 취급한다.

"선인이 악인을 속이든 악인이 선인을 속이든, 간음한 자가 선인이든 악인이든 그것은 별 차이가 없다. 법은 피해의 성격만 바라보고, 당사자들을 평등하게 대우하며, 한 사람이 부당한 행위를 하고 다른 사람은 그것을 당했는지. 한 사람은 가해를 하고 다른 사람이 피해를 보았는지 여부만 묻는다."[220]

도시화와 은의 돈으로의 발전이 이러한 금전적 보상이라는 사회적 관행의 전제조건이었다. 교역이 발달하면서 돈이라는 척도로써 모든 것의 가치를 재는 교환에서 비인격적이고 수량적인 등가성이라는 개념도 발전했다.

법적으로 부과된 피해 보상금은 금전적인 동등성을 통해 적대감을 중화하도록 고안되었다. 전반적으로, 돈을 사용하는 교역의 진보로 인해서 오래 지속되고, 정량화에 저항하는 옛 상호관계와 대립되는 형태의 비인격적이고 일과적이며 사물 사이의 정확하게 정량화된 동등성에 기반한 상호작용이 득세하게 되었다.

이제 분쟁은 비인격적으로 해결되고 상업거래에 동화된다.. 이러한 갈등 해소책은 아낙시만드로스의 밀레토스와 같이 인간 상호관계에서의 갈등이 내전으로 일반화되어 폴리스의 생존을 위협할 정도가 될 때 특히 중요하다. 사람들 사이의 관계는 사물 간의 관계(상해와 보상)에 의해 결정되어야 한다. 호머의 선물은 경제적으로나 정치적으로 중요한 사회에서 자주 그 수증자의 정체성이 남아있다. 거래는 개인적인 인격적 관계를 표현한다. 그러나 상업거래에서 내 놓는 것은 그것을 내놓는 사람으로부터 완전하고 영구적으로 분리된다. x를 수령하면 그것은 반대방향으로 동시에 즉각적으로 등가의 y의 손실이 수반되며, 그 결과 상실된 y는 수령된 x.로 변형되는 것처럼 보일 수 있다. 유사하게, 상해에 대한 법적 보상지불에서 지불되는 금액은 전적으로 지불인(支拂人)에게서 상실된다, 그리고 상해는 폴리스가 정의한 지불금에 의해 소멸된다..

비인격적인 우주를 대표하는 최초의 텍스트인 아낙시만드로스의 단편은 비안격성에 대한 이 중요한 사회적 압력을 반영하는지도 모른다. 한편으로는 그가 근원에서 생겨난다고 말하는 대립물들은 폴리스의 통제 하에 서로에게 보상하는 적대자들을 반영한다. 그러나 그들은 또한 폴리스가 살아남으려면 이 사람 상호관계가 해결되어야하는 비인격적인 거래, 즉 대립되는 항목(상해와 보상, 거래 품목)이 변형되고 서로 속으로 소멸되는 거래를 반영한다. 이런 식으로 우리는 단편에서 대립물들의 서로에 대한 보상 지불은 또한 그들의 정체성의 상실이라는 불가사의한 개념을 이해할 수 있다. 더욱이 우리는 이런 방식으로 정체성의 상실이 아페리온 속으로 발생한다는 똑같이 어려운 개념을 이해할 수 있다.

다른 한편 돈과 무역의 성장과 함께 새로운 형태의 불안정성이 따라온다. 교환에서의 당사자 간의 평등은 긍정적 상호주의와 재분배의 오래된 비대칭 관계에 의해 배제되었던 무제한의 빈곤이나 부의 축적을 촉진하는 역설적인 면이 있다. 그래서 결국 이 새로운 형태의 불안정성 속에서 부자들은 빈자들을 노예로 삼는 일들이 빈번하게 발생한다. 솔론은 이 문제를 해결하도록 임무를 부여받았다. 그는 돈의 축적에는 한계가 없다고 말한다.

"사람들에게 명백하게 복신에 대한 한계는 없다.;
가장 부유한 삶을 가진 자들은
그들의 재산을 배로 불리려고 한다. 누가 그들 모두를 만족시킬 것인가?
불사의 신들은 필사의 존재들에게 이익의 수단을 허용했다,"

솔론은 부채를 말소하여 한계를 회복시키고 자신을 '경계'라고 부른다. 그래서 솔론의 세계에 보편적으로 퍼진 돈은 역설적이다. 한편으로 부

(그리고 부의 추구)에는 제한이 없으므로 사람들은 돈과 땅을 축적하고, 다른 사람들을 노예로 만들고, 폴리스를 파괴한다는 것을 의미한다. 그러나 다른 한편으로는 보편적인 수단으로서 돈은 각 상품 및 각 범죄에 특정 수치를 부여함으로써 명확하고 모든 것을 망라하고 정확한 외적 척도에 따라서 각 개별 거래에서 평등한 당사자 간의 합의가 취해질 수 있도록 허용함으로써, 보편적 한계를 제공하는 것으로 보인다.

상업적 대립은 각각 동일한 것(추상적 가치)을 구현하는 반대 품목(가령 꽃병과 어떤 금액의 돈)에 의해 해소된다. 화병이 변신된 돈은 다른 대립을 해소하여 더 많은 화병을 만드는 데 사용되어 다시 돈으로 바뀔 것이다. 아낙시만드로스의 우주론에서와 같이, 화폐교환에서 대립물들은 단일한 실체 즉 돈에서 유래하고 그것을 구체화하며 다시 돈 속으로 흡수된다. 피해자와 가해자 간의 대립도 상해를 흡수하는 금전적 가치의 보편적인 힘에 의해 해소된다.

실제로 돈과 우리가 알고 있는 아낙시만드로스의 '무한정자 (apeiron)' 사이에는 여러 가지 유사점이 있다.[221]

(a) 돈과 아페이론은 다른 모든 것과는 다르고 그들과 분리되어있다
(b) (a)에도 불구하고, 그것들 각자는 어떤 의미에서 모든 것들을 포함한다. 모든 것은 그것에서 나오고 다시 그것으로 변형된다. 아낙시만드로스의 아페이론이 하나이면서 모든 것인 것처럼, 금전적 가치는 단일 실체로 보는지 또는 다양한 상품으로 구체화되는지에 따라 하나가 될 수도 많은 것이 되기도 한다.
(c) 아페이론은 다른 모든 것보다 선행하고 다른 모든 것들이 소멸된 후에도 지속된다. 그리고 '불사불멸'이다. 돈은 가치척도로서 또는

교환수단으로서 받아들여지려면 즉 그것이 돈이 되기 위해서는 그것이 개입되는 머든 거래들보다 선행해서 존재래야 하고 그 수령인은 그것이 먼 미래에까지 그 가치가 계속 유지될 것이라고 믿어야 한다.

(d) 아페이론은 단지 영원한 것일 뿐만 아니라 영원한 운동을 한다. 비슷하게 돈도 상품유통에 있어 끊임없는 움직임에도 불구하고 영원히 그 정체성은 유지된다.

(e) 아페이론은 모든 것을 둘러싸고 조종한다. 비슷하게 돈도 모든 거래의 전반적인 목표와 가치 척도를 제공하기 때문에 그러한 모든 활동을 규제하는 것처럼 보일 수 있다.

(f) (e)에도 불구하고, 아페이론과 돈은 각각 비인격적이다.

(g) 아페이론은 무한정이라는 면에서 다른 모든 것들과 구별된다.

돈도 마찬가지임은 아낙시만드로스의 동시대인 솔론에 의해 처음으로 표현되었으며, 그는 돈의 무한정적인 개인 축적은 가난한 시민들을 노예화시키고 폴리스를 위협한다는 것을 알았다. 아리스토텔레스는 공기나 물과 같은 원소가 아니라 아페이론을 근원으로 삼는 자가 있다고 말한다. 대립적인 원소들이 무한정한 다른 원소에 의해 파괴될 것이기 때문이다. 이 아이디어는 정치경제 문제와 유사하다. 화폐 경제에서 거래자들 간에는 대립적인 구도가 전제되어 있고 그 네트워크에서의 무한정적으로 금전이 축적되면 결국 일부 거래자들은 노예가 될 수 있다. 돈의 무한정한 축적에 의해 대립자가 소멸된다.

그러나 자유 시민들은 화폐거래에서 교환자들로서 아낙시만드로스의 원소들처럼 대립자들이며 평등하다. 아페이론이 경쟁하는 원소들 중 하나가 되어서는 안 되듯이 돈의 무한정한 축적은 공통의 보물

창고로 한정되어야 한다 아페이론은 돈과 마찬가지로 한계가 없지만 한계를 부과한다.

(h) 아페이론은 내부적으로 미분화되어 있고 균질하다. 돈도 마찬가지다.

(i) 아페이론은 모든 것들 둘러싸고 있으며 그것들의 근원에도 불구하고 지각할 수 없다는 의미에서 추상적이다. 비슷하게 돈은 구체적이면서 동시에 추상적이고 가시적인 동시에 보이지도 않는다.

(j) 대립물들의 서로에 대한 보상 지불이 아페이론 속으로의 흡수되는 것이라면, 아페이론은 대립자들을 통일하는 초월적인 힘을 갖는다. 유사하게 상해에 대한 보상 또는 합의된 상품 가격으로서의 돈의 초월적인 힘은 대립물들 사이를 중재한다.. 그리고 좀 더 일반적으로 사물들을 균질하게 만드는 돈의 탁월한 힘은 대립물을 통일시키는 힘으로 표현된다.

돈과 아페이론의 특성들은 놀랄 정도로 흡사하다. 이런 유사성은 과연 우연의 일치일까?

아니면 깊은 연관성이 존재하는 것일까? 아페이론이라는 개념은 관찰로부터 파생되지 않는다. 그렇다면 그것은 어디서 오는 것일까? 돈이 그것을 발생시키는데 알게 모르게 영향을 미쳤을까?

아낙시만드로스의 우주론은 폴리스라는 특수한 정치제도의 반영일 수도 있다. 우주에는 열과 냉이 그리고 여름과 겨울이 번갈아서 서로를 잠식하면서 균형을 이룬다. 폴리스에서는 시민들은 상거래에서 대립하고 가해자와 피해자의 대립이 있고 이들은 폴리스의 법에 의해 통제되고 해소된다는 면에서 우주와 폴리스 간에는 유사성이 있다. 그런 면에서 아낙시만드로스의 우주는 폴리스의 투영이라고 부를 수 있다. 그렇지만 일반적으로 초기 그리스 철학 그리고 특히 아낙시만드로스의 철학에서는 비인격적인 우주의 법칙이 아니라 비인격적인 실체(아르케, 근원, 원리)를 상정한다.

더구나 아낙시만드로스의 아페이론은 묘하게도 돈의 특성들을 거의 고스란히 갖고 있다. 만일 아낙시만드로스의 우주론이 당대의 사회관계를 우주에 투영한 것이라면 그 이전 어느 시대나 어느 곳에서도 일어나지 않았고 오직 이오니아 지방에서만 독특했던 화폐의 모든 사회영역으로의 침투-화폐화는 의식적으로나 무의식적으로 당시 사람들에게 깊은 인상을 주었을 것이고, 이러한 돈의 특성들은 사고방식과 세계를 바라보는 관점과 개념에 심대한 영향을 미쳤을 것이다. 돈의 특성을 우주론에 투영했다고 해도 놀랄 일이 아닐 것이다.

물론 새로운 사회적 현상인 돈이 사회적 관계 전반에 침투한다고 해서 돈의 특성이 곧 우주의 특성이 되리란 보장은 없다. 그것은 자연과 우주를 바라보는 새로운 시각과 개념적 틀을 제공할 뿐이다. 그것이 우주에 들어맞을 선험적 이유는 없다. 그리고 돈이 곧 아페이론으로 직접적으로 고스란히 투영되는 것도 아니다. 아페이론은 돈으로 환원되지 않는다. 그렇지만 돈이 우주를 보는 새로운 시각을 제공한 것은 참으로 보인다.

오스트리아 철학자인 루드비히 비트겐슈타인[Ludwig Wittgenstein 1889~1951]이 그의 주저 『철학적 탐구』에서 '받아들여야만 하는 것, 주어진 것은 삶의 형태들이다"고 주장하였듯이[222] 당시 밀레토스에서는 주화가 급속하 침투하고 있었고 이런 삶의 형태가 소크라테스 이전 철학과 동반했음을 감안하면 사회적으로 희생적인 공동성과 군주제의 초월성이 우주의 초월성으로 투영되었듯이, 당대의 화폐관계도 우주론에 어떤 방식으로든 투영되었을 것이다.

화폐 가치의 기원은 사회적인 것으로서 사람들에게 은폐되어 있듯이 아페이론도 기원이 없는 것으로 아낙시만드로스에게 생각되었을 것이다. 화폐는 자체적으로 가치를 갖고 있는 것으로 보여지고 그것은 아무 것으로든 변모할 수 있는 힘을 가지며 모든 개인들과는 독립적으로 존재하고 영구히 활동하는 비인격적인 실체, 구체적이면서도 추상적인 실체로 나타났을 것이다. 이런 특성들이 철학적인 우주론에 반영되지 않았다면 그것이 이상할 것이다.

헤라클레이토스

헤라클레이토스의 사상; 유전, 대립물의 통일, 로고스

헤라클레이토스[Heraclitus of Ephesus]는 기원전 540년경 소아시아의 서쪽 해안 이오니아지방에 세워진 고대 그리스의 식민도시 에페소스 출신의 철학자이다. 에페소스는 밀레토스에 가까이 위치하고 있다. 그렇지만 그는 밀레토스학파에 속하지는 않는다. 그는 "같은 강에 두 번 들어갈 수 없다(B91)"는 말을 남겼고 "유전과 불(flux and fire)"의 철학자로 유명하다. 그는 구 왕족가문 출신으로서 그리스 철학자 중 최초의 귀족이다. 그는 그의 추종자들도 읽기가 어렵다고 한 책을 저술했다. 그러나 헤라클레이토스 자신이 직접 써서 아르테미스 신전에 바쳤다고 하는 《자연에 대하여(On Nature)》는 오늘날 존재하지 않는다. 따라서 그의 삶이나 철학을 추정할 수 있는 자료 대부분은 후대의 것이거나 단편적이다.

남아있는 것들 중 3세기 전반에 활약한 그리스 사상가이자 전기(傳記)작가 디오게네스 라에르티오스(Diogenes Laërtius)의 저서 《고대 철학자들의 생애와 사상(Lives and Opinions of Eminent Philosophers)》은 그 중 가장 많은 정보가 담겨 있는 사료이다.

헤라클레이토스 이전에 고대 그리스세계는 상당히 정태적이었다. 올림포스 신들은 영원한 존재였고 그들이 내려다보는 세계도 마찬가지였다. 자연의 본성은 영구적이고 불변인 것으로 생각되었다. 그와는 대조적으로 헤라클레이토스는 "사람은 같은 강물에 두 번 들어갈 수 없다, 새 물들이 계속해서 그 사람에게 흘러 닥치고 있기 때문이다."라고 말했다. 그는 모든 것은 영원한 유전(flux 流轉)상태에 있다고 보았다. 그러므로 실재는 일시적인 상태들이 항상 천이하는 것에 불과하다. 지금 그 어떤 것도 이전과 같지 않으며 현재의 그 어떤 것도 내일에는 같은 것으로 남아있지 않을 것이다. 실재 전체가 끊임없이 흐르는 물줄기와 같아서 아무것도 한시도 쉬지 않고 변하고 있다. 우리가 보는 것들의 실체는 끊임없이 변화하고 있다. 우리가 그들을 보았을지라도 그들이 구성되어있는 재료의 일부는 이미 다른 것으로 옮겨졌고 신선한 재료가 다른 원천으로부터 들어왔다. 이 사상으로써 그는 그리스 사상에 무상(impermanence)이라는 관념을 도입했다. 그의 유전이론 때문에 당대 사람들에게 찬미되었는데, 이 유전이론은 "만물은 流轉한다(판타 레이panta rhei)"라는 한 구절로 표현될 수 있다.

"같은 강으로 들어선 사람들에게, 계속해서 다른 물이 흘러온다." (B12)
"같은 강에 두 번 들어갈 수 없다]. 그것은 흩어지고 다시 모이고
접근하고 멀어진다." (B91)

"우리는 같은 강에 들어가기고 하고 들어가지 않기도 한다. 우리는 존재하기도 하고 존재 안 하기도 한다." (B49a)

헤라클레이토스는 외관상 안정되어 보이는 그 어떤 것도 사실은 단지 유전 중에 있는 한 단면일 뿐이고, 그것을 구성하는 질료들은 매 순간 결코 같지 않다고 주장한다.

헤라클레이토스는 불이 만물의 근원이라고 믿었다. 불을 통해서 만물이 생겨나고 사라진다. 불 그 자체는 영구적인 변화의 상징인데, 그것은 그 자체는 질료(substance)가 아니면서 한 질료를 다른 질료로 변모시킨다. "이 코스모스는 누구에게나 다 같은데, 신도 인간도 그것을 만들지 않았고 그것은 영원히 있었고 지금도 존재하며 언제나 있을 것이다..영원한 살아있는 불로서 도량에서 점화되고 도량에서 진화된다." (B30)

양자역학의 창시자이자 불확정성원리의 발견자인 이론물리학자 베르너 하이젠베르크 (Werner Karl Heisenberg, 1901~1976)는 헤라클레이토스의 "불" 개념이 현대 물리학의 "에너지" 개념과 아주 흡사함을 지적하였다.:

"질량과 에너지는 상대성 이론에 따르면 본질적으로 같은 개념이기 때문에 우리는 모든 소립자가 에너지로 구성되어 있다고 말할 수 있다. 이것은 에너지를 세계의 기본 물질로 정의하는 것으로 해석될 수 있다. 그것은 실제로 '실체substance'라는 용어에 속하는 본질적인 속성을 가지고 있으며, 그것은 보존된다. 그러므로 현대 물리학의 견해가 불을 에너지를 의미하는 것으로 해석한다면 이 점에서 헤라클레이토스의 관점에 매우 가깝다는 것이 앞서 언급되었다. 실제로 에너지는 움직이는 것이다. 그것은 모든 변화의 주요 원인이라고 불릴 수 있으며, 에너지는 물질이나 열 또는 빛으로 전화될 수 있다. 헤라클레이토스의 철학에서 대립물들 간의 투쟁은 두 가지 다른 형태의 에너지 사이의 투쟁이라고 볼 수 있다."[223]

아낙시만드로스처럼, 헤라클레이토스는 물, 공기, 불, 흙의 투쟁에서 우주적 균형이 일어난다고 믿는다. 원소들로 이루어진 형태들의 영구적인 전화(transmutation)때문에, 어떤 단 하나의 원소가 우세해지는 일은 결코 없다. 그러므로 헤라클레이토스의 사상에 따르면 불은 하나의 변모시키는 힘에 불과하다.

헤라클레이토스의 또 다른 주요 사상은 "대립물의 통일(unity of opposites)"이다. 대립물의 통일이란 대립물들은 서로가 없으면 존재할 수 없다는 것을 말한다. 대립물들은 어쩌면 같은 것의 양면이기도 하고 어쩌면 그 둘이 하나를 이룬다는 주장이다. 밤이 없으면 낮이 없고 겨울이 없으면 여름도 없다. 악이 없으면 선도 없다.

"만일 이것들(불의)이 존재하지 않는다면 그들은 정의의 이름을 알지 못할 것이다." (B23)

"오르막길과 내리막길은 하나며 같다." (B60)

"대립되는 것은 함께 모인다. 최고의 조화[하모니아]는 상치되는 것으로 구성되며, 모든 것은 다툼에 따라 생겨난다." (B8)

모든 발전은 양극의 대립적인 두 힘이 상호작용하는 가운데 일어난다. 모든 것은 존재하기 위해 자신의 대립물을 필요로 한다. 따라서 영원한 평화 속에서 모든 투쟁이 종식되기를 갈망하는 사람은 그릇된 생각을 품은 것이다. 창조적 긴장이 중단되면 남는 것은 완전한 정지와 죽음뿐이기 때문이다.

"전쟁은 일반적이며 정의는 투쟁이며 모든 것이 투쟁과 필요에 따라 일어난다는 것을 알아야 한다." (B80)

대립물의 투쟁은 실제로 "조율"(ἁρμονία)이다. 이것으로부터 지혜는 많은 것들에 대한 지식이 아니라 대립물이 근본적으로 일치한다는 것을 인식하는데 있다고 한다. 그래서 세상은 하나이자 동시에 많은 것, 일자이면서 다자라는 것이다. 대립물들이라는 것은 일자의 통일성을 구성하는 양편의 "대립적 긴장"에 불과하다는 것이다.

원소들이 전화하는 과정은 우연히 발생하는 것이 아니라 신의 이성-로고스-의 산물로서, 로고스는 우주적 원리이다. 그는 하나의 신성한 법이 우주를 통제하고 조종한다고 주장했다. 그는 이것을 로고스라고 부른다. 로고스라는 단어는 다른 말로 "설명" 또는 "말해진 것" 또는 "단어"를 의미한다. "설명"과 마찬가지로 로고스를 말하는 것은 뭔가 말하면서 설명하는 것이다. 헤라클레이토스는 우주의 끊임없는 변화에도 불구하고 불변의 원리 즉 로고스가 이러한 변화를 지배하고 설명한다고 주장하면서, 대립물들의 통일에 대한 역설적인 주장에서 이 통일의 표시를 보여준다. 로고스의 물리적 표시는 불이다: 항상 변하지만 항상 같은 불.

"이 로고스에 따라 모든 것이 생겨난다." (B1)
"내가 아니라 로고스에 귀를 기울이면, 현명하게도 모든 것이 하나라는 데 동의하게 될 것이다" (B50)

끊임없는 유전에도 불구하고 사물들이 상대적으로 안정적으로 보이는 이유는 무엇인가? 헤라클레이토스의 대답은 사물들이 "도량measures"를 준수하기 때문이며, 그 덕분에 물질이 끊임없이 변하고 있지만 장기적으로 각 형태의 물질의 총량은 동일하게 남는다.

> "영원한 살아있는 불로서 도량에서 점화되고 도량에서 진화된다."
> "태양은 그의 도량을 넘지 않을 것이다. 그렇게 한다면 정의의 시녀인 에리니에스[Erinyes]가 그를 찾아낼 것이다."[224]

돈과 헤라클레이토스의 사상

헤라클레이토스의 로고스

헤라클레이토스에 따르면 모든 것들은 로고스에 따라서 발생한다. 그리고 모든 것들은 로고스가 전화되는 불과 교환된다.

> "모든 것은 불과, 불은 모든 것과의 교환이다, 마치 재화들은 금과, 금은 재화들과의 교환이듯이."(B90)

헤라클레이토스의 불은 보편적 등가물인 귀금속 주화와 닮았다. 불은 또한 로고스에 따라서 보편적 전화를 하는 점에서도 귀금속 돈과 닮았다. 그리고 그의 유전 사상-모든 것은 유전한다는 사상은 돈이 있으면 모든 것이 움직이고 추동된다는 사실과도 대응된다.

기존 거래와 돈 거래

기존 거래들(제사 분배, 재분배, 호혜, 물물교환, 약탈 등)과 달리 화폐 거래는 정확히 수량화 되지만 외적으로 강요되지 않은 필연성에 의해 규제되는 것처럼 보인다. 화폐거래는 전통, 신, 법률, 무력 그 어느 것에 의해서도 강요되지 않는다. 그런데도 이 엄격한 필연성과 총체적인 정확성은 어디에서 오는가? 돈은 그 수치의 구현과 더불어 재화와 돈 간의 보편적 등가의 통일적인 시스템을 규제하는 보이지 않는 비인격적인 필연성을 구현한다.

"보이지 않는 조화는 보이는 조화보다 더 좋다"

(Hippolytus, Refutation of all heresies, IX, 9, 5.)

재화의 순환이 돈에 구현된 수치적 추상성(로고스)에 따라 돈에 의해 구동되듯이 우주적 순환(불-사물-불)도 불에 구현된 로고스에 따라 불에 의해 구동된다. 돈과 불은 사물들을 그들의 대립물로 전화시키는 초월적 힘을 갖고 있다. 모든 것들은 로고스에 따라 발생한다.(B1) 그리고 로고스는 모든 사람에 공통이다.(B2)

이 로고스 개념은 모든 재화들과 모든 사람들을 하나의 추상적 시스템으로 통일시키는 돈의 힘에 영향을 받았을 것이다.

헤라클레이토스의 로고스와 오르페우스의 로고스

헤라클레이토스의 세계에서는 가문과 혈통의 힘은 돈의 힘에 의해서 대체된다. 오르페우스의 신비주의적 신통기[Theogony, 神統記]에 구현된 다자(多者)와 일자(一者), 필사와 불사의 모순은 헤라클레이토스 우주론에서도 중심적이다. 그는 전통적인 신비주의적 로고스와 새 화폐적 로고스를 융합시켰다. 헤라클레이토스의 세계는 불사의 불로서 그것은 다른 모든 것으로 전화하기 때문에 하나이면서 여럿이다. 이 불사의 불은 영혼 속에 머무는데, 그러므로 죽음은 단지 하나의 전화에 불과하다. 비교[祕敎]에서 영혼은 우주적 원소들을 통해서 순환하듯이, 헤라클레이토스에게 있어서 불의 영혼은 우주적 원소들을 통해서 순환하는데 하나의 원소가 죽으면 새 원소가 탄생한다. 아마도 신비주의적 계보에서 헤라클레이토스의 보편적 우주론으로의 이행은 돈의 보편적 순환의 영향을 받아서 이루어졌을 수도 있다. 헤라클레이토스의 불과 영혼처럼 화폐가치는 어떤 의미에서 모든 교환을 통해서 지속되는 단일한 개체이다. 마치 개인은 필사하지만 그 영혼 속에 죽음을 넘어서 지속되는 불사의 불이 있듯이, 돈은 그 재화들로의 전화를 넘어서 지속되는 영원한 가치를 포함한다. 헤라클레이토스는 불의 보편적 교환가능성을 (불사의) 금과의 교환가능성과 비교한다.

"모든 것은 불과, 불은 모든 것과의 교환이다, 마치 재화들은 금과, 금은 재화들과의 교환이듯이." (B90)

대립물의 통일

돈은 다양한 종류의 대립물들을 통일시키는 초월적 힘을 갖고 있는 것처럼 보인다. 모든 것을 어떤 다른 것으로도 전화시키는 돈의 이런 무한한 힘은 대립물들을 통일시키는 초월적인 힘으로 나타난다. 그렇지만 화폐 거래 당사자들은 적대적으로 대립한다. 화폐매매에는 역사적으로 전례 없는 상호적인 절대적 이기심이 개입된다. 각 당사자는 최대한의 이점을 획득하려 하면서 흥정하기도 하고 상대방을 속이려고도 한다. 돈의 로고스는 이러한 대립적인 당사자들을 통일시켜서 거래를 가능하게 한다.

"전쟁은 모든 사람들에게 공통적이고 투쟁은 정의이고 모든 것들은 투쟁을 통해서 존재하고 사라지게 된다." (B80)

과거의 우호적인 호혜관계는 화폐거래로 대체되고 이 화폐거래들은 적개심과 이기심을 조장하고 불의들을 발생시키지만 다시 돈의 로고스는 그 대립적인 거래를 가능하게 하고 필연적으로 만든다. 따라서 화폐 거래는 상호 절대적인 이기심이 충돌하는 갈등인 동시에 로고스에 의해

지배되어 쌍방이 자발적으로 받아들이는 필연성에 따르는 공동체적 정의가 된다.[225]

헤라클레이토스 사상의 시대적 배경

헤라클레이토스 시대의 그리스 사회는 3대 계급 즉 부유한 세습 지주귀족, 상인계급, 공인과 가게 주인들로 이루어진 자유민으로 구성되어 있었고 이 계급들 사이의 정치권력 투쟁은 끊임없이 발생했고 치열했다. 각 계급은 다른 계급을 희생하여 통치권력을 잡으려 시도했고, 모든 계급은 노예를 희생시켜 통치했다. 이오니아는 돈에 기초를 둔 사회 중 최초의 사회였다. 상품생산은 티그리스- 유프라테스와 이집트 지역에서 오랜 기간 동안 발전해왔고 그러한 상품사회의 출현은 하나의 혁명이었다. 그러나 주화와 함께 보다 광범위한 혁명이 발생했다. 화폐로서 주화는 계속되는 전쟁, 강탈, 무역 확장을 촉진했고 다시 이것들은 주화의 공급증가를 촉진했다.

사회의 새로운 토대 즉 노예제와 상품생산의 확대를 통해 새로운 상인들 계층은 그리스의 무장 전사계급을 급속히 대체하거나 또는 흡수하고 있었다. 새로운 사회적인 내용에 해당하는 새로운 정치형태는 민주주의였는데, 헤라클레이토스는 그것을 혐오했다.

기원전 6세기 아폴로의 신탁을 들을 수 있는 델포이 신전은 그리스와 그 주변 국가들에게도 성소로 여겨졌던 곳이다. 고대 그리스 인들은 델포이를 '세상의 배꼽'이라는 뜻의 옴팔로스(omphalos)라는 돌을 세웠다. 고대 그리스에서는 중요한 사항을 결정할 때마다 신들에게 가부를 묻는 일이 일반적인 관례로 되어 있었다. 무녀나 점을 통해 신과 접촉해서 신들의 지침을 얻었던 것이다. 이런 행위를 '신탁(神託)'이라고 부른다.

그리스에는 각지에 신탁을 받기 위한 신전이 있었지만 그중에서 델포이는 특별히 중요한 곳이었다. B.C. 7세기 무렵에 델포이 신전이 건설되면서 델포이 성역은 다른 곳과 확연히 구분되는 종교적인 명소가 되었다. B.C. 590년에는 델포이 주변의 폴리스들2)이 델포이 성역의 안전을 보장하는 동맹을 맺음으로써 델포이는 단순한 하나의 신전이 아니라 그리스 세계 전체의 종교 센터 역할을 맡게 되었다. 델포이 성역 중심에는 아폴론의 신전이 자리잡고 있고 신탁은 바로 이 아폴론 신전 안에 있는 작은 방에서 이루어졌다. 피티아라 불리는 무녀가 청동으로 만든 삼각대를 잡고 허리를 굽힌 다음, 바닥의 갈라진 틈에서 올라오는 증기를 들이마시면 자신도 모르게 트랜스 상태에 빠져들어 신탁을 받는다는 것이다.[226]

하지만 델포이는 이성과 질서의 신인 아폴론만을 오로지 숭배하는 곳은 아니었다. 델포이성역에서는 일탈과 광란으로 이끄는 디오니소스 신도 함께 숭배되었다. 아폴론 성역에서는 인간의 원초적 감성과 충동을 방출하는 디오니소스 주신제가 열렸다. 아폴론이 예언을 하는 3월부터 10월까지 아홉 달 동안 델포이 성역의 주신이었고, 11월부터 2월까지의 동절기는 디오니소스가 주신이 되었다. 동절기에 디오니소스의 여성 숭배자들은 아폴론 신전 뒤편에 있는 높은 절벽으로 올라가 코리키안 동굴로 횃불과 북을 들고 춤을 추며 걸어가서 동굴 안에서 비밀 의식을 치렀다고 한다. 디오니소스 의식에 참가한 여성들을 '실성한 여성들' '광란하는 여자들'이란 뜻의 마이나데스(mainades)라고 불렀다.

어떤 의미에서 헤라클레이토스는 아폴론의 기치를 높이 들어서 구 귀족의 신을 하층계급의 신인 디오니소스 신에게 맞서고 있었을지 모른다.

아폴론은 델포이신탁 및 불가사의한 수수께끼 같은 메시지로 대표되었으며, 헤라클레이토스 자신이 그런 메시지를 전달했다. 델포이의 신탁은 대중민주주의 운동과 새로운 상인에 의해 공격받고 있었다. 호머는 디오스소스가 언제 신으로 경배되게 되었는지에 관해 거의 말하지 않는다. 그러나 이것은 디오니소스가 그 후에야 그리스에 알려지게 된 외래 신이라는 증거는 아닐지 모른다. 그것은 단지 호머와 그의 사회에 디오니소스가 중요하지 않았을지 모른다는 것을 나타낼 뿐이다.

고대 메소포타미아에서와 마찬가지로 델포이와 같은 성전은 금속, 예술 또는 곡물 부의 통제 기능을 가지고 있었다. 델포이가 아폴론보다 후발 신인 디오니소스와의 이데올로기적 투쟁에서 갖는 중요성은 델포이가 법적 센터일 뿐만 아니라 주요한 영적 센터이자 "저장" 센터라는 사실과 함께 고려되어야 한다.

아마도 헤라클레이토스는 무의식적으로 아폴론과 디오니소스의 통일을 보았을 것이다. 아폴론과 디오니소스가 연중 번갈아 가면서 델포이를 통치하는 타협점은 일종의 대립물의 통일로 볼 수 있다. 단순함, 통일과 순결, 논리와 이성의 원칙을 대표하는 아폴로와, 다양성의 변화와 변태를 대표하는 디오니소스라는 대립은 헤라이클레이토스의 사고에 분명히 깊이 자리 잡고 있었을 것이다. 또한 처음부터 헤라클레이토스 자신의 도시인 에페수스도 예를 들어 동양과 그리스 문화를 융합시킨 아르테미스사원을 중심으로 한 종교와 같이 대립물들의 상호침투였다. 페르시아의 이오니아 정복도 그러한 상호침투였다. 알려진 세계 전체가 거대한 투쟁에 참여하고 있었고 헤라클레이토스는 이런 투쟁을 깊이 자각하고 있었을 것이다.[227]

헤라클레이토스는 모든 사회적 규범은 상대적이라고 보았던 민주적 세력에 대항하여 구질서를 지지하기 위해 고군분투하고 있었다. 헤라클레이토스에게는 도시의 기존 구법은 우주에 걸쳐 작용하는 실제 로고스를 따라 제정되었고, 상인들이 입법하려고 관심을 보이는 신법에는 관습적, 법률적 및 규범적 보편성이 결여된 것으로 보였다. 로고스에 대한 그의 철학은 이런 배경에서 나왔을지 모른다. 하지만 그의 로고스 사상과 대립물의 통일 원리는 당시 사회 곳곳에 침투하던 시장 경제-돈의 힘과 특성을 반영하고 있었을지도 모른다.

06

은행과 조폐창으로서의 신전

제식과 교환을 위한 특별한 회합 장소가 특정한 곳으로 고착되는 과정은 빙하시대부터 발견된다. 후대에는 신성한 숲과 계절적 회합 장소에서도 발견된다. 사람들은 이러한 터들에 연중 내내 정착한 것이 아니라 시시때때로 정착하였다. 이러한 장소들은 성스러운 곳으로서 여기서 사람들이 모이고 제사를 지냈다. 여기서 신전들이 생겨나고 회합 장소로서 신전들은 자연스럽게 거래를 후견하는 관리자가 되었다. 그래서 신전들은 제식을 거행하는 곳이기도 하지만 그 기능은 시간이 가면서 시장을 후견하는 역할도 떠맡게 되었다. 또한 신전들은 피의 복수를 피해 온 도피자들을 위한 피난처로도 그리고 공동체의 금은보화, 종자, 도구 같은 것들을 저장하는 보호구역으로도 기능했다. 신전은 신성한 곳으로 인식되었기 때문에 도망자를 처단하거나 저장된 물건들을 빼앗는 행위는 신성모독으로 간주되었다.

신전에서 거래 당사자들은 형평성 있게 그리고 대칭적으로 처우되어야 했고 여기에는 표준화가 필요했다. 그래서 도량형이 제정되어야 했다. 그리고 이러한 규제적 기능을 시행하기 위해서 신전들(나중에는 왕궁들)은 규칙들과 가격들을 포함하여 전문적인 법들을 개발해야 했다. 처음에는 그들은 자신들이 직접적으로 수행하는 서비스들-결혼, 장례식, 수공 생산 그리고 가격들과 이자율을 규제했다.[228]

신전이 화폐의 탄생과 시장의 기원에서 중대한 역할을 할 수밖에 없음은 분명하다. 도량형이 필요했고 특히 교환되는 물건들의 "가치"를 측정할 도량형이 필요했다. 더구나 신전들은 추상적인 도량형을 구체적인 물질로 표현할 수 있고 위조가 어려운 귀금속 특히 많은 금은을 갖고 있었다. 신전 경내는 성스러운 곳이라는 인식 때문에 절도, 강탈, 살인, 속임수가 일어나기 어려운 안전하고 질서 잡힌 세계였다. 많은 부를 퇴장하여 갖고 있는 독점적 소유자로서 신전들은 채권자로서 신용대출을 할 여력도 기회도 풍부했다.

예루살렘으로 돌아온 예수는 예루살렘 성전에서 장사꾼들과 환전상들을 내쫓는다.

13 유대인의 유월절이 가까운지라 예수께서 예루살렘으로 올라가셨더니
14 성전 안에서 소와 양과 비둘기 파는 사람들과 돈 바꾸는 사람들이 앉아 있는 것을 보시고
15 노끈으로 채찍을 만드사 양이나 소를 다 성전에서 내쫓으시고 돈 바꾸는 사람들의 돈을 쏟으시며 상을 엎으시고

(요한복음 2장 13-15)

이 에피소드는 신전들이 이롱의 시장이자 대부기관으로 기능했음을 시사한다. 아마도 고대에 거의 모든 신전은 이 기능들을 수행했을 것으로 보인다.

고대 그리스 신전들의 화폐적 역할

고대 그리스의 델피, 올림피아, 델로스의 신전 성지(聖地)는 단지 종교 숭배지만이 아니라 거래 및 상업의 중심지였다 상인들과 가래자들은 다양한 지역들로부터의 다수의 숭배자들이 한군데 다 같이 모이는 것을 이용해서 그들을 자신들의 물품들로 그런 사람들에게 판매하려 했다. 신전당국들은 가능한 모든 방법을 동원하여 거래를 권장하였다; 그들은 성로(sacred roads)를 건설했고, 그들에게 오는 자들에게 신의 보호를 제공했다. 성스런 축제의 시기에는 모든 갈등은 중단되어야 했기 때문에 거래와 상업이 이루어지고 번창할 공간이 주어졌다. 따라서 돈을 주조하는 기술도 신의 성소에서 탄생했을 개연성이 높다.

1500 BC~1000 BC 사이에, 지중해 사회들의 화폐시스템은 소 본위에서 금본위로 느리지만 직접적으로 이동하기 시작했다. 신전들은 금을 화폐화하는데 중요한 역할을 했던 것으로 보인다. 고대세계에서 금은 원시적인 사람들이 얻기에 가장 쉬운 금속이었다. 금은 바위에서 추출하기는 어렵지만, 풍화작용으로 바위가 부서지면 순금 입자들이 분리되어서 하상에 쌓이게 된다. 금은 분해되거나 산화되는 일이 없음으로, 그 광상은 온전하게 남는다. 구리는 금 다음으로 얻기가 쉬웠을 것이다. 아주 초기에 금은 장식용으로 신전에 헌납되거나 수수료로 납부되었을 것이

다. 소비되어야 하는 농산물 공납과는 달리 금은 그대로 남기 때문에 시간이 지나면서 신전에는 대량의 금이 쌓여갔을 것이다. 수세기에 걸쳐 신전에 금이 축적된 것은 금을 화폐화한 이유 중의 하나일 것이다. 그러나 금은 계속 쌓이기 때문에 시간이 지나면서 금의 가치는 떨어지게 된다. 금이나 주화를 신전 기초에 묻거나 벽 속에 갇히는 "축성(祝聖)" 과정은 금을 퇴장시키는 오래된 전통이었다. 고고학자들은 에페수스의 아르테미스 신전의 초석에 같이 묻힌 대량의 주화를 발굴했다.

신전들은 너무나 많은 금을 보유했기 때문에 그것을 통제할 수 있었다. 그래서 그들은 그들이 "서비스들"에 대한 대가로 금을 받아들임으로써 금에 대해 가치를 창조할 수 있었다. 예를 들어 신전 창녀들에게 금으로 지불했다. 본질적 가치보다 이렇게 금을 통제할 수 있었다는 사실이 금을 화폐화하는데 있어서 더 중요하게 작용했을 것이다.

주화가 광범위하게 사용되기 직전인 호머시대에 소 1마리는 130개 금 알갱이 무게의 가치에 해당되었다. 이것은 "달란트"라고 알려졌다. 각 금 알갱이는 밀알의 무게와 같았다. 130개의 알갱이들은 약 8그램이다. 금 단위는 원래 암소의 전통적인 가치였다. 130개 알갱이 관습은 그 양만큼의 금과 소의 화폐 가치를 같게 만들었다. 수요와 공급은 주요한 인자가 아니었다. 신전은 막대한 금을 갖고 있었고, 얼마든지 시장에서 빼 올 수가 있었고, 그들의 서비스에 금을 요구함으로써 수요를 창조할 힘이 있었다. 그래서 금은 인간이 사용한 가장 초기의 불환화폐(fiat money) 중의 하나가 되었다. 명령(불환)화폐란 그 가치가 제도적 결정에 의해서 선포되고 유지되는 돈이다. 권부가 돈이라고 선포하면 그 물건은 더 이상 상품이 아니라 하나의 상징물로서 돈으로서의 가치를 얻

게 된다.[229]

시간이 가면서 동방의 신전들의 막강한 후원을 받은 결과, 금은 소를 보완하여 점차로 돈으로서 기능하게 되었다. 이 과정에서 "동방"은 서방에게 금을 "선물" 했다. 리디아의 기게스 왕와 크로이소스 왕은 아폴로 신전들인 델피와 브란치다에(Branchidae)에 많은 금과 은을 선물로 주었다.

서경(書經 Shu Ching)에는 중국에서 주화는 기원전 1766년에 기원했다고 기술되어 있지만 그리스에서는 기원전 700년 즈음에 리디아에서 주화가 생겨났다. 주화는 맨 처음에 아주 조야했고, 한 면에만 낙인이 찍혀 있었다. 알렉산더 대왕의 조부인 아민타스(Amyntas, 393~369 BC)의 통치시대부터 주화 양면에 낙인이 찍히게 되었다. 아마도 mint(조폐)는 그의 이름에서 유래했을 것이다. 주화는 각 도시의 정치권부에 의해서 도입되었다. 그것은 주괴에 대비 명백한 이점이 있었다. 주화의 균질성이 조폐창에 의해서 보증되었기 때문이다. 그리고 특정한 관할구역에 법적으로 허용된 유통화폐 총량이 제한될 수 있었다. 그리스 도시들에서의 주화는 국가독점이었고, 주어진 도시에서 그 도시의 주화 사용은 강제적이었다. 그리스세계에서 은행가들이나 상인에 의한 민간 주화발행의 증거는 전혀 없다.[230]

주화로서 귀금속을 선택한 것은 역사적 우연이었다. 호머시대 이래로 엘리트들은 위계적 선물교환에 사용하기 위해서 귀금속을 중히 여겼다. 그래서 주화는 귀금속에 대한 엘리트들의 독점에 대한 정면 도전이었다. 귀금속을 주화로 만듦으로써, 폴리스는 선물교환에서 최고 위계를 전유하고, 낙인을 찍음으로써 대내외적으로 자신의 궁극적 권한을 주장하였다. 주화는 도시 자체가 내부 엘리트들의 주장들에 대항하여 자기 자신을 궁극적 권력으로 구성하는 많은 제도들 중의 하나였다..폴리스는 주화로써 지불하고 받을 때에도 주화로 받으면서, 아고라에서의 소매거래에 자신의 주권을 주장하였다. 이것에서 그리스 폴리스를 제외한 다른 경제들에서 주화가 그리 중요하지 않은 이유가 설명된다.

기원전 7세기에 그리스에서는 폴리스가 엘리트 지배를 유지한 주회(symposia, 연회) 사적인 음주클럽(hetaireiai), 제이나(xenia, 엘리트 네트워크) 등에 맞설 수 있는 충분한 힘을 얻은 시기에 주화가 등장했다. 동시에 아고라 및 주화의 사용으로 귀족들의 선물교환 위계가 전복되고, 도시 관리들에 대한 납세 및 정기적 지불은 선물과 편애에 전통적으로 의존했던 "자연적" 질서에 도전했다. 주화들은 도시의 권한을 나타내는 토큰에 불과하므로, 그것들은 다른 재료로도 얼마든지 주조될 수 있었을 것이다. 그렇지만, 귀족들은 사람의 가치를 그가 축적한 귀금속의 양과 질에 의해서 측정했기 때문에. 폴리스는 일정한 순도의 고품질의 주화를 생산하여 그에 대항하였다. 폴리스의 시민들은 고품질의 제일적인 주화와 연관됨으로써 귀족들과 동등한 지위를 획득했다.; 표준적인 가치척도를 제공함으로써, 주화는 노동들을 비교할 수 있게 하였기 때문에 그것은 평등주의적 혁신이었다. 돈의 기원을 폴리스나 국가 같은 공공기관이었다. 주화는 거래비용을 최소화하는 발명이 아니라 선물교환 위계를 보존하려는 엘리트들과 그에 대항하여 주권을 주장하는 민주적 폴리스 간의 결전, 시공간적으로 고대 그리스에 특정한 투쟁의 산물이었다. 귀금속들은 고도로 체화된 가치에 의해서 명목 가치가 유지되는 것이 아니라 위계질서에서 귀금속이 한 특별한 역할 때문에 주화로 선택되었다.[231]

그리스 세계에서 신전은 종종 경제 문제에 상당한 영향력을 행사했으며, 주전소((鑄錢所)가 세워지기 전에 화폐 발전에 중요한 역할을 했음에 틀림없다 일부 지역에서는 신전이 경제에서 두드러진 역할을 했다. 종교 당국은 신에게 바쳐진 귀금속과 토지, 가옥, 그리고 광산 및 이와 유사한 사업에 투자하여 나온 큰 이득으로 막대한 양의 귀금속을 갖게 되었다.

신전에서 정기적으로 열리는 대축제 시간에는 신전은 많은 사람들이 모이는 중심지였다. 거래의 기회는 곧 상거래로 이어졌을 것이다. 서양 중세의 정기시장과 매우 유사한 어떤 것이 발생하여 점차 확대되었고, 거래가 그러한 장소에서 집중적으로 이루어지면서, 그러한 거래를 용이하게 할 가치를 측정하는 보편적 도량형 즉 계산화폐의 필요성이 절실하게 느껴졌을 것이다. 신전에 퇴장된 은이 유통되어서 거래를 원활하게 했을 것이다. 따라서 이러한 사람들의 대규모 모임과 거래에서 동전에 대한 필요성이 그리스에서 처음으로 느껴졌을 것이며, 신전이 보유한 금은 같은 귀금속이 그것을 만족시킬 수 있는 능력이 있는 상황에서 이 필요성으로 첫 번째 동전의 일부가 생산되었고 그래서 그리스 주화에는 종교적 상징이 낙인되었을 것이다 .나중에 돈 발행이 거의 모든 곳에서 정치적 통제 하에 들어갔을 때에도 주화는 여전히 신전에서 간헐적으로 발행되었다. 그리스에서 가장 위대한 종교 센터인 올림피아의 동전들은 아마도 성전 경내에서 만들어 졌을 것이다.[232]

신전 성직자의 후원 하에 신전에서 발행된 주화에는 대개 그 신전을 보호하는 수호신 또는 그 신상과 관련된 상징이 찍혔다. 제우스 신전에서 주조된 동전들은 벼락이나 독수리가 찍혔고 아폴로 사원에서 주조된 동전은 삼각대나 거문고가 찍혔다. 아르테미스(Artemis)사원의 주화에는 사슴이나 멧돼지가 찍혔고 아프로디테 신전 주화에서는 비둘기나 거북이가 찍혔다.

민간당국이 화폐주조 책임을 맡은 후에도 그리스 주화에는 종교적인 주제가 특징으로 남았다. 아테네의 주화에는 아테나 여신의 신성한 새인 올빼미가 낙인되었다.

그리스 신전 보고들은 그 자신들의 돈만이 아니라 그들에게 맡겨진 돈도 대출하여 종종 은행들처럼 기능했다. 신전들의 소득은 도시들의 소득과 같은 원천들-회비, 수수료 및 벌금들에서 나왔다. 그들은 도시가 걷은 많은 벌금들의 1/10을 받았다. 그러나 신전의 가장 큰 소득원은 기부와 유증(遺贈)에서 나왔다. 도시의 조폐창[造幣廠]은 특정한 신전에 부속되어 있었다. 아테네에서는, 조폐창은 테세우스 성소에 있었다. 그리스 은화는 작은 호박 주화의 가치에 근접한 큰 조각으로도 발행되었지만, 그의 1/10 이하의 은화도 발행되었다. 이 작은 은화들은 일상생활에서 필수품이 되었고, 예전의 도구 돈들을 대체하였다. 그것은 소량의 농산물과 상공업 물품들을 쉽게 매매되게 하였다. 소농과 직인들은 저축을 할 수 있게 되었고, 경제 하부구조가 확대되었고, 이것은 아테네 민주주의의 전제조건이 되었다.[233]

유노 모네타[Juno Moneta] 신전

고대 로마에서 그 위나 주변에 도시가 세워진 로마 7구릉(Seven hills of Rome) 중에서 가장 중요한 언덕은 다른 6개의 언덕과 비교했을 때 약간 더 높지만, 언덕 꼭대기에는 제사지내고 기원하고 즉 신탁(神託)하는 제국의 주 신전인 카피톨(Capitol)이 있었다. 성전의 중심은 신들의 왕인 유피테르 옵티무스 막시무스(Jupiter Optimus Maximus)에 속해 있었지만, 그 옆 낭실[廊室]들은 지혜의 여신인 미네르바(Minerva)와 주피터의 부인이자 전쟁의 신인 마르스(Mars) 어머니 유노(Juno, 주노)에 봉헌되었다.

카피톨 언덕 정상부에 있었다는 유노 모네타 신전과 관련하여 다음과 같은 신화가 전해오고 있다.:

"기원전 390년 로마가 갈리아인들의 침공을 받았을 때 유노 여신에게 바쳐진 신성한 거위들의 울음소리로 갈리아인들이 로마 성벽을 타고 오르고 있고 공격이 임박했다는 사실이 로마사람들에게 알려졌다. 결국 갈리아인들의 야습을 물리칠 수 있었고. 이후 기원전 345년 카밀루스(Marcus Furius Camillus, ?~BC 365)는 아우룽키(Aurunci) 인들과의 전투에서 승리하면 유노 여신을 위한 신전을 세우겠다고 맹세하였다. 적을 무찌르고 로마로 돌아온 카밀루스는 만리우스 카피톨리누스의 집이 있던 장소에 약속한 신전을 세우고 유노 모네타 신전이라 불렀다고 한다."

이 에피소드로부터 라틴어 monere (경고하다)가 들어간 유노 여신의 또 다른 별칭 즉 유노 모네타가 태어났다.

로마의 3명의 신 각자는 그들의 천상 책임을 반영하는 여러 별칭이 따라 붙었다. 유노 여신은 그 역할에 따라 유노 레기나(Juno Regina)는 제우스의 아내 헤라처럼 천상의 여왕으로 통치했으며 여성의 이익을 돌보았다. 유노 프로누바(Juno Pronuba)는 결혼 협상을 감독했으며 유노 루키나(Juno Lucina)는 임산부의 신이고 유노 소스피아(Juno Sospia)는 노동과 출산(出産)을 관장했다.

고대 그리스와 로마의 유명한 종교 신전은 아테네의 아테나 신전, 델포이의 아폴로 신전, 로마의 유노 모네타의 신전을 포함해 국고로 이용되었다. 영리한 국가경영으로 유명한 후기 로마 공화국조차도 공공자금의 보관소로 신전을 사용했다.

로마의 수호여신의 신전인 유노 모네타는 화폐 주조를 포함하여 다양한 정부의 책임을 맡았다. 로마인들이 269 B.C.에 새로운 은화 데나리온을 발행했을 때, 유노 모네타 신전은 그 여신의 상과 Moneta가 찍힌 주화를 발행했다. 모네타 신전은 기존 주화를 녹이거나 금은괴를 새로 공급받고서 새롭게 주화를 발행 하는 전임 조폐창으로 일했다. 주화들은 끊임없이 흘러나왔고 "달리다" 또는 "흐르다"이라는 의미의 라틴어 단어 currere는 돈과 연관되어 영어 단어 currency(통화)가 생겨났다. 고대사회는 귀금속 보물을 보호하기 위해 사원 경내가 신성하여 아무도 감히 범접하지 못한다는 것을을 이용했는데 유노 모네타 신전도 그런 예 중 하나다. 신전 주화는 그리스와 아시아에서 오랜 역사를 지녔다. 하지만, 유노 모네타 신전에 있는 화폐 주조소는 강력한 국가정부의 의도적인 행동에 의존하여 유지되었다.[234]

"moneta"라는 단어는 로마의 시인 오비디우스(43 B.C.~A.D. 17?) 고대 로마의 풍자시인. 유베날리스(c 60-140) 및 고대 로마의 정치가 겸 저술가인 키케로(Cicero)와 같은 작가가 사용하였고 "money", 또는 "monetize"라는 단어들이 거기서 유래하였다. 러시아어와 이탈리아어를 포함한 여러 현대 언어에서 moneta (스페인어 moneda)는 "주화"를 가리키는 단어이다.

종교와 전당포[典當鋪]

물건을 잡고 돈을 빌려주어 이익을 취하는 곳인 전당포는 사실상 종교와 깊은 관곌르 맺고 있다. 전당포는 종교에서 기원했다.

중국의 불교사원과 전당포

중국에서 남북조시대[南北朝時代] 5세기 말부터 승려와 비구니는 속인들과 마찬가지 방식으로 정부로부터 토지를 받기 시작했다. 그 관행은 7세기에 공식화되어 균전제(均田制)의 일환으로 8세기까지 계속되었다. 9세기 중반에 그 절정기에, 사원 인구는 전 인구의 1%밖에 안 되었고 사전(寺田)은 경작지 전체의 2%를 차지하였지만 농산물의 10%를 생산했다.

불교사찰의 토지의 또 다른 원천은 보시[布施]였다. 윤회를 믿는 신도의 관점에서 볼 때, 종교 공동체에 기부하는 것은 장래에 더 나은 환생을 보장하기 위해 공덕을 쌓고 업을 축적하는 가장 효과적인 방법이다. 그래서 사원들은 가장 강력한 후원자인 황실, 그리고 부유한 평신도들로부터 많은 토지를 기부 받았다. 사전은 원래 사탑을 건립할 때 신도들이 자신들의 전답을 보시하여 생겼다. 여기에 현세구복적인 신앙이 일반화되면서 보시는 더욱 많아졌다. 사찰은 개간에 투자하기도 했다. 사찰은 또한 종종 지역사회 구성원을 위한 대출기관이었다. 토지가 종종 저당으로 잡혔고 그래서 채무 불이행 시에 사원들은 그 토지를 소유하게 되고 토지 보유가 늘었다. 또한, 사원들은 다른 대지주와 마찬가지로 하층민 계급의 토지를 사들이기도 했는데, 이는 불법이었음에도 불구하고 일반적인 관행이었다. 사전(寺田)에서 파생된 부(富)는 이 세기 동안 많은 수의 승려들을 부양하고 다른 경제 및 재정적 활동으로 흘러 들어가는 주요 수입원이었다.

7세기부터 9세기까지 가장 수익성이 높은 산업적 사업은 수력 돌조각 압연기와 착유기[搾油機]였고 부유한 가문과 사찰들은 이 사업의 소유권을 쥐고 있었다. 이러한 경제적 자산은 임대할 수 있으며 소작료가 부과될 수 있었다. 사원은 보시, 땅에서의 수확, 그리고 융자로부터의 이자 등 다양한 출처에서 곡물을 받았다. 사찰은 잉여 곡식은 팔았다.

5세기 말에 사찰창고(사고(寺庫))가 설립되었다. 그것들은 승려와 비구니 물품, 성물, 불경과 원고 및 곡식 등 여러 가지 물건을 저장하는데 사용되었다. 불교가 점점 부유하고 강력한 가문 출신을 끌어 모으고 개종시키면서 사찰들은 그들에게서 대량으로 귀중한 선물과 보시를 받았다. 이러한 공물과 보시로 들어온 물품들은 옷과 음식 같은 스님과 비구니의 단순하고 즉각적인 일상생활의 필요성을 충족하고도 많은 양이 남았다. 사원들은 이 '보물'을 쌓아두기 시작했다. 불법은 사원들에게 사찰 수리, 경전 인쇄 및 자선 활동과 같은 종교적 목적을 위한 이유로 잉여 보시물품을 판매하거나 대여할 수 있는 권한을 부여했다. 여기에서 무진장[無盡藏]이 출현했다.[235]

무진장이란 양과·질적으로 엄청나게 많다는 것을 뜻하는 말이다. 불교에서는 덕이 광대하여 다함이 없음을 나타내는 말로 쓰인다. 한자어를 직역하면 '무진(無盡)'은 다함이 없다는 뜻이고 '장(藏)'은 창고이므로 '다함이 없는 창고'라는 뜻이 된다. 신행의 제자인 신의(信義)가 장안의 화도사(化度寺)에서 신도가 기부한 시주와 희사한 보시금을 무진장(無盡藏)

에 자본금으로 적립했다고 한다. 무진장은 불교에서 이자(利子) 놀이를 행하는 일종의 전당포 같은 금융기관이다. 이 무진장에서 서민들에게 낮은 이자로 돈을 대출해주고 그 이식으로 사원의 유지비에 충당했다.

무진장의 맹아는 북조의 승기속僧祇粟 제도, 혹은 양 무제의 무진장 설치에서 찾아 볼 수 있다. 양 무제는 13개의 무진장을 설치하고 방생, 보시에 이용하였으며, 이러한 무진장은 당대 삼계교의 구제 사업의 무진장원과 관계가 있고, 모두 사회 구빈사업이었다. 또 이것들과 관련하여 사원에서 질고質庫의 설비가 세워져 서민 계급의 금융적 필요에 부응하기도 했다. 형주荊州(湖北省) 장사사(長沙寺)의 사고(寺庫)가 그런 예이다. 무진장은 많은 사찰에 세워졌는데, 가장 유명한 두 사원은 화도사와 복선사(福先寺)였다. 그런데, 당대 화도사의 무진장원은 완전히 삼계교[三階教]의 교의로부터 나온 독특한 것이다.

삼계교란 중국의 신행(信行:540~594)이 일으킨 불교의 한 종파로 신행은 남북조 혼란기를 여러 나라가 다투는 혼란과 무질서를 말법시대로 규정하고 이를 타파하는 교설을 내세웠다. 《대방광십륜경》과 《대집경》등의 경전에 근거하여 정법(正法)을 일계, 상법(像法)을 이계, 말법(末法)을 삼계로 구분하고 일계와 이계에 있는 사람들은 깨달음을 얻기 쉬우나 세상이 어지럽고 탁한 삼계에 드는 사람들은 깨달음을 얻기 어려우므로 독특한 방법에 의지해야 한다고 주장하였다. 모든 사람들을 차별하지 않는다는 보경사상을 설파하였다.

화도사 무진장원의 목적은, 천하의 가람 수리와 천하의 빈궁자 구제 그리고 삼보공양(三寶供養)을 위한 것이었다. 이 제도가 당시의 사회로부터 지지를 받아 성행하여 그 재원이 증가함에 따라 구제사업도 효과를 얻었기 때문에, 측천무후는 이를 동도(東都) 낙양(洛陽)의 대복선사(大福先寺)에 옮겼던 적도 있다. 더구나 장안을 중심으로 한 지역만이 아니라 멀리 하북성(河北省) 등에서도 금융을 신청함에 있어 그 대부 방법이 간단하고 편리하여, 빈궁자 금융은 무이자로 대부되는 순전한 구제 사업이었다고 알려졌다.

신행의 교도인 신의(信義)가 아마도 당나라 초기에 무진장을 설치한 사람으로 여겨지고 있다. 삼계교의 발달상 무진장의 성공은 큰 관계가 있다고 생각된다. 단 인도의 불교 교단에 있어서도 불탑 공양을 위해 혹은 사원 수리를 위해 신도로부터 재물을 받아 사고(寺庫)에 두고 이를 빌려주고 이자를 받는 관행을 무진재(無盡財) 혹은 무진물(無盡物)이라 하였다고 한다. 중국에서도 송대 사원의 장생전(長生錢), 장생고(長生庫)가 성행하였고 그 폐해가 있었던 적이 있다.[236]

무진장은 방대한 토지, 많은 수의 노비, 방앗간, 착유기 및 새로운 토지 개간에서 파생되는 사원 부의 보고였다. 사원들은 그것을 돈 대출과 전당포 확장을 위한 자본으로 사용했다. 전형적인 차용인은 주로 봄에 묘목이 필요하고 가을에 이자를 붙여서 그 돈을 갚을 것을 약속하는 근처에 사는 농부들이었다. 여행 숙소, 학교, 병원, 오락 시설과 같은 사원의 다른 많은 역할과 마찬가지로 무진장의 경제 및 재정 기능은 다른 경제적 또는 상업적 기관이 부족할 때 특정 사회적 필요를 채웠다.

불교사찰들은 그들이 받은 보시를 유통시키고 그로부터 이익을 얻었다. 대 사찰들은 시장에 상점과 전당포를 세웠다. 그렇지만 사찰의 경제력이 너무 막강하여 국가 경제에 대해 위협이 되었기 때문에 AD 713에 그곳들과 그들이 속한 종파가 몰수당했다. 삼계교(三界教)는 금지되었다

서양 중세 가톨릭 자선 전당포–신심의 산(montes pietatis)

몬테스 피에타티스(Montes Pietatis)는 후기 중세시대부터 현재까지 유럽의 자선단체로 운영되는 제도적인 천주교 전당포이다. 비슷한 기관들이 가톨릭 국가의 식민지에 설립되었다. 멕시코 국영 전당포&금은방 거리(Nacional Monte de Piedad)는 여전히 운영 중이다. 이 15 세기 기관은 이탈리아에서 기원되었으며 초기에는 돈 대부에 대한 개혁으로 도시에서 개발된 조직된 형태의 자선단체였다 공공업무는 가톨릭교회에 의해 조직되고 운영되었으며, 도움이 필요한 사람들에게 소량의 이자를 받고 금융 대출을 제공했다.

도움이 필요한 사람들은 자선 전당포에 와서 금전적 대가와 교환하여 가치 있는 물건을 담보로 제공했다. 대출기간은 1년 동안 지속되며 대출액은 차용자의 담보가치의 약 3분의 2에 불과했다. 미리 결정된 금리가 대출에 적용되었고 이익은 전당포 운영비용으로 지불되었다. 그러한 조직은 중세 시대에 서유럽 대륙에 걸쳐 퍼져 나갔다. 거기에는 프란체스코 회의 이자대금업을 비난하는 설교, 나중에 도미니코 설교자들과 15세기의 인본주의 지식인들의 지원도 한 몫 했다.[237]

몬스(mons)라는 말은 고대 로마어서 돈에 관해서 "많은 양" 또는 더미를 나타내는 뜻으로 쓰였다. 그 후에 그것은 다양한 목적에 쓰일 모금된 자금(collected funds)이라는 뜻으로 쓰이게 되었다. 그래서 1164~1178 사이의 베니스 공화국의 공공채무는 Mons 또는 Imprestita라고 불렸다. 보험동업이나 환전은행도 Mons라고 불렸고, 이 은행들은 저당을 잡고 돈을 빌려주었기 때문에, 빈곤층에게 돈을 빌려주기 위해 설립된 자선기관들에도 mons라는 이름이 붙었다. pietatis (경건한)는 그 기관들이 자선

기관임을 알려주기 위해 붙었다.

중세에는 돈이 부족하기도 했고 기독교인은 이자대금이 금지되었기 때문에도 사람들이 돈을 빌리는 것은 아주 어려웠다. 그 결과 신용사업은 유태인들이 독점했다. 유태인들은 다른 모든 종류의 상업이나 산업에서 종사하는 것이 금지되었다. 유태인들은 종종 전당포 은행 설립이라는 조건 하에서 도시들에 의해서 큰 특권이 주어졌다. 그들은 과도한 금리–최대 60%-를 매겼고, 플로렌스에서 최대 20% 한도로 상한선이 정해진 것처럼 그것이 금지되면 다른 곳에서 만회할 핑계를 찾았다. 이렇게 해서 그들은 부자가 되었고 미움을 받았다. 유태인들의 보통의 이자율은 43½%였다. 이동 은행가인 롬바르드인(Lombards)들은 유태인보다 더 높은 금리를 매겼다. 그래서 중세에는 다른 자들의 불행을 착취하는 것에 대한 요법을 찾을 필요가 있었다. 생 뿌르생의 두란두스(1275경~1334) 박사는 시 행정관들은 저리에 돈을 빌려주어야 한다고 제안하였다. 그러나 저당 조건이 없었기 때문에 그 제안은 자선전당포라는 아이디어와는 괴리가 있었다.

최초의 진정한 신심의 산(mons pietatis-자선전당포)은 1361년 런던에서 설립되었다. 주교인 Michael Nothburg가 무이자로 물건을 담보로 돈을 빌려주는 은행 설립을 위해서 1000마르크의 은을 남겼다. 그 기관의 경비는 설립자금에서 공제하도록 하였다. 그 결과 그 자본은 결국에 다 소진되고 그 은행은 문을 닫았다. 1389년에 Philippe de Maizières는 무이자로 돈을 빌려주지만 그 대출에 의해서 득을 보는 자들에게서 보상을 받는 기관의 설립을 위한 프로젝트를 발표하였다. 그렇지만 그 프로젝트는 실현되지 못했다. 결국에 1462년에 페루자에 최초의 신심의 산이 설립되었고 몇 년이 지나지 않아 이태리 전역에 비슷한 기관들이 생겨났다. 자선 전당포의 설립과 전파는 아사시(San Francesco d'Assisi)의 "청빈Poverello"의 추종자들의 빛나는 업적 중의 하나이다. 프란체스코회 [Franciscan Order, 一會]의 미쉘레 카르카노(Michele Carcano of Milan)는 페루자에서 유태인들의 이자대금을 비방하는 설교를 하였고 그 결과 자선전당포가 설립되었기 때문이다.

그러나 몬스(mons pietatis)라는 아이디어는 프란체스코회의 Barnabò da Terni와 페루자의 Fortunato Coppoli가 고안하였다. 사실상 프란체스코 교단의 설교자들은 오래 동안 이자대금의 해악에 대한 실질적인 요법을 모색하고 있었던 것으로 보인다.[238]

유태인과 롬바르드인들은 자선 전당포에 반대했다. 그러나 이자를 받는 대출에 반대한 신학자들과 교회법학자들이 가장 크고 심각하게 반대했다. 그 논쟁은 길었고 치열했다.

누가복음 6장 34,35절에는

34 너희가 받기를 바라고 사람들에게 꾸어 주면 칭찬 받을 것이 무엇이냐 죄인들도 그만큼 받고자 하여 죄인에게 꾸어 주느니라,

35 오직 너희는 원수를 사랑하고 선대하며 아무 것도 바라지 말고 꾸어 주라 그리하면 너희 상이 클 것이요 또 지극히 높으신 이의 아들이 되리니 그는 은혜를 모르는 자와 악한 자에게도 인자하시니라

라고 하여 예수는 명시적으로 이자대금을 금지했다.

16세기에 이태리에서 발전되어 유럽 전역으로 퍼진 그 제도들은 일시적 필요성 때문에 단기 자금이 필요한 차용인들의 필요에 부응하려고 하였다. 그것들은 최빈곤층을 위한 것이 아니었다. 그들은 돈을 되갚을 능력

이 전혀 없었다. 가장 빈궁한 사람들에 대해서는 다른 자선 시스템이 있었다. 몬스는 자금의 용처를 물었고 불필요한 소비에 대해서는 대출을 허용하지 않았다. 몬스에서 돈을 빌리지 못하는 보통 빈곤층은 암시장에서 대략 37%의 금리로 대출자들에게 불법적인 이자대금을 갚아야 했다.

몬스가 운영되면서 만일 원금만 돌려받는다면 빈곤층을 돕는 것이 결국에는 불가능하게 될 것임이 곧 명백해졌다. 피고용인 봉급과 예금자에 대한 상실 이익(lucrum cessans) 같은 운영비를 지급하면서 자본이 고갈되었기 때문이었다. 그래서 그 대출로 혜택을 보는 사람들은 빌려간 금액에 비례하여 운영비를 부담해야 된다는 안이 제시되었다. 즉 실제로 혜택을 보는 자들은 그로 인해 발생된 손실을 보상하기 위해서 몬스에 기여하는 것이 정의에 부합하다는 논리였다. 대출을 갚을 때 내는 추가금은 종종 "이자 interest"가 아니라 "봉급과 임대료 지불"이라고 묘사되었다. 실제에서 이 이자율은 평균적으로 연 5%였다.[239]

교황 파울루스 3세(Paul III 1468-1549)는 빈자들을 돕기 위해서 자선에 그 돈을 쓰는 자들은 그들의 손실에 대하여 약간의 보상을 요구하는 것은 정당하다고 인정했다.

07

국가의 피조물로서의 돈

돈은 신용이다. 우리가 일한 대가로 돈을 받을 때 미래에 그 돈을 다른 사람들도 재화와 서비스에 대한 대가로 받을 것이라고 생각하기 때문이다. 이러한 미래에 대한 기대가 없다면 아무도 돈을 받으려 하지 않을 것이다. 종이 또는 금속 위에 적혀진 표시가 이런 신뢰를 불러일으키는 이유는 무엇일까? 이 신용/신뢰는 자연적으로 발생한 것일까? 아니면 종교 신전 같은 공공기관이나 국가의 신용에서 비롯되는 것일까?

칼 멩거 같은 주류경제학자들은 시장에서 물물교환을 하는 과정에서 자연스럽게 한 상품이 그러한 신뢰/신용을 갖게 되었다고 주장한다. 즉 어떤 상품들은 덜 바람직한 상품들보다 더 많이 그리고 꾸준히 더 유효한 수요가 있었다. 그러한 상품들은 교역할 능력과 의사가 있는 자들의 욕구에 부응할 수 있고, 더 보편적이면서도 상대적으로 희소하기 때문에 그 본질적 가치가 훼손되지 않는다. 더구나, 자신의 재화와 교환하여 특정한 재화를 획득하는 자는 그런 이점을 갖지 않거나 최소한 같은 정도로 갖지 않는 그런 재화를 가지고 시장에 온 자들보다 이런 종류를 시장에 갖고 나가면 교환에 더 유리하다. 그런 이점을 갖고서 그는 그가 최종적으로 얻기를 바라는 재화들을, 더 쉽고 확실하게 그리고 그의 상품들에 대한 더 꾸준하고 더 많은 수요 덕분에 일반적 경제적 상황에 대응되는 가격 즉 경제 가격으로 얻을 가능성이 높다. 이러한 환경 하에서, 잘 팔릴 가능성이 적은 재화를 누군가가 시장에 가져온 왔을 때, 그가 염두에 둔 것은 그것을 그가 필요로 하는 것과 바꾸는 것이 아니라 자신은 원하지 않지만 자기 것보다 더 팔릴 가능성이 높은 다른 재화들과 교환하는 것이다. 그렇게 함으로써, 그는 그의 교역의 최종 목표 즉, 그 자신에게 필요한 재화를 획득하지는 못하지만, 그것에 더 가까이 가게 된다. 중간적 교환이라는 우회적 방법을 통해서, 그는 그가 직접적 교환에로만 자신을 국한시켰을 때보다 더 확실하고 경제적으로 그의 목적을 달성할 개연성을 높이게 된다. 이런 과정이 계속 반복되다 보면 점점 더 특정한 상품-아마도 귀금속이나 황소-이 돈의 역할을 하게 되었을 것이라고 한다.[240]

이러한 관점에서는 시장과 물물교환이 먼저 존재했고, 물물교환에서 선호되는 상품-소 또는 귀금속-이 자생적으로 돈으로서의 신용을 얻게 되었다고 본다. 그렇지만 이런 주장은 역사적 현실과는 거리가 먼 것으로 보인다. 표준적인 이야기-처음에 물물교환이, 그 다음에 돈이, 그 다음에 마지막으로 신용이 그것으로부터 나온다-는 역사적 사실과는 전혀 부합하지 않고 그 반대가 역사적으로 참이다. 역사적으로는 처음에 신용과 빚이 오고, 그 다음에 주화가 수천 년 뒤에 나타나고, 그 다음에 물물교환이 나타난다. 가령 고대 메소포타미아에서 기원전 3200년경에 역사적 기록이 시작되었을 때 정교한 계산 화폐 시스템과 복잡한 신용시스템들이 있었다. 교환수단으로서의 돈 또는 표준화 된 금, 은, 청동 등의 유통 단위들은 아주 나중에야 왔다.

돈에 관한 최초의 기록은 돈이 거의 배타적으로 대규모 관료 조직들(신전들과 왕궁들) 내에서 회계에 사용된 메소포타미아에서의 행정 서류들이다. 그 시스템은 보리와 은의 고정된 등가에 기초했다. 고대에서 거래는 아주 위험했기 때문에 귀금속을 들고 다니는 것은 잠재적 도둑들에게 아주, 아주 매력적인 타깃이 되었을 것이다. 그러한 이유 때문에 고전적 세계에서 위대한 장거리 무역상들인 페니키아인들이 가장 늦게 주화를 채택했을 것이다.

메소포타미아에서는 이 광범위한 가격설정 시스템은 비-국가 관료제들의 부산물로서 출현했다.

수메르 신전들(그리고 그것들을 흉내 낸 초기의 많은 왕궁 복합체들)은 국가들이 아니었고, 세금을 걷지도 않았고, 폭력을 독점하지도 않았지만, 농업, 산업, 어업, 그리고 목축에 종사한 수천 명의 사람들이 그 아에 종사했다. 그들은 먹이고 의식주를 제공해야 했고, 그들의 인풋과 아웃풋은 측정되어야 했다. 현존하는 모든 증거는 은, 장거리 무역에서 고정된 등가물들을 측정하기 위해 사용되고, 신상을 만들기 위해서 사용되었고 그 신전들 자체에서 비축되었던 은과 곡물 사이의 일련의 고정된 등가로서 돈이 출현했음을 가리킨다. 곡물은 신전창고에서 노동자들에게 배급하던 가장 중요한 스터프였다. 그러므로, 경제학자 마이클 허드슨이 증명했듯이, 은 1세켈은 1일에 두 끼 식사로 노동자 1명 당 1달 동안의 보리의 부셸 수에 등가였다.

그러므로 설령 은에 의해 측정되는 모종의 고정된 등가시스템이 무역과정에서 출현했다고 하더라도, 그 시스템을 제한된 수의 장거리 무역에서 거래되는 희귀한 품목들의 가치를 비교하는 데 사용되는 단위에서 일상의 품목들의 가치들을 비교하는 데 사용될 수 있는 그 어떤 것으로 확대할 이유는 가진 자들은 신전 관료들이었다. 그 다음에 이 시스템들의 부수적 효과로서 도시들 내에서의 시장들이 생겨나고 발달했다. 모든 증거들은 시장들은 현금이 아니라 주로 신용을 통해서 작동했음을 보여준다. 예를 들어 수메르에서 은은 사소한 거래들에서 교환수단으로 쓰이지 않았다. 은은 소매거래에 쓰이기에는 너무 금액이 컸다. 은은 단지 신용에 기초해 이루어진 거래들에서의 장부에 그 금액을 기록하는데 이용되었을 뿐이었다.[241]

시장은 아마도 돈이 사용되기 시작한 후부터 생겨났을 것이다. 왕들은 시장에 적대적이지 않았고 그 반대로 보통 그것을 촉진했다. 왜냐하면, 백성들로부터 그들이 필요로 하는 비단, 전차 바퀴, 플라밍고 혀들, 청금석 같은 것들을 직접적으로 징수하는 것이 불편했기 때문이었다. 시장을 권장하여 시장에서 그들이 돈으로 그 물건들을 사는 것이 훨씬 더 쉬웠다. 초기의 시장들은 종종 군대나 왕의 수행원들을 쫓아 다니거나, 왕궁들 주변에 형성되거나 군사기지 옆에 형성되었다. 왕들의 약간 수수께끼 같은 행동은 이것으로 설명될 수 있다: 왕들이 금광이나 은광을 통제했기 때문에, 자신의 얼굴을 그 위에 찍고 그것들을 민간인들에게 푼 뒤에 그것을 세금으로 다시 자신에게 되돌리라고 하는 것은 세금 징수가 시장 발달을 촉진시키기 위해 모든 사람들에게 주화를 획득하라고 강요하는 방법이라면 말이 된다. 시장은 참으로 편리하기 때문이다.[242]

실제로 역사적으로 물물교환에서 돈이 발생하지도 않았고, 그럴만한 충분한 이유도 있었다.

a. 물물교환 경제모델의 스폿(현장) 거래들을 가정했는데 이것은 역사적

으로도 사실이 아니고 두 사람이 서로 원하는 것을 갖고 있지 않은 상황에서 사실상 신용/빚 거래로 해결할 수 있다. 일단 원하는 것을 얻고 나서 상대방이 원하는 것이 생기면 그 때 갚으면 된다.

b. 인류학자들은 돈이 사용되지 않는 곳에서 명시적인 대출과 차입 시스템이 아니라 아주 광범위한 신용과 빚의 시스템을 발견했다. 대부분의 그런 사회들에서, 만일 이웃이 당신의 소유물 중 어떤 것을 원하면, 보통 그것을 칭찬하기만 하면 충분하다. 가령 "얼마나 좋은 닭인지 모르겠다"고 칭찬한다. 그러면 상대방은 즉각적으로 반응하여 그것을 넘겨주면서 이것은 선물이라고 완고하게 주장한다. 그러면서 자신은, 대가로 절대로 다른 것을 원하지 않는다고 말한다. 그렇지만 사실상 그 수령인은 그 증여자에게 신세를 진 것이다. 어느 때가 되면 그 증여자는 우회적으로 말하거나 아니면 명시적으로 비물질적인 것을 요구할지 모른다. 그렇지만 이러한 증여-신용/빚 관계에서 수량적 비례관계가 생겨나기란 어려울 것이다. '선물 경제들'에서 상이한 종류의 재화들의 상대적인 순위가 통상적으로 관찰된다. -카누들은 가보인 목걸이와 거의 동등하지만, 둘 다 돼지나 고래 이빨보다는 우월하다-그러나 얼마나 많은 돼지가 카누와 등가인지를 측정하는 시스템은 없다.

c. 물물교환은 많은 시대와 장소들에서 광범위하게 있었지만 낯선 자들 사이에, 서로에게 도덕적 관계가 없는 사람들 사이에서 전형적으로 일어났다. 거의 모든 유럽언어에서 'truck'과 'barter'라는 단어들은 원래 '사취하다, 사기 치다 또는 바가지를 씌우다'를 의미한다. 그만큼 낯선 자들은 교환을 하면서 상대방을 속이려 했기 때문일 것이다.

> 물물교환은 서로 간에 다시는 절대로 만날 가능성이 없는 사람들 간의 우연한 상호 작용의 형태를 띨 수 있다 그 때 화폐가 없는 경제들에서 낯선 자들 사이에서의 지속적인 거래 관계가 있다면, 그것은 각 측이 그들이 얻기를 원하는 특정 제품을 상대측이 갖고 있다는 것을 알고 있기 때문이다. 그러므로 '욕구의 이중적 일치' 문제는 없다. 그러한 경우에 거래를 용이하게 하기 위해서 모종의 유통하는 교환수단(돈)을 창조할 유인도 메커니즘도 없다. 그런 거래는 통상적으로 수요와 공급의 변덕에서 상대적으로 격리된 전통적인 등가물 시스템의 창조로 이끈다.[243]

돈은 추상적 청구권, 또는 신용이다. 돈은 계산단위에 의해 측정된다. 돈의 본성은 2중적으로서 돈은 일반적 구매력을 추상적 가치로 측정하고 저장하며 시공간을 통해서 그것을 운반한다. 돈에는 교환 영역에서 상대적으로 독립된 자신의 사회적이고 정치적인 존재 조건이 요구된다. 돈은 특히 공공기관이나 국가 즉 돈은 주권을 함의한다. 돈은 경쟁적 시장 교환에서 개인들의 효용 추구로부터 자생적으로 출현하지 않는다. 교환수단은 측정된 추상적 가치의 묘사에 순응할 때에만 돈이 된다. 돈은 사회적으로 만들어질 뿐만 아니라, 추상적인 계산화폐로 표기된 채권-채무라는 사회적 관계에 의해 구성된다.

돈이 청구권이 되는 이유는 그 돈에 체화된 귀금속의 본질적 가치 때문이 아니라 그 돈을 발행하는 당국의 권력에 기초한다고 신-증표주의(Neo-Chartalism)은 주장한다. 돈의 진화와 사용에서 국가가 중심적인 역할을 해왔다. 물물교환에서 발생하는 욕구의 이중적 일치 문제로 인한 높은 거래비용을 감소시키기 위해서 시장에서 자생적으로 특정 상품이 돈으로 진화한 것이 아니라 지출과 과세 권한을 화폐를 통해서 자원들을 통어하는 권한을 증대시키려는 국가의 필요에 연계되어 있다는 것이다. 국가 권부는 그 국가 자신의 통화로 납부해야 하는 세금을 신민들에게 강요하기만 하면 된다. 정부는 벌금, 수수료 및 세금을 화폐로 부과하여 징수하면 되는데, 실제로 수천 년 동안 정부들은 화폐 부채의 형태로 이 의무들을 부과해 왔다. 그렇지만 초기의 돈들은 지폐가 아니었다. 돈은 납부되어야 할 양을 표시해야 하기 때문에 원래의 돈은 일정한 수의 밀이나 보리에 의해서 대표되는 계산단위로써 나타내어졌다.

사실상 모든 초기 돈 단위들은 곡물 중량 단위들–미나, 세켈, 리라, 파운드–였다. 일단 정부가 세금 의무를 부과하면, 그 국민들은 세금을 납부할 때 국가가 받아들일 것을 얻어야 한다. 아무 것이나 국가에 납부할 수는 없다. 국가가 수령하겠다고 하는 것이면 무엇이나 가능하지만 그 외의 것은 국가가 받아들이지 않을 것이기 때문에 전혀 가치가 없다. 국가가 받아들이겠다고 하는 "돈"은 점토판, 탤리, 철괴 또는 귀금속 주화일 수 있다. 그러므로 국가는 납세에 받아들일 것을 발행하여 물품들을 살 수 있다. 국가는 금액이 표시된 "돈"을 발행하면서 물건들을 구매한다. 그 물건의 판매자는 그 "돈"이 나중에 국가에 납세하는데 쓰일 것을 알기 때문에 흔쾌히 그 "돈"을 받는다. 자신 말고도 납세에 그 "돈"을 쓸려는 사람들이 많을 것이기 때문에 그 돈이 더욱 가치가 있음을 인지할 것이다. 그러므로 그 계산화폐 "돈"은 시중에서 사람들 사이에 받아들여지고 유통되어서 교환수단과 지불수단으로 사용되게 된다.[244]

화폐는 사회적 관계로서 상품의 생산이나 교환과는 독립적으로 존재하는 여러 사회적 관계로 구성되는 청구권 또는 신용(채권)이다. 돈은 본질적으로 지불에 대한 잠정적인 '약속'으로서 계산화폐로 가치가 매겨진 채권 및 채무라는 모종의 사회적 관계이다. 국가는 민간에게서 갖가지 재화와 서비스를 취하고서 그에 대한 대가로 화폐를 발행하여 지불한다. 그때 화폐는 그것을 받는 민간인이 그것으로써 세금을 내면 국가는 세금을 낸 것으로 인정하겠다는 약속을 한다 화폐는 주권의 한 형태로서 국가가 주권을 행사하여 특정 상품 또는 귀금속에 액수를 표시하고 자신의 권위를 상징하는 표식을 넣음으로써 주권을 상징한다.[245]

독일의 경제학자이자 통계학자인 게오르그 프리드리히 크나프(Georg Friedrich Knapp)은 화폐국정설(貨幣國定說)을 주장했다. 화폐란 국가가 법에 의해 통용을 강제한 지급수단이라는 주장이다. 화폐는 교환으로 출현하는 매개수단이 아니라 채무를 계산하고 또 결재하기 위한 수단이다. 이 채무 가운데 조세 채무가 가장 중요한데 채무 가치는 계산화폐로 표현된다. 계산화폐란 지불되어야 할 양이 표현되는 단위를 나타내는 화폐이다. 화폐는 그것이 금은 또는 종이 같은 그것을 표현하는 물질의 형태와는 무관하게 그 속에 추상적 가치단위를 저장하거나 그것을 담아서 이동시켜주는 증표(token)에 불과하다. 화폐의 재료는 단지 추상적인 화폐를 구체적인 것으로 표현하는 방식에 지나지 않는다. 크나프는 증표를 뜻하는 라틴어 카르타(charta)를 사용하여 화폐를 "증표 지불수단"이라고 규정하였다.[246] 국가는 조세에 대한 지불수단으로 일정한 증표를 받아들이고, 또 그 증표를 사용하여 스스로 필요한 것들을 구매하며 이 과정에서 증표에 가치평가 능력을 부여한다. 화폐의 물질로서의 실질 가치는 물론 이 과정과 밀접하게 연관되어 있지만 화폐의 가치와는 본질적으로 별개의 문제다. 가장 중요한 것은 화폐의 가치는 오직 명목 계산화폐와의 관계 속에서만 확립될 수 있다는 것이다.

죽의 시대와 돈

마태복음 6장에는

"우리가 우리에게 죄 지은 자를 사하여 준 것 같이 우리 죄를 사하여 주시옵고"라는 구절이 나온다.(마태복음 6:12(개역개정))

그렇지만 세국제성경이나 킹 제임스 성경 또는 새 국제 독자 성경에서는 "우리가 우리에게 빚 지은 자를 사하여 준 것 같이 우리 빚을 사하여 주시옵고"라고 나온다.:

Forgive us our debts, as we also have forgiven our debtors.
(Matthew 6:12 (NIV 새국제성경 [一國際聖經])

And forgive us our debts, as we forgive our debtors.
(Matthew 6장 12 [KJV, 킹제임스 성경)

And forgive us our debts, as we also have forgiven our debtors.
(Matthew 6장12 [NASB 신 미국표준성경])

다만 NIRV (신 국제 독자 성경)에서만 "우리가 우리에게 죄 지은 자를 사하여 준 것 같이 우리 죄를 사하여 주시옵고"라고 되어 있다.:

Forgive us our sins, just as we also have forgiven those who sin against us.
(Matthew 6:12 (NIRV 신 국제독자성경)

이것은 종교와 죄와 빚이 뗄래야 뗄 수 없는 사이일 뿐만 아니라 종교 특히 기독교에서도 빚이 죄와 결부되어 있고 돈과 시장이 종교애 심대한 영향을 미쳤음을 시사한다. 산스크리트, 히브리어, 아람어에서, '빚'(debt), '죄'(guilt) 그리고 '죄악'(sin)은 사실상 같은 단어들이다. 위대한 종교운동들의 언어에서 심판(reckoning-청산), 구원(redemption-상환), 업보(karmic accounting 계산) 같은 많은 어휘들은 고대의 금융언어에서 나왔다. 그러나 그 언어들은 언제나 표현하려는 것을 다 표현하지는 못했고 그런 용도에는 부적합했으며 그리고 그 뜻은 완전히 다른 어떤 것으로 왜곡되었다. 위대한 선지자들과 종교 교사들은 그런 종류의 언어들로써 출발하는 수밖에 없었던 것처럼 보이는데, 그것들 외에 그 당시에 존재했던 어휘들 중에서 종교적 의미를 표현하기에 그나마 가장 적절한 어휘들이었기 때문이었다.

그렇지만 다른 한편 단지 종교가 시장에서 쓰이는 언어들만을 사용한 것이 아니라 위대한 종교의 발흥과 돈&시장의 발흥 사이에는 밀접한 연관이 존재하는 것으로 보인다.

독일의 실존주의 철학자 칼 야스퍼스는 철학사를 쓰던 중에 피타고라스(B.C.570~B.C.495)나 붓다(B.C.563~B.C.483) 같은 걸출한 인물들이 거의 동시대에 살았고, 또 그 시기에 그리스, 인도, 중국에서 서로 경쟁하는 학파들 사이에 백가쟁명(百家爭鳴)이 갑작스럽게 발생했다는 사실에 주목하였다. 현대 철학의 근간- 이를테면 우주와 정신과 행위의 본질, 인간 존재의 목적 등에 관한 다양한 관점들은 거의 이 시기에 등장했다. 철학과 종교가 만개한 기원전 8세기부터 기원전 3세기까지를 1949년 출판된 『역사의 기원과 목표』에서 그는 '축의 시대((Axial age, Achsenzeit)'라고 명명했다.

이러한 정신적이고 지적인 혁명이 일어난 시기 즉 야스퍼스의 '축의 시대'의 핵심기간 즉 피타고라스와 공자와 붓다가 살았던 기간은 그런데 묘하게도 주화가 발명된 기간과 거의 일치한다. 게다가 역사상 주화가 최초로 발명된 지역 3곳이 바로 그 곳들이었다. 실제로 그 지역들은 축의 시대에 종교적 철학적 창조성이 폭발한 곳이었다. 중국 황하유역, 인도의 갠지스 강 계곡, 에게 해 해안가의 왕국들과 도시국가들에서 종교와 철학이 폭발했다. 주화&시장의 발흥과 종교&철학의 폭발이 거의 동시에 일어났다는 사실은 결코 우연이 아니라고 인류학자 그래버(David Graeber)는 『부채, 그 첫 5000년』에서 주장한다. 사실상 주화&시장이 사회 곳곳에 침투하여 사회관계를 규정짓는 힘이 되면서 사람들의 인간관과 우주관 그리고 사회관에 근본적 변화가 생겼고 철학과 종교의 만개는 이런 정신적, 지적 위기와 혼돈에 대한 대응이자 창조였다. 시장&돈이라는 사회적 관계가 사람들의 세계관과 우주관을 송두리째 바꾸어 놓으면서 그 사고방식과 언어들이 자연스럽게 종교와 철학 속으로 녹아들어갔다.

그 당시에 시장과 돈이 출현한 배경을 다시 한 번 살펴보자.

처음에 귀금속은 신전과 부자들 귀족들이 독점했을 것이다. 그렇지만 이 축의 시대에 많은 양의 귀금속들, 금은과 구리가 신전들과 귀족들의 손에서 빠져나가서 보통 사람들의 손으로 들어가 작은 양으로 쪼개져서 일상의 거래에 통용되기 시작했다. 전쟁이 빈번했고 널리 퍼져 있었고 이 전쟁에서 병사들이 적국의 귀족과 신전을 약탈하여 가장 먼저 여자와 술, 음식 같은 필수품을 취했겠지만, 그 다음으로는 휴대가 용이하고 값이 나가는 귀중품을 약탈하여 가져 갔을 것이다. 그리스 고대시대와 인도의 왕국들, 중국의 전국시대 국가들 사이에 끊임없이 벌어진 전쟁은 시장교역의 발달을 특히 소액의 귀금속 교환에 근거한 시장교역의 발달을 부추긴 강력한 자극제가 되었다. 만일 약탈을 통해 귀금속이 병사들의 손으로 들어갔다면, 시장이 그 귀금속을 많은 사람들에게 퍼뜨렸을 것이다.[247]

당시에 귀족 전사들과 그들의 종자 군대가 아니라 직업군병으로 이루어진 새로운 종류의 군대가 생겨났다. 이 새 군대들은 귀족이 아니라 직간접적으로 정부의 통제를 받았으며, 국가는 그들이 약탈한 귀금속 중 일부를 그들에게 되돌려주면서 주화라는 형태로 대규모 생산을 하여 배포했을 것이다. 정부는 자신이 발행한 주화로만 벌금, 수수료 또는 세금을 받겠다고 선언함으로써 기존에 있던 무수히 많은 사회적 통화들을 무력화시키고 전국적으로 통일된 시장을 확립할 수 있었다. 가령 리디아의 주화는 용병들에게 봉급을 주기 위해 발명되었을 것으로 추정된다. 그래서 사상 최초로 주화가 일반 사람들에게 널리 퍼지고 통용되었으며 시장 관계가 사람들의 일상 속으로 들어왔다.

새로운 사회관계는 사람들에게 새로운 이데올로기, 새로운 사고방식을 가지게 했을 것이다. 전통적 사고방식과 세계관을 고집하는 자들도 있었을 것이고 새로운 사고방식과 이데올로기를 재빠르게 채택하여 새로운 사회적 관계에 기민하게 적응하는 자들도 있었을 것이다. 두 가지 세계관과 이데올로기가 충돌했을 것이다. 새로운 사회적 관계인 시장과 돈에 먼저 적응하고 적극적으로 활용한 자들이 승자가 될 개연성이 더 높았을 것이다. 물질적 이득에 눈을 뜬 자들은 다른 모든 사회적 관계들을 사상하고 오직 금전적 이득만을 목적으로 삼으려는 경향이 농후했을 것이다. 그러한 추세는 의식적으로 또는 무의식적으로 발생하였고 가속화 되었을 것이다.

축의 시대에는 인류 역사상 처음으로 글은 성직자, 관리, 상인들에게만 국한되지 않고 시민생활에서 필수적으로 익혀야 하는 것으로 나타났다. 전쟁의 결과로 비인격적 시장들이 탄생했고 거기에서는 이웃마저도 이제 이방인처럼 낯선 자처럼 취급하는 것이 가능해졌고 또 그렇게 했다.

약탈품의 처분하는 데에서 그리고 군대 보급품을 공급하는 과정에서 교역이 비롯되고, 그 물건들의 출처에 대해서 묻지도 않고 알려고도 하지 않으며 그 거래 관계가 더 이상 개인적 관계로 지속되지 않을 때 거래에서는 오직 이익만을 좇게 되고 그 결과 축의 시대 동안에 새로운 사고방식과 철학이 탄생했다. 이제 인간의 삶은 '목적 대 수단"을 계산하는 문제로 바뀌었다. 돈과 시장과 군사적 약탈이 본질적으로 뒤얽힌 시대에 주화를 주조할 금속을 캐낼 노예들을 잡아올 병사들에게 지급할 주화가 필요했다. 이제 '이기적 인간'- 물질적 부와 향락을 추구하는 것을 주 목적으로 삼는 자들이 점점 더 많아졌다. 가령 중국에서 공자의 시대에 인간 삶의 원동력으로 이익의 추구에 대해 언급하고 있었다. 이익의 추구를 뜻하는 글자는 이(利)였다. 그 뜻은 벼 화(禾) + 칼 도(刀)가 합쳐진 글자로서 들판에 씨앗을 뿌려 뿌린 것보다 더 많은 양을 수확하는 것을 일컫는 글자였다. 利는 '상업적 이익'을 의미하게 되었고 더 나아가서 일반적으로 '이익' 또는 '수익'을 뜻하는 글자가 되었다.

물질주의-금전주의 사상이 득세하여 신, 제믈 의식, 조상 숭배 의식 심지어 계급제도와 의례상의 신분제도까지도 아예 무시되거나 한편으로 밀려났고, 그것들은 더 이상 목적으로 여겨지지 않고 단지 물질적 이득의 추구에 동원될 수 있는 수단에 지나지 않게 되었다 가령 철기의 사용으로 생산력이 발전하자, 농민, 수공업자, 상인 등은 그에 힘입어 신흥계급으로 성장하였고 신흥계급의 입장에 서서 씨족 귀족의 정치와 지배에 정면으로 대결하면서 그의 사상을 전개했던 제자백가의 하나인 묵가의 시조로 전국시대 초기에 활약한 사상가인 묵자[墨子, BC 479년경 ~ BC 381년경]는 '利' 용어를 채택하여 인간 생명, 동물의 생명 그리고 물질적 피해 등을 합하여 공격의 비용을 계산하면 그 비용이 이익을 훨씬 능가한다고 주장했다. 유가는 묵가와 정반대 입장을 택하여 '利'가 아니라 인(仁) 의(義) 외에는 아무 것도 없다고 주장하였지만 이득과 손실 계산을 주요한 분석방법으로 택한 것은 마찬가지였다.

결국 축의 시대의 위대한 종교들은 이러한 물질주의-배금주의에 대한 반동으로 생겨났다. 비인격적 시장은 개인의 자유를 촉진하는 한편 소속감, 우애, 사랑이나 연대감 같은 씨족의 사고방식을 배척하고 인격적 소외를 조장하고 인간적인 교류를 지양하는 경향이 있었다. 인간성이 이에 반동한 것은 어쩌면 너무도 당연했다. 그렇지만 그 반동으로 생긴 위대한 종교들은 많은 사고방식과 언어들을 그들이 대항하여 대처하려고 한 시장&돈 관계에서 빌려와야 했다.

그래버는 그 과정을 다음과 같이 요약한다.[248]

1) 시장은 근동에서 처음 등장했다. 그것들은 정부통치제도의 부산물이었다. 그러나 세월이 흐르면서 시장의 논리가 군사문제에 개입되었고 측의 시대에 용병 논리=시장 논리가 되고 마지막에는 시장의 논리가 정부의 목적을 규정하게 되었다.
2) 그 결과 군사-주화-노예 복합체가 등장하는 곳에서는 어김없이 물질주의 철학이 탄생했다. 그 철학은 2가지 측면에서 물질주의적이었다.:
   a) 세상은 신성한 힘보다는 물질들의 힘으로 이루어진다(유물론)

b) 인간 존재의 궁극적 목적은 부의 축적이다.

도덕과 정의 같은 이상들은 대중을 만족시키기 위한 도구에 지나지 않는다.

3) 모든 곳에서 이에 대한 반작용으로 인간성과 영혼을 탐구하는 철학들이 탄생했고 윤리와 도덕의 새로운 기초를 탐구했다.
4) 폭력적이고 냉소적인 엘리트들에 맞서는 대중운동이 나타났는데 이는 지적 운동이기도 했다.
5) 모든 곳에서 이 운동들은 처음에 평화운동이었다.
6) 어디든지 도덕의 새로운 바탕을 찾아내기 위해서 비인격적인 시장들이 제공한 새로운 도구들을 이용하려는 충동이 있었지만 그런 노력들은 예외 없이 실패했다. 묵가는 '사회적 이익'을 앞세웠고 그리스와 인도에서는 도덕적 책임을 부채(빚)으로 규정했지만 만족스런 결과가 나타나지 않았다.
7) 세월이 가면서 통치자들의 태도가 변했다. 개인적으로는 냉소적이었지만 새로운 철학 및 종교운동들에 관용적 태도를 보였다.
8) 최종적인 결과는 인간 활동 영역을 2분하는 것이었다. 한 편에서는 시장, 다른 한편에서는 종교가 있다. 물질주의적이고 이기적인 사회영역은 시장이고 궁극적 가치는 비물질주의적이고 타인에 대한 사랑을 강조하는 사회영역은 종교이다. 축의 시대의 모든 종교들은 사랑을 강조했다. 절대적 탐욕과 절대적 관용이 양 극단에 존재한다. 이 양 극단은 비인격적이고 물질주의적 주화가 등장하는 곳에서는 언제나 함께 등장했다.

08

경제신학 -돈과 신학정치학

정치와 경제 - 하나님 아버지와 아들 예수

철학과 돈 사이의 오랜 상호작용에 비추어 볼 때, 화폐경제는 기독교신학 교리의 핵심적인 측면에 심대한 영향을 미쳤을 것이다. 기독교신학은 당대의 정치경제에 의해서 알게 모르게 깊은 영향을 받았을 것이고 돈은 초기 기독교의 신학-정치적 비전을 형성하는 방식에 영향을 미쳤을 것이다. 그러한 결과로 예수와 돈 사이에는 불편한 개념적 근접성이 있고, 이러한 관계는 세속적인 정치경제영역에 지속적인 영향을 미쳤을 것이다. 기독론[基督論, Christology]과 돈 사이의 근본적인 연관성의 흔적이 남아있다. 돈과 신학과 종교철학은 밀접하게 연관되어 있다.

그리스에서 돈은 철학과 명백하게 연관되어서 철학 형성에 큰 역할을 했고 또는 돈은 위계질서와 관료적 복잡성을 가능하게 하는데 일조하였다. 그러한 돈의 이중적 성격은 예수가 한편으로는 주님으로서의 아들이라는 개념과 다른 한편으로는 그가 인류를 죄악으로부터 건져내어 하느님의 은총 속에 있게 하려는 섭리적(攝理的)인 행위인 구속[救贖]을 행하는 방식에 관한 교리 형성에 기여했다. 신학과 정치학이 혼합된 이 교리-신학정치학 사상은 다시 역으로 화폐경제와 그것의 관리에 영향을 미쳤다.[249]

2세기 기독교 시대에 삼위일체 교리를 정교하게 다듬은 신학자들은 oikonomia(경제)에 의해 수행된 필수적인 역할을 삼위일체론에 적용하였다. 삼위일체론[三位一體論]이란 하느님은 성부 · 성자 · 성령의 세 위격을 가지고 있지만 하나의 본성으로 존재하는 분이라는 즉, 하느님은 본질에서 한 분이이지만 인격에서는 3분으로 존재한다는 기독교 정통교리를 말한다. 4세기 후반에 정립된 삼위일체 교리는 한 분 하느님이 세 위격으로 존재한다고 천명하였다. 이 교리에 따르면 하느님 · 그리스도 · 성령이 인간의 구원에 동등하게 책임을 지며, 셋이 모두 신적 존재이다. 제4차 라테라노 공의회(1215)에서는 각 신적 위격이 신적 본질임을 확언하였고, 피렌체 공의회(1442)에서는 "하느님 안에서 대타 관계가 있지만 셋은 하나이다."라는 원칙을 확정하였다. 이리하여 삼위일체론은 본체는 하나이지만 동시에 위격들은 셋이라는 입장을 천명하였다.

삼위일체는 처음부터 도입되지도 않았고, 나중에 공의회 후에 채택된 것처럼 형이상학적인 교리로서도 도입되지도 않았고, 시초에는 하나의 경제로서, 관리 도구로서 도입되었다. 철학자 아감벤에 따르면 이 경제의 신비가 숨겨진 현대 통치의 존재론적 패러다임으로서 기능했다고 한다. 아리스토텔레스에 따르면, 경제는 비인식론적 패러다임이며, 과학,

에피스테메[episteme, 지식知識]가 아니라 주어진 상황과 주어진 문제와 관련해서만 이해할 수 있는 결정과 수단을 의미하는 실천이다. 따라서 그리스 용어의 가장 좋은 번역은 "관리"이다.

삼위일체 교리가 막 개발되기 시작할 때, 신학자들은 교회 내에서 단일신론자들(Monarchians)이라고 불리는 사람들 집단의 강한 저항에 대처해야만 했다. 즉, 그들은 3신의 도입은 바로 다신론으로 돌아가는 것을 의미한다고 생각했다. 단일신론은 하느님이 오직 하나뿐이라고 강조하는 기독교 신학이다. 그 신학은 신은 그 본성은 하나이지만 동시에 셋으로서 존재한다는 삼위일체론과 정면으로 대치된다.

최초의 그리스도인들은 유대인들이었고 유태교는 신은 하나라고 보았다. 그래서 하나님 아버지와 하나님의 아들 사이의 관계가 문제시 되었다. 아들 그리스도는 신성인가 아니면 단지 하나의 인간에 불과한가라는 의문에 대하여 단일신론은 신은 하나라는 입장을 고수하여 하느님과 아들 예수 사이의 관계를 설명하려고 한다. 초기 기독교인 다수는 사실상 단일신론을 믿었다.

두 가지 상반되는 단일신론들이 있었다.

양태론적 단일신론은 하느님은 하나이지만, 하느님은 아버지, 아들, 성령이라는 다른 "위격들"을 통해 나타나고 작용한다고 본다. 이 견해에 따르면, 3위격 모두는 예수님의 신체 속에 거하는 것으로 이해된다. 아버지와 아들이라는 용어는 하느님의 초월성과 다른 한편 성육신 사이의 구별을 묘사하지 그 둘이 서로 다른 실체임을 나타내지 않는다. 또한 하느님은 하나의 성령이기 때문에, 성령은 분리된 실체로 이해되어서는 안 되며, 오히려 행동하는 하느님을 묘사하는 것으로 이해되어야 한다고 주장된다.

역동적 단일신론은 하나님이 무엇보다도 전혀 분리될 수 없으며, 하나의 본성을 지니고 있는 하나의 존재라고 주장한다. 아들이 아버지와 함께 영원하지 존재해오지 않았으며, 예수 그리스도는 인간으로서 본질적으로 하나님의 계획과 그 자신의 완전한 삶과 행위를 위해서 선함을 신에게서 받았다고 주장한다.

터툴리아누스(Tertullian, 150-225), 히폴리투스(Hippolytus, 190~236), 오리게네스(Origenes), 알렉산드리아의 클레멘트(Clement of Alexandria, 150~215) 등 초대교회 교부들은 로고스 신학으로써 이에 반론을 폈다. 점차적으로 삼위일체론이 득세해졌고 그것은 381년 데오도시우스 1세(Theodosius Ⅰ)가 아리우스 이단 논쟁을 종결짓기 위해 소집한 제1차 콘스탄티노플 공의회 [公議會, Councils of Constantinople]에서 채택되었다. 이 회의에서는 아버지인 하나님과 아들인 그리스도는 동일실체(Homoousios, one substance, 호모우시오스)라는 니케아 종교회의 결정이 재확인되어 니케아-콘스탄티노플 신조가 확립됐다.[250]

철학자 아감벤에 따르면 초기 교부들은 하느님 아버지와 아들 그리스도의 역할을 분리시켰다. 하느님 아버지는 아들에게 세상의 통치를 맡겼다. 신은 군림하지만 통치하지 않고 아들이 통치한다는 것이다. 교부들은 Oikonomia(가계관리)의 개념을 빌어서 삼위일체설을 논증하려 하였다. 그들의 주장은 다음과 같이 대략적으로 단순화될 수 있다.: 신은 실체도 그 존재도 절대적으로 하나뿐이다. 그러나 그의 oikonomia, 그의 경제, 즉 그가 신의 집과 삶을 관리하는 방식에 관해서는, 그는 셋이다. 집의 주인이 아들이나 다른 사람들과 가정 관리를 맡기면서도 그는 여전히 그 집에서 유일한 권력자일 수 있듯이 신은 그의 아들 그리스도에게 세상의 관리와 인간의 구원을 맡길 수 있다. 정치철학의 전통에서 이 이중 구조는 오래된 공식 즉 "왕은 군림하지만 통치하지 않는다."로 표현된다. 그것은 이미 16세기에 회자된 오래된 금언이지만 민주주의의 보편적인 법칙이자 원리로서 입법부와 집행부의 권력분립으로 나타난다. 이 규제와 집행의 원리를 처음으로 발견한 분야는 정치이론이 아니라 신학이었다. 그것도 아주 오래 전 기독교 교리가 확립되던 3-5세기에 이 원리가 하느님 아버지와 아들 예수 사이의 관계를 구명하던 중에 나타났다.[251]

경제의 관리에서 돈은 중차대한 역할을 한다. 돈은 주권을 나타내는 부호로서 그 통치권 내의 힘의 중심을 상징한다. 돈은 주권의 표상으로서 유통되고 교환을 규제하기 때문에 통치의 연장이자 기법이다. 힘의 표시로서의 돈은 권위를 대표하고 신민들을 훈육시킨다. 그러므로 아버지이자 로고스로서의 신의 경제에 관해서 교부 사상가들이 숙고할 때 돈의 핵심적 기능들은 신학적 원리들로 부상하였다. 아들 그리스도는 한편으로는 주이자 십자가 희생을 통해 죄인을 구원하신 행위인 구속(救贖) 경제의 관리자이면서 다른 한편으로는 중추적인 지불이자 공물이다. 마치 돈이 주권의 도구이자 정복의 수단이듯, 화폐화 된 돈으로서의 아들의 지불은 신의 정복과 피조물에 대한 신의 통치의 주요 수단이다.

돈이 본질적인 가치를 지니고 있기 때문에 기능한다는 견해와는 달리, 돈은 오히려 사회적 구성이며, 그 가치는 주로 그 가치를 인정하는 신념에서 파생된다. 이것은 부분적으로 돈이 역사를 통해 다양한 형태로 나타난 이유를 설명한다. 사람들이 그것을 상품 교환을 위한 정당한 수단으로 받아들이는 것에 동의하는 한, 돈이 어떤 형태를 취하든 상관없다.

돈의 성공은 그 돈을 받아들이게끔 강요하거나 믿음을 주는 집행권부 없이는 불가능한 수준의 사회적 조정과 신뢰에 달려있다. 먼저 권부에서 특정 상품 또는 금속을 돈이라고 지정해야 하고 주권 군주 또는 국가든 권위 구조는 그 권위 자체에 의해 상거래에서 효과적으로 받아들일 수 있는 것으로 보장되는 교환의 토큰을 만들고 유포한다. 국가 권위가 있어야만 돈은 소규모 사회 집단을 넘어 큰 사회집단에서 유통될 수 있다. 돈은 국가가 그 돈의 보유자에게 빚진 채무를 상징한다. 돈이 효과적으로 작동하려면 당국은 먼저 가치의 도량형인 추상적인 계산화폐을 제정해야 한다. 그러한 도량형은 자의적이며, 그 제정은 국가의 특권에 속한다.

국왕이나 정부는 돈을 발행하는데 신민이 국가에 진 빚(즉, 세금)을 지불할 때 그 돈을 받아들이겠다는 암묵적인 약속을 한다. 그러한 돈은 특정한 주어진 영역 내에서만 효용을 얻고 그 영역을 벗어나면 단지 하나의 상품으로서만 가치가 있다는 것은 그것을 집행할 권한과 제도적 기반을 가진 모종의 기관이 그 도량형에 따라 가치를 평가하는 시스템을 확립한 다음, 이 추상 시스템을 대표하는 토큰을 제조한다는 것을 의미한다. 이 토큰은 주권자에게 공물이나 세금으로 납부되며, 그러한 지불금을 지급하는 것은 그 지배의 편익에 대해 권한에 의존함을 의미한다. 세금 납부를 강요하는 국가의 힘은 궁극적으로 폭력을 사용하여 납세를 강요할 수 있는 국가의 능력에 달려 있다. 그러므로 그 돈은 납세에 쓰일 수 있고 납세하려면 그 돈이 정대 필요하기 때문에 돈은 가치를 획득한다. 결국 돈은 국가의 권위의 상징이다.

돈의 신학정치

그러므로 돈은 경제적 영역으로의 정치권력의 확장으로서 주권의 도구이다. 반복적이고 평범한 교환 관습을 통해 돈을 사용하는 사람들은 주권자의 계산 기준에 부합하도록 적응된다. 사람들은 살기 위해서 분업을 해야 하는데 삶을 영위하려면 이 권위적으로 확립된 기호시스템에의 참여해야만 된다. 돈 위에 새겨진 표시가 효력을 발휘하는데 사람들의 마음속에는 그 표시가 상징하는 권력에 대한 신뢰와 의존이 자리 잡고 있다.

돈은 삶을 규제하는 주권의 통치구조에서 역할을 하는 것처럼, 돈은 정치적 정당성을 위해 신학을 이용하는 역학에 연루되어 있다. 더욱이 그것은 신학적 가정을 형성하고 그것에 의해서 암묵적으로 형성되는 정치적 담론 및 관행과 관련이 있다. 많은 기독교신학 담론에서 예수는 물질적 영역에 삽입된 하나님을 대표하는 상징이다. 예수는 대체적인 경제를 상징하며 외부의 신성한 가치관을 인간 영역으로 가져온다. 예수는 주권자의 계산법의 표시를 담은 하나님의 동전이다.

예수께서 육신을 입고 세상에 오신 일 즉 인류를 구원하기 위해서 하나님이신 그리스도께서 사람의 몸을 입고 동정녀를 통해 탄생하는 역사적 사건인 '성육신'(成肉身) 이야기는 화폐 순환에 산성을 부여함으로써 사회통제에 일조한다. 좀 더 미묘하게는 신성권력과 세속권력 간에 하나의 상동(相同)을 가정할 수 있다.: 기독교 신학 담론에서 묘사된 신성한 육화 경제는 적어도 두 가지 역할을 한다. 한편으로 돈은 규범적으로 예외적인 주권자가 높은 곳에서 가치를 부과하기 때문에 황제의 지령과 동등한 것으로 볼 수 있다. 황제가 현실의 법을 만들고 돈을 통해 사회에 가치와 도량의 특정 계층구조를 부여하는 것처럼 하나님도 현실에 대한 어떤 평가를 시행하는 표징을 세상에 보냈다.[252]

팔레스타인 가이사랴 태생의 신학자로서 「교회사」로 유명한 교부 유세비우스[Eusebius of Caesarea, (263~339년]는 「콘스탄틴전」 같은 저술에서 주권 통치 및 지배에 관한 신학적 관념과 정치적 관념 사이의 유사성을 주목하였다. 신이 콘스탄티누스 황제의 통치를 재가한 만큼, 황제의 지상정부는 신의 왕국이 모습이 어떠한지를 알게 해주는 단서를 제공한다. 그는 콘스탄티누스의 통치에서의 화폐적 및 경제적 주제들에 주의를 기울인다. 유세비우스에 따르면 콘스탄티누스 황제의 관리에는 공평한 금융적 처리, 화폐 행정을 통한 의로운 통치, 모든 이에 대한 관용이 주된 원리로 작용한다. 화폐경제는 황제가 신민들에게 주화 이미지를 통해서 그 영향력과 권력을 전달하고 그의 영토 내에서의 수용 가능한 교환의 범위를 증명하는 권력을 행사하는 수단이다. 콘스탄티누스의 주화는 그의 신민들에게 황제의 정체성을 대표한다. 그 과정에서 그것을 통해서 신민들은 쉽게 황제에게 복종하게 된다.

유세비우스는 콘스탄티누스 황제 통치의 신학자이자 목격자로서 그에게 있어서 콘스탄티누스에게 적용되는 많은 서술어들은 신에게도 적용 가능하고 그 역도 마찬가지로 성립한다. 콘스탄티누스는 아버지와 아들의 관계처럼 주권자로서 군림하지만 그 지배는 관료들에게 위임한다. 콘스탄티누스는 아버지와 로고스를 모방하고 그래서 그의 통치의 특징과 테크닉을 반영한다. 콘스탄티누스의 행정기구는 그의 지배의 얼굴로서 그러한 대응에서 그 신에게서 합법성을 인정받고 그러한 대응을 반영한다. 신은 그에게 지상의 모든 것들에 대한 주권을 주었다. 지고한 신을 모방하여 그는 제국의 특정한 행정구역을 관리들에게 맡겼다. 그렇지만 그들 모두는 적절한 시기에 위대한 왕에 의해서 그 행위가 면밀히 조사될 것이다.[253]

신의 주화(鑄貨)로서의 인간과 예수

돈 위에 새겨진 황제상은 아버지를 닮은 아들을 이해하고 정당화하는데 사용된다. 제왕의 상에게 바쳐지는 존경과 영예가 황제에게 전달되듯이 아들에게 보이는 숭배도 아버지 하느님에게 전달된다. 아들에 대한 숭배는 그 모습을 빼다 박은 아버지에 대한 숭배이기도 하기 때문이다.

주화는 그 발행자의 특질을 반영한다. 주화를 보고서 그것을 발행한 권위를 알 수 있듯이, 인류에게서 신의 표시를 볼 수 있다. 인간의 신의 형상을 본 따서 만들어졌다. 그러므로 신의 형상을 이해할 수 있는 한 가지 방법은 주화의 낙인이다. 한 사람의 주요한 특성을 나타내는 데 사용하는 영어 단어 'character'는 그리스어 주화, 밀랍봉인에 대한 낙인 또는 각인 [Imprinting]이라는 단어 kharakter에서 파생되었다.[254]

마태복음과 누가복음에는 신의 형상을 본 뜬 인간이라는 개념을 카이사르의 주화에 비유한다.

"자기 제자들을 헤롯 당원들과 함께 예수께 보내어 말하되 선생님이여
우리가 아노니 당신은 참되시고 진리로 하나님의 도를 가르치시며
아무도 꺼리는 일이 없으시니 이는 사람을 외모로 보지
아니하심이니이다.
그러면 당신의 생각에는 어떠한지 우리에게 이르소서 가이사에게
세금을 바치는 것이 옳으니이까 옳지 아니하니이까 하니
예수께서 그들의 악함을 아시고 이르시되 외식하는 자들아 어찌하여
나를 시험하느냐

세금 낼 돈을 내게 보이라 하시니 데나리온 하나를 가져왔거늘
예수께서 말씀하시되 이 형상과 이 글이 누구의 것이냐

이르되 가이사의 것이니이다 이에 이르시되 그런즉 가이사의 것은
가이사에게, 하나님의 것은 하나님께 바치라 하시니"

(마태복음 22장 16-21)

비슷하게

"그들이 물어 이르되 선생님이여 우리가 아노니 당신은 바로
말씀하시고 가르치시며 사람을 외모로 취하지 아니하시고 오직
진리로써 하나님의 도를 가르치시나이다
우리가 가이사에게 세를 바치는 것이 옳으니이까 옳지 않으니이까 하니
예수께서 그 간계를 아시고 이르시되
데나리온 하나를 내게 보이라 누구의 형상과 글이 여기 있느냐
대답하되 가이사의 것이니이다
이르시되 그런즉 가이사의 것은 가이사에게, 하나님의 것은 하나님께
바치라 하시니 "

(누가복음 20장 21-25)

이 구절들은 인류에게 새겨진 신의 형상은 마치 주화에 새겨진 황제의 상과 흡사하다고 말한다.
서방교회의 최초의 교부 테르툴리아누스 [Quinrus Septirnius Florens Tertullianus]는 다음과 같이 이를 해석한다.:
'신의 것'은 무엇인가? 그러한 것들은 가이사의 데나리온과 흡사하다. 즉 그의 형상과 유사하다 그러므로 그가 신에게 돌려주라고 명하는 것은 사람이다, 사람은 신의 형상, 유상, 이름 및 실체로써 낙인되었다.

그리스도는 데나리온을 가이사에게 바치라고 명한다.[255]

황제의 상을 담고 있는 주화가 그것을 낙인하고 소유하는 자에게 납세되어 되돌아가듯이 신의 형상을 담고 있는 인간은 결국 신에게 바쳐진다. 이 구절은 신의 형상을 본떠서 만들어진 인류의 기원과 궁극적인 운명을 나타낸다. 인간은 신을 닮은 형상으로서 신에게서 나와 신에게 바쳐져서 돌아가야 한다. 금속에 새겨진 황제의 모습은 그 금속에게 경배와 영예를 불러일으킨다. 생필품의 매매와 필요와 욕구를 충족시키는 거래들에 참여하게 하는 돈의 기능을 통해서 사람들은 경제의 주권자에 대한 암묵적인 감사를 수반한다. 재화 및 서비스에 대해 토큰을 교환하면서 이루어지는 신뢰는 지배자와 그가 대표하는 가치 시스템에 대한 신뢰를 나타낸다. 신학적 은유에서 주화 용어가 신과 연계되면 사람들은 이런 돈의 다양한 특징들을 연상하여 신의 정체성을 확인하고 암묵적으로 그리고 무의식적으로 신학의 문화적, 정치적, 경제적 정당성을 승인하게 된다.

그러한 주화의 비유에서 타락한 인류를 구원하는 하나의 방법은 주화를 재주조하듯이 인간들을 새로 태어나게 하는 것이다.

누가복음에는 "잃어버린 주화의 비유"가 나타난다.:

"어떤 여자가 열 드라크마가 있는데 하나를 잃으면 등불을 켜고 집을 쓸며 찾아내기까지 부지런히 찾지 아니하겠느냐
또 찾아낸즉 벗과 이웃을 불러 모으고 말하되 나와 함께 즐기자 잃은 드라크마를 찾아내었노라 하리라
내가 너희에게 이르노니 이와 같이 죄인 한 사람이 회개하면 하나님의

사자들 앞에 기쁨이 되느니라"

(누가복음 12장 8-10)

동방 교회의 교부·신학자인 니사의 성(聖)그레고리우스(c330-395?)는 여기서 '잃어버린 동전'은 '신의 형상'을 비유한다고 본다. 그리고 그 동전을 찾으려고 밝히는 등불은 숨겨진 원리들에 빛을 비추는 인간 이성이라고 한다. 인간은 자신 안에서 이성을 사용하여 '신의 형상'을 찾아야 하고, 육신이라는 불순물을 씻어내면 우리가 찾는 '신의 형상'이 확연하게 드러날 것이다. 그래서 신의 형상을 찾으면 기뻐하면서 이웃들을 불러서 그 기쁨을 함께 나눈다는 것이다.[256]

잃어버린 돈의 비유는 육체의 더러움에 감싸져서 숨겨진 '신의 형상'을 회복시켜 원래의 순수한 상태로 돌아가야 됨을 비유한 것이다. 돈이 황제의 형상을 나타내기 때문에 돈은 또한 신의 형상을 비유하는데 사용된다.

원본 주화로서의 예수, 몸값으로서의 예수

아들 예수는 수많은 주화들 중의 단지 하나의 주화가 아니라 독특한 주화이다. 아들 그리스도는 주화의 앞·뒷면 문양을 압인하는 금형인 극인(die)과 같다. 예수는 신의 특별한 원본 형상이다.

"이는 하나님의 영광의 광채시요 그 본체의 형상이시라 그의 능력의 말씀으로 만물을 붙드시며 죄를 정결하게 하는 일을 하시고 높은 곳에 계신 지극히 크신 이의 우편에 앉으셨느니라"

(히브리서 1장 3)

“그는 보이지 아니하는 하나님의 형상이시요 모든 피조물보다 먼저
나신 이시니”

(골로세서 1장 15)

창세기에는 땅의 흙으로부터 인간을 창조하면서 자신의 형상대로 생명의 숨결을 불어넣아 인간을 창조한다는 은유가 나온다.

“하나님이 이르시되 우리의 형상을 따라 우리의 모양대로 우리가
사람을 만들고 그들로 바다의 물고기와 하늘의 새와 가축과 온 땅과
땅에 기는 모든 것을 다스리게 하자 하시고
하나님이 자기 형상 곧 하나님의 형상대로 사람을 창조하시되 남자와
여자를 창조하시고”

(창세기 1장 25-26)

만일 하느님이 귀금속들을 취하여 신의 형상과 로고스를 낙인찍어서 인간을 창조했고 아들 예수는 영원한 형상이자 신의 도장으로서의 하나의 주화가 된다면 그래서 인간들이 주화들로 묘사되고 아들이 인간으로서 인간 사이에 들어간다면, 그도 물질적 화폐적 속성에 의해 특징지어져야 한다. 그러면 그는 신의 속성을 잃을 수도 있다. 이렇게 예수 그리스도가 자신의 고유성을 잃을지도 모른다는 위협은 기독교 신학이 수세기를 두고 씨름했던 문제였다. 원본 주화로서의 신의 아들의 진정한 정체성, 그렇게 많은 주화들 중에서 왕의 원래의 순수하고 불순물이 섞이지 않은 통화를 감지하는 문제는 신이 육체 속에 숨겨질 때 –육신화될 때 나타나는 문제이다.

교부들의 논리에 따르면, 그리스도는 신의 유일한 진짜 주화로서 신의 영원한 형상과 도장이 처음으로 융합된 주화이다. 그 재료는 완전하

고 순수하며 신-황제가 발행하는 다른 모든 주화에 대해 중량 가치 및 도량의 표준이 된다.

교부 사상에서 구속(구원(救援), 구세(救世), 구령(救靈), 구속(救贖), 속죄(贖罪). redemption)의 기제로서 몸값이 거론된다.

디모데에 대한 바울의 서신에서 그리스도는 "모든 이를 위한 몸값"으로 표현된다.:

"그가 모든 사람을 위하여 자기를 대속물로 주셨으니 기약이 이르러 주신 증거니라"

(디모데전서 2:6)

대속물(代贖物)이란 부채(빚), 속박(노예 상태), 죄의 상태에서 자유를 얻도록 대신해서 부담하는 대가(代價)를 말한다. '몸값'이라는 말과 같은 의미로 볼 수 있다.

사람들은 그리스도라는 몸값을 치루고 산 자들로 거듭 표현된다.:

"너희 몸은 너희가 하나님께로부터 받은 바 너희 가운데 계신 성령의 전인 줄을 알지 못하느냐 너희는 너희 자신의 것이 아니라 값으로 산 것이 되었으니 그런즉 너희 몸으로 하나님께 영광을 돌리라"

(고린도전서 6장 19-20)

"너희는 값으로 사신 것이니 사람들의 종이 되지 말라"

(고린도전서 7:23)

마태복음과 마가복음에서도 '인자'(사람의 아들 즉 예수)는 사람들을 위

해 몸값으로 바쳐졌다고 한다.:

> "인자가 온 것은 섬김을 받으려 함이 아니라 도리어 섬기려 하고 자기 목숨을 많은 사람의 대속물로 주려 함이니라"
>
> (마태 20:28, 마가10:45)

니사의 그레고리우스는 인류는 악마에게 속아서 빚을 지고 악마의 노예가 되었다고 한다. 그래서 신은 폭력이나 힘에 의지하지 않고 악마의 속임수를 똑같은 속임수로 맞받아치려고 한다. 신은 인류가 악마에게 진 빚을 갚으려고 아들 예수를 몸값으로 바친다. 예수는 원본주화로서 인류라는 주화보다 훨씬 더 값이 나가는 반짝이는 주화다. 대속물로 바쳐진 예수는 하나의 미끼이다.

사람은 하나님의 형상대로 창조되었고 그러므로 그는 자유롭고 독립적이며 스스로 결정을 내릴 수 있다. 결과적으로 인간은 미덕을 닦을 수도 악덕에 물들 수도 있다. 이 자유로 인하여 인간은 신의 뜻한 바와는 다르게 악한 선택을 할 수 있다. 인간은 진정한 선을 갈망했고 그것을 찾지 못하고 악마의 정반대의 아름다움에 속아서 타락한다. 미끼처럼 아름다움의 매력이 낚시에 달리지 않았다면 이 속임수는 결코 성공하지 못했을 것이다.[257]

알렉산드리아 학파를 대표하는 신학자이자 성경주석 학자로서 일명 '오리겐'이라고도 불리고 니케아 공의회 이전까지 당대의 최고 신학자로 추앙받았으며 그의 신학은 동방교회에 지대한 영향을 미쳤고, 후대에 기독론 논쟁 때 그의 글을 인용하지 않은 학자가 없었다고 하는 오리게네스[Origenes, 185?-253?년]도 인간은 그 사악함으로 인해서 죄를 짓고

악마에게 팔렸다고 말한다. 그리고 그리스도가 와서 몸값을 치루고 인간을 되샀다고 설교한다.:

> "그러므로 우리는 모두 신의 피조물이다. 그러나 각자는 그 자신의 죄 때문에 팔렸고 그의 사악함으로 인해 그 창조주와 헤어진다. 그러므로 우리가 그에 의해 창조된 한 우리는 신에게 속한다. 그러나 우리는 우리의 죄 때문에 팔린 한 악마의 노예가 되었다. 그렇지만 그리스도가 와서 죄를 씻음으로써 우리 자신을 판 그 군주를 섬기고 있을 때 "우리를 되샀다." 그리고 그래서 그는 그가 창조한 자들을 되찾은 것으로 보인다."[258]

인간들은 악마에게서 돈을 받았다고 그는 말한다. 인간들은 악마에게서 주화를 받았다. 그 악마의 조폐창에서 나오는 돈으로 악마는 그가 사람들을 사고 그의 재산으로부터 아무리 사소한 돈이라도 받은 자들을 그의 노예로 만든다. 그래서 아마도 우리를 위해서 그 대가로 그 자신의 피를 바친 그리스도는 우리를 되샀다.[259]

악마의 노예가 된 인류를 구원하는 길은 무엇일까? 신의 영광과 권세로 악마에게서 인류를 강탈하는 것일까? 아니면 노예의 몸값을 주고 되사는 것이 더 정당할까? 니사의 그레고리우스는 강제 탈환은 악마에게 불평할 정당한 명분을 준다고 본다. 그래서 몸값을 주되 감질날 정도로 훌륭한 몸값으로 악마를 속이는 것이 악마가 사용한 수법으로 악마에게 갚아주는 것이라고 한다.

> "그렇다면 이 상황에서 정의는 무엇인가? 그의 힘으로 우리를 좌우하는 자에 대한 자의적인 힘을 행사하지 않으며 또한 그의 보유한

것을 강압적으로 힘을 써서 우리를 데려가는 것도 아니다. 그런 경우에 감각적 쾌락을 통해 인간을 노예화한 그에게 단지 불만을 표할 명분만 남긴다. 왜냐하면 돈을 위해 자유를 버린 사람들은 그들을 구매한 자들의 노예가 되기 때문이다.

…………

합법적으로 노예로 구매된 사람을 자의적으로 구제한다면 그것은 명백히 부당한 행동이 될 것이다. 반면에 그러한 사람을 구하기 위해 가격을 지불하기를 원한다면 그것을 막는 법은 없다 이제 인류가 자유를 자발적으로 탕진했으므로 자의적인 회복 방법이 아니라 정의와 부합하는 방법이 그의 선하심에 의해 우리의 구원에 착수한 그분에 의해 고안되어야한다.

그의 수중에 있는 사람에 대한 몸값으로 그가 받아들이는 것에 동의할 수 있는 것을 그 노예의 주인에게 내놓는 것이 그 방법이다.[260]

그래서 신은 악마에게 도저히 거부할 수 없는 몸값 즉 그리스도를 제공한다. 그렇지만 신의 본 모습과 직접 대면하면 악마는 그것을 감당할 수 없으므로 육신의 베일 하에 숨겨져 있는 그리스도를 대속물로 제공한다. 그는 이것을 "물고기 낚시"에 비유한다.:

"신(神)은 육신의 베일 아래에 숨겨져 있었고, 그렇게 하면 게걸스런 물고기와 마찬가지로 신의 갈고리가 육체의 미끼와 함께 게걸스럽게 삼켜져서 생명이 죽음의 집에 들어가고, 빛은 빛에 정면으로 반대되고 생명이 사라지는 어둠을 물리친다. 빛이 존재할 때 더 이상 어둠은 머물러 있지 않으며, 생명이 활동적일 때 죽음이 존재하지 않기 때문이다"[261]

그렇지만 그리스도라는 원본 주화는 인류라는 주화들보다 훨씬 더 값이 나가는 주화이다.

더 값이 나가는 것을 지불한다는 것은 원금에 이자를 붙여서 상환한다는 의미이다. 니사의 그레고리우스는 신과 악마의 거래에서도 이자 법칙이 여전히 적용되고 있음을 암시한다:

> "그는 붙잡은 것에 대한 대가로 즉 몸값으로 더 비싸고 더 나은 어떤 것을 받아서 그 교환에서 이익을 얻음으로써 자존심에 대한 자신의 특별한 열정을 더 키울 수 있는 것만을 받아들이지 않겠는가?
>
> 그러므로 그분 안에서 그와 같은 권세를 보는 그 적은 또한 그가 붙잡은 것을 교환하여 이득을 볼 기회도 보았다. 이런 이유로 그는 예수님을 죽음의 감옥에 갇힌 사람들을 위한 몸값으로 선택한다."[262]

인류라는 주화들보다 더 과도한 가치의 그리스도를 악마에게 지불한다는 것은 이자까지 붙여서 상환하는 셈이다. 그러한 지불은 세금이나 공물 의무를 통해서 다시 주권자에게 되돌려주어야 하는 주권자의 토큰처럼 기능한다. 돈을 발행하는 주권자는 대부자처럼 기능한다. 주권 화폐를 대부하고 이 토큰을 받아들이는 모든 사람들을 그 주권과 관계 맺게 한다.

그리스도는 궁극적으로 그 발행자인 신에게 돌아가야 하는 주권의 토큰이다. 가이사의 것은 가이사에게 돌아가야 한다. 악마는 신의 것을 신에게 돌려주어야 한다. 그리스도는 신의 원본 돈으로서 주권 조폐자인 신 그리고 하늘의 보고로 되돌려져야 한다.

09

동아시아에서의 '철학' 이라는 용어의 도입

일본과 중국에서의 철학이라는 용어의 도입

서양의 'Philosophy'에 대한 번역어로서의 '철학(哲學)'이라는 용어는 1860년대 일본사람인 서주(西周, 니시 아마네)에 의해 조어되었다. 서주는 철학(哲學), 과학(科學), 미학(美學), 기술(技術), 주관(主觀), 객관(客觀), 연역(演繹), 귀납(歸納) 등 수많은 근대 학술용어를 만든 학자이다. 우리가 자주 사용하고 있는 '학술(學術)'이란 어휘 역시 'Science and Arts'를 그가 '학술기예(學術技藝)'라고 번역한 단어의 준 말이다. 이처럼 그는 서양학문에서 사용하는 개념들을 새로운 한어로 조어하여 번역했고 20세기 이후의 동아시아에서 사용하고 있는 많은 주요 용어들을 조어했다. 서주는 복택유길(福澤諭吉, 후쿠자와 유키치: 1834~1901)과 함께 일본의 근대화를 지향하는 주요 사상가였다.

처음에 그는 그리스어 philosophia를 문자 그대로 希哲學으로 번역했는데, 여기서 希(희=사모(思慕)하다, 사랑하다)는 philo(사랑하다)-에 대응하고 哲(슬기, 지혜)은 sophia(지혜)에 대응하는 단어로 했지만, 그는 즉각 그것을 폐기하고 'philosophy'의 일본어 번역을 철학(지혜의 과학)으로 만들었다. 이것은, 철학에 대한 소크라테스의 개념과는 거리가 멀다. 소크라테스에게 그것은 무지를 인식하여 생겨나는 '지혜의 사랑/추구'이다. 니시 아마네는 중국의 사고와는 다른, 대학 수준의 교육에서 가르쳐야 할 '과학의 과학'으로서 기능할 수 있는 새로운 개념을 원했다.[263]

니시 아마네는 에도막부 말기와 메이지 시기의 사상가이자 교육자이다. 막부의 양학 학문소이자 번역소인 번서조소에 들어가서 거기서 동료 쓰다 마미치와 가토 히로유키와 함께 서구학문을 연구했다. 학문에 뜻을 두고 쓰와노 번을 나와 양학 교육기관이었던 번서조소에 들어갔다. 1862년 막부 명령으로 네덜란드 라이덴대학교로 유학을 가 피세링 교수 밑에서 법률, 경제, 철학을 배웠다. 귀국하여 개성소 교수로 취임하였으며, 15대 쇼군 도쿠가와 요시노부의 정치고문 역할을 하였다. 번역서 『만국공법』을 통해 국제법을 설파하였고, 계몽단체인 명육사를 결성하여 서양학문의 보급을 위해 노력하였다. 메이지 유신 이후는 군대 제도의 정비에 힘을 쏟았으며 원로원 의관, 귀족원 의원 등을 역임하였다.

아마네는 1861년 인재를 서구에 파견할 필요성을 막부에 건의한 끝에 미국유학을 허락받았지만 남북전쟁의 발발로 인해 네덜란드로 변경되었고 이듬해인 1862년 막부의 명에 따라 쓰다 마미치, 에노모토 다케아키와 함께 네덜란드의 라이덴대학교로 유학을 갔다. 라이덴대학교에서 아마네는 피세링 교수에게 자연법, 만국공법, 국제법, 경제학, 통계를 배웠으며 피세링 교수로부터 콩트의 실증주의, 밀의 공리주의 영향을 받았다.

1865년12월에 귀국한 후 1873년에는 모리 아리노리, 후쿠자와 유키치, 가토 히로유키 등과 함께 근대 사상의 계몽단체인 명육사(明六社)를 결성하여 서양 학문의 보급에 본격적으로 뛰어들었다. 아마네는 또 교토 교샤쿠지(更雀寺)에 사숙을 열고 청년들에게 서양 법학과 철학 강의를 하였다. 이 때 준비한 메모와 강의록을 기초로 『백일신론(百一新論)』(1874년)을 펴냈는데 거기서 처음으로 哲學이라는 단어가 등장했다.『백일신론』중 '철학'이라는 제목의 시작 부분에서 그는 철학의 어원을 설명한 후에 다음과 같이 말한다.:

"히로소히(ヒロソヒー hirosohī)는 주돈이周希叔(周茂)에서 인용한 성희천 현희성 사희현 聖希天 賢希聖 士希賢을 의미하기 때문에, 히로소히를 글자 그대로 希賢學(지혜사랑의 학문 / 과학)으로 번역할 수 있다. 히로소히(hirosohī)의 정의는 "철학은 학문의 학문(也學上諸學)"으로서 제학(諸學)보다 더 위에 있다는 뜻이다."[264]

여기서 '히로소히'는 'Philosophy의 음역이고, "성희천(聖希天) 현희성(賢希聖) 사희현(士希賢)"은 "성인은 하늘을 사랑하고, 현인은 성인을 사랑하며, 사인은 현인을 사랑한다."는 말로서 중국 송나라의 유학자 주돈이의 〈통서通書〉에 나오는 구절이다. 그렇지만 "philo"의 개념은 아마도 관용구 형성에서 2자성어에 대한 일본인의 선호 때문에 살아남지 못했을지도 모른다.

어원적으로, "philo"가 결여된 '철학'이라는 용어는 문자적으로 "지혜를 배운다."로 의미가 바뀔 수 있다. 그것은 소크라테스가 추구한 것과 정반대의 의미이다. 哲은 또한 "先哲"즉, "선대의 지혜로운 사람"의 축약된 형태로도 해석될 수 있는데, 이것은 "자기 스승의 길을 충실히 따라야한다"는 생각과 일치할 것이다. 그렇지만 니시는 중국 고전유교와 서양철학의 대조적인 면에 깊은 인상을 받았다. 그에게, 콩트의 실증주의와 밀의 귀납법에 의한 진전은 일종의 계시였다. 그의 눈에는 송 성리학조차도 구식으로 보였고 갱신과 혁신이 부족했기 때문에 정체상태에 머무른 것으로 보였다. 대조적으로, 그가 네덜란드에 있는 동안 흡수한 서양철학은 공정한 논쟁의 전통을 통해 꾸준한 진전을 이루는 것으로 인식되었다. 따라서 "철학"은 19세기 중반 일본인들에 의해 중국의 정체와 정반대에 서있는 새로운 서구 학술적 방법으로 인정받았다. 니시에 따르면, 유교는 사회 전체의 규칙에 개인적인 도덕을 적용하는 데 있어서 "연역적"인 반면, 서양철학은 서구의 자연과학에 따라 진리를 찾는데 "귀납적"으로서, 판단은 관찰 및 분석에 기초한다.

"지혜의 사랑"이라는 의미에서 "지혜의 학문"이라는 의미로의 변화는 소크라테스가 의미한 바와는 전혀 다른 뜻이 될 수도 있다. 일부 사람들은 그것을 소피스트의 자만으로의 퇴행으로 간주했고 또 어떤 사람들은 그것을 '학문 중의 학문'으로 승격시킨 것으로 간주하기도 했다. 그렇지만 니시 아마네가 希哲(지혜의 사랑)에다가 외부문자 '學'을 덧붙였을 때 그것은 希와 양립할 수 없었다.

백학연환의 총론((總論)의 두번째 섹션(學術技藝)에서. 그는 다음과 같이 문자 '學'에 대해 논평했다.:

"學은 원래 동사로서, 道を學ふ(도를 배우다), ... 따라서 행동을 표현하며 명사로 쓰일 때는 드물었다. 명사의 뜻은 주로 道가 대신했다.

문자 學은 '스승이 아이를 가르치는' 것을 의미하는데 사용되었다. 고대 중국에서는 道藝라는 두 문자를 사용했고, 나중에는 術을 사용했다. (學과 道는 같은 그룹에 속한다)"

니시 아마네의 학의 어원에 관한 논평이 정확한지 여부는 차치하고서도, 그를 비롯한 사람들이 철학에서 발견하려했던 것은 확립된 학문/과학이었고 philosophy를 哲學이라고 번역하기로 결정했을 때 그는 philosophy를 지혜의 사랑이라기보다 탐구로서 도달되어야 할 길(道), 또는 기예(術)로 생각했다.[265]

'철학'이라는 용어가 다른 번역어를 누르고 대세가 된 배경에는 877년에 설립된 동경제국대학(東京帝國大學)의 초대 총장인 가등홍지(加藤弘之, 가토 히로유키:1836~1916)가 경제국대학 문학부에서 제1과의 명칭으로 '철학'을 사용했고 그래서 '철학(哲學)'이 성리학(性理學), 격치학(格致學), 궁리학(窮理學), 리학(理學) 등의 경쟁 어휘들을 누르고 올라서는데 한몫 했다. 또한 정상철차랑(井上哲次郎, 이노우 데쓰지로:1855~1944), 원량용차랑(元良勇次郎, 유지로 모토라: 1858~1912), 중도력조(中島力造, 나카지마 리키조우 1858~1918) 등이 펴낸 철학자휘(哲學字彙)(1912)가 출간된 후에 '철학'이라는 용어가 거의 모든 사전에서 'Philosophy'의 번역어로 사용되게 된 것이 '철학'이라는 용어가 확고하게 자리 잡게 되는데 크게 기여했다.[266]

중국에서의 도입

중국에서는 예수회 선교사인 애유략(알레니, Julio Aleni, 艾儒略). 1582~1649)J이 17세기에 "philosophy"를 비록소비아(斐録所非亞)로 음

역하여 표기했지만 중국인들은 그것을 이해하지 못했다. 이탈리아의 동행 선교사이자 예수회 선교사인 알레니는 1610년 마카오에 도착한 후 중국에서 포교활동과 저술활동을 하였다. 그는 종교서적뿐만 아니라, 여러 권의 학술저서도 있는데, 그중 『직방외기(職方外紀)』 6권이 가장 잘 알려져 있다. 이 책은 중국어로 된 첫 세계지리서로 1623년 항저우(杭州)에서 처음 간행되었고, 5대주 각 주의 풍토와 인문지리, 기후와 명승지, 콜럼버스의 미주대륙 발견까지 언급하고 있다. 그밖에 학술서로 유럽의 인문지리를 상술한 『서방문답(西方問答)』(상하권)과 유럽 대학의 교과목을 소개한 『서학범(西學凡)』 등이 있다.

1623년 항주에서 초간된 『서학범』에 소개되고 있는 유럽대학의 교과목은 문과(Rhetorica, 수사학), 이과(Philosophia,철학), 의과(Medicina), 법과(Leges), 교과(教科, Cahones, 교회법), 도과(道科, Theologia, 신학) 등 6과목이었다. '서방에서 온 공자'라고 알려진 알레니가 행한 포교와 저술은 푸젠(福建)을 중심으로 한 남부지방에서 상당한 영향력을 발휘하였다고 한다.[267]

그 책에서 '철학'을 이치를 연구하는 비록소비아의 학문으로 여기며 이치를 연구하는 이과의 범주에 해당시켰다. 이 책에서는 또한 비록소비아의 범주에 논리학, 물리학, 형이상학, 수학, 윤리학 등을 포함시켰는데 'Philosophia'를 소리 나는 대로 한자로 음역한 말이 비록소비아이다. 알레니를 비롯한 예수회 선교사들은 필로소피아를 한자로 소리 나는 대로 적고, 낯설고 새로운 개념을 중국인들에게 설명하기 위해 이과(理科)와 격물궁리지학(格物窮理之學)이라는 번역어를 만들었다

1898년에 엄복(嚴復, 1854~1921)은 헉슬리(A. Huxley)의 "진화와 윤리"

에 대한 번역에서 “philosophy”를 비락소비(斐洛伦非)로 음역하면서 일본어 용어를 언급하였고 1903년 존 스튜어트 밀(Mill, John Stuart)의 「자유론」 번역에서 ‘철학’이라는 용어를 사용했다.

엄복은 중국의 학자이자 번역가로 19세기 후반에 다윈의 “자연선택”을 포함한 서구사상을 중국에 소개 한 것으로 유명하다. 그는 1867년에 복주선정학당(福州船政學堂)에 입학했는데 이 서양학교에서 영어, 산수, 기하학, 대수학, 삼각법, 물리학, 화학, 점성학 및 항법 등 다양한 과목을 공부했다. 서양과학과의 직접적인 접촉을 경험할 수 있었기 때문에 젊은 엄복에게 이것은 인생에서 전환점이었다. 1871년에 우등졸업한 후 엄복은 그 후 5년 동안 바다에서 처음에 연습선(建威)에서 나중에 전투순양함 陽武에서 복무했다. 그는 1877~79에 영국의 그리니치 왕립 해군대학에서 수학했다.

당시 중국에 있어서 최고의 서양지식 보유자였지만 귀국 후 과거를 치러 제1단계 시험조차 합격할 수 없었다. 엄복은 중일전쟁(1894~95)에서 중국의 패전 후에 유명하게 되었다. 그는. ‘원부(原富)’(스미스의 ‘국부론’), ‘군학(群學)’(스펜서의 ‘사회학’), ‘군기권계론(群己權界論)’(밀의 ‘자유론’), ‘법의(法意)’(몽테스키외의 ‘법의 정신’), ‘천연론(天演論)’(헉슬리의 ‘진화와 윤리’) 등을 번역 해설하여 중국에 소개하여서 유명하게 되었다. 엄복은 다윈을 비롯한 서구사상가들의 사상을 비판하고 자신의 해석을 제시했다. 그가 번역하고 해설한 헉슬리의 저작을 통해 “자연선택”과 “적자생존”에 대한 아이디어가 중국 독자들에게 소개되었다. 다윈의 자연선택 아이디어는 엄복이 중국어로 천연(天擇)으로 번역하여 유명하게 되었다. 천연론(天演論)’해설에는 헤라클레이토스, 소크라테스, 플라톤,

스펜서, J.로크, D.흄, R.데카르트, I.칸트 등의 학설이 여기저기 인용되어 청말(淸末) 동란기(動亂期) 중국의 사상계몽에 큰 역할을 하였다. 천연(天演)이란 인간을 포함한 지상(地上)의 생물은 무형(無形)의 경쟁을 계속하여 저절로 진화(進化)한다는 뜻이다.

엄복은 "신실, 통달, 그리고 우아"라는 3가지 번역의 어려움이 있다(譯事三難 : 信達雅)라고 《진화와 윤리》 서문에서 말했다. 그는 그것들을 번역의 일반적인 표준으로 설정하지도 않았고, 그것들이 서로 독립적이라는 말을 하지도 않았지만, 그 작품의 출판 이후, "信達雅"라는 문구는 엄복이 제시한 훌륭한 번역의 표준으로 여겨져 왔고 중국학계의 진부한 표현이 되어 많은 논쟁를 불러일으켰다.[268]

에도시대 이래 일본의 번역전통은 메이지 초기까지만 해도 한자 어휘에 결정적으로 의존하고 있었다. 그러나 1894~5년 청일전쟁을 경계로 중국과 일본 사이에 번역어휘 차용의 역전현상이 나타났고 엄복이 조어한 '원부(原富)'(스미스의 '국부론'), '군학(群學)'(스펜서의 '사회학'), '군기권계론(群己權界論)'(밀의 '자유론'), '법의(法意)'(몽테스키외의 '법의 정신'), '천연론(天演論)'(헉슬리의 '진화와 윤리') 등의 중국식 번역어가 급속히 일본식 번역어로 대체되기 시작했다. 이를테면 '군기권계론'이 '자유론(自由論)'으로 '군학'이 '사회학(社會學)'으로 바뀌었다.

1877년 도쿄대학이 에도시대에, 막부가 만든 양학(洋學) 학교로 양서(洋書) 번역도 하던 곳인 번서조소(蕃書調所)의 후신으로 문을 열었을 때, 가등홍지는 초대총장이 되엇고, 그는 친구인 니시 아마네의 조어를 빌리고, 哲學(철학), 心理學.(심리학), 論理學(논리학)을 대학에서 가르치는 주제들로 삼았다. 도쿄대학이 1881년에 哲學字彙(철학자휘)라는 제하의 철학사전을 출판했을 때. 'philosophy' 와 'philosopher'를 '철학'과 '철학자'로 번역했다. 哲學은 또한 経験哲學(경험철학), 獨斷哲學(독단철학), 實験哲學(실험철학=실증철학)에도 쓰였다.

哲學이라는 용어는 동경대학의 커리큘럼에서 중국어휘집에 들어갔다. 서구화에 중점을 두고 일본의 주요 행정조직에서의 새로운 진행상황에 관해 기술한 고후곤(顧厚焜)의 日本新政考 (일본신정고, 1888) 그리고 황경징(黃慶澄)의 東遊日記(동유일기, 1894)에서도 哲學을 언급하고 있다. 그러나 특히 황준헌(黃遵憲., 1848-1905)의 40권의 모두 50만여 자로 상세하게 일본 변혁의 과정과 그 득실을 소개하고, 이를 참고하여 중국을 개혁해야 한다고 주장한 『일본국지(日本國志)』가 결정적이었다. 황준헌은 도쿄대학이 개설된 해인 1877년 11월에서 시작하여 4년 동안 일본 최초의 중국 참찬(參贊)으로 일하면서 이 방대한 연구를 위해 자료를 수집하고 메모를 썼다. 그 책은 1890년에 처음 출판되었다. 일본국지 제32권에는 중국고전(漢學, kangaku)과 서양학문(西學,)에 대해 이야기하고, 쓰다와 니시의 해외 네덜란드유학과 도쿄대학의 哲學 연구를 언급한다.[269]

중국 근현대 교차 시기 국제적 대학자인 왕국유(王国維,1867-1927)는 칸트, 쇼펜하우어와 니체와 같은 독일 철학자들에 대한 소개하면서 그가 편집하는 저널『教育世界』(1901)에서 같은 용어를 사용했다. 채원배[曹源全]의 철학원리『哲学要領』(1903)은 중국어에서 철학이라는 용어의 정착에 기여했다. 중국의 철학자, 교육자로서 1907년 독일에서 칸트 철학을 공부한 채원배 [1868~1940]는 손문 혁명정부의 초대 교육총장에 취임하였고, 1916년에는 북경대학 학장이 되었다. 그는 존듀이의 문하생이자 콜롬비아 대학교에서 박사학위를 취득한 호적(胡適, 1891~1962)을 그 대학에 초청하였다. 호적의 저작 중국철학사대강『中国哲学史大綱』에서 처음으로 '철학'이라는 용어 하에서 중국의 전통적 사고 일체가 분류되었다. 이런 맥락에서 또 다른 핵심 인물은 1931년 만주사변 기간에 중국사상의 역사를 중국철학사『中国哲学史』로 출판한 풍우란(馮友蘭, 1895-1990)이다. 풍은 제도화된 유교를 고대 철학자들의 교리의 화석화되고 불모적인 단계로 간주했으며, 진정한 중국 전통은 강유위(康有為(1858~1927))의 개혁을 통해 도입된 근대성에 의해 복원되었다고 주장했다.[270]

중국의 화제한어[和製漢語] 차용

중국과 일본 간에는 오랜 문화교류가 있었고 중국은 고대에 그와 같은 문화교류에서 지배적인 위치에 있었다. 그것은 일본의 건축, 종교 또는 문학뿐만 아니라 일본 문자, 용어 및 발음에 대한 압도적인 영향에서 나타난다. 일본글자는 주로 한자 히라가나, 가타카나로 이루어져 있다. 간지는 문자 그대로 한자를 의미한다. 일본어 문자시스템에는 한자를 광범위하게 사용하며 중국어에서 많은 용어들을 빌려 왔다. 일본은 고유의 문자를 가지고 있지 않았으나 한자가 도래하자 그 음(音)을 빌려 일본어를 표기하는 방법을 고안하였다. 그것은 한자의 음과 훈(訓)과는 관계없이 일본말 음절에만 맞춘 것으로 처음에는 이것을 만요가나[萬葉假名]라고 하여, 한자의 흘림체가 그대로 쓰였다. 그러다가 한자는 획수가 많아 필사하는 데 시간이 걸리므로 이것을 차차 간략화한 자체(字體)가 고안되었고 이것이 히라가나와 가타카나이다. 모두 한자의 초서체가 기본이 되었다. 가타카나는 그것을 좀 더 모나게 만들거나 한자 자획(字畫)의 일부만을 택하였다. 모두 46자로 이루어진 히라가나는 헤이안시대[平安時代]부터 본격적으로 사용되기 시작하여 한자의 일본화와 함께 한자와 병용하는 서풍(書風)이 생겨 오늘에 이르렀다. 히라가나는 초서체의 서체에서 비롯된 것이다. 역사적으로, 고대 일본에서는 간지가 교육받은 또는 엘리트 남성에 의해 사용되었지만, 히라가나는 개인적인 의사소통 및 문학서적에서 궁정여성들 사이에서 널리 사용되었다. 카타카나는 한자의 획을 따서 개발되었다. 동한에서-후기 청나라 (18세기 2세기)에 이르기까지 1000년 동안 중국 언어는 일본에 상당한 영향을 미쳤다.

고대에는 중국이 문화 전파에 있어서 일본에 큰 영향을 미쳤다. 그러나 근대에 들어서자 상황은 완전히 바뀌었다. 근대중국의 역사는 급속한 정치적, 사회적 격동의 시기였다. 서세동점, 청나라의 쇠락과 붕괴, 농민반란, 내전과 혁명 등이 차례로 발생했다. 이러한 정치적, 사회적 변화는 중국어의 발전에 영향을 미쳤다.

1840년에 발발한 아편전쟁에서 영국의 군사력에 속수무책으로 당한 중국은 결국 불평등한 남경조약을 체결하였다.

아편전쟁으로 또한 중국사회는 선교활동에 개방되었다. 난징조약은 일련의 불평등조약의 시작이었다. 황푸 조약(Treaty of Whampoa)은 1844년 프랑스와 중국 사이에서 체결되었다. 그것은 상업조약이었지만 1724년 용정제가 실시한 중국 내의 기독교 금지를 철회할 것을 중국 황실에 강요했다. 도광제(1782년~1850년)는 1846년 2월 중국에서의 기독교 포교를 합법화하는 칙령을 선포했다. 서양선교사들은 중국에 많은 수의 종교서적을 가져왔다. 기독교를 민간인에게 전하기 위해서 책은 중국어로 번역되어야 했다. 언어적 관점에서 볼 때 그것은 다른 20개국 언어와 접촉할 수 있는 기회를 제공했다. 한편 외국어를 중국어로 번역하는 적절한 방법을 찾는 것도 어려운 문제였다.

선교사들은 기독교 확산 초기에 중국어로 된 수백 권의 종교서적을 썼다. 그러나 그 영향은 제한적이었으며, 청 정부의 관심을 끌지 못했다. 이 종교서적들이 널리 전파되지 않았기 때문에 서양선교사들은 중국학자들과 협력하여 과학기술서적을 쓰기 시작했다. 1855년 이래 지리학, 역사학, 정치학, 경제학, 의학 및 수학이 포함된 약 100권의 책이 출판되었다. 지리와 정치와 관련된 일부 서적은 중국 당국자의 관심을 끌었다. 일부 중국 관리들은 서구 세계를 소개하기 위해 서적을 집필하기 시작했다.

1847년에 위원(魏源, 1794년~1856년)은 《헤국도지(海國圖志)》를 출간했다. 《해국도지》는 세계 각 대륙 주요 국가의 지리, 역사, 정치체제, 종교, 상공업 등을 비롯하여 함선, 화약, 망원경, 지뢰, 해양 방어전략, 병사 선발과 훈련 방법 등 군사적인 내용을 포함하고 있다. 19세기 중반 서구에 대한 거의 모든 지식과 정보를 망라했기에 세계역사 지리서라고 할 수 있는 이 책은 언어적 관점에서도 매우 가치가 있었다. 이 책에는 贸易(무역), 文學(문학), 法律 (법률), 會院(회원=의회) 같은 신조어들이 나타났다. 이 신조어들은 아마도 해국도지에 수록되기 전에 이미 사용되고 있었을 것이다.

그러나 이러한 신조어는 제한된 범위에서 사용되었고 중국 사람들의 일상생활에서 거의 사용되지 않았다. 그렇지만 이 책은 일본사회에 큰 영향을 미쳤다. 그것은 1854년부터 일본어로 번역되었다. 중국과 마찬가지로, 해국도지는 일본에 서양을 소개한 최초의 책일지도 모른다. 그 신조어들은 아마도 이 책을 통해 일본에 들어갔을 것이다. 그것들은 일본에 널리 퍼졌으며 일본인들의 일상생활에서 자주 사용되었다. 이 신조어는 원래 중국어에 속하지만 중국어로 통합되기 전에 먼저 일본어로 통합되었다. 그 신조어들은 나중에 일본에서 차용한 단어로 중국어로 역수입되었다.

청나라 정부와 관료들은 아편전쟁과 태평천국을 겪으면서 서양의 근대적 무기의 우수함을 인식하였다. 칭 정부는 청 제국의 기초를 뒤흔드는 서양의 과학기술의 도전에 대응하기 위해 종종 '서구화 운동' 또는 '자강운동(自強運動)'으로 번역되는 양무(洋務)운동을 개시하였다. 이 운동의 목적은 서구기술을 사용하여 외세를 물리치는 것이었다. 외국서적을 번역하는 것은 그 학습에 있어 필수적인 방법이다. 동문관(同文馆)은 1862년 베이징에 설립된 외국어 교육을 위한 국립학교였다. 근대중국 최초의 외국어학교였다. 1863년과 1864년 동문관은 또한 상하이와 광저우에 세워졌다. 양무운동에서 가장 먼저 추진된 것은 근대적 군수 공업의 육성이었고 1865년 상하이(上海)에 강남제조총국(江南製造總局), 난징(南京)에 금릉기기국(金陵機器局)이 설립되었고, 1867년에는 톈진(天津)에 천진기기국(天津機器局)이 세워졌다. 이처럼 1860년대 초부터 서양식 총포, 탄약, 선박을 제조하는 군수공장들이 만들어져 1894년까지 전국에 모두 24개의 공장이 세워졌다. 이들 공장은 원자재를 대부분 외국에서 수입하고 서양 기술자를 초빙했다. 영국인 John Fryer는 강남제조국(江南制造局)에 번역관을 설립했다. 공장에 부설된 번역관과 교육기관을 통해 서양의 근대적 과학기술 서적이 번역 보급되고, 새로운 기술 인력이

양성되었다. 이 기관들은 외국어를 구사할 수 있는 중국인들을 교육시켰다.

언어적 관점에서 이 기관들은 매우 중요한 역할을 수행해왔다. 그들은 많은 서양서적을 번역했다. 대부분은 국제법과 외국법에 관한 것이었다. 북경 동문관(同文館)이 가장 일찍 출간한 책 중 하나는 《만국공법(万国公法)》이었다. 미국의 법학자 휘튼(Henry Wheaton, 惠頓, 1785~1848)의 저서 『국제법 원리, 국제법학사 개요 첨부』Elements of intenational law with a Sketch of the History of the Science를 그 당시 동문관에서 영어를 가르쳤던 미국인 선교사 윌리엄 마틴(William A. P. Martin, 丁韙良, 1827~1916)이 1864년 한역(漢譯)하여 출판한 책이다. 그 번역본에는 여러 신조어가 발견되는데 이 신조어들은 이 책에서 유래한 것일 수 있다.

예를 들어, 그는 'right'를 '權(권)'으로 번역했다. 'republic'은 '民主(민주)'로, 'republican'은 '民主之国(민주지국)'으로 'parliament'는 '国会(국회)', 'judgement'는 '判断(판단)'으로 번역되었다. 《만국공법》은 일본 메이지유신 이전에 1960년대에 일본에 소개되었다. 그것은 일본인에 의해 잘 받아들여지고 증쇄되었다. 그 신조어들은 근대일본에서 법률용어를 형성하는데 한몫했다. 일본사회에 의해 잘 알려진 또 다른 책은 1868년에 마틴(丁韙良)이 한역하여 간행한 자연과학 개설서인 《격물입문(格物入門)》이다. 그 책은 많은 중국문자에게 아주 새로운 의미를 부여했다.

예를 들어, '电(번개 전)'은 'electricity'를 나타내는데 사용되었다. '电报'는 'telegram'; '化学'은 'chemistry'를 묘사하는데 사용되었다. 만국공법과 마찬가지로 이 신조어들은 이 책을 통해서도 일본어로 편입되었다. 육

합총담(六合叢談)』은 1857-1858년에 발행된 과학저널이다. 文学(문학) 'literature', 国债(국채) 'national debt', 空气(공기)와 같은 용어가 그 속에 들어있다. 이 저널은 1858년 일본에서 판매되었고 1864년에 일본어로 번역되었다. 이 신조어는 중국사회에서 중요성도 얻지 못하고, 널리 퍼지지도 않았지만 일본에서는 널리 사용되었고 수십 년 후에 역으로 일본에서 중국으로 다시 역으로 차용되었다.

메이지유신으로 일본의 정치적, 사회적 구조가 크게 변화되었고 일본은 근대화에 성공했다. 1894년의 청일전쟁에서 청 왕조의 무능력과 무기력함이 만천하에 드러났고 처음으로 동아시아의 지역 지배력은 중국에서 일본으로 옮겨가는 대변혁이 발생했다. 이제 일본은 아시아에서 지배적인 힘을 갖게 되었다. 패전한 청 정부는 근대화되고 산업화된 일본에서 배워야함을 깨달았다. 패전은 중국 내에서 강유위와 양계초(梁啟超)와 같은 교육받은 중국인들이 이끄는 일련의 혁명과 정치적 변화의 촉매역할을 했다.

언어 영역에서도 일본이 지배적이 된 양국의 상황이 반영되었다. 고대시대와 이전시기와 달리 이 시기 이후 중국인들 일본 단어를 빌리기 시작했다. 청 정부와 교육받은 중국인, 특히 일본에서 영감을 얻은 지식인 모두가 선진 아이디어를 흡수하기 위해 일본어 책을 번역하고 일본어를 배우자고 호소했다. 이 기간부터 일본어 단어 차용은 절정에 이르렀다. 현재 한자문화권에서 사용하고 있는 서양 유래의 용어들은 일본에서 만들어진 것이 매우 많은데 이것들은 화제한어(和製漢語)라고 불린다. 여기서 '和'는 일본을 가리키는 말이다.

청 정부는 1866년에는 외국어 이외에 자연과학을 전공하는 산문관(算文

館)을 세웠고, 이어서 1872년에 독일어를 가르치는 덕문관(德文館), 1896년에 일본어를 가르치는 동문관(東文館)이 베이징에서 설립되었으며 나중에 상해와 광저우에서 설립되었다. 동문관은 중국정부가 이미 일본을 중국의 문화적 식민지로 간주하려는 전통적인 사고를 버리고 일본을 성공적으로 근대화한 국가의 모델로 간주하기 시작했다는 것을 나타낸다. 1896년부터 1911년까지 958권의 일본어 서적이 중국어로 번역되었고 그 중 1/3 (366권)은 정치와 사회에 관한 책이었다. 그것은 서구 책 번역들을 초과했다. 1896년 청 정부는 일본에 처음으로 학생을 파견했다. 학생들의 수는 매년 증가했다. 1898년부터 1911년까지 일본에서 2만 5천명의 중국 학생들이 공부했다. 그 짧은 시간 내에 이 정도 많은 수의 학생들 파견은 전례가 없는 일이었다. 이러한 일련의 조치들로 인해, 많은 화제한어가 중국어로 수입되었다.

청말민초의 사상가이자 교육가, 정치가이며 무술변법운동으로 중국의 부국강병을 도모하다 실패하여 일본으로 망명한 양계초(梁啓超, 1873~1929)는 1989년부터 1901년까지 일본 망명 시에 『청의보(淸議報)』를 발간하기 시작했다. 그는 일본 정치소설인 가인의 기우(佳人の 奇遇 '아름다운 여인의 모험')과 경국미담(経国美談)을 번역하고 그의 신문에 연재했다. 일본의 서적에는 많은 한자가 있기 때문에. 일본어를 못하는 중국인조차도 이해할 수 있어서 그는 많은 서적과 번역에서 화제한어를 그대로 차용하여 유지했다. 따라서 많은 일본어 단어가 정치서적을 통해 중국어로 수입되었다. 양계초는 또한 중국인들에게 일본어를 배우라고 권고했다. 그는 서양언어가 알파벳 문자언어이지만 중국어와 일본어 모두 알파벳이 아닌 표의문자 언어였다. 따라서 중국인들은 서양 언어보다 일본어를 배우는 것이 훨씬 쉬웠다.

후기 청 왕조의 보수 정치인 장지동[張之洞 1837년~1909]은 1898년에 그의 유명한 저서 권학편「劝学篇」을 출판했다. 그는 "일본어는 중국어와 비슷했기 때문에 이해하기 쉽다. 따라서 서양서적보다 일본서적에서. 번역하는 것이 더 낫다." 일본 학자들은 그 당시 많은 서양 서적을 번역했고, "일본인들은 이미 적절치 못한 부분을 철저히 제거하고 수정했다." "정치 환경도 유사하기 때문에 모방하기 쉽다." 그러므로 절반의 노력으로 2배의 효과를 볼 수 있다고 그는 주장했다.

심지어 일부 일본 중급 교과서는 번역되어 중국 학교에서 사용되었다. 《광인일기》, 《아큐정전(阿Q正傳)》등을 쓴 중국의 저명한 작가 루쉰(魯迅, 1881~1936)은 국비유학생으로 선발되어 일본으로 유학을 떠났으며, 귀국한 후 1909년부터 1911년까지 일반 학교에서 교사로서 가르치고 있을 때 일본어 교과서와 일본어 강의 노트를 번역했다.

이 시기에 중국인들은 서양서적을 직접 번역하는 대신 많은 일본어로 번역된 서양서적을 다시 중국어로 번역했다. 이 책들을 통해 많은 수의 화제한어가 중국어로 편입되었다. 한자를 공유했기 때문에 화제한어는 중국어로 매우 잘 받아들여졌다. 화제한어는 새로운 개념과 선진 이데올로기에 대한 풍부한 표현을 제공하여 다음 시대의 큰 변화를 위한 토대를 마련했다.

중국에서 화제한어가 차용된 이유

청말민초 시기에 중국에는 극적인 변화들이 일어나고 있었다. 1840년 아편전쟁 후의 문호개방, 서양제국주의 국가들과의 전쟁, 농민 반란과 개혁, 신해혁명에 의해 청은 전복되었고 중화민국이 세워졌다. 새로운 개념, 특히 근대과학과 선진 이데올로기가 중국에 도입되었다. 그것은 중국어 어휘에 큰 차이를 가져 왔다. 격차를 메우기 위해 많은 수의 화제한어가 중국어로 차용되었다. 그러나 이 기간에 빌린 대부분의 화제한어는 서양 언어에서 일본어로 번역된 단어들이었다. 왜 중국 사람들은 서구의 단어를 직접 빌려 쓰지 않고 화제한어를 차용했을까?

서구 언어에서 빌린 차용어는 화제한어 차용보다 거의 네 배 더 많았다. 그것은 서양 단어에서 약 3500개 어휘 항목을 차용했는데 화제한어로부터 단지 882개를 차용했다. 대부분의 서구 차용어는 음역어인 반면 거의 모든 일본 차용어는 차자어이다. 즉 서양 어휘는 소리를 빌려오는 경향이 있는 반면, 일본 차용어는 그들의 단어 자체를 빌려오는 경향이 있었다.

또한 서양 언어는 다음절로 되어 있는 경우가 많은 반면 중국인들은 2자어를 선호한다. 중국에서 서양어가 널리 퍼지기 어려운 또 다른 이유가 이것이다. 예를 들어, 'telephone'는 의미를 기억하고 이해하기 어려웠던 3음절로 된 덕률풍(德律风)으로 번역되었다. Democracy는 덕모극랍서(德谟克拉西)로 번역되었다. 따라서 대부분의 긴 형태소의 서구 단어는 화제한어로 대체되었다. 德律风는 电话로 德谟克拉西는 民主로 대체되었다. 사람 이름과 장소 이름에 대해서는 차음어가 광범위하게 사용된다. 그러나 그것은 서구제도에 관해서는 화제한어를 사용하는 경향이 있다. 예를 들어, university는 由尼卫士地 로 번역되었다. 그것은 나중에 일본 차용어인 대학으로 대체된다.

19세기 말과 20세기 초반부터 일부 학자들은 서구 텍스트를 직접 번역하였는데 특히 엄복은 아마도 양계초가 번역가에게 필수적이라고 믿은 전통 중국문화, 외국어 지식 및 번역 주제에 대한 해박한 지식을 모두 갖춘 최초의 중국 작가일 것이다. 그는 해외유학한 첫 중국 유학생 중 한 사람이었다. 그는 영국을 여행하면서 약 2년 동안 영어를 배우고 영국문화와 직접 접촉했다. 1897년 중국으로 돌아온 후, 엄복의 유럽 작품 번역 및 비평은 동시대 사람들에게 엄청난 인기를 얻었다. 1898년 그는 헉슬리(T.H.Huxley)의 《진화와 윤리》에 대한 첫 번째 번역인 《天演論》을 출판했다. 이 책은 20세기 초 중국의 엘리트에 상당한 영향을 미쳤다.

엄복은 화제한어의 유입을 저지하려고 시도했다. 예를 들어, 그는 bank에 대한 번역어로서 이미 알려진 일본의 银行이라는 단어를 사용하기보다는 钞店, 钞商 및 版克라는 신조어들을 만들었다. 그는 많은 서양용어를 조어하여 번역했다. 예를 들어, 'economics'에 대해 计学 (계학)과 资生学(자생학) 'philosophy',에 대해 理学(이학)과 智学(지학) 'sociology'에 대해 群学(군학), 'phygiscs'에 대해 格致学(격치학)이라고 번역했다. 그러나 그것들 대부분은 오래 살아남지 못했고 화제한어로 대체되었다. 'economics'에 대한 번역어는 经济学, 'philosophy'는 哲学, 'sociology'는 社会学 and 'phygiscs'는 物理学으로 굳어졌다. 엄복의 작품은 널리 읽혀졌지만 그가 만든 용어는 단명했다. 그가 조어 중에서 烏托邦 (오탁방 'utopia')와 같이 살아남은 어휘는 극소수이다.

엄복은 훌륭한 번역자가 '신실하고 이해할 수 있으며 그리고 우아함'을 가져야한다고 믿었지만 그의 번역은 일반 독자가 이해하기에는 너무 고전적이었다. 따라서 서양 단어를 번역하는 전쟁에서 화제한어들이 중국인이 발명한 신조어를 무너뜨린 것으로 보인다.

다른 한편 일본학자들은 항상 중국고전을 공부했다. 특히 메이지유신 이후에 서구의 용어를 번역하기 위한 신조어를 발명하는 것이 필수적으로 되었을 때, 일본인은 중국고전을 찾았다. 가능하면 중국에 이미 존재했던 용어에 새로운 의미가 부여되었다. 이 새 조어들은 기본적인 중국 전통 단어의 조어와 동일하다. 그들은 대개 2개 많아야 3개의 음절을 가지고 있는데 이는 중국 단어의 보통 길이와 일치한다. 따라서 화제한어는 서구 차용어들보다 중국인들에게 받아들이기가 쉬웠다.[271]

서양의 어휘는 음차가 어렵고 그 뜻을 전달하는데 음역어는 거의 도움이 안 되었다. 엄복 같은 번역가가 발명한 조어들은 일반 중국인들에게는 낯설고 그 고전적 뜻이 전달되는데 어려움이 많았다. 반면에 화제한어들은 이미 일본에서 검증을 거치고 광범위하게 받아들여졌으며 근대화에 성공한 일본이라는 후광을 업고 있었다. 게다가 중국은 많은 유학생들을 일본에 보냈고, 중국의 저명한 지식인들도 일본에 망명하여 일본문물을 배웠다. 화제한어가 중국에 쉽게 널리 받아들여진 것은 이상할 것이 없는 정상적인 사태의 흐름이었을 것이다.

한국에서의 도입

한국에는 천주교의 포교 활동의 일환으로 '서양철학'이 소개되었다. 이수광(李睟光: 1563~1628)이 소개한 천주실의(天主實義16)와 1631년에 정두원(鄭斗源: 1581~?)이 북경(北京, 베이징)에서 가져온 세계 지리서인 직방외기(職方外記)에는 '서양철학'에 관한 내용이 들어 있었다.

그렇지만 한국어로 번역은 조선말에 프랑스 파리의 외방전교회 출신의 페롱 신부가 1868년경 완성한 『불한사전』원고에서는 '필로소페(philosphe)'를 조선어로 "선배, 셩현, 셩인"이라고 번역한 것이 처음인 것 같다.

한국에서는 언제부터 '철학'이라는 말이 쓰이기 시작했을까?

"조선 사람이 쓴 문헌기록 중에서 '철학'이라는 단어가 가장 먼저 등장하는 자료는 1881년 조사시찰단(朝士視察團)의 일원으로 일본에 파견되었던 조준영이 고종에게 보고한 「문부성」이라는 보고서이다. 이 보고서에서 조준영은 도쿄대학 인문학부의 교과과정을 자세하게 소개하였다. 그는 "철학 행정학 급(及) 이재학과(理財學科)"라는 학과 명칭을 소개했고, 인문학부의 여러 과에서 '철학'이라는 교과를 배우고 있음을 기록했다. 그렇지만 '철학'이라는 용어는 거의 전혀 일반인들 심지어 지식인들에게도 통용되지 못했던 것 같다. 《한성순보》에는 서양의 학교제도나 그리스의 철학자 아리스토텔레스가 소개되었으나, '철학'이라는 번역어는 등장하지 않았다. 1884년 3월 18일자 《한성순보》에는 필라소피의 번역어로 성도학(性道學)이 사용되었으며, 1884년 6월 14일자 《한성순보》에서는 심성격치(心性格致)라는 번역어가 사용되었다.

조준영 이후 '철학'이라는 번역어를 다시 사용한 사람은 유길준이었는데 그는 1895년 일본에서 간행한 『서유견문』에 '철학'이라는 항목을 두고, 그 개념을 설명한다. 그는 철학이라는 학문은 지혜를 사랑하여 이치를 통하기 위한 것이며, 근본이 심오하고 쓰임새가 넓은 것은 그 경계를 짓기 불가능하며, 사람의 언행과 윤리 및 기강, 그리고 사물의 운동을 규정하는 것이라고 설명했다.[272]

그런데 '철학'이라는 어휘가 한국에 대량으로 소개된 것은 1905년 을사조약 이후, 한국인들이 자강운동의 일환으로 펴낸 신문과 학술잡지를 통해서다.

특히 일본의 한국 유학생들은 일본에서 번역된 서양 학문을 소개했는데 이 과정에 '철학'도 소개하였다. 한편 평양의 숭실학당(崇實學堂)은 1906년에 대학부(大學部)를 설치하여 우리나라 최초로 철학개론, 심리학, 논리학 등의 강의를 개설하였다. 그리고 이정직(李定稷: 1841~1910)은 칸트를 전문적으로 연구하여 칸트와 주희를 비교한 「칸트 씨의 철학 이론 대략(康氏哲學說大略)」(1903~1910)을 발표하였다. 또한 장지연은 〈황성신문〉에서 "철학은 궁리의 학이니 각종 과학 공부가 미치지 못하는 곳을 연구하여 천리를 밝히고 인심을 맑게 하는 고등 학문이다."고 하여, 철학을 소개하였다.[273]

10

중세 상업혁명, 대학의 발흥 그리고 영성운동

13세기 중세유럽의 상업혁명

1200년경에 유럽은 중세 자급자족 농업경제에서 지역 간 교역에 기반한 경제로 변화하는 과정에 있었다. 그와 함께 많은 도시들이 곳곳에서 생겨나고 커졌다. 이 도시들 중 다수는 번화한 무역로를 따라 설립된 성공적인 무역 정기시장에서 발전했다. 다시 그들은 결국 중세사회를 변화시킬 상업적 혁명을 야기했다.

로마제국의 몰락 후에 기존의 경제 구조는 유지될 수 없었다. 도적떼들은 시골을 돌아다니며 무방비의 농장과 대상(隊商)을 공격했다. 소규모의 독립적인 농민과 상인들은 이제 전통적 생산방식을 계속 유지할 수 없었다. 또한 유럽을 침략한 게르만족은 도시에 갇혀 살려고 하지 않았다. 그들은 장원, 성, 그리고 마을들을 건설했고 농사를 지었다.

로마제국의 대규모 지역 간 무역 네트워크는 장원(manors)이라고 불리는 자급자족 영지로 대체되었다. 생존을 위해 필요한 모든 물품은 이 영지에서 재배, 사육 또는 건설되었다. 이 제도는 봉건제로 알려진 사회적, 경제적, 정치적 모델로 발전했다.

그러다가 중세유럽은 900년에서 1300년 사이 인류 역사상 가장 긴 지속적인 성장의 시대를 거쳤다. 전례 없는 경제적 성장이 장기적으로 지속되었다. 유럽 전역에서 위대한 로마네스크 양식과 고딕양식의, 대성당과 교회들이 솟아났다.

11세기에 행상인들은 성벽이나 수도원과 같은 안전한 곳에 자리를 잡기 시작했다. 주요 도로나 강에서 접근할 수 있는 곳이 급속하게 늘어났다. 상인들이 자리 잡은 곳에는 어디든지 노동자와 장인들이 따라왔다. 목수와 대장장이는 상인의 물품을 저장할 통을 만들고 운반할 카트를 제작했다. 조선업자들은 무역선을 만들었다. 정육점, 빵 굽는 사람, 양조자가 노동자를 위해 음식을 공급하기 시작했고, 재봉사(裁縫師)와 제화공이 옷과 신발을 공급하기 시작했다. 다른 사람들은 무역용 물품을 만들기 위해 왔다.

13세기가 되면 유럽에는 도시가 편재했다. 그렇지만 1만 명 이상의 도시는 거의 없었다. 성읍들은 중세유럽에 새로운 종류의 삶을 도입하고 있었고 이제 성읍 사람들은 재화와 서비스를 교환하여 생계를 유지했다..그들은 더 이상 자급자족하지 못했다. 그들은 시장교환에 기반한 삶을 살아야 했다.

도시가 부유해짐에 따라 그들은 스스로를 통치할 권리를 추구했다. 봉건영주에게서 처음으로 독립한 도시들은 베니스, 피사, 제노아, 피렌체 등 이탈리아에 있었다. 다음으로 프랑스의 도시들은 자치할 힘을 갖게 되었고 다시 그 다음에 라인 강 계곡과 발트 해 연안의 성읍들이 자치권을 획득했다. 이 성읍들은 한자동맹 도시들로서 엄청난 부와 힘을 키웠다. 몇몇 도시는 귀족과 교회로부터 자유를 구매했고 다른 도시들은 끔찍한 싸움을 벌인 후에야 자치권을 쟁취했고 또 다른 몇몇 도시는 그것을 거저 받았다.

10세기경부터 유럽 대륙 내 무역이 부활하고 유럽 이외의 국가와의 교역이 증가했다. 무역 증가와 농경기술 향상으로 인해 도시인구가 증가했다. 식량 잉여가 증가하자 더 많은 사람들이 정부, 종교 및 문화적 직업에 종사할 수 있게 되었다. 도시는 오래 지속된 침체 후에 다시 등장했다. 상인들과 장인들은 부자들에게 사소한 사치를 제공하는 것 이상의 일을 할 수 있게 되었다. 로버트 로페즈는 이러한 변화를 "상업혁명"이라고 불렀다. 로페즈는 10세기에서 14세기까지의 일반적인 경제 팽창, 즉 인구 증가, 토지 개간 및 식민지화, 기후 변화 및 새로운 농법, 도시화, 상업의 발전을 아우르는 전 범위에 걸친 개념으로 보았다.[274]

도시인구와 책 발간은 경제 활동의 규모와 상관관계가 있다, 상품들이 농촌에서 도시로 이동해야 하므로 도시화율은 교역에 의존한다. 소득이 높고 책(사치품)에 대한 수요가 클수록 서적 발행부수는 더 커졌다 이것들은 900년에서 1500년 사이에 유럽에서 경험한 극적인 변화를 분명히 나타낸다. 900년에 서유럽 인구는 인구의 1%만이 1만 명 이상의 도시에 살고 있었다. 1500년이 되면 서유럽의 도시화율은 8% 이상으로 네덜란드와 벨기에의 경우 각각 10%와 20%의 최고점을 기록했다. 마찬가지로, 중세 후기에는 서적 발간이 급증하여 1세기 당 10만 권 미만의 사본(寫本)에서 사본들은 400만 본 이상으로 증가했다

1300년의 1만 명 이상 도시 수 :
잉글랜드(웨일즈) 179
벨기에 263
프랑스 831
이태리 CN 1,494
이태리 SI 446
스페인 665
독일 436

1300년 도시화율 :
잉글랜드(웨일즈) 4%
벨기에 18.85 %
프랑스 5.25%
이태리 CN 18%
이태리 SI 9.4%
스페인 12.1%
독일 3.4%

이 새로운 도시경제 환경에서는 성공은 우연한 출생의 결과가 아니라 지성과 각고의 노력의 결과였다. 더 이상 영리하고 진취적인 젊은이는 출생 시의 사회적 지위에 자신의 운명이 좌우될 필요가 없었다. 이 새로운 경제시스템에서는 경제적 및 사회적 이동이 활발했다. 이 새로운 시장 경제를 이용하기 위한 기술을 개발한 새롭고 활기찬 중산층이 만

들어졌다.

역사학자들은 이 변화를 상업혁명이라고 부른다. 진짜로 그것은 혁명적이었다. 정치적, 경제적, 사회적 힘은 더 이상 부유하고 강력한 지주 귀족의 손에 있지 않았다. 중간계급이 새로운 경제의 엔진이었다. 새로운 경제 질서는 물자의 생산과 이동에 기초했고 그 활동의 중심지는 시골에서 새로운 도시로 옮겨갔다. 이로 인해서 지역 영주의 권한은 쇠락하고 상인계급은 사회경제적 힘을 갖게 되었다.

13세기의 상업혁명은 십자군 원정, 약간의 기후 온난화와 기술혁신 그리고 10세기의 바이킹 침입의 중단 후에 이어진 농업 생산성 향상과 인구 증가가 그 시발점이었다. 이들은 차례로 돈, 시장 및 무역의 성장에서 확연히 드러나는 "경제도약"의 시대로 이어졌다. 도시화, 제조 및 정부의 성장, 농경지의 집약적 경작과 함께 지주에게 현물로 내던 지대의 화폐 납부는 토지 시장을 개방하기 시작했다. 이 이륙은 11세기에 서서히 시작되어 12세기에 도약하고 13세기 후반에 정점에 이르렀으며 흑사병으로 인한 인구의 급감과 기근이 동시에 발생하여 경제위기를 낳은 14세기 초반에 갑자기 중단되었다

교황 우르바노 2세(Pope Urban II, 1042년~1099년)가 이슬람교도들로부터 성지를 해방시키자는 성전 즉 십자군을 요청하자 유럽 지도자들의 대다수가 이 요구에 응했다. 군사작전으로서 십자군전쟁은 완전히 재앙이었지만 경제적으로나 문화적으로 큰 영향을 미쳤다. 경제 분야에서 십자군은 향신료, 특히 후추, 실크 및 향수를 유럽 사회로 다시 도입했다. 이 세 가지 제품 중 보존 식품과 향료를 사용하기 때문에 향신료가 가장 중요했다.

이 초기 상품 유입과 함께 새로운 이론과 발명의 적용에 기반한 농업혁명이 동반되었다. 이러한 새로운 발명품 중 두 가지 즉 말굽과 무거운 쟁기의 발명에 힘입어 서유럽의 농민들은 넓은 충적토 밭을 경작할 수 있게 되었다. 무거운 강철 쟁기는 습한 기후지대에 분포한 북유럽의 충적토양을 갈아엎는 데에는 적격이었다. 말굽은 돌, 바위 및 뿌리에서 발굽을 손상시킬 염려 없이 말을 안전하게 옮길 수 있었기 때문에 이제 말은 새롭고 믿을만한 힘의 원천이 되었고 농사에서 장부 5~6명에 필적하는 힘을 낼 수 있었다.

농부들은 또한 삼포제[三圃制]를 채택했다. 이 모델에서 해마다 경작지의 3분의 1은 휴한지로, 다른 3분의 1은 가을에 파종해서 초여름에 수확할 수 있는 밀이나 호밀 같은 작물을 심은 추파지(秋播地)로, 그리고 나머지 3분의 1은 늦은 봄에 파종해서 8·9월에 수확할 수 있는 귀리. 보리과 콩과 같은 새로운 곡물을 심는 춘파지(春播地)로 활용하는 농업을 말한다.

3포제의 시행으로 전체 농경지의 반 이상을 차지하던 휴한지를 3분의 1로 줄인 점은 중세 유럽 농업혁명의 핵심이다. 완두콩과 콩은 농작물이 농민과 가축 모두의 식단에 추가되었고, 이 식물의 뿌리와 줄기는 아래에서 갈아서 들판의 비옥도를 증가시켰다. 3포제는 실로 혁명적 농업발전을 가져왔다. 증가된 농업생산량, 인구 압박, 그리고 십자군운동으로 인한 무역의 재도입이 결합되면서 서유럽 무역의 활성화가 시작되었다.

중세 무역의 황금시대에는 자본주의의 전형으로 여겨지는 많은 특징들이 나타났다. 화폐자본이 축적되고, 신용이 점점 더 많이 널리 사용되게 되었고, 자본소유와 경영이 분리되고 다른 한편으로는 육체노동과도 분리되었다. 경쟁에서 이기기 위한 사업방법의 개선, 시장 확대를 목표로 하는 대규모 사업계획, 국정에서의 무역의 중요성 증가, 상업 활동의 주요 동기로서의 이익에 대한 욕구가 대세가 되었다. 상업 혁명은 "경제 혁명"으로서 그것은 산업혁명에 필적하는 혁명이었다. 상업은 국가경제에서 가장 역동적인 부문이 되었고, 상인들은 변화의 주인공이 되었다.

상업혁명과 대학의 발흥

상업혁명을 경험하던 바로 그 때 유럽에서 사상 최초로 대학들이 창립되었다. 볼로냐 대학(University of Bologna)은 법학 교육을 받는 유학생들에 의해 11세기에 설립되었다. 로마 민법의 유스티니아누스 법전이 이 시점에서 방금 "재발견"되었고, 볼로냐는 법학의 중심지가 되었다. 많은 외국 학생들로 이루어진 볼로냐의 학생들은 학생조합(universitas)을 결성하여 자신의 권리에 대한 공식적인 인정과 보호를 받았다.

그리스와 로마는 지난 7-8세기 동안 사용되어온 의미의 대학들이 없었다. 그들에게는 고등 교육은 있었지만, 그것은 대학교육은 아니다. 그들의 법률, 수사학, 그리고 철학 교육은 뛰어넘기 어려울 정도로 훌륭했지만, 그것은 영구적인 제도학문의 형태로 조직되지는 않았다. 소크라테스 같은 위대한 교사는 졸업장을 주지 않았다. 12~13세기가 되어서야 우리가 친숙한 조직된 교육의 특징들이 나타나기 시작했다. 교수진(faculties), 조합(colleges), 교과과정, 시험, 졸업식 등. 이런 제도들은 아테네나 알렉산드리아가 아니라 파리와 볼로냐에서 온다.

초기에 중세대학들에는 도서관, 실험실, 박물관, 심지어 자신의 부지와 건물도 없었다. 중세대학들은 사람들로 세워졌다. 대학들은 이사회도 없었고 카탈로그도 출간하지 않았다. 그것은 학생 자치단체들도 없었다. 대학 자체가 근본적으로 하나의 학생회(society of students)였다.

지식이 초기 중세의 자유7과 [Seven Liberal Arts, 自由七科]에 국한된 한, 대학이 있을 수 없었다. 그렇지만 1100~1200년 사이에 일부는 이태리와 시실리를 통해서, 주로는 스페인의 아랍학자들을 통해서 신지식이 대량으로 서구에 유입되었다. 아리스토텔레스, 유클리드, 프톨레마이오스, 그리스 의사들, 신 산술, 그리고 로마법서들이 들어왔다. 로마 숫자 대신에 아랍 숫자를 쓰면 계산이 훨씬 더 간편해지고 큰 수도 쉽게 계산할 수 있게 되었다. 이 신지식은 성당과 수도원 학교의 구속을 깨뜨리고 식자 계급을 창조하였다. 유럽 각지에서 젊은이들이 파리와 볼로냐로 몰려들어서 새로운 학문 길드를 형성하였다.[275]

상업혁명 기간 동안 유럽 전역에 대학이 퍼져 나갔다. 10세기에 상업혁명이 시작되기 전에는 유럽에는 대학이 없었다. 1500년경에는 대학들은 50군데 이상이 되었다. 이 중세 대학들은 상업혁명 동안 다양한 채널을 통해 경제 활동을 지원했을 수 있다. 첫째, 인적자본 증가: 교양 교육은 논리학, 문법 및 수사 (삼학 trivium)뿐만 아니라 산술, 기하학, 음악, 천문학 (사학 quadrivium)을 가르쳤는데 이것들은 상업적으로 유용한 기술들이었다.

둘째, 그들은 돌아다니고, 라틴어를 말하며, 일반 텍스트를 사용하여 공통과목에서 훈련받은 개인 네트워크를 형성하도록 장려했다. 중세 대학은 아마도 많은 수의 개인을 교회법과 민법에 훈련시켰다. 이러한 유형의 인적자본은 상인, 행정법 및 민법, 법원의 인력 개발 및 계약집행이

"교환의 근본문제" 해결에 결정적이었던 중세유럽에서 특히 중요했다.. 교환의 근본문제란 정치체제의 파편화로 인한 경제적 거래의 불확실성, 고비용의 교통 및 통신, 그리고 각국정부 또는 대리인에 의한 몰수 또는 착복 위험을 가리킨다.

물론 법률체제를 설립하는데 도움을 준 제도들은 경제 상황의 호전에 대한 반응이기도 했다. 이는 중세 대학의 경우도 마찬가지였다. 대학들이 설립되기 전에 시장 활동이 증대되기 시작한 것은 분명하다 그러므로 상업혁명은 그 상업혁명을 뒷받침하고 촉진할 법률적 제도들과 그것들을 시행할 인적자본 및 행정제도들이 필요했을 것이다. 역으로 그러한 제도들과 인적자본 및 네트워크는 상업혁명을 더 한층 가속화하였을 것이다.

종교 영성운동:화폐화와 그 불만

상업경제는 축복만은 아니었다. 거기에는 사회적 비용이 동반되었다. 11세기에서 14세기 초까지 유럽은 무역이 확대되고, 시장과 성읍들이 급속히 발달했고 농업 생산과 수공 생산이 가속화되었다. 그에 발맞추어 통화량과 통화유통이 크게 증가하고 상업적 사업들과 기법들이 발달하였다. 농산물 시장이 번창하고 노동 및 현물지대가 현금지대로 대체되면서 돈의 사용과 금전적 사고방식은 커가는 성읍들을 넘어서 시골 곳곳으로 침투해갔다. 화폐화가 깊숙이 진행되면서 처음에는 교역에 종사하는 가람들에게만 국한되었던 금전적 사고 및 행동 방식은 공동체의 다른 구성원들도 채택하게 되었다. 13세기가 되면 도시 및 시골 귀족들에서 판매용으로 경작하는 농민들도 정성적 가치들을 금전적 용어로 바꾸어서 이익과 손실을 계산하고 있었다.

상업경제, 도시문화, 돈의 공범위한 유통과 사용 같은 심대한 구조 변화로 예전의 고정되고 절대적이던 사회적 관계들에서 상대주의적인 가치관, 인간관계의 비인격화 및 도덕적 불확실성 같은 사회적 문제가 발생했다. 상업화로 인해서 기존의 관습과 인간관계가 흔들리고 와해되기 시작했고 사회적 관계는 유동적인 관계들이 되어갔고, 그러한 상거래에 적대적인 기독교적 도덕성과 새로운 사회경제적 현실 간의 괴리가 커졌다 그 결과 이자대금, 대부, 이익 및 돈 자체에 대한 상반되는 감정과 그것들에 대한 정당한 도덕적 태도들이 무엇인지에 대한 방향 감각이 상실되었다. 한편으로는 새로운 현실을 먼저 받아들이고 돈벌이에 몰두하고 부자가 되려는 자들이 있었고 다른 한편에서는 돈을 죄악시하고 돈벌이는 남을 속여서 강탈하는 행위라는 관념이 혼재했다. 이기주의가 사람들 사이에 만연했고 사람들은 이제 유일한 목적인 돈을 벌기 위한 수단으로 전락되었다. 이제 모든 것들은 상품이 되었고 그것에는 교환가치가 매겨졌으며 돈만이 보편적이고 유일한 목적이 되었다.
마르크스의 말을 빌리면;
“돈은 그 앞에는 다른 신이 존재하지 않는 이스라엘의 질투하는 신이다. 돈은 인간의 모든 신을 강등시키며, 그들을 상품으로 만든다. 돈은 만물의 보편적인 스스로 서는 가치이다. 그러므로 그것은 전 세계 - 인간과 자연의 세계 - 의 고유한 가치를 강탈했다. 돈은 인간 노동과 인간의 존재의 소외된 본질이며, 이 소외된 본질은 그를 지배하고, 그는 그것을 숭배한다.[276]

돈은 개인주의를 촉진했고 이기적으로 행동하는 것을 자연스럽게 만들었으며 인간관계들을 일회적으로 만들었고 가치들은 돈에 의해서 측정되었고 그 가치들은 매일 변하면서 상대적이 되었다.

탐욕과 묵시록

기독교에는 7가지 큰 죄악, 7대 죄악 또는 칠죄종(七罪宗, 가톨릭)이 있다.:

교만(Pride) 시기(Envy), 분노(Wrath), 나태(Sloth), 탐욕(Greed), 식탐(Gluttony), 색욕(Lust)이 그것들이다.

대 죄악이라는 개념은 1세기에 동방 수도원에서 수도사 생활에 해를 끼치는 악덕들의 목록이 작성된 데에서 기원했다. 이집트 수도사 에바그리우스 폰티쿠스(Evagrius Ponticus, 345-399)는 죄악을 조장하는 사악한 8가지 태도들을 정의하였다. 동방교회 및 서방교회 수도생활에 큰 영향을 미쳤고, 후대 수도자들에겐 교과서와 같은 수도생활 지침서로 쓰인 「제도집」(Institutiones)과 「담화집」(Conlationes)의 저자인 요한 카시아노(John Cassian, 360~435년)은 서방에 동방 수도원의 관습을 소개했으며 그와 함께 대 죄악의 목록도 같이 들어왔다.

요한 카시아노의 목록은 그레고리오 1세 대교황(Gregory the Great, 540?~604,)에 의해 수정되었으며 이 버전은 우리가 알고 있는 목록에 매우 가깝다. 그러나 성 그레고리오는 교만과 허영(虛榮vainglory)을 구별하여 7대 죄악이 아닌 8대 죄악을 명시했다. 그는 수도원에 살았던 사람들뿐만 아니라 모든 그리스도인들의 삶에 적용할 수 있는 목록을 만들려고 노력했다. 그의)의 영향력과 명성 덕분에 대 죄악이라는 개념은 일반 평민들 사이에 널리 퍼졌다.

중세 가톨릭의 스콜라 신학자 피터 롬바드는 1160년에 그레고리오 목록을 사용했고, 토마스 아퀴나스는 그 목록에서 교만과 허영을 교만으로 합하여 오늘날 우리가 알고 있는 7대 죄악을 만들었다. 1215년에 제4차 라테란 공의회가 모든 중죄를 반드시 고백해야 된다는 결정으로 7대 죄악은 더욱 특별한 죄악이 되었다.[277]

10세기 말과 11세기 초반에 탐욕과 세계의 종말에 초점을 맞추는 천년왕국운동이 유럽 저역에서 거세게 일어났다. 10세기에 천년이 다가오면서 묵시록적 종말의 순간의 가속적으로 다가오고 있고 세상은 점점 더 타락하고 있다는 비유도 많아졌다. 일상 현실에 대한 비판들은 부패가 도처에 만연하고, 악이 꾸준히 증가하고 있으며, 부도덕성이 한계점에 다다르고 있다고 한탄하였다. 이에 따라 묵시문학은 천년의 도래가 임박했으며 세상의 종말이 곧 다가오고 있다고 하면서 7대 죄악 중 특히 탐욕을 비난하고 그것을 버리라고 종용하였다. 다른 죄악들 중에서 종말론은 왜 특히 탐욕에 초점을 맞추었던 것일까?

중세 연구자인 Richard Newhauser 교수는 종말론에서 특히 '탐욕'이라는 죄악에 초점을 맞추게 된 가장 큰 요인은 그 당시 급속하게 진행되고 있던 화폐화라고 한다. 화폐화로 사람들은 그 무엇보다도 돈을 추구하게 되었고 지위 신분고하를 막론하고 누구나 그 무엇보다도 돈을 우선시하는 사고방식과 실천이 교회에도 깊숙이 침투했기 때문이라고 한다.[278]

이제 그 과정을 좀 더 자세하게 들여다보자.

천년왕국[千年王國, the millennium]이란 그리스도교 세계에서 종말시에 그리스도가 재림하고, 1000년간 통치한다고 믿었던 왕국으로서 요한계

시록에는 다음과 같이 묘사되어 있다,:

1. 또 내가 보매 천사가 무저갱의 열쇠와 큰 쇠사슬을 그의 손에 가지고 하늘로부터 내려와서
2. 용을 잡으니 곧 옛 뱀이요 마귀요 사탄이라 잡아서 천 년 동안 결박하여
3. 무저갱에 던져 넣어 잠그고 그 위에 인봉하여 천 년이 차도록 다시는 만국을 미혹하지 못하게 하였는데 그 후에는 반드시 잠깐 놓이리라
4. 또 내가 보좌들을 보니 거기에 앉은 자들이 있어 심판하는 권세를 받았더라 또 내가 보니 예수를 증언함과 하나님의 말씀 때문에 목 베임을 당한 자들의 영혼들과 또 짐승과 그의 우상에게 경배하지 아니하고 그들의 이마와 손에 그의 표를 받지 아니한 자들이 살아서 그리스도와 더불어 천 년 동안 왕 노릇 하니
5. (그 나머지 죽은 자들은 그 천 년이 차기까지 살지 못하더라) 이는 첫째 부활이라 “

(요한계시록 20:1-5)

라이허스뻬르크 수도원의 게로(Gerhoh of Reichersberg 1093-1169)는 교회역사 발전 단계를 분석한 글 《사경》[四更, the fourth watch of the night, 새벽 4시부터 해 뜰 때까지의 시간]에서 탐욕스러운 행동에 의해 지배하던 그의 시대를 종말론의 마지막 단계로 특징지었다. 이전의 사경[四更]은 그레고리오 1세 대교황(540?~604)에서 교황 그레고리 7세(1073~1085)에 이르기까지 교황이 감독했었지만 그 이후에는 로마 시민들은 탐욕스러워졌다. 예전에 로마 사람들은 자발적으로 그들의 성직자에게 충성을 맹세했었으나 신권과 왕권 사이에 다툼이 일어난 후에는 로마 시민들은 그러한 투쟁에 대가 없이 참여하는 것을 원하지 않았다.

그들은 투쟁에 대한 대가로 봉급 같은 많은 돈을 요구했다. 이제 돈벌이를 경건한 행위라고 생각하는 사람들 앞에서 열심히 설교해봐야 헛된 일이라고 그는 한탄했다.

추기경이자 교회학자인 베드로 다미아니(Peter Damiani, 1007~72)는 바울이 탐심을 우상숭배 ("그러므로 땅에 있는 지체를 죽이라 곧 음란과 부정과 사욕과 악한 정욕과 탐심이니 탐심은 우상 숭배니라", 골로새서 3:5)라고 부를 때, "그는 아바로(avarus 탐욕)가 하느님의 하인이 아니라 돈의 하인이라는 것을 분명히 가르쳐준다."고 적었다. 11세기가 되면, 탐욕에 대한 비판은 돈의 획득에 중점을 둔 일련의 금전적인 행태를 포함했다. 예술이 아니고 여신인 돈이 어떤 명예보다도 뛰어난 것으로 여겨진다고 세태를 비판하는 글도 나온다.

특히 교회의 부패와 타락 그 중에서도 성물매매와 성직매매 같은 독직이 비판의 대상이 되었다. 성직자 임면권을 놓고 신성로마제국의 하인리히 4세와 교황 그레고리오 7세가 다툰 서임권 분쟁(the Investiture Contest)과 함께 일어난 교회 개혁에 대한 관심으로 사람들은 성직자의 탐욕스런 행동을 돈의 힘을 보여주는 것으로 풍자했다. 특히 로마와 교황권 자체의 탐욕은 "Roma"가 radix omnium malorum avaritia (모든 악의 뿌리는 탐욕이다)의 약자라는 경구로 표현되었을 정도로 성직자들이 돈을 밝히는 정도가 아주 극심했다.

교회에서의 부패와 타락의 확산과 사회질서의 해체는 다가오는 종말의 중요한 징조 중 하나로 받아들여졌다. 또한 인류의 끊임없이 증가하는 죄악은 이것보다 더한 인간상태의 타락과 세계의 임박한 멸망의 가장 중요한 조짐 중 하나로 이해되었다. 도덕신학자들은 흔히 성직매매를 탐욕의 자식으로 보았다.

사회나 경제가 점점 더 이익을 중시 여기고 이익을 목표로 하는 체계로 나아감에 따라서 탐욕이 종종 지배적인 악으로 인식되기 시작했다. 교환수단으로 현금을 사용함으로써 더 많은 사람들이 중세초기에 가능했던 것보다 더 많이 그리고 더 자주 부를 과시할 수 있었고 부자가 되기를 원했기 때문에 11세기 이후의 도덕주의자들은 종종 전 세계가 탐욕에 빠졌다고 불만을 표시했다.

종말론과 교회쇄신 운동은 상업혁명과 함께 진행된 시회경제의 화폐화-돈이 경제에서 주요한 교환수단, 척도 및 지불수단으로 쓰이면서 사회 영역의 곳곳에 침투하여 돈으로써 모든 사물의 가치를 비교하고 측정하는 사고방식과 실천이 일상화되면서 돈벌이가 일반 사람들만이 아니라 다수의 성직자들에게도 주요 목표가 되면서 종말론이 퍼지고 그 중에서도 "탐욕"이라는 죄악이 가장 큰 죄악으로 지명된 사회경제적 배경이라고 뉴하우저는 주장한다.

화폐화와 탁발수도회

13세기 초 서유럽에서 혁신적인 그리스도교 신앙생활을 지향한 새로운 형식의 수도회가 나타나고 급속히 그 회원 수와 영향력이 커져 나갔다. 이 수도회는 탁발수도회[mendicant orders]라고 불렸는데, 중세 초기 이후의 베네딕도회계의 수도원이 민중에서 격리된 장소에 정주하고, 유력한 신자들의 기부를 받아서 생활한데 반해서 재산을 소유하지 않고 신도로부터의 회사에 의지하는 청빈 정신을 중시했으며 탁발 즉 걸식하며 살았기 때문에 탁발수도회라는 이름이 붙었다. 프란체스코회, 도미니코회, 카르멜회, 아우구스티노회 등이 이에 속한다.

농촌이 아니라 당시 흥융기에 있었던 도시 시민계층을 대상으로서 지적 선교에 종사했고 선교의 수단을 설교에서만 구했다. 그들은 철학·법학·인문 여러 과학의 연구에서 동시대의 지적 최고수준을 이루었고, 스콜라학문의 확립에 공헌했다.

가령 1209년 아시시의 프란체스코(프란체스코)가 창립한 탁발수도회(托鉢修道會)인 프란체스코회를 보면 특별히 청빈정신을 주창하며 편력설교(遍歷說敎)를 통해서 그리스도의 사랑을 전파하는 탁발수도회로 출발했다. 프란체스코는 청빈을 부정적 금욕의 수단으로 삼지 않고 환희로 돌려 수도생활의 이상을 실현했다. 수도회가 발족한 지 10년 안에 회원수가 5,000명이 넘었고 1세기 사이에 놀랄 만한 성장을 거듭하여 1300년 전후에는 회원이 3~4만 명에 이르렀다.

도미니크 수도회도 비슷한 시기에 생겨났고 학문과 청빈을 중시하며 특정한 성당에 소속하지 않고 곳곳을 편력하며 설교를 하였으며, 고정수입을 바라지 않고 헌물을 받아 의식을 해결하는 등 전혀 새로운 형태의 수도회였다.

이러한 청빈을 중시하고 도시에서 설교를 하는 수사들이 13세기에 생겨나고 교세를 급속히 확장하게 된 사회적 배경에 대해서 미국 저술가인 Lester K. Little은 당시에 진행되고 있던 상업화와 화폐화로 인한 돈에 대한 부정적 인식과 혐오감이 크게 기여했다고 주장한다.[279]

그의 주장에 따르면 인간들 사이에서 현금 관계의 확산으로 인해서 도덕적이고 영적인 위기가 발생했고 그에 대한 반응으로서 수사들은 태어났다. 일부 사람들은 그 새로운 화폐경제의 발달에서 혜택을 얻으려고 서둘렀지만, 많은 사람들은 이러한 발달에 반대했거나 승인을 유보했다. 돈을 버는 것에 대한 반대는 특정한 경제적인 불만이 있는 사람들뿐만 아니라 물질적으로 고통 받지 않더라도 돈에 관련된 도덕적 문제에 민감했던 사람들로부터 왔다.

자연재해에 의해 초래되는 재앙을 제외하고는, 도시생활의 문제는 농촌생활의 문제와 근본적으로 달랐는데, 특히 시골의 빈곤의 근원과 도시의 빈곤의 근원의 대조적인 성격이 중요했다. 상업경제가 주였던 도시의 임금노동자는 시장 경제의 변동에 취약한 반면, 영지의 농민은 중무장한 전사들의 무자비한 공격에 더 위협받았다

문제의 근원은 두 가지였다. 첫째, 돈 자체에 대한 혐오감이 있었다. 둘째, 새로운 도시 직업은 도덕적 근거가 부족했다. 돈은 새로운 경제의 혈액이었다. 주화는 무게 대비 높은 가치가 있으며 내구성이 있고 일률적이며 쉽게 인식할 수 있는 형태로 자유롭게 유통될 수 있었다. 그와 같은 이유로 많은 인구가 밀집된 도시가 가능했다. 11세기에 대량으로 유통되기 시작했을 때, 그것은 새롭고 이상했다.

한 개인에게 이 갈등을 해결하기 위한 가장 즉각적이고 절대적으로 만족스러운 방법은 모든 타협적인 활동을 포기하여 모든 부를 포기하고 그리스도와 사도를 모방하여 청빈한 삶을 영위하는 것이다. 이탈리아의 로마 가톨릭교회 수사이자 저명한 설교가인 프란체스코회의 창설자이기도 한 아시시의 프란체스코[Franz von Assisi, 1182~1226]는 바로 이런 길을 선택했다.

프란체스코는 이태리 아시시에서 부유한 직물 상인의 아들로 태어났다. 그가 재산과 직업을 버리고 가난과 설교의 길을 택하게 된 계기에 관한 '거지 일화'가 있다. 하루는 프란체스코가 부친을 대신해서 시장에서 옷감과 직물을 팔고 있을 때 걸인 한 사람이 구걸하러 돌아다니는 것을 목격하였다. 거래 성사 직전에 프란체스코는 물건들을 내팽개치고 걸인을 뒤쫓아가 자신의 주머니에 있던 모든 돈을 그에게 주었다. 그의 자선 행위를 본 친구들은 그를 크게 비웃었다. 집으로 돌아간 프란체스코는 화가 난 부친에게 호되게 야단맞았다고 한다. 아마도 상인들이 고된 노동을 하지 않으면서도 큰돈을 버는 데에 가책을 느꼈을지도 모른다.[280]

그렇지만 수사들은 화폐경제를 완전히 부인하지 않았다. 그들은 화폐경제를 받아들였다. 그리고 재산이 없이 걸식하려면 먹을 것과 잘 곳을 제공하는 사람들이 있어야 한다. 지적 활동과 탁발 활동은 농촌에서는 불가능했다. 도시에서만 그런 것이 가능했다. 성읍들만이 가난을 선택한 사람들을 지원할 충분한 부의 잉여를 갖고 있었고 생산할 수 있었다. 그리고 성읍들에서만 설교자들은 정기적으로 충분한 많은 수의 청중을 끌어 모을 수 있었기 때문에 사도 생활의 부활은 도시에서만 가능했다.

도미니크 수도회와 프란체스코 교단의 중요한 다른 요소 즉 교육은 도시 학교를 통해 전파되었다. 수사들이 도시의 지적 생활에 적극적으로 참여했지만, 다른 한편 도시생활의 상업적 측면이 그들에게 역겨웠다. 성 프란체스코는 상인의 삶을 부인하여 개종했고 개인이든 단체든 수사들은 항상 그러한 부를 거부한 삶을 살았다. 그러나 수사들이 발전시킨 영성은 그들이 거부한 바로 그 사회에 분명히 속해 있었다. 이것은 처음에는 빈곤에 대한 초기 프란시스코의 우화적인 저작인 '거룩한 상업 The Holy Commerce (Sacrum Comium)'이라는 제목이나 14세기 작가가 "빈곤 사업"이라고 부르는 데에서 보이듯이 시장 어휘를 많이 사용하는 언어에서 명백하게 나타난다.

용어와 이미지 이외에도 수도사의 사역의 바로 그 형태는 성읍 사람들 활동에서 빌려왔다. 무엇보다도 수도사들은 말하고 논쟁하고 흥정했다. 상업적 교섭이나 법적인 탄원과 마찬가지로 설교의 성공은 설득의 기술에 달려 있었다. 그들은 진정한 기독교 상인들이었다. 이 탁발수사들을 지원한 사람들은 부르주아와 귀족 같은 도시의 지배계층이었다. 예를 들어 1261년에 피사 대주교는 성 프란시치스코는 상인들의 후원자이자 보호자라고 선포했다

도덕적으로 난처한 입장을 느끼고 있던 많은 부자들의 지원을 다은 수사들은 도시 활동에 대한 정당성을 발전시켜 제공함으로써 도시사회의 지배적인 구성원들에게 최상의 서비스를 제공했다. 신학과 법학 교수들은 이제 변호사와 교사가 수수료를 받는데 대한 합법적인 이유를 발견했다. 그들은 그러한 전문직 종사자가 실제로 지식을 파는 것이 아니라 고객에 대한 조언, 노력 및 시간 투자에 대해 합법적으로 수수료를 부과한다고 추론했다 여기서 중요한 요소 중 하나는 시간의 가치에 대한 새로운 인식이었다.

이 이론을 바탕으로 기독교의 도덕신학 안에서 양심을 괴롭히는 개별적 사례들을 분석하여 도덕적 선악을 판단하는 것에 중점적으로 관계하는 학문인 새로운 결의론[決疑論]을 발전시킴으로써 중세기의 신학자, 철학자, 박물학자 대성(大聖) 알베르뜨(1193~1280)와 토마스 아퀴나스는 사

유재산과 기독교 상인들에게 정당성을 제공했다.. 그들은 사유재산을 선한 삶의 필수 도구로서 그리고 시장에서 사유재산을 이전하는 상인의 활동을 일로 지정할 가치가 있으며 유용한 것으로 보았다. 스콜라학파의 논리에서 의도가 핵심적 요소였다. 그의 가족 및 자선사업을 지원하는데 필요한 일들을 수행하기 위해서는 상인에게는 정직한 이익을 지불되어야 한다. 마찬가지로, 돈 대부자들에게도 특정 형태의 보상-이윤-이 주어져야 한다.

수사들은 처음에는 상업적 거래를 전적으로 거부했다가 점차로 상업행위의 요소들을 그들의 영성에 통합하고 마침내 그 이론을 수정하여 조심스럽게 우회된 형태로 상거래를 정당화하는 이론적 틀을 정식화하였다. 그들은 결국에는 상업화폐 거래를 탈신비화했다. 전문가들과 상인들이 지배하는 도시사회에서는 돈벌이가 비난되었고 수사들은 전적으로 착취적인 것으로 따라서 도덕적으로 용납이 안 되던 것으로 여겨지던 이런 활동을 정당화하는 역할을 하게 되었다. 처음에는 그것을 정당화할 의도는 없었을지라도 결국에는 그렇게 되었다 그들은 지배계급을 위해서 그 전에는 비난되었던 활동들의 정당성을 제공하는 이론을 정초했다. 돈벌이 자체는 선도 악도 아니었다. 기독교 상인들은 공정 가격을 매길 것이었다. 이 문제가 해결되자 종교 교단은 활력을 잃고 쇠락하기 시작했다

11

14세기의 계산가들

14세기에 유럽에서는 수학과 자연철학을 결합한 이론들이 나타났다. 아리스토텔레스는 이 두 가지 주제를 구분하여 별개로 취급했지만 중세에는 그것들은 점점 더 연결되어졌다. 수치적 잣대와 수학적 방법이 모든 종류의 철학적 질문의 해답에 적용되었다. 이러한 수량화를 주도한 사람들은 "계산가들(The Calculators)"이라고 불렸다. 그들은 계산과학에 종사한 사람들이었고 현상과 과정들의 정량적 또는 준-정량적인 측면을 탐구하는 사람들이었다.

이 시기에 양적인 것들과 질적인 것들은 상당히 구별되고 있었지만 수량화를 향한 광기는 다양한 방식으로 자리를 잡았다. 자연철학자들과 수학자들은 성질들의 강도가 연속적으로 증가하거나 감소하는 것을 수리적으로 측정하고 표현하는 방법을 찾으려고 했고 그에 따라 정성적인 것들을 수치적으로 측정하려는 과정에서 그것들은 점차적으로 정량적인 것으로 변환되었다. 측정할 수 있는 모든 것들을 수량적으로 계산하는 과학에서, 그들은 정성적인 것들을 모종의 고정된 양에 대한 비율로 측정할 수 있는 어떤 것으로 변형하기 시작했다. 그 결과 사물들은 정량화되기 시작했다. 물리적이든 정신적이든 강도를 가진 즉, 증가 또는 감소할 수 있는 것으로서 상상할 수 있는 모든 성질들은 측정 가능한 것으로 간주되었다. 사랑, 신앙, 인종, 의지, 지력, 종교적 비전의 깊이와 같은 성질은 모두 강도에 따라 나눌 수 있는 것으로 여겨졌고 따라서 열과 같은 물리적인 성질과 같은 방식으로 측정할 수 있었다.

계산학파의 이러한 "측정 광기", "수량화 광기"는 왜 하필 14세기에 생긴 것인가에 대해서 역사학자 Joel Kaye는 중세 유럽의 철학적, 신학적 지적 전통과 그 전통 외부에서 세계를 바라보는 새롭고 강력한 방식을 열어주는 모델 즉 측정과 교환의 도구로서의 돈과의 새로운 상호작용에서 이러한 수량화 광기가 탄생했다고 그의 저서 《Economy and Nature in the Fourteenth Century: Money, Market Exchange, and the Emergence of Scientific Thought》에서 주장한다.

계산학파에게 가장 놀라운 것은 측정 및 정량화를 가장 다양하고 주관적인 성질들로 확장하려는 열광적인 시도였는데 이런 측정과 수량화는 그들의 사회가 화폐화 되어가면서 바로 그들 주위에 일어나고 있었던 과정이었다. 상품의 화폐가격은 이전에 주관적 가치의 영역에 있었던 것들이 이제는 공통된 객관적인 도량에 의해 표현되어 가고 있음을 나타냈다. 물건의 가격은 그 물건 가치를 수치적으로 표현한 것이고 그것은 즉 그 물건의 성질의 정량화이다. 결과적으로 시장에서 매매되는 모든 물품은 정량적으로 측정되고 있으며 물건들이 매매되고 있다는 것은 표준화된 측정이 복잡한 평가문제를 극복하는데 있어 효과적임을 입증한다.

14세기에 이 상업화과정은 오늘날에도 범위를 벗어나는 것으로 간주되는 영역으로까지 확장되었다. 교회의 면죄부 판매는 계산학파의 과학에서 발견되는 본질적으로 주관적인 것들마저 정량화하는 습관이 극단적으로 표출된 예로 볼 수 있다.

14세기 유럽의 자연철학과 수학에서 일어난 변화를 더 자세하게 살펴보기 위해서는 먼저 고대 그리스 수학의 존재론과 수 개념을 알아야한다.

고대 그리스 수학과 '수' 개념

그리스에서 "수(number, arithmos)"는 자연수를 가리킨다. 그래서 "수"는 "확정적인 사물들의 확정적인 개수"를 가리킨다. 이러한 수 개념은 그리스 수학과 철학에서 시대가 가도 변하지 않고 지속적으로 남았다. 그것은 16세기까지 "numerus"라는 단어의 의미로 쓰였다. 또한 그리스인들은 배수(multitude)과 크기(magnitude), 또는 이산량과 연속량을 구분했다. 배수를 연구하는 분야는 산술 및 계산(logistic)이고, 크기를 연구하는 분야는 기하학에 해당한다. 산술이 수들(arithmoi)의 형상(eidos) 또는 "형태(form)"와 관련된다면, 계산은 질료(質料,hyle) 또는 "물질"과 관련이 있다

유클리드는 2로 시작하는 자연수 이론을 제시한다. 1은 단위이고 0이라는 수는 없다. "하나"는 수(arithmos)가 아니다. 수들은 덧셈, "더 큰 것에서 더 작은 것의 빼셈" 연산으로 조합될 수 있으며 그 이유는 결과적으로 나오는 수가 양수임을 보장하기 위한 것이다. 곱셈 연산도 허용된다. 수들은 서로보다 '같거나', '더 크거나' 또는 '더 작을' 수 있다.

유클리드는 정수를 나누어 유리수를 생성하지 않는다. 대신에, 더 작은 수가 더 큰 수의 인수이든 아니든 간에 그 부분은 될 수 있다. 예를 들어 3은 9의 부분, 3은 7의 부분, 6은 14의 부분이다; 그러나 유리수 3/9, 3/7, 6/14는 구성되지 않는다.

수는 우리가 알고 있는 바와 같은 추상적인 개념상의 수가 아니라 .같은 종류의 크기 사이에서만 결합과 비교의 수단으로 취급된다. 같은 종류의 크기는 가감될 수 있으며, 빼기의 경우에는 그 결과가 양의 크기로 제한된다. 크기에는 수를 곱할 수 있다. 그 크기가 자연수인 경우, 크기의 "배"가 생성된다. 그 반대는 결코 일어나지 않는다. 즉, 수에 절대로 크기가 곱해지지 않는다.

유클리드가 같은 종류의 크기만을 연산의 대상으로 다루므로 그가 곱셈을 피하는 이유가 분명해진다. 첫째로, 종류가 바뀐다.; 예를 들어, 직선과 직선의 곱은 직사각형 면적이 된다. 둘째로, 곱셈의 많은 부분들 예를 들어 각도 곱하기 각도, 각도 곱하기 직선, 입체 곱하기 직선 등은 정의할 수 없다. 그래서 일관성을 위해 그는 이 모두를 생략했다.[281]

비율은 유클리드의 세 번째 종류의 양이다. 그것은 두 개의 수 또는 같은 종류의 두 가지 크기 사이에서만 성립한다.:

비율(로고스)은 같은 종류의 두 크기 사이의 일종의 관계이다.

(유클리드, 《원론》제5권, 정의 3)

유클리드 《원론》제5권 비례론(比例論)은 모든 종류의 크기에 적용할 수 있는 비율에 대한 일반이론을 제시하지만 그 이론은 수(즉 자연수)에는 적용되지 않는다. 그 이유는 그리스인에게 수는 일반적인 광의의 도량

(度量)개념의 사례가 아니기 때문이다. 실제로 크기는 수량의 두 부분 중 하나인 연속체(선, 면 또는 입체)에 해당한다. 반면에 수는 이산량에 해당된다. 수는 다른 것들의 일례가 아니라 그들 자신의 뚜렷한 특징과 정의를 가지고 있는 독자적인 실체이다.

유클리드의 《원론》에는 잘 알려진 바와 같이 구간의 "길이"개념에 해당하는 것이 없었으며 일반적으로 기하학적 도형에 대한 측정도 없었다. 유클리드에게 크기는 곱하거나 나눌 수 없다. 승과 근에 대해서도 마찬가지이다. 유클리드 수는 항상 "자연수" 또는 "양의 정수"라고 부르는 것이다. 예를 들어 비례 평균의 결정과 같은 수치 연산은 그 답이 자연수가 되도록 엄격하게 제한되었다.[282]

피타고라스학파는 무리수의 존재를 증명한 것으로 알려져 있다. 피타고라스 정리에서 자연수의 비로 표현할 수 없는 직각삼각형의 예가 발견되었기 때문이다. 직각을 낀 두 변의 길이가 각각 1,1일 때 빗변의 길이는 $\sqrt{2}$가 되고 이 길이는 결코 자연수의 비로 표현할 수 없다. 두 선분의 길이 비율이 무리수인 경우, 길이뿐 아니라 선분 자체도 비교불가(incommensurable)하다고 묘사된다.

자연수에만 적용되는 논증을 넘어서서 비교불가 길이들을 포함하는 증명을 허용하기 위해 기하학적 크기에 대한 비례성의 더 일반적이고 분리된 고대 그리스 교리가 유클리드 《원론》 제5권 비례론(比例論)에서 전개되었다.

비교불가라는 개념의 사용은 유클리드의 《원론》을 번역하는 과정에서 주로 유래했는데, 두 개의 선분 a와 b는 처음부터 끝까지 채울 수 있는 세 번째 선분 c가 있는 경우 비교가능(commensurable)하다고 말한다. 유클리드는 실수의 개념을 사용하지 않았지만 선분의 합동 개념을 사용했으며 하나의 선분은 다른 것보다 길거나 짧다. 길이 c의 단위로 표기된 눈금자는 길이 a의 선분과 길이 b의 선분 모두를 유한 번으로 측정할 수 있다고 하자. 그러면 c는 a와 b 둘 다 측정할 수 있는 길이의 공통단위가 된다. 이것이 용어 commensurable의 기원이다. 그렇지 않으면 쌍 a와 b는 비교불가(incommensurable)라고 말한다.

그렇지만, 같은 종류의 크기가 자연수 비로 나타낼 수 없는 경우는 물론이거니와 종류가 다른 두 크기도 비교불가라고 표현할 수 있다. 왜냐하면 commensurable의 의미는 공통의 척도(common measure)가 있다는 뜻이기 때문이다.

아리스토텔레스의 수학적 경제교환 모델과 돈 그리고 비교가능성

아리스토텔레스의 분류체계에서 정의 및 공정한 교환을 포함하는 윤리적 문제의 연구를 지배하는 "실용학문"에서도 물리사상을 다루는 "이론과학"과 똑같은 방법론이 사용되었다. 그것들은 확실성의 정도에서만 차이가 있었지 접근방식은 같았다.

아리스토텔레스는 추상적 단위로서의 수들에 대해 수학적 연산을 수행할 수 있을 뿐만 아니라 세계의 사물들에 대해서도 수학적 연산을 할 수 있다고 주장했다. 그로 인해서 실세계 현상에 대한 묘사, 분석, 및 측정에 수는 실제적인 도움이 되었다. 정의는 수학적 원리에 따라서 주체들과 객체들 사이의 관계를 조작함으로써 이루어진다.
"그러므로 올바름이란 비례적인 어떤 것이다"[283]

아리스토텔레스는 분배적 정의에 관한 논의에서 종류가 다른 따라서 비교 불가능한 두 물건 예를 들어 집과 신발과의 교환에 기하학적 도형과 선분을 사용하여 설명하였다. 다른 곳에서는 비교 불가능한 다른 종류의 두 물건이 돈이라는 매체를 통해 비교 가능한 것이 되었다. 아리스토텔레스의 논의에서, 분배정의의 정의는 거의 배타적으로 기하학적 비례와 비율이라는 수학적 용어로써 그 틀이 주어진다. 그는 세계의 정의, 서비스, 미덕, 득실을 개념화하면서 그것들이 직선들 또는 수들에 의해 표현될 수 있고 수학적으로 풀릴 수 있는 것으로 간주한다.

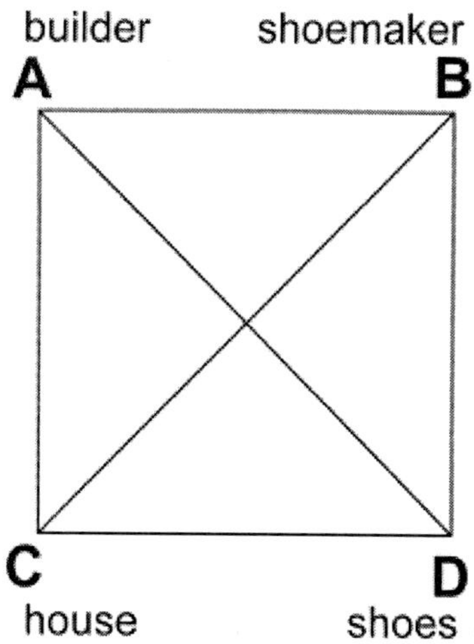

대각선이 교차하는 라벨이 붙여진 비례 사각형은 13~14세기 사상가들에게 발달하는 시장 시스템이나 등가 기제 시스템에 대한 이상적인 비유를 제공했다.

"이것이 교환되는 모든 것들이 비교될 수 있어야 하는 이유이다. 돈은 이 목적을 위해 도입되었고 그것은 어떤 의미에서 매체가 되었다;

> 왜냐하면 그것은 모든 것을, 그리고 그러므로 과잉과 결핍을 측정하기 때문이다, 얼마나 많은 신발들이 집 한 채와 또는 주어진 음식과 상등한지를 측정한다."[284]

> "그러면 돈은 하나의 척도로 작용하여 재화들을 비교가능하게 만들고 그것들을 상등화한다; 교환이 없다면 연관도 없었을 것이고, 상등이 없다면 교환이 없었을 것이고, 공통척도가 없다면 상등도 없었을 것이다."[285]

아리스토텔레스는 반복적으로 돈은 상품의 본질적 가치를 측정하는 것이 아니라 단지 교환에 참여하는 당사자들이 경험하는 그 물품에 대한 필요 또는 요구를 측정한다고 진술한다.:

> "모든 재화들은 어떤 하나의 것에 의해 측정되어야 한다. 자 이 단위는 사실상 요구(수요)이다. 그것은 모든 것들을 함께 묶는다. (왜냐하면 사람들이 서로의 재화를 필요로 하지 않는다면, 교환도 없을 것이고 동등한 교환도 없을 것이기 때문이다) ;그러나 돈은 관습에 의해서 일종의 수요의 표상이 되었다; 그리고 이것이 그것이 그 이름(nomisma-관습)을 갖는 이유이다. –왜냐하면 그것은 자연이 아니라 법(nomos)에 의해 존재하기 때문이다. 그리고 그것을 바꾸어서 무용지물로 만드는 것은 우리에게 달려있다."[286]

교환되는 모든 것들은 누군가가 필요로 한다는 공통된 성질을 갖고 있기 때문에 필요의 척도로서의 돈은 가치의 공통척도를 만들어서 상등화의 가능성을 창조한다.

아리스토텔레스의 논증은 3단계를 거친다.

1) 교환될 재화들은 그것들이 필요로 하는 정도에 따라서 그들의 가치가 결정된다.
2) 돈은 필요를 가격으로 측정하고 그것을 수학적 연산을 할 수 있는 수 단위로 표현한다.
3) 다양한 재화들의 가치는 서로에 대해 비교되고 측정되어서 최종적으로 교환 등가로 간다.

윤리학 제2권에서 아리스토텔레스는 미덕을 마치 개념적으로 연속체 또는 가치 측정과 상대적 등가 결정을 위해 하나의 가치- 직선으로 환원될 수 있는 것처럼 취급한다. 아리스토텔레스는 산업이 살아남기 위한 필요충분조건으로서 교환에서 등가가 확립되어야 한다고 본다. 그렇지만 그는 등가를 확보할 그 어떠한 계획도 프로그램도 제시하지 않는다. 그 과정을 상등화시킬 명시적인 판관에 관해서도 언급하지 않는다. 일반적인 규칙이나 판단기준도 제시하지 않는다. 그러한 침묵에는 경제교환은 스스로 질서를 찾아가는 과정으로 개입하는 주관적인 규제자를 필요로 하지 않고 기능한다는 뜻이 암묵적으로 함축되어 있다. 경제적 등가는 체계적인 교환 기하학의 역동적이고 준-수학적인 산물이라고 아리스토텔레스는 함의한다.

머튼학파

운동에 관한 아리스토텔레스의 아이디어에 대한 유럽의 연구는 13세기에 시작되었고, 그것은 그를 비롯한 그리스 철학자의 저작들 특히 유클리드의 저작들의 라틴어 번역이 나타났을 때 시작되었다. 14세기 중세

학자들은 아리스토텔레스의 아이디어에 중대한 개선과 기여를 했으며, 후대의 갈릴레오의 진전을 위한 토대를 마련했다. 그 중에서 옥스퍼드 대학의 머튼 칼리지(Merton College)의 학자들이 두드러지게 공헌했는데 그들은 이후 옥스퍼드 계산가들(Oxford Calculators)로 알려지게 되었다.

머튼칼리지는 옥스포드대학 중 가장 오래되고 가장 규모가 큰 칼리지 중 하나이다. 로체스터 주교 월터 드 머튼 (Walter de Merton)에 의해 1264년에 설립되었다. 다년간 신학 공부를 하여 신학박사가 되려는 학자들에게 주거를 마련해 주려는 의도에서 설립되었다. 14세기 동안 머튼칼리지는 중세의 자연 철학과 수학에서의 가장 중요한 연구가 행해진 곳이었다. 그 학자들은 유럽전역에서 물리학의 한계를 밀고 나가는 것으로 유명했다.

Clagett 연구에 따르면 옥스포드 계산기들은 운동 이론에 4가지 주요한 기여를 했다.:

1. 운동학(kinematics)과 역학(dynamics)을 명확하게 구별했고,
1. 순간속도를 정의했으며
1. 등가속도를 정의하고
1. 등가속도 운동을 설명했다.[287]

운동의 속성(운동학)과 원인(역학)을 구분한 덕분에 계산가들은 자유롭게 운동학에 직접 집중할 수 있었다. 다른 종류의 수량들의 비율로 표현되는 수량으로서 운동의 성질들을 정확하게 정의함으로써 계산가들은 그 개념들을 수치적으로 다룰 수 있었고 그래서 그들은 아리스토텔레스의 질적이고 모호한 설명을 뛰어넘어 일대 진전을 이룰 수 있었다.

토머스 브래드워딘[Thomas Bradwardine,1290년 ~ 1349년]

머튼 계산가들 중에서 가장 초기 학자인 토머스 브래드워딘은 1323년에 머튼칼리지에 입학하여 약 12년 동안 머물면서 신학 학사학위를 받았다. 그는 14세기 영국, 옥스퍼드의 마톤학파를 대표하는 수학자, 자연철학자, 신학자였다. 1328년에 대학의 학생감(監)으로서, 그는 성공적으로 교회로부터의 대학의 자율성을 옹호했다. 1335년 머튼을 떠났고 2년 후 세인트폴 대성당[St Paul's Cathedral]의 사무처장(Chancellor)으로 임명되어 이후 에드워드 3세(Edward III)의 교계사가 되었다. 그의 왕실 봉사는 1346년 프랑스 원정에서 절정을 이루었으며, 이곳에서 크레시 전투를 목격했다. 그는 1349년 캔터베리 대주교에 임명되었는데, 약 1개월 후에 페스트로 사망했다. 초서의 『캔터베리 이야기』에 그 이름이 언급되어 있듯이 그는 신학자로서 당시 명성이 대단히 높았다.

브래드워딘의 모든 중요한 자연철학 연구는 머튼에 있는 동안 이루어졌다. 그의 업적들은 현재 시각에서는 아주 당연한 사고방식처럼 보일지 몰라도 그것은 그 당시에는 고대 그리스인들로부터 물려받은 학문의 규범으로부터 급진적으로 이탈한 사고였다. 당시에 학생들은 몇 년 동안 수학 공부를 하고 나서 그런 다음 자연철학을 공부했다. 그 두 과목은 분리되어 있었다. 별들이 예측 가능한 기하학적 패턴에 따라 움직인다는 것이 받아들여졌지만, 아리스토텔레스의 개념에는 물리법칙을 묘사하는 공식이라는 관념은 없었다. 그는 한 분야 즉 수학에서 연역을 하고 그것을 사용하여 다른 분야 즉 물리학에서 어떤 것을 증명하는 것이 가능하다고 믿지 않았다. 그의 자연 철학서들에서는 수학이 거의 사용되지 않았다.. 운동에 대한 그의 설명은 보편적으로 유효한 공식을 만들려고 시도가 없고 단지 몇 가지 예와 일반화를 통해 설명되었다.

브래드워딘과 그의 동료들은 그와는 전혀 상반된 관점을 취했다. 그는 수가 자연철학의 핵심 요소라고 주장했다.:

> "수학은 모든 진정한 진리를 드러내는 것이다. 왜냐하면 그것은 모든 숨겨진 비밀을 알고 있으며 문자의 모든 미묘함을 여는 열쇠를 지니고 있기 때문이다. 그러므로 수학을 무시하면서 물리학을 추구하는 뻔뻔스러운 사람은 누구든지 처음부터 지혜의 문을 통과하여 들어가지 못할 것임을 알아야 한다."[288]

그는 물체들의 운동을 수학적 함수로 기술하는 방법을 찾으려고 했고 더구나 그 공식은 아주 크고 아주 작은 모든 물체들을 포함하여 모든 상황에서 타당해야 한다고 보았다. 모든 경우에 적용되지 않는 공식은 옳을 수가 없다 이것은 물리적 법칙은 수학적 형태로 표현할 수 있다는 현대과학을 향한 대장정의 첫걸음이었다. 그는 또한 진공에서 가벼운 물체와 무거운 물체는 같은 스피드로 낙하할 것이라고 주장했다.

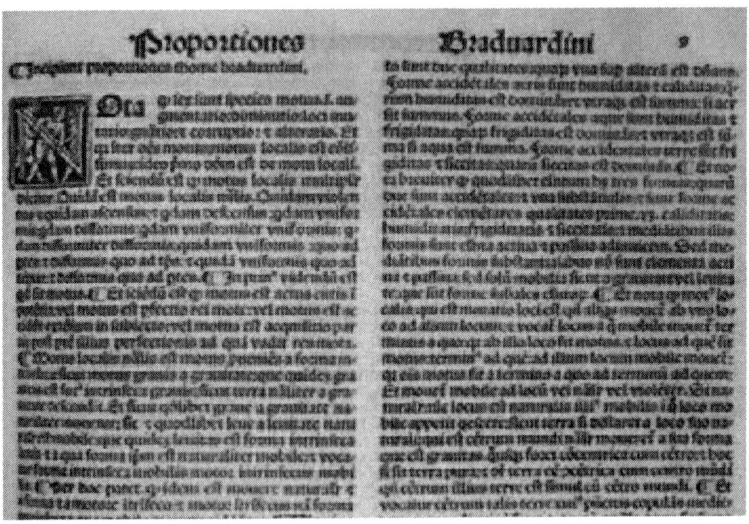
Proportiones Braduardini 9

《비례론(比例論)의 첫 페이지 (Venice, 1505)

수세기 동안 브래드워딘은 물체에 가해지는 힘과 운동에 대한 저항력 및 그 결과 속도 사이의 관계를 수립하려는 그의 《비례론(比例論)》(1328)으로 유명했다. 여기에서 그는 힘, 속도, 저항 같은 다른 종류의 크기들의 비율(比率)을 고려하였다. 이는 아리스토텔레스를 비롯한 고대 그리스수학의 전통을 위배하는 혁명적인 전환이었다. 앞에서 보았듯이 그리스수학에서는 다른 종류의 크기들은 서로 비교할 수 없었다. 공통척도가 없는 두 성질의 비율을 생각한 것이다.

브래드워딘은 속도의 변화를 수학적으로 질의 강도의 변화로 생각하여 취급했다. 이 가정 하에서 그는 운동의 측정에서 속도들, 힘들 및 저항 사이의 비례적 관계를 기술하는 최초의 수학적 함수를 고안했다. 브래드워딘의 함수는 아리스토텔레스의 함수를 포함해서 이전의 운동을 다루는 수학적 공식들보다 훨씬 더 우월했기 때문에 비율과 관계를 다루는 광범위한 철학적 문제들에 게걸스럽게 채택되고 적용되기 시작했다. 운동과 정성적 변화 분석을 정련 하는 과정에서 계산학파는 수리물리학의 발달의 기초를 놓았다.

윌리엄 헤이테스베리[William Heytesbury, 1313~1372/3]

헤이테스베리는 14세기 중반의 영국 철학자이자 논리학자로, 2세대 머튼학파의 일원이다. 헤이테스베리는 운동과 연속체 이론을 발전시켰으며, 새로운 방식으로 당시 논리학에 접근하여 중세의 언어 분석과 논리의 발전을 이끌었다. 그는 1330년 옥스퍼드의 머튼칼리지에 다녔으며, 1338년부터 1339년까지 그곳에서 회계업무를 맡아 회계감사 역할 등을 하였다. 1348년에 신학 박사학위를 받았다는 기록이 있다. 1371년에서 1372년까지 대학의 총장직을 맡았다고 전해진다.

《궤변 해결을 위한 규칙》(1335)에서 헤이테스베리는 계산가들의 가장 유명한 결과 중 하나인 머튼법칙(평균속력정리)을 처음으로 발표했다. 이 이론에 따르면, 움직이는 물체가 일정 시간 동안 속력이 등가속화되면, 같은 시간 동안에 평균속력으로 움직이는 것과 같은 거리를 간다. 물리적인 사실에는 위배되는 브래드워딘의 법칙과는 달리, 머튼규칙은 수학적으로 입증 가능한 진리이며 간접적으로 갈릴레오의 자유낙하 법칙에 영향을 미친 것으로 생각되고 있다.

헤이테스베리는 다음과 같이 말한다.:

> "그러나 0정도(속력)에서 시작하여 모종의 유한한 속력으로 끝나는 등가속도 운동에서 통과하는 거리와 관련하여, 전체 운동 또는 그것의 전체 획득은 중간 정도(속력)에 해당할 것이라고 이미 말한 바 있다. 위에서 언급한 것부터, 다른 모든 것들이 같다면, 시간의 전반에서 이런 종류의 가속 또는 감속에 대해 얼마나 먼 거리를 지나갈 것인지, 후반에서 얼마나 갈 것인지 충분히 결정될 수 있다. 운동의 가속도가 0정도에서 어느 정도 균일하게 발생하는 경우, 처음 절반에서 이동하는 거리는 후반 시간에 이동하는 거리의 정확히 3분의 1이 된다."[289]

헤이테스베리의 문구들은 옥스포드 계산가들이 사용하는 수학적 기술 수준을 보여준다. 그들은 유클리드 기하학과 일부 아랍 삼각법을 이용할 수 있지만 대수는 사용할 수 없었다. 따라서 그들은 논리적 증명을 제공하기보다는 수치적 및 기하학적 증명을 제공하여 계산가들이라는 이름을 얻었다. 그리고 그들이 제기한 문제들은 실제 실험보다는 상상의 상황에서 비롯되었다.

파리 대학의 계산가들

장 뷔리당[Jean Buridan, 1358 - 1361]

프랑스 중세의 유명론(唯名論) 철학자인 장 뷔리당은 영국의 스콜라 철학자 오컴의 제자이다. 그는 그의 전 경력을 파리대학교에서만 보냈다. 거기에서 그는 약 1320년에 박사학위를 받았으며 2번이나 파리대학교 학장에 선출되었다. 당시의 대부분의 학자들과 달리 그는 신학자로 교육받지 않았다.

그는 발사체의 움직임이 뒤에서 미는 공기의 추진력에 달려 있다는 아리스토텔레스의 생각을 비판했다. 발사체는 그 발사체를 던지는 손 또는 대포가 처음에 주는 돌진력((突進力, impetus) 때문에 계속해서 움직인다고 보았다. 저항이 없으면 그 물체는 계속해서 영구히 움직일 것이다. 그는 아리스토텔레스의 설명이 경험과 모순되기 때문에 만족스럽지 못하다고 판단했다.:

"첫 번째 경험은 오랫동안 움직이지만 여전히 제 자리를 떠나지 않는 팽이와 방앗간의 방아에 관한 것이다. 그러므로, 이 종류의 팽이와 방아 위의 출발 장소를 채우기 위해 공기가 따라와야 할 필요는 없다. 이런 식으로 팽이와 방아는 이 공기에 의해 움직인다고 말할 수 없다.

두 번째 경험은 다음과 같다. 앞쪽처럼 날카로운 뒤쪽이 있는 창은 날카로운 원추형 뒤쪽이 없는 창과 마찬가지로 빠르게 날아간다. 그러나 확실히 공기는 날카로운 창끝에 의해 쉽게 분산되기 때문에 이런 방식으로 날카로운 끝을 밀어낼 수 없다.

세 번째 경험은 다음과 같다. 강의 흐름에 역행하여 빠르게 끌리는 배는 더 이상 끌지 않아도 빨리 멈출 수 없고 오랜 시간 동안 계속 움직인다. 그러나 갑판 위의 선원은 그를 뒤에서 밀고 있는 공기를 느끼지 않는다. 그는 전면 공기에서만 저항을 느낀다. 다시 말하면, 그 배가 곡물이나 나무로 가득 차 있고 한 남자가 화물의 후방에 위치해 있다고 가정해보자.. 그런 공기가 배를 그렇게 강하게 밀어낼 수 있을 정도의 추진력이라면 그 사람은 그 화물과 그 뒤를 따르는 공기 사이에서 매우 강하게 눌렸을 것이다. 경험에 의하면 이것은 참이 아니다. 또는 적어도 배에 곡물이나 짚이 쌓여 있다면, 뒤따르는 공기는 뒤쪽에 있는 짚들을 해갈았을 것이다. 이것은 모두 거짓이다"[290]

이 돌진력 개념은 갈릴레오와 뉴턴의 관성의 법칙으로 가는 위대한 발걸음이었다. 뉴턴과 갈릴레오에 의하면 물체가 정지한 상태는 운동하는 상태의 특수한 경우에 불과하고. 운동 상태가 바뀌는 것은 물체의 외부에서 힘이 가해지는 경우뿐이다. 즉, 힘은 운동의 상태를 바꾸는 요인이다. 다른 요인은 있을 수 없다. 갈릴레오는 유명한 빗면 사고실험을 통해 마찰이 없으면 빗면을 타고 내려온 구슬은 영원히 굴러갈 것이라고 생각했다. 갈릴레오에게는 더 이상 운동을 지속시킬 기동자가 필요 없었다. 뷔리당의 돌진력의 개념과 아주 흡사함은 명백하다.

다만 뷔리당 이전에 임페투스라는 개념이 없던 것은 아니다. 동로마의 학자 필로폰누스, 이슬람 학자 이븐 시나와 같은 과거의 인물들이 물체에 힘을 가하면 물체에 운동력이 생긴다고 주장했었고, 뷔리당 본인도 실제로도 자신의 주장에 대한 논거로 알 비트루지와 같은 이슬람 학자들을 인용했다.[291]

행성들이 계속해서 운행하는 이유는 무엇인가라는 문제는 고대부터 사상가들과 천문학자들을 괴롭혀온 문제였다. 12세기에 애덜라드[Adelard of Bath]는 조카와 별들이 먹을 필요가 있는지 여부를 토론하면서 별들은 스스로 움직이기 때문에 어떤 의미에서는 살아있는 생물이라고 생각했다. 기원전 4세기 우주창조설이 나와 있는 플라톤의 저서 《티마이오스 (Timaeus)》에서, 플라톤은 행성이 모종의 영혼을 갖고 있을지 모른다고 제안했는데, 중세 사상가들은 이를 영혼들을 기독교 천사들로 대체했다. 그러나 그 천사들은 날개를 갖는 천사가 아니라 비물질적인 영령으로서 자유롭게 움직이는 존재였다. 움직이는 모든 것이 다른 것에 의해 움직여져야만 한다는 아리스토텔레스의 교리 때문에 이러한 교설이 나왔던 것이다.

뷔리당은 천사가 필요 없다고 보았다. 행성들은 천사나 다른 어떤 것이 뒤에서 밀기 때문에 계속해서 운행하는 것이 아니라 바로 맨 처음에 그 물체에 준 돌진력 때문에 저절로 운행된다는 것이었다.

"천체운동에서는 반대 저항력이 없다.
그러므로 신이 창조하면서 원하는 속도대로 천체의 각 구들을 운동시킨
다음에 그 자신은 더 이상 그것들을 움직이지 않았다. 그 운동들은
가해진 돌진력 때문에 영원히 지속되었기 때문이다."[292]

하늘은 노쇠하지도 않고 저항도 없기 때문에 신이 창조 시에 각 천구와 둘레의 행성들에 준 돌진력은 종말에 이르기까지 천구를 회전시키고 행성들을 계속 운행시킨다고 그는 보았다.

알버트 아인슈타인(Albert Einstein)은 특수상대성 이론을 제창한 것으로 유명하다. 그는 상대성원리를 그 당시에 알려진 중력과 전자기학의 법칙에 적용했다고 한다. 상대성원리란 등속으로 움직이는 모든 좌표계에

서 동일한 물리법칙이 작용한다는 원리이다. 그렇지만 그가 사용한 상대성원리는 사실상 갈릴레오가 제창했다.

갈릴레오는 1632년의 저서《두 가지 주요 세계관에 관한 대화》는 지구가 자전한다는 주장에 반대하는 당시에 아주 흔한 주장들을 검토한다. 이것들 중 하나는 지구가 자전하고 있다면, 우리는 빠른 속도로 동쪽으로 움직일 것이고, 그래서 탑에서 수직으로 떨어뜨린 공은 그 사이에 서쪽으로 이동할 것이라는 것이다. 마찬가지로, 동쪽으로 발사된 대포알은 서쪽으로 발사한 것보다 대포에 더 가까이 떨어질 것이다. 왜냐하면 대포도 동쪽으로 움직이기 때문이다.

그러한 논리를 반박하기 위해 이 책은 등속으로 움직이는 배에 있는 사람은 배의 움직임을 감지할 수 없으므로 돛대 꼭대기에서 떨어지는 포탄이 바로 돛대 발에 떨어지는 것을 볼 것이라고 주장한다. 갈릴레오의 가상의 지지자인 살비아티[Salviati]는 사고실험을 통해 고전적 상대성원리를 증명하는 실험을 제안했다. 이 "갈릴레오의 배" 사고실험에서는 등속으로 움직이는 배 안에서 밖을 보지 않는 자는 물리법칙만 관찰해서는 그 배가 정지해 있는지 움직이고 있는지 알 수 없다는 주장이 된다.:

"당신이 어떤 큰 배의 선실에 친구와 함께 닫혀있다고 하자. 선실에는 몇 마리 파리와 나비 그리고 다른 작은 동물들이 있다. 물고기가 들어 있는 큰 어항도 있고, 병이 하나 매달려 있고 그 밑에 큰 그릇에, 병에서 물이 한 방울씩 떨어지고 있다고 해보자. 배가 멈춰 있을 때에 주의 깊게 살펴보면, 그 작은 동물들은 어느 방향이나 동일한 속도로 날아다니고, 물고기들은 어항 속에서 사방으로 무심하게 헤엄친다. 물방울은 밑에 있는 그릇 속으로 떨어진다. 친구한테 물건을 던진다고 할 때, 거리가 같다면 한 방향으로 던지는 것과 다른 방향으로 던지는 것 사이에 차이가 없다. 자, 이제 배를 일정한 속도로 곧바로 움직이자. 주의 깊게 살펴본다면, 언급된 모든 효과는 전혀 변하지 않았고 배가 움직이고 있는지 아니면 멈추어 있는지도 구분하지 못할 것이다."[293]

그런데 갈릴레오의 상대성원리와 아주 흡사한 생각을 이미 뷔리당도 천동설과 관련하여 제기하고 있었다. 그도 배 안의 사람은 배의 움직임을 알아채지 못할 것이고 비슷하게 지구가 회전하고 있더라도 지구상의 사람은 그 공전을 인지하지 못할 것이라고 보았다:

"그래서 태양은 완전히 정지해 있고 우리를 싣고 가는 지구는 회전하고 있다고 가정한다. 그 렇지만 우리는 우리가 정지하고 있다고 상상하기 때문에 빠르게 움직이고 있는 배 안의 그 사람이 자신의 움직임도 배의 움직임도 지각하지 못하듯이, 태양은 우리에게 마치 우리는 정지하고 태양이 움직이는 것처럼 일출하여 일몰하는 것처럼 보일 것이 확실하다."[294]

니콜 오렘

니콜 오렘(Nicole Oresme c. 1320-1325 ~ 1382년)은 후기 중세 시대의 중요한 철학자였다. 그는 경제학, 수학, 물리학, 점성술 및 천문학, 철학 및 신학에 대한 영향력 있는 연구를 저술했다. 프랑스의 샤를 5세(Charles V)의 사부(師傅)가 되어서 그의 요청에 응하여 아리스토텔레스의 《윤리학》《정치학》《경제학》등을 번역하였고 1377년 리쥐(Lisieux)의 주교(主教)가 되었다. 그는 14세기 유럽의 가장 독창적인 사상가 중 한 명이었다. 그는 프랑스 산문 특히 과학적이고 철학적인 어휘의 발전에 상당한 영향을 끼쳤다.

그는 뷔리당의 임페투스(돌진력) 이론을 받아들여서 발전시켰으며, 특히 임페투스와 속도를 포함하여 일반적으로 성질의 변화를 그래프로써 양적으로 표시하여, 갈릴레이에 앞서서 물리량의 기하학적 취급을 가능하게 하였다. 또한 이것은 데카르트의 해석기하학 창안에 앞선 선구적 아이디어였다. 더 나아가서 운동의 상대성으로부터 지구의 자전(自轉)에 대한 가능성을 시사하여, 지동설의 선구자라고도 한다. 다른 한편에서는 점성술을 비판하였다.

14세기 자연철학에서 모든 현상과 과정들이 항상 확장되고 축소되는 연속적인 크기로 생각되었음은 앞에서 언급되었다. 옥스퍼드 계산학파에 의해 발달된 연속체의 수학만이 아니라 처음으로 계산학파의 논리-수학적 통찰들을 채택하고 확장한 파리 대학 교수들의 원시-과학적 사변들도 여기에 포함된다. 연속적인 크기로 구성된 세계상에 대한 가장 명확한 기술은 니콜 오렘의 《질(質)의 변형 De difformitate qualitatum》의 기하학의 개시문에서 발견될 수 있다.:

> "숫자를 제외한 모든 측정 가능한 것들은 연속적인 양의 방식으로 상상된다. 그러므로 그러한 물건의 정량화를 위해서는 점, 선과 표면 또는 그 속성들을 상상할 필요가 있다. 그들 안에는 그 철학자(아리스토텔레스)가 말하듯이, 처음에는 도량 또는 비율이 발견되는 반면, 다른 것들에서는 지성에 의해 그것들은 기하학적 실체를 가리키는 것처럼 유사성에 의해 인식된다. 분할할 수 없는 점이나 선은 존재하지 않지만, 사물의 척도와 비율의 이해를 위해 수학적으로 그렇다고 하는 것이 여전히 필요하다."[295]

오렘은 《질(質)의 변형》에서 열과 같은 성질들은 그 강도(각 지점의 열의 정도)와 외연(extensio,가열된 막대의 길이)로 구별했다. 이 두 용어는 종종 위도(latitudo, 세로)와 경도(longitudo, 가로.)로 표현되었다.

오렘은 우리가 직교좌표라고 부르는 것에 근접하는 평면도형으로써 이러한 개념을 시각화하는 아이디어를 고안했다. 오렘은 강도와 외연을 동시에 고려하고 2차원 도형을 공통적인 측정 근거로 사용하여 질들을 총체적으로 수량화하고 표상하는 작동하는 구도를 사상 최초로 발명했다. 성질의 강도는 수평기저선 위의 주어진 점에서 수직으로 세워진 그 강도에 비례하는 길이 또는 위도로 표시된다. 오렘은 그러한 도형의 기하학적 형태가 성질 그 자체의 특성에 상응하는 것으로 간주될 수 있다고 제안했다. 이것을 그리면 2차원 도형이 나온다. 오렘은 주어진 질의 양은 이 그려진 도형의 면적으로 나타낼 수 있다고 주장했다. 오렘의 시스템 내에서 양과 질은 역동적인 비례관계로 함께 묶여졌다.

오렘은 균일한 성질이란 경도에 평행한 선으로 표현되는 성질이고 균일하지 않은 성질 즉 기저선에 평행하지 않은 위도로 표현되는 성질들은 difform(변형)으로 정의했다. 균일하게 변하는 성질들은 기울어진 직선으로 표현된다. 그는 많은 경우의 비균일적으로 변하는 성질들을 기술했다.[296]

> "그러므로, 연속적으로 얻을 수 있는 모든 강도(즉 성질의 변화)는 강도를 갖는 것, 즉 성질의 공간이나 주체 위의 어떤 지점에 직각으로 세워진 직선에 의해 상상되어야한다. 같은 종류 것의 강도와 강도 사이에 어떤 비율이 발견 되더라도 선과 선 사이에는 비슷한 비율이 존재하며 그 반대도 마찬가지이다. 따라서 강도의 척도는 선의 척도로서 적절하게 상상 될 수 있다"[297]

오렘의 그래프는 질들의 측정과 관계를 위해 시스템으로서 스콜라 수학과 자연철학의 가장 놀라운 성취 중의 하나로 인정된다. 오렘은 보편적 측정 준거로서의 직선이라는 아이디어는 아리스토텔레스로부터 얻었다고 말한다. 그는 세계가 수량화될 수 있는 연속적인 크기로 구성되었다고 볼 뿐만 아니라 이 크기들을 언제나 변하고 있는 다이내믹하고 상호 관련된 시스템의 일부로 보았다. 그는 측정의 준거로서 기하학적 직선을 선택했는데 그것이 모든 성질들의 강도(변화)를 측정할 수 있기 때문만이 아니라 그 강도들의 연속적이 변화도 측정할 수 있었기 때문이었다.

오렘은 또한 머튼학파의 "평균속력정리"를 증명하였다. 앞에서 보았지만 머튼학파는 평균속력정리를 발견하긴 했지만 그것을 수학적으로 증명한 것은 아니고 단지 수치들을 들어 예증했을 뿐이었다.

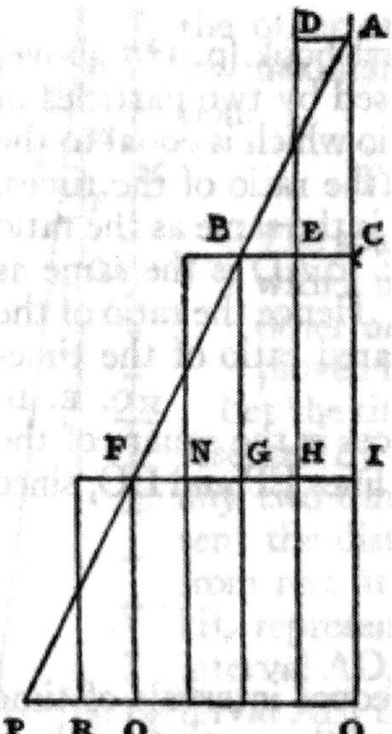

Fig. 49

Galileo의 《신과학의 대화》의 다이어그램은 등가속도운동으로 이동한 거리를 보여준다.[298]

오렘의 구도에서 운동을 위도와 경도로 표현하면 기저선(가로)은 시간이고 기저선에서 올린 수직선 (위도-세로)은 그 운동에서 짧은 시간 동안의 속도를 나타낸다. 이 경우 균일한 변형(uniformiter difformis)정리는 주어진 시간에 등가속도 운동에서 지나간 거리가 된다. 따라서 등가속도는 직각삼각형으로 표시된다. 그 결과 생기는 도형의 면적은 지나간 거리를 나타낸다. 그리하여 오렘은 갈릴레오가 그것을 유명하게 만들기 200년 전에 등가속도 운동의 평균속력정리를 기하학적으로 증명했다. 오렘은 일종의 "원형 막대차트"를 발견했다.

오렘은 공통척도 문제에 매료되어서 그것은 그의 두 논문의 주제가 되었다. 그리스수학의 초기 역사에서 정수들의 비로 표현될 수 없는 직각삼각형의 빗변이 발견되었다. 비례관계가 없는 경우를 특별하고 국한된 경우로 취급하지 않고 오렘은 연속적인 수량들에서 2개의 양들의 비는 비-비례일 즉 유리수로 표현될 수 없을 가능성이 더 높다는 것을 증명하려고 애썼다. 그는 이 원리를 특히 운동의 연구에 적용하여 모든 2개의 미지의 거리, 시간 또는 속도의 비-비례성을 확립하였다. 그는 2개의 천체 거리, 시간, 속도들이 공통척도가 없을 개연성이 높다고 주장하고 가장 완벽한 신의 천체에 이 비-공통척도라는 아이디어를 도입하였다. 그는 비-비례적인 비율들이 우주구조의 부분들에 존재함을 보이려고 했다. 그는 모든 두 개의 천구 운동의 비율이 아마도 비-비례적일 것이라고 주장했다 오렘은 또한 유리수의 유리수 멱(冪, 제곱)을 먼저 검토하고 그 다음에 무리수 멱으로 그의 연구를 확장했다. 전자의 유형은 그는 유리수와 비례적으로 보았고 후자는 비-비례적이라고 보았다. 그는 그 수들을 비-비례적인 비율(irrational ratios)이라고 명명했다.[299]

오렘의 초상화(https://en.wikipedia.org/wiki/Nicole_Oresme#/media/File:Oresme.jpg)

많은 사람들이 뉴턴(Isaac Newton)은 시계장치 우주라는 아이디어를 창안한 사람이라고 잘못 생각한다. 처음에 시계를 작동시키면 그 후로 시계가 저절로 계속해서 작동하듯이 신(神)이 처음에 우주를 만들고 그냥 놔두어도 우주가 마치 시계처럼 고유한 법칙에 따라 계산 가능한 방식으로 저절로 운행한다는 주장이다. 사실, 뉴턴은 시계장치 우주 이론에 강력히 반대했다. 우주를 유지하는데 신의 섭리적인 역할을 무시했기 때문에 뉴턴은 그것이 신학적으로 부적절하다고 믿었다. 신이 시계공이라는 생각과 신이 세계를 창조한 뒤에는 직접 세계에 간섭하지 않는다고 보는 이신론적 사상가라는 뉴턴의 전형적인 이미지는 전혀 틀린 말이다. 사실 뉴턴은 시계 은유와 그것이 기초를 둔 차가운 기계론적 세계를 거부했다고 한다.[300]

사실상 시계장치 우주라는 관념은 중세에 널리 읽혀졌던 13세기 초 요하네스 사크로보스코(Johannes de Sacrobosco, 1195~1256)의 《천구론(De Sphaera Mundi)》(1230년)에서 시작되었다. 그 책은 출간 후 4세기 동안 모든 서유럽 대학의 학생들에게 필독서였기 때문에, 유럽에서 시계장치 우주 비유는 이미 잘 알려져 있었을 것이다. 토마스 아퀴나스(1225-1274)도 분명히 그것을 읽었을 것으로 추정된다. 정확하게 말하면 그 책에서는 "시계장치 우주"라는 은유가 아니라 "machina mundi"("세계 기계" 또는 "우주의 기계")라는 표현이 사용되었다. 그 비유는 코페르니쿠스의 《천체의 회전에 관하여》(1543)에서도 나타난다.

신이 시계공이라는 비유는 토마스 브래드워딘 캔터베리 대주교도 했었다. 천체물리학자인 Adam Frank는 14세기 유럽에서 기계식 시계는 널리 알려졌으며 "시계장치 우주(clockwork universe)"라는 은유가 퍼지기 시작하면서 우리가 우주를 보는 방식을 근본적으로 바꾸었다고 주장한다. 그는 니콜 오렘의 저서를 인용하면서, 오렘은 세상을 "빠르거나 늦지도 않고 결코 멈추지도 않고 여름과 겨울에도 일하는 규칙적인 시계"로 묘사했으며 "천상에서 운행하는 행성들은 사람이 시계를 만들고 그것을 작동시키면 그것이 저절로 움직이는 것과 비슷하다"고 말했다고 한다.[301]

오렘은 뷔리당과 마찬가지로 상대성원리를 신봉하였다. 가령 그는 세계가 하나가 아니라 복수일 수 있다는 주장을 개진하였다. 아리스토텔레스는 『천체에 관하여』 제1권에서 복수의 세계는 존재할 수 없음을 증명하려고 했지만 그것을 논박하면서 오렘은 논리나 물리적 가능성을 위반하지 않고도 복수의 세계의 존재를 상상할 수 있다는 결론에 다다랐다. 그는 이 세계의 둘레의 안쪽과 아래에 또 다른 비슷한 세계가 존재한다는 "상상"을 제시했다. 그의 논법은 크거나 작다는 개념은 절대적 개념이 아니라 상대적 개념이라는 것이다.

"나는 대소는 상대적이지 절대적이 아닌 비교에 쓰는 용어임을 지적한다. 아무리 작더라도 각 물체는 그것 자체의 1/1000 부분 대비 크다. 큰 물체가 작은 물체보다 더 많은 부분이 있지도 않다, 각자의 부분들은 그 수가 무한하기 때문이다. 이로부터 지금부터 내일 사이에 세계가 현재보다 100-1000배 더 크거나 작게 만들어지고 모든 부분들은 비례적으로 확대되거나 축소된다면, 내일 모든 것은 지금과 정확히 똑같은 것으로 보일 것이다, 마치 아무 것도 변하지 않은 것처럼."[302]

오렘은 또한 상대성원리를 지구가 자전 운동을 하고 있는지 아닌지 하는 문제에 적용한다. 그는 화살을 쏘면 그 화살은 이미 지구의 회전 운동을 공유하고. 공기도 지구와 함께 회전하고 있음으로 궁사가 수직으로 쏘아올린 화살이 똑바로 위로 날아가서 바로 그 궁사 머리 위로 내려오지 않을 이유가 없다고 주장하였다. 그래서 그는 지구가 자전운동을 하는지 여부는 이성이나 관찰에 의해 확정적으로 결정할 수 없다고 주장하였다. 이 과정에서 그는 뷔리당처럼 배에 탄 사람은 상대적인 운동만을 감지할 수 있다는 논리를 펼친다.:

"다시 말하자면, 나는 한 물체가 다른 물체에 대해 다르게 운동된다고 인식하는 한에서만, 공간운동이 지각적으로 인식될 수 있다고 가정한다. 이것을 뒷받침하기 위해[나는 다음과 같은 그림을 제시한다]: 한 사람이 a 라고 불리는 하나의 배에 있다면, 그것은 매우 조심스럽게 움직인다. (즉, 상하 요동 없이) –빠르게 또는 천천히–이 사람은 b 라는 다른 배 말고는 아무 것도 보지 못한다. 그것은 모든 면에서 그가 타고 있는 a

와 같은 방식으로 움직인다. 나는 이 사람에게 그 두 배가 모두 움직이지 않는 것처럼 보일 것이라고 말한다. 그리고 a가 정지해 있고 b가 움직인다면 b가 움직이고 있는 것으로 그에게 보일 것이다.

[반면에] a가 움직이고 b가 정지해 있다면, 전처럼 그것은 a가 정지해 있고 b가 움직이는 것으로 그에게 나타난다. 그래서 a가 1시간 동안 정지하고 b가 움직였다가 바로 다음 시간에 상황이 역전되면, 즉 a가 움직이고 b가 정지한다면, 이 사람은 이 변화를 인식할 수 없을 것이다. 그는 오히려 b가 계속 움직이는 것으로 계속해서 생각할 것이다. 이것은 경험에 의해 명백하다. 그 이유는 b가 이동하고, a가 정지해 있을 때나 그 반대로 b가 움직이고 a가 정지해 있을 때나 이 두 물체 a와 b는 서로에 대해서 같은 방식에 있기 때문이다."[303]

그는 지구 자전에 대한 대부분의 반대 논리들을 반박하고 지구가 우주의 중심이라는 세계상을 논파하였다. 그는 신의 무한한 힘과 무한히 분할 가능한 연속체가 갖는 상대주의가 의미하는 바를 보여주려 했다. 오렘의 상대성에 관한 생각은 무한히 분할 가능한 연속체의 논리 그리고 그의 비례성에 대한 매료와 연관되어 있었다.

12

14세기 화폐화와 원시(原始)과학

시대적 배경 : 화폐화

14세기 계산학파들이 개척한 원시과학의 특징들을 보면 수량화, 연속체 관점, 기하학적 관점, 공통척도의 도입, 상대성원리의 적용 그리고 자기-규제하여 다이내믹하게 평형을 이루는 자율시스템에 대한 인식 등을 들 수 있다.

가령 아리스토텔레스는 〈자연학〉에서 성질들은 연속적인 크기가 아니고 따라서 연속체로 상상되거나 취급될 수 없다고 보았다. 그는 "질"과 "양"의 범주적 구분을 고집했다. 그의 정의에 따르면 수량들은 부분들로 구성되고 분할될 수 있었다. 그렇지만 성질들은 정도에 차이가 있지만 그 자체로서는 부분들로 구성되지 않았고 따라서 개념적으로나 실제적으로나 나눌 수가 없었다. 그러므로 성질들은 정의상 연속체가 될 수 없었다.

팽창하고 수축하고 나눌 수 있는 연속적인 크기로서의 성질이라는 개념은 스콜라의 발명이었다. 그래서 성질들은 부분들로 나눌 수 있는 연속적인 크기로 생각되었다. 아리스토텔레스에 반하여, 성질들이 수량화될 수 있다는 주장들에서 새로운 수학적 과학적 연구 영역이 열렸다.

도입부에서도 언급되었지만 14세기 유럽의 스콜라학파가 아리스토텔레스로부터 급진적으로 이탈하여 원시과학으로 이행하게 된 이유에 관해 Joel Kaye는 《economy and Nature in the 14th century》에서 그 당시에 유럽사회에서 특히 영국과 프랑스에서 급속하게 진행되고 있던 "화폐화"를 지목한다.

유럽에서는 12세기와 13세기에 인구가 급속하게 증가했고 그 결과 농민, 수공인 및 가계의 노동 분업이 증가했다. 그래서 두 가지 중요한 결과가 생겨났다. 첫째, 노동분업은 전문지식과 기술을 촉진함으로써 생산에서의 효율성을 제고한다. 둘째, 노동분업을 하게 되면서 사람들은 더 이상 자급자족을 할 수 없게 되고 필요한 물품들을 현지 시장에서 구매해야 되고 그 구매에 필요한 돈을 얻기 위해서 시장에서 자신이 생산한 물건을 판매해야 한다. 그래서 시장에서 매매가 증가하게 되자 다시 주화에 대한 수요가 증가하게 되었다. 상인들과 장인들, 수공업자들은 종종 성장하는 성읍과 도시에 정착했다 .이론적으로 장인들은 농민보다. 더 현지 시장과 거래에 의존한다. 그래서 그들은 시장에 가깝게 자리 잡을 인센티브를 가지고 있다. 결과적으로 도시가 형성되고 성장하기 시작했다.

다른 한편 왕이나 영주가 전통적인 현물납부보다 세금이나 지대의 현금납부를 더 선호했고 이는 화폐화를 더 한층 촉진시켰다. 현금으로 지대를 받으면 지주들은 지대를 납부하는 농민들이 생산한 물건을 받을 필요가 없이 시장에서 원하는 물건과 서비스를 선택하여 구매할 수 있다. 또한, 왕과 영주들은 원하는 물건을 구하기 위해 다른 영지들을 돌아다닐 필요가 없다. 이렇게 해서 귀족들은 도시의 원시-유한계급으로 정착할 수 있었다. 마지막으로, 자신이 주화 지불을 받아들이면, 발행자는 그 주화를 강화하고 그 동전에 대한 수요를 증가시킬 수 있으며, 이로써 발행 차익-시뇨리지[seigniorage]를 얻을 수 있다.

영국과 프랑스는 1180~1320년 사이에 가장 급속한 화폐화를 경험했다. 화폐화가 가속화되면서 처음에는 상업에 직접적으로 종사하는 사람들에게만 국한되었던 사고방식 및 태도가 모든 사회 구성원들에게 침투하기 시작했다. 그래서 사람들은 의사결정을 하면서 금전적 손익에 초점을 맞추기 시작했다. 이러한 계산을 위해서 상세한 기록이 중요해졌고, 문자와 숫자를 해독할 수 있는 능력이 사회 전반에 널리 퍼졌다. 그리고 정성적 가치들을 정량적 가치로 환산하는 버릇이 생겨났다.

이러한 습관들이 점차적으로 사회에 특히 왕실 및 교회 행정가들 사이에 퍼지면서 중대한 역사적 결과들이 나타났다. 행정가들은 국가 자산에서 나오는 조세에 쉽게 등급을 매길 수 있고, 수량화가 가능하고 표준화될 수 있는 현금으로 사정하고 징수하는 것이 훨씬 더 단순하고 쉽다는 것을 알게 되었다. 그래서 화폐화와 관료화가 병행해서 발달했다. 화폐화는 장기 13세기에 사회정치적 힘으로서의 상인의 발달과 궤를 같이 했다. 상인들의 성공이 가시적이 되자 사람들은 상인들의 행동과 사고방식을 본받기 시작했고 금전적으로 측량하고 계산하는 상업적 습관이 곳곳으로 침투하였다.[304]

13세기가 중세 잉글랜드와 프랑스의 초기의 자연 경제에서 멀어져가는 시기였다면, 14세기는 이 화폐혁명의 사회적 함의가 본격적으로 나타나기 시작한 시기였다. 군주에서 마을 주민과 농민의 삶에 이르기까지 영국과 프랑스 사회의 모든 수준에서 화폐사회라는 새로운 현실이 경험되었다. 이는 전쟁, 기근 및 전염병이 극명한 경제적 혼란과 함께 점철된 현실이었다.

옥스퍼드대와 파리 대학의 학생들과 교수들은 화폐화와 상업화가 어느 곳에서나 볼 수 있고 경험되던 도시환경에서 살았다. 외국에서 유학 온 학생들이 많았고 그들은 학비를 내기 위하여 시장에 가서 환전을 해야 했다. 환율은 시시때때로 등락을 거듭했고 손해를 보지 않기 위해서 그들은 환율의 시세변동에 촉각을 기울여야 했다. 그렇지만 학생들은 단지 주기적으로만 시장의 세계에의 참여한 것이 아니었다. 그가 교수가 되어도 시장과의 관계는 끝나지 않았다. 자연철학에 새로운 원시과학사상의 방향을 제시한 학자들의 경우에는 그러한 참여는 더 많았던 것으로 보인다. 이 학자들의 생애에서 그들의 철학적이고 신학적인 훈련과는 아무 상관이 없는 속세의 업무를 맡았다.

그 당시에 가장 혁신적이고 영향력 있는 학자들은 거의 언제나 비공식적 공무를 맡아서 대학 행정에서 시작하여 교회의 관료제의 고위직이나 세속정부의 고위직으로 올라갔다. 앞에서 보았듯이 토마스 브래드워딘 대성당의 사무처장 직을 역임했고, 헤이테스베리는 머튼칼리지의 회계감사였다. 장 뷔리당은 파리대학교 학장직을 2번 맡았고 니콜 오렘은 샤를 5세(Charles V)의 사부(師傅)로서 화폐문제에 관해 자문을 하였고 14세기에 영향력 있었던 《화폐론》을 저술하였다.

대학들 내에서 모든 시험, 모든 학점, 모든 학위에는 가격이 붙어 있었다. 그 대학들의 강의 교수들은 거의 대부분의 경우에 또한 그 대학의 행정가들이기도 했다. 수수료를 계산하고, 걷고, 설명하고 기록하는 것은 이 강의 교수들의 업무이기도 했다. 14세기 대학 교수들은 강의와 저술에 바치는 시간만큼 행정업무에 시간을 보냈다.

금전적 도량은 14세기의 커가는 행정 관료제 내에서 가장 합리적으로 적용되었다. 금전적 눈금을 통하여 사회적 성질들을 관료적으로 수량화하는 관행은 사회에 정착되었고 특히 교육받은 계층에서 그런 경향이 일반화되었다. 더구나 당대의 가장 평판이 높은 학자들은 화폐 도량형[度量衡] 제정에 책임이 있는 정부 및 교회 행정직에 고용되었다.

뷔리당과 오렘은 14세기 사상가들 중에서 화폐화된 시장의 작동에 대한 가장 심오한 통찰력을 보였다. 그들이 이렇게 경제적으로 박학다식한 요인 중 하나는 그들이 대학 행정에 능동적으로 관여했다는 것이다. 14세기에 왕왕 있었던 것처럼 부리당과 오렘은 경제생활에 대한 예리한 지각과 자연 세계에 대한 통찰력 가득한 사변을 결합시켰다.

뷔리당은 교환에서의 돈의 다면적 역할 특히 아주 다양한 재화들을 공통의 척도와 관계들로 엮는 돈의 능력을 이해했다, 아리스토텔레스의 『자연학』 해설에서 유사한 측정 문제에 직면하여 뷔리당은 다양한 재화들의 공통척도로서의 돈이 다양한 종에 대한 철학적 공통척도 모델로서 기능할 수 있는지를 질문한다. 그는 돈은 단지 상대적이고 언제나 변하는 경제적 가치들을 측정하지 철학이 관심을 갖는 본질적 성징들과 본성들을 측정하지는 않는다고 적는다. 그러므로 뷔리당은 그의 사회에서의 재화들의 공통척도로서의 돈의 기능을 잘 의식하고 있었지만 철학에서의 척도로서의 돈의 영향을 받아들일 수 없었다.

오렘은 돈과 기하학적 도형이 공통척도를 나타내는 매체로서 아주 효율적으로 작용하다는 사실에서 깊은 인상을 받았다. “안성맞춤 도구”로서의 돈이 가져야 할 특성들을 논의하면서 그는 사용의 용이함, 인식의 용이성, 가치표상의 공통성을 꼽았다. 그는 경제생활에서의 돈의 필수적인 역할을 깊이 인식했다. 돈이 가치를 수량화하고 표상하는 범위의 능력은 오렘의 사회에서 어디서나 명백했다. 오렘은 성질들을 수량화하고 아주 다양한 재화들과 서비스들을 관련시키고, 공통척도이자 가치표상의 공통매체로서 작용하는 돈의 능력을 인식했다.

돈과 그것의 용도를 언급하면서 스콜라 사상가들은 측정의 도구로서의 성공과 돈이 수량화하고 관계로 가져온 광범위한 주제들과 서비스들을 언제나 함께 강조했다. 이 상품화의 충격, 모든 것이 판매될 수 있다는 생각, 모든 가치와 물품들에 가격이 매겨져 있다는 생각은 이 시기의 유럽의 곳곳에서 일상적인 경험이었다. 그렇지만 스콜라 자연철학에서의 고도로 형식적인 담론에서 진리에 대한 엄격한 기준들, 보편성, 필연성에서 시장에서 이끌어진 모델이 그들의 철학적 사변에 영향력을 행사했다는 점을 중세사상가들은 결코 명시적으로 인정하지 않았다.

오렘과 14세기 사상가들은 철학적 측정의 모델로서의 돈의 역할을 의식적으로 감지하지 못했다. 돈이 갖는 부정적인 이미지 그리고 사람을 타락시키는 돈의 영향으로 인해서 철학적 담론의 모델로서 공개적으로 돈을 인정하는 것은 당시 시대적 환경에서는 부적절한 처신이었을 것이다. 그렇지만 사람들은 일상적으로 돈과 접하고 관련되었기 때문에 그러한 흔한 경험들이 일반 사람들은 물론이거니와 특히 스콜라학자의 인식과 사상에 강력한 영향을 미쳤을 것으로 보는 것이 타당할 것이다.

돈과 원시과학 사상의 유사성

기하학과 연속성

Nummus(주화)라는 단어에서 numerus(number, 수)라는 단어가 생겼다. 돈은 그만큼 수와 깊은 연관이 있다. 그래서 화폐화의 중요한 효과 중의 하나는 일상생활에서의 상업적 계산이 모든 계층의 사람들로 확산되었다는 것이다. 중세 유럽에서 돈이 일종의 도구로서 사용이 빈번해지면서 동시에 금전적이고 산술적인 정신상태도 발달하였다.

돈의 사용과 연관된 수치적 사고보다 14세기 자연철학의 발달을 이해하는데 중요한 변화는 새롭게 전적으로 화폐화된 사회에서의 돈의 사용과 연관된 기하학적 사고이고, 수치 단위로서의 돈보다 수치가 매겨진 연속체 직선으로서의 돈이었다.

물건의 가격은 그 가치의 수치적 표현이다. 가격은 수시로 변동한다. 그렇지만 가격은 임의적으로 변동하지도 않으며 무한히 넓은 범위에서 변동하지도 않는다. 사상가들이 재화와 서비스들의 가치가 변동하는 필요와 공급에 비례하여 항상 변동한다는 것을 인식하게 되었을 때 가치는 그 수치가 매겨진 점에서 연속적인 직선으로 바뀌었다. 가격들은 적정가격[適正價格, just price] 근방에서 변동하는 근사치로 이해되게 되었기 때문이었다. 더 이상 가격은 하나의 점으로 생각되지 않고 적정가격 주위의 구간으로 간주되게 되었다.

유클리드로부터 계산학파에서 오렘까지 모든 기하학적 사고는 직선에 기초했다. 14세기에 사상가들은 확장&수축 중인 눈금이 매겨진 직선들로 구성된 것으로 감지되는 세계를 분석하고 질서를 줄 수 있는 기하학과 연속체 논리를 구성하려고 했다.

오렘은 자연철학자자 기하학자이였기 때문에 성질들을 측정할 때 기하학적 선들을 사용했다. 물론 기하학적 선은 고대의 측정도구이지만 오렘의 손에서는 놀라운 새로운 방식으로 사용되었다. 철학자 겸 과학자로서 오렘은 연속적인 크기로 생각된 확장하고 수축하는 복잡한 세계 속에 지적인 질서를 가져왔다. 그는 수량화, 가치 표상, 관계의 매체로 기하학적 선들과 도형들을 도입했고 가치를 인식을 하는데 쉽고 빠르다는 실제적 이점이 있다고 주장했다. 그리고 그는 아마도 스콜라철학의 연속적인 돈 모델을 염두에 두고 그런 구도를 창안했을 것이다.[305]

[305] (J.Kaye, Economy and Nature in the 14th century, p.210)

돈은 최소단위가 있기 때문에 균질적인 연속체로 기능할 수 없다는 반론이 있다. 그 최소단위는 더 이상 분할이 불가능하기 때문이다. 그렇지만 14세기 주화의 최소단위는 아주 작아서 사람들에게 돈은 분할이 불가능한 척도가 아니라 얼마든지 작게 분할 가능하고 상황에 따라 단위들을 조절할 수 있는 유연한 것으로 보였다.

돈과 공통척도

14세기 중반에 오렘은 새로운 기하(幾何)를 창안하면서 크기들 사이에 비교불가능성(incommensurability) 즉 비-비례성이 흔할 것이라는 주장을 폈다. 기하적인 선들에서 더 나은 측정도구를 발견했다고 믿었는데, 그런 믿음은 어디에서 나온 것일까?

돈은 종류가 전혀 상이한 것들, 비교불가능 하다고 생각되는 것들을 비교할 수 있게 하고 실제로 교환이 일어날 수 있게 만들어 준다. 공통척도가 없는 사물들을 비교가 가능하게 만들어 공통척도로서 기능하는 돈의 힘에 관해서는 아리스토텔레스가 주목했음은 앞에서 살펴본 바 있다.:

"이것이 교환되는 모든 것들이 비교될 수 있어야 하는 이유이다. 돈은 이 목적을 위해 도입되었고 그것은 어떤 의미에서 매체가 되었다; 왜냐하면 그것은 모든 것을 측량하기 때문이다, 그리고 그러므로 그것은 과잉과 결핍을 측정한다.-얼마나 많은 신발들이 집 한 채와 또는 주어진 음식과 상등한지를 측정한다."

오렘 이전에는 공통척도 없음의 문제를 다른 책은 없었다. 공통척도 문제를 다루는 오렘의 형식과 내용은 유럽 사회의 화폐화에 동반된 경제적 현실 및 경제사상에서의 변화와 일맥상통한다. 가장 기초적인 수준에서 돈은 공통척도 도구로서 비교불가능성이라는 장벽을 부수고 그 자체로서는 비례관계가 없는 다양한 재화와 서비스들을 비교하여 교환할 수 있게 만든다. 비교가 불가능한 상이한 종류의 물품들의 가치가 시장에서는 공통도량인 돈에 의해서 비교가능하게 된다. 시장에서는 그런 일이 늘상 일어난다.

물물교환에서는 가치는 주관적으로 평가되고 때와 장소에 그리고 사람에 따라서 그 가치가 크게 변하지만 가치의 공통척도로서의 돈이 시장에서 널리 사용되면 가치는 좁은 구간 내에서만 변동한다. 그러한 복잡한 교역의 세계에 질서와 용이함이 등장한다. 비슷한 방식으로, 계산가 오렘은 공통도구로서의 연속체인 기하적인 선이 모든 성질을 표상하고 비교할 수 있게 해주는 도구라고 상정하여 성질 평가의 불편함과 복잡성을 완화하였다.

앞에서 보았지만 아리스토텔레스는 돈은 단지 교환에 참여하는 당사자들이 경험하는 그 물품에 대한 필요 또는 요구를 측정한다고 진술한다.:
"모든 재화들은 어떤 하나의 것에 의해 측정되어야 한다. 자 이 단위는 사실상 요구(수요)이다. 그것은 모든 것들을 함께 묶는다. (왜냐하면 사람들이 서로의 재화를 필요로 하지 않는다면, 교환도 없을 것이고 동등한 교환도 없을 것이기 때문이다) ;그러나 돈은 관습에 의해서 일종의 수요의 표상이 되었다."

오렘을 비롯하여 화폐 문제를 다룬 자연철학자들은 주관적인 가치로서 성질이 아니라 돈이 측정할 수 있는 협의의 성질을 고려했다. 돈은 상품의 주관적 가치가 아니라 그 강도에 차이가 있는 인간의 필요를 측정한다. 시장에서 가격이 매겨지는 모든 것들은 공통적인 인간 필요의 강도를 측정하는 것으로 간주되었다.

인간의 요구는 모든 경제적 재화를 공통 척도로 측정할 수 있고, 비교하고 교환할 수 있게 만드는 하나의 공통척도였다. 그들은 아리스토텔레스처럼 돈이라는 도구는 인간의 필요에 수치를 주기 위해 발명되었다고 주장하였다. 그것은 주로 인간 욕구의 단일성을 측정하는 단일 척도로 간주되었다. 이러한 의미에서 측정 도구로서의 돈의 형태와 계산학파 개념적 도구인 위도형태 사이에는 강한 유사성이 있다. 각 위도는 개별 성질에 따라 고유한 값이 주어진다.[306]

오렘은 전통적인 가치의 비교불가능성의 불편함과 근사치에 대한 전통적인 불신이 극복되어 가던 화폐화된 세계에 살았다. 범주들과 종들이 확연히 분리된 세계는 돈이 공통척도로서 비교불가능한 것들을 비교하는 유동적인 관계의 세계로 바뀌고 있었다. 비교불가능성에 대한 오렘의 접근방식은 화폐화된 사회의 경험과 이미지가 물리적이고 수학적인 사상으로 바뀌어 자연세계에 투영되는 방식을 보여준다.

상등화(相等化)와 자생적 질서

뷔리당과 오렘의 돌진력 개념은 스스로 굴러가는 체계, 일종의 자생적 질서 개념이라고도 볼 수 있다. 처음에 힘이 가해진 뒤에는 힘을 계속 가하지 않아도 천체는 저절로 운행되고 발사체는 저절로 날아간다. 이러한 자기-규제하는 시스템의 가장 명백한 예는 시장에서의 가격 책정일 것이다. 시장은 각 개인들이 상대방보다 더 큰 이득을 노리면서 교환에 참여하지만 최종적으로는 질서와 상등이 파생되는 최초의 가장 명백한 시스템의 예였다. 각자가 이득을 보려고 하는 와중에서 결국에는 상등이 창조되는 기하적인 시스템이라는 개념이 시장에서 일어났다.

시장에서는 외부의 전지전능한 지성이 없어도 저절로 시장 가격이 형성된다. 시장은 전지전능한 신이 필요 없이 자기-규제되는 시스템으로서 외부에서 질서를 주는 주체가 없이 스스로 질서를 형성한다. 그래서 14세기 초부터 법령들과 스콜라 사변들에서 개입하는 지성 또는 판관은 점차적으로 평가절하 되고 경제교환의 정상적 과정에서 완전히 제거되었다. 이론과 실제에서 시장에서의 상등을 보장하는 자로서의 주관적 질서를 주는 자라는 개념은 역동적이고 돈을 도구로 자생적으로 상등화가 구성되는 자기-상등 시스템이라는 개념에 의해 대체되었다.

개별적 불협화음들이 질서로 귀결되는 시스템에 대한 인식은 이미 스콜라 경제윤리 사상에서 반세기 이상의 역사가 있었다. 규제하고 상등화하는 교환시스템이 일방적 이득을 노리는 비윤리적인 욕구를 상등으로 변모시키듯이, 오렘의 구도에서 천체계는 비-비례적인 운동들과 시간들을 우주의 질서로 변모시킬 수 있었다.

가격과 상대성원리

모든 스콜라 저자들 중에서, 장 뷔리당과 니콜 오렘은 경제적 질서에서 관계와 상대성원리를 가장 완벽하게 이해했다. 그들의 수학적이고 과학적인 사변에서 관계와 상대성의 개념은 전례가 없을 정도로 이해되었고 철저하게 적용되었다.

지구 자전운동에 관하여 그들은 정교하게 상대성원리를 적용하였고 운동하는 배의 비유는 현재에도 여전히 상대성원리를 설명하는 좋은 사고실험으로 거론된다. 그들에게는 측정은 사물 사이의 관계를 정의하고 발견하는 수단으로 간주되었는데 그것은 근본적으로 상대적인 묘사였다. 중세 시대 시장에서 형성되는 가격은 그러한 상대성의 전형적인 예이다. 오렘은 가격은 사람의 요구와 관련된 상품들의 상대적인 가치를 측정할 뿐이며 절대적인 가치는 없다고 주장했다. 가격으로 절대적인 가치를 측정할 필요가 없었다. 단지 교환을 용이하게 하고 상등을 찾기 위해서 측정이 있었기 때문이다. 뷔리당과 오렘은 시장의 가격책정에서 발견되는 이러한 상대성원리를 자연세계에 투사하였다. 시장의 작동을 직접적으로 또는 의식적으로 의식하지 않았을 수도 있다. 그러한 지식은 단지 배경지식으로만 또는 암묵적인 지식으로만 기능했을 수도 있을 것이다. 그렇지만 뷔리당과 오렘이 사는 세계가 이미 상대성원리가 일상적으로 작용하고 있었던 시대임은 확실하고 이는 알게 모르게 당시 일반인들과 스콜라 사상가들에게 깊은 영향을 주었을 것이다.

13

돈과 사회적 관계의 반영 그리고 에너지

수학 기초론

수학의 기초에 관해서는 3가지 표준적인 학설이 있다: 플라톤주의, 형식주의, 구성주의가 그것들이다,

플라톤주의에서는 수학의 대상들은 실재한다. 이것들은 우리가 그것들의 존재를 알든 모르든 무관하게 객관적으로 존재한다. 무한집합, 비가산 무한집합, 무한차원 다양체 같은 수학적 대상들은 확실하게 실재하는 대상이다. 그것들에 관한 사실들 중 일부는 밝혀졌지만 일부는 아직도 밝혀지지 않은 채로 남아 있다. 이런 대상들은 물리적이거나 물질적인 대상은 아니고 시간과 공간 밖에 존재한다. 이것들은 시산과 공간을 초월하여 변하지 않고 그대로 남는다. 수학적 대상에 관한 모든 유의미한 문제들에는 우리가 그 해답을 찾을 수 있든 없든 이미 정해진 답이 있

다. 플라톤주의에 따르면 수학자는 일종의 경험과학자이다. 수학자는 새로운 것을 발명을 하는 것이 아니라 기존의 것-저기 이미 객관적으로 존재하고 있는 것을 발견한다.

형식주의의 주장에 따르면 그 어떠한 수학적 대상도 존재하지 않는다. 수학은 단지 공리와 정의 및 정리로 구성된다. 수학공식은 그 무엇에 관하여 무슨 뜻을 말하는 것이 아니라 단지 기호의 연속에 불과하다. 수학 공식이 물리문제에 적용되면 그 때에는 그것은 참이나 거짓이 될 수 있어도 그것은 물리적 현상에 관한 것이고 수학 공식 자체는 아무런 의미도 없고 어떠한 진리값도 갖지 않는다.

구성주의 특히 사회적 구성주의에서는 수학적 지식은 사회적으로 구성된다고 본다. 수학적 대상은 인간들과는 독립적으로 존재하는 어떤 것이 아니라 한 사회 내에서 전문가 즉 수학자 공동체가 공동으로 구성하는 것으로 본다. 다시 수학 공동체는 수학적 관행들과 제도들을 계승했고 변경시키고 발전시킨다. 그러므로 수학적 지식은 역사적으로 구성된다. 사회적 구성주의에서 증명은 수학적 지식이라는 주장을 받아 들에게 수학 커뮤니티를 설득하는 데에 필요하다고 본다. 절대적 기준에서는 그 수학 지식은 참이나 거짓이 아닐 수도 있고, 설령 진위를 가릴 수 있는 명제일지라도 그것은 현재의 수학 공동체가 판단하기 때문에 오류의 가능성도 언제나 있다고 본다.

사회적 구성주의는 수학적 지식이나 대상 또는 개념이 “삶의 형태(forms of life)”에서 발생한다고 주장한다. “삶의 형태”라는 용어는 오스트리아 철학자인 루드비히 비트겐슈타인[Ludwig (Josef Johann) Wittgenstein 1889-1951]이 그의 주저 『철학적 탐구』에서 ‘받아들여야만

하는 것, 주어진 것은 삶의 형태들이다"고 주장한 데에서 나온 용어이다.[307]

그렇지만 사회구성주의자들은 구체적으로 이 "삶의 형태"가 무엇인지 밝히지 않는다. 수학적 대상들이 비롯되는 "삶의 형태", 물리적 또는 사회적 경험은 어떤 종류의 것이고 이것들과 거기서 비롯되는 지식 간의 관계는 직접적인 것인지 아니면 매개된 것인지 아니면 어떤 추상화 과정을 거쳤는지에 관해 일절 언급이 없다.

수학적 지식이 사회적 실천에서 발생한다고 주장한 사상가 중에는 아이작 뉴턴이 있다. 그는 기하학은 기계적 실천에서 비롯된다고 그의 《자연철학의 수학적 원리(프린키피아)》(1687)의 서문에서 주장하였다:

" 기하학이 그 위에 기초하는 직선과 원에 대한 묘사들은 역학에 속한다. 기하학은 이 직선을 그리는 법을 우리에게 가르치지는 않지만 그 선을 그어야 한다고 요구한다. 왜냐하면 기하학에 입문하기 전에 먼저 이를 정확하게 기술하는 법을 배우도록 학습자들에게 요구되기 때문이다. 그러면 그것은 이러한 조작으로 문제가 해결될 수 있는 방법을 보이기 때문이다. 직선과 원을 기술하는 것은 문제들이지만 기하학적 문제들은 아니다. 이러한 문제의 해결은 역학(mechanics, 기계 기술)에서 필요하다. 그렇게 해결되면 기하학은 그것들을 사용한다. 그리고 외부에서 가져온 그 몇 가지 원리들로부터 그렇게 많은 것들을 유도할 수 있다는 것은 기하학의 영광이다. 따라서 기하학은 기계적 실천에 기초한다."

뉴턴은 선험적 지식(a priori knowledge) 자체를 부정한다. 그에 따르면 수학적 지식을 포함한 모든 지식은 우리의 경험으로부터 나온다.:

"그 결과 나타나는 그림은 철저하게 데카르트의 물리학의 형이상학적 기초를 거부하고 경험론적적 연구는 너무나 철저하여서 뉴턴은 선험적 지식이라는 관념 심지어 신성한 존재에 관한 가장 기본적인 사실에 관한 아이디어도 거부한다는 것이다. 이런 방식으로 뉴턴은 필연적인 존재라는 개념과 같은 17세기 후반의 형이상학적 전통으로부터 개념을 물려받지만 그러한 문제에 대한 우리의 지식이 완전히 경험적이라는 급진적인 견해를 채택한다."[308]

뉴턴은 수학적 대상들은 우리의 인식과 무관하게 객관적으로 존재하는 것이 아니라 현상들을 관찰하여 거기에서 연역하는 것으로 본다. 수학적 대상들은 시간과 공간 밖에 존재하는 그 어떤 것이 아니라 우리가 시간과 공간 속에서 일어나는 현상들을 관찰한 후에 구성한 추상이라는 관점이다. 물론 그러한 구성은 임의적이지도 않고 주관적이지도 않다.

뉴턴은 현상을 관찰하여 거기서 실재에 관한 이론을 만든다고 주장하지만, 왜 시대마다 같은 현상을 보고도 전혀 다른 관점과 추상화를 하는지를 설명하지 못한다. 더구나 특정한 시대에 갑자기 봇물처럼 새로운 관점과 새로운 추상화가 나타나고 과거에는 금기로 여겨지던 사고방식이 허용 가능하게 되는지를 뉴턴은 설명하지 않는다. 뉴턴의 철학에서는 과학 사상에서 특정한 시기에 일어나는 불연속성이 설명되지 못한다.

사회관계의 자연으로의 투사: 돈과 시장 그리고 과학의 내용

14세기 계산학파의 원시과학의 태동에서 보았듯이 수학이나 과학의 패러다임은 당대의 사회적 관계가 다시 자연 세계에 투사될 수 있다.

마르크스와 함께 마르크스주의, 과학적 공산주의 이론, 변증법적 유물론 및 사적 유물론의 창시자인 엥겔스[Engels, Friedrich, 1820년~1895년]도 다윈의 진화론에 대해서 비슷한 주장을 하였다. 러시아의 혁명가이자 나로드니키운동의 이론적 지도자인 표트르 라브로프[Pyotr Lavrovich Lavrov,1823~1900]에게 보낸 서신에서 그는 다윈의 진화론은 다윈이 살고 있던 부르주아 사회의 경쟁 교리를 자연세계에 투영한 것이라고 말한다.;

"생존투쟁에 대한 다윈주의자들의 가르침 전체는 단순히 맬서스의 인구 이론과 더불어 홉스의 만인의 만인에 대한 투쟁과 부르주아 경제의 경쟁교리를 사회에서 생물 자연으로 전이했을 뿐이다. 이 마술사의 트릭이 수행되었을 때 동일한 이론들이 유기적 자연에서 역사로 다시 옮겨졌으며 지금은 인간 사회의 영원한 법칙으로서의 그것들의 타당성이 입증되었다고 주장되고 있다."[309]

한 인간의 주위 환경-물리적, 문화적, 사회적 환경이 알게 모르게 그에게 영향을 미치고. 그는 이러한 관점을 자연에 투사하고 그 관점으로 자연에서 발견한 원리들을 다시 인간사회에 적용하는 것은 너무나 자연스러운 일일 것이다. 사회적으로 파생된 비유가 자연을 해석하는 데 사용되고 자연에서 확인된 이 견해는 다시 인간사회를 해석하는데 사용된다. 인간사회에서 기계사용이 흔해지면 인간들은 자연을 기계로 생각하여 기계론적 자연관을 믿게 되고, 그 관점에서 자연을 해석하고 그것이 옳음을 확인한 후에 다시 인간사회로 돌아와서 인간사회도 하나의 기계처럼 굴러간다고 생각하는 기계론적 관점을 사회에 투영하고 정당화한다.

14세기 유럽을 그 전후의 유럽과 비교할 때 가장 두드러진 차이점은 당시에 유럽의 화폐화가 한참 진척되어서 시장관계가 일상적인 경험이 되었다는 사실이었다. 그러한 환경에서 상품생산 및 교환관계는 자연에 대한 추상화를 위한 유추를 제공하는 것으로 보인다. 시장 및 화폐 사용은 수량화, 연속성, 기하학, 상대성, 공통척도가 아주 자연스러운 것으로 보이게 만들며 다시 이것들은 고대 수학의 개념들에 새로운 의미를 부여하고, 자연과 우주에 이 개념들을 투사하여서 새로운 사실들을 발견할 수 있게 한다. 고대 수학과 과학에서는 불가능한 것으로 간주되었던 금기들은 무시되고 수학과 과학에서 새로운 개념들이 창안되고 시도된다.

그리스인들은 수와 크기를 구분했다. '하나'는 수가 아니며 비율은 같은 종류의 양 사이에서만 성립할 수 있었다(동질성의 원리). 그리스 역학에서도 이 동질성의 원리가 적용되었다. 거리와 시간은 다른 종류의 크기로서 그 사이에는 비(比)가 있을 수 없었다. 그러나 상업적 거래에서, 동질성의 원리는 간혹 무시되었고, 아리스토텔레스는 상업 거래의 경우에만 그러한 예외를 인정했다. 이것은 고전적 고대에서 유일한 예외였다. 시간이 한참 지난 뒤에야 시장 및 화폐경제의 발달에 힘입어 상업적 관행이 사회에 전반적으로 퍼지면서 유클리드 수학 원리는 더 한층 위반되었고 그 다음으로 역학에 적용할 때에도 동질성 원리가 위반되게 되었다.

아리스토텔레스는 사회적 관계가 어떻게 과학사상에 영향을 미치는지에 대한 단서를 제공한다. 아리스토텔레스의 자연학에서 공통척도(Commensurability 비교가능성) 문제를 다루었다.. 그는 유클리드의 비례법칙에 따라 적절히 비교될 수 있도록 크기들을 종류별로 나누었다.

동역학(動力學, dynamics)를 다루면서 힘, 시간 및 거리들의 비(ratio)를 혼합하지 않도록 주의를 기울였다.

그러나 그의 《니코마코스 윤리학》에서 그는 비례의 규칙을 완화시킨다. 공동척도는 유사하지 않은 양 사이에서도 성립된다고 그는 말한다. 돈은 교환 행위에서 모든 것을 측정한다고 말한다. 시장관계가 지배적으로 시작될 때, 시장에서의 무분별한 계산형태가 수학과 역학으로 들어오게 된다.

니콜 오렘은 파리대학교의 나바르 칼리지의 회계담당자(bursar)였다. 오렘이 파리에 있었을 때 51번이나 프랑스 주화의 가치가 절하되었다고 한다. 앞에서 보았지만 그는 수량화, 기하학, 공통척도, 자기평형 시스템 및 상대성원리에서 획기적인 진전을 이루었는데 이는 당대의 시장에서 이미 일어나고 있던 현상들이었다. 그가 아리스토텔레스를 넘어서는 원시과학의 태동과 발달에 기여할 수 있었던 것은 이러한 시대적 배경에 힘입은 바가 클 것이다.

사회적 관계들은 추상적이다. 가령 화폐교환에서 돈과 그에 등가인 물건이나 서비스가 교환된다. 이 경우 '가치'가 이 교환을 매개하는 데 이 가치는 추상적인 개념으로서 구체적인 것으로 표현할 수 없다. 더구나 이 가치는 시시때때로 변동하고 장소에 따라서도 각자 다르다. 그러므로 시장 가격이라는 현상은 상대적 사고방식을 조장한다. 물론 모든 것을 공통척도 즉 돈으로써 비교할 수 있는 것이라는 관념도 자연스럽게 생겨난다.

돈은 비교불가능 한 것들을 비교가능하게 해주는 일종의 사회적 도구이다. 돈은 발행자의 신용 즉 빚을 표시하고 돈을 가진 자에게는 청구권이 된다. 돈 자체의 재료는 금속으로도 또는 종이로도 아니면 극단적으로 컴퓨터 화면 상의 점들이 될 수도 있다. 그렇다면 돈과 교환되는 재화와 서비스들이 공통적으로 갖는 특성이 무엇인지 보자.

돈과 에너지

돈은 부[富, wealth]가 아니다. 돈으로 부를 살 수 있기 때문에 돈을 부로 혼동할 수도 있지만, 돈은 부에 대한 청구권이지 부 자체는 아니다. 돈의 재료가 귀금속인 경우에 그 돈은 본질적인 가치가 있기 때문에 부가 될 수도 있지만 그것은 그 돈의 재료가 부라는 것이지 돈 자체로서 부라는 말은 아니다.

이러한 이유 대문에 동위원소의 존재를 처음으로 증명한 물리화학자 프레더릭 소디(Frederick Soddy, 1877~1956)는 돈을 가상 부(vvirtual wealth)라고 불렀다. 돈은 부가 아니지만 음의 부로서 공동체의 부에 대한 청구권이라는 의미에서 일종의 가상적인 부가 되기 때문에 그는 그런 용어를 썼다.

부에는 토지, 건물, 기계, 재화와 용역 등이 포함된다. 서비스에는 일반적으로 노동이 요구된다. 그러므로 돈은 부를 창조하는 노동에 대한 청구권이기도 하다. 이 때문에 영국의 비평가이자 사회사상가인 존 러스킨(John Ruskin, 1819~1900)은 돈의 주요한 장점은 타인들에 대한 힘에 있다고 주장하였다.:

"아무리 광대한 비옥한 토지를 가진다해도 일꾼이 없으면 아무 소용도 없다. 하인들을 갖기 위해선 이웃의 누군가가 가난해야 하고 그의 금이나 곡식을 원해야 한다. 부의 본질은 사람들에 대한 권력이다. 사람들 자신들이 부이고, 황금은 아주 번쩍거리고 아름답지만 사람들을 옭아매는 마구(馬具)이거나 덫이다."[310]

돈이 사람들로 하여금 물건을 사거나 그들이 하고 싶어 하는 일을 할 수 있게 해주기 때문에 사회적 권력이다. 돈은 한 마디로 "강요"할 수 있는 능력이다. 돈은 인간을 부릴 수 있기 때문에 권력이다. 돈은 통제의 수단이다. 그렇지만, 러스킨은 부를 창조하는 데 있어서의 노동의 역할을 과대평가한 것으로 보인다. 미국의 생태학자 하워드 오덤(Howard Thomas Odum, 1924~2002)은 돈은 언제나 에너지 또는 에너지가 들어간 것과 교환되고 돈의 흐름과 에너지의 흐름은 정반대라는 사실에 주목하였다.

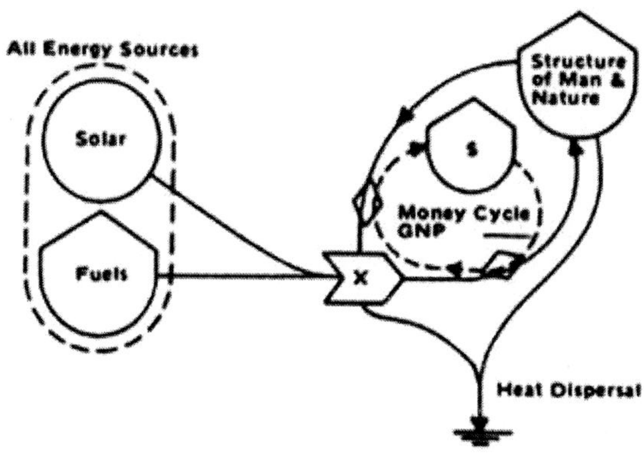

(Howard T. Odum, Energy, Ecology, and Economics, Ambio, Vol. 2, No. 6, Energy in Society: A Special Issue (1973), pp. 220-227)

노동도 일종의 에너지 흐름이다. 에너지는 일을 할 수 있는 능력이고 그러므로 노동도 일종의 에너지이다. 그렇지만 현대에서 노동은 산업에 투입되는 에너지 중 극히 적은 부분만 차지한다. 대부분의 에너지는 화석연료에서 나온다. 소디는 다음과 같이 말한다:

"철도를 가게 하는 것은 무엇인가? 기관사, 경비원, 신호원, 경영자, 자본가, 주주, 발명가, 노동자 그러나 이 모두를 합쳐도 기차를 움직이게 할 수 없다. 진짜 기관사는 석탄이다."[311]

소디가 이 강연을 할 때에는 석탄이 가장 주요한 에너지원이었다. 그래서 그는 석탄이 진짜 자본이고 그것을 소비하여 자본주의 문명이 건설되었다고 말한다.:

"우리 사회의 부, 즉 그것들을 구성하는 개인들의 생존 및 안락의 수단의 원천은 무엇인가? 생존의 수단은 농업을 통한 태양에너지의 매일의 소득에서 파생된다. 삶의 액세서리들, 옷들, 집들 및 연료들은 과거의 지질학적 시대에서 보존된 에너지 자본에서 나온다. 생명은 매순간 연속적인 에너지 플로에 의존하고 따라서 생명의 필수물인 부는 저장(스톡)이 아니라 플로들 성격을 띤다."[312]

물론 현대에서 여전히 화석연료가 압도적인 에너지원이고 석탄은 여전히 큰 비중을 차지하고 있지만 오일만큼 비중이 크지 못하고 그만큼 중요한 역할도 하지 못한다. 오일은 현대문명과 자본주의를 굴러가게 만드는 진짜 부라고 말할 수 있다.

돈은 에너지에 대한 청구권이다. 돈은 사회적 관계이고 추상적인 사회적 관계이다. 돈은 현실에서 작용하는 추상 즉 "현실 추상"이다. 이 현실에서 작용하는 추상은 사상가들의 마음 속에서 개념적 추상으로 바뀌고 자연에 대해 적용되며, 그 후에 다시 인간 사회로 되돌아와서 적용된다.

출 처

[1] the CIA World Factbook, urbanization https://www.cia.gov/library/publications/the-world-factbook/fields/2212.html

[2] 유엔사무국 경제사회국 [Department of Economic and Social Affairs] World Urbanization Prospects https://esa.un.org/unpd/wup/

[3] 위키, 도시, https://en.wikipedia.org/wiki/City

[4] Weber M. (1958) 'The Nature of the City', in Weber, M. The City (Translated by Martindale, D. and Neuwirth, G.) Glencoe, Illinois: Free Press.

[5] 고든 차일드, 신석기혁명과 도시혁명, 주류성, 2013

[6] 위키, 고페클리 테페, https://namu.wiki/w/%EA%B4%B4%EB%B2%A0%ED%81%B4%EB%A6%AC%20%ED%85%8C%ED%8E%98

[7] 스미소니안매거진, 괴베클리 테페:세계 최초의 신전, http://www.smithsonianmag.com/history/gobekli-tepe-the-worlds-first-temple-83613665/?all

[8] 인류선사, "처음에 신전이 왔고, 그 다음에 도시가 왔다", https://humanprehistory.wordpress.com/2013/09/15/first-came-the-temple-then-the-city/)[9] (Party Like It's 2500 B.C.: Stonehenge Builders Hosted Barbecues)

[10] 마이클 허드슨, Sovereignty in the Ancient Near East http://michael-hudson.com/2015/04/sovereignty-in-the-ancient-near-east/

[11] 마이클 허드슨, How the Organization of Labor shaped Civilization's Takeoff, Paper presented at the 13th International Karl Polanyi Conference, "The Enduring Legacy of Karl Polanyi," Concordia

University, 6-8 November 2014
[12] 마이클 허드슨, 성소에서 신전에서 도시로, http://michael-hudson.com/1999/03/from-sacred-enclave-to-temple-to-city/
[13] 가디언, 고고학자들은 가장 초기의 인간 농업의 가능한 증거를 발견하다, http://www.theguardian.com/science/2015/jul/24/archaeologists-find-possible-evidence-of-earliest-human-agriculture
[14] scientificamerican, "고대 곡식창고가 농업보다 선행한다," http://www.scientificamerican.com/podcast/episode/ancient-granary-predates-agricultur-09-06-25/)
[15] an Kuijt & Bill Finlayson. Evidence for food storage and predomestication granaries 11,000 years ago in the Jordan Valley, http://www.pnas.org/content/106/27/10966.long
[16] 미국공영방송, 중국 농업의 시작 기장은 유목민을 어떻게 농부로 전환시켰나, https://www.npr.org/sections/thesalt/2015/12/23/460559052/millet-how-a-trendy-ancient-grain-turned-nomads-into-farmers)
[17] 디스커버매거진, "터키 신석기 차탈회위크 유토피아", http://discovermagazine.com/2016/sept/10-paradise-lost
[18] The New Republic, "What made prehistoric hunter-gatherers give up freedom for civilization?" https://newrepublic.com/article/145444/paleo-politics-what-made-prehistoric-hunter-gatherers-give-freedom-civilization)42
[19] 워싱턴포스트지, "The dangerous drift from our tribal roots", https://www.washingtonpost.com/opinions/do-we-need-to-recover-our-tribal-roots/2016/05/18/820918fe-0b33-11e6-a6b6-2e6de3695b0e_story.html?utm_term=.e48c2b9a9af3
[20] Steven Mithen, "왜 우리는 농업을 시작했나?," https://www.lrb.co.uk/v39/n23/steven-mithen/why-did-we-start-farming
[21] 마빈 해리스, 식인과 제왕

[22] Richard Florida, "Homo Urbanus",
https://www.theatlantic.com/national/archive/2009/06/homo-urbanus/18884/

[23] Andrew Schmookler, "부족들의 우화",
http://www.context.org/iclib/ic07/schmoklr/

[24] scienceJournal, 5,000 Year Old Beer Recipe Found by Archaeologists,
http://sciencenewsjournal.com/5000-year-old-beer-recipe-found-archaeologists/

[25] (livescience, 맥주는 문명 기원의 윤활유,
http://www.livescience.com/10221-beer-lubricated-rise-civilization-study-suggests.html

[26] Brian Hayden, Nimrods, Piscators, Pluckers, and Planters:The Emergence of Food Production, Journal of Anthropological Archaeology Volume 9, Issue 1, March 1990, Pages 31~69

[27] James C. Scott. Against the Grain: A Deep History of the Earliest States, Yale University Press;,2017

[28] Mayshar, J, O Moav, Z Neeman, Z and L Pascali (2015), "Cereals, Appropriability and Hierarchy," CEPR Discussion Paper 10742

[29] 베세라, How writings came about, 텍사스대 출판부, 1996

[30] 에코노미인사이트, [Special Report] 가사노동 해방의 그늘 '21세기 하인 계급'- ① 착취의 사슬, 2018년 1월호)

[31] Timothy A. Kohler et al, "Greater post-Neolithic wealth disparities in Eurasia than in North America and Mesoamerica." Nature 551, 619–622 (30 November 2017)

[32] Alberto F. Alesina et al, "on the origins of gender roles:women and the plough", nber Working Paper 17098, http://www.nber.org/papers/w17098

[33] 가디언, "슈퍼 리치는 고대 농업에서 자라 난 것으로 밝혀졌다",
https://www.theguardian.com/science/2017/dec/10/super-rich-elites-inequality-origins-ancient-farming-mckie-anthropology-society

[34] 데이비드 몽고메리, 흙 문명이 앗아간 지구의 살갗, 삼천리 | 2010년

[35] 허드슨, 성소

[36] Charles M. Nelson, "Urban Planning in Pre-Industrial China", US-China Review, Vol. XII No. 2 pp. 17-21, 1988

[37] 네이버 지식백과, 중국의 도성제도, http://terms.naver.com/entry.nhn?docId=1528568&cid=42971&categoryId=42972

[38] Paul Wheatley, The Pivot of the Four Quarters: A Preliminary Enquiry into the Origins and the Character of the Ancient Chinese City (Chicago: Aldine, 1971), 415.

[39] 위키, 고대 중국의 도시계획, http://dontnomuch.egloos.com/2982402

[40] r G.W. Skinner, The City in Later Imperial China, Stanford University Press, 1977

[41] L. Randall Wray, "Introduction to an Alternative History of Money", Levy Economics Institute Working Paper No. 717, 2012

[42] David Graeber, "돈의 발명", http://www.nakedcapitalism.com/2011/09/david-graeber-on-the-invention-of-money-%E2%80%93-notes-on-sex-adventure-monomaniacal-sociopathy-and-the-true-function-of-economics.html

[43] 허드슨, "The Creditary/Monetarist Debate in Historical Perspective", in Edward Nell and Stephanie Bell eds., The State, The Market and The Euro, London: Edward Elgar, 2003.)

[45] A. MITCHELL INNES, "WHAT IS MONEY?", The Banking Law Journal, May 1913.

[46] 위키, 길가메시 서사시, Epic of Gilgamesh, ttps://en.wikipedia.org/wiki/Epic_of_Gilgamesh

[47] 고대기원, Previously Unknown Lines to the Epic of Gilgamesh discovered in Stolen Cuneiform Tablet,

http://www.ancient-origins.net/news-history-archaeology/previously-unknown-lines-epic-gilgamesh-discovered-stolen-cuneiform-tablet-020553?nopaging=1

[48] Scott E. Page, The Difference: How the Power of Diversity Creates Better Groups, Firms, Schools, and Societies, Princeton, NJ: Princeton University Press, 2007

[49] Luís M. A. Bettencourt et al, "Growth, innovation, scaling, and the pace of life in cities", pnas, Current Issue vol. 104 no. 17, 7301–7306

[50] http://www.ellerman.org/jane-jacobs-on-the-nature-of-development/

[51] MIT Technology review, "Data Mining Reveals the Four Urban Conditions That Create Vibrant City Life", https://www.technologyreview.com/s/601107/data-mining-reveals-the-four-urban-conditions-that-create-vibrant-city-life/)

[52] phys.org, "8.3 billion metric tons: Scientists calculate total amount of plastics ever produced", https://phys.org/news/2017-07-billion-metric-tons-scientists-total.html

[53] 출처, 상동

[54] forbes, "Our Manmade Legacy Is Starting To Dwarf Nature Itself", https://www.forbes.com/sites/ericmack/2016/11/30/how-our-society-will-look-to-future-archaeologists/#7ef0404c3f5e

[55] Luz Claudio, "Waste Couture: Environmental Impact of the Clothing Industry", https://www.ncbi.nlm.nih.gov/pmc/articles/PMC1964887/

[56] Heather Rogers and Christian Parenti, "Gone Tomorrow: The Hidden Life of Garbage". http://www.brooklynrail.org/2002/07/express/gone-tomorrow-the-hidden-life-of-garbage

[57] 물리학백과, 한국물리학회, "엔트로피는 증가한다", http://terms.naver.com/entry.nhn?docId=3566919&cid=58941&categoryId=58960

[58] Erwin Schrodinger, What is Life, 6장 질서, 무질서 그리고 엔트로피 중

[59] 12, Swenson, R. Spontaneous Order, Autocatakinetic Closure, and the Development of Space-Time. Annals New York Academy of Sciences, vol. 901, pp. 311-319, 2000.

[60] Swenson, R. and Turvey, M.T., Thermodynamic reasons for perception-action cycles. Ecological Psychology, 3(4), 317-348. Translated and reprinted in Perspectives on Affordances, in M. Sasaki (ed.). Tokyo: University of Tokyo Press, 1998 (in Japanese).

[61] François Roddier, The Thermodynamics of Evolution, 2.2 열역학의 제3 법칙

[62] Arto Annila et al, "Economies Evolve by Energy Dispersal". Entropy 2009, 11(4), 606-633

[63] Jonah Lehrer, "A Physicist Solves the City", http://www.nytimes.com/2010/12/19/magazine/19Urban_West-t.html?pagewanted=1&_r=1

[64] Johannes M. Renger, "Institutional, Communal, and Individual Ownership or Possession of Arable Land in Ancient Mesopotamia from the End of the Fourth to the End of the First Millennium B.C.", 71 Chi.-Kent. L. Rev. 269 (1995). : http://scholarship.kentlaw.iit.edu/cklawreview/vol71/iss1/11)

[65] Michael Hudson, "How the Organization of Labor shaped Civilization's Takeoff", Paper presented at the 13th International Karl Polanyi Conference, "The Enduring Legacy of Karl Polanyi," Concordia University, 6-8 November 2014

[66] 이병태, 법률용어사전, 법문북스, 2011

[67] Max Radin, Fundamental Concepts of the Roman Law, 13 Cal. L. Rev. 207 (1925)

[68] Max Radin, 상동

[69] Charles F. Aiken, S.T.D.,The Doctrine of the Fathers of the Church on the Right of Private Property, The Catholic World, May 1912
[70] 위키, 알렉산드리아의 클레멘스
[71] Charles F. Aiken, 상동
[72] 찰스 아빌라, 소유권 초대 교부들의 경제사상, 기독교문서선교회 2008
[73] Charles F. Aiken, S.T.D, 상동
[74] 위키, Stoicism, https://en.wikipedia.org/wiki/Stoicism)
[75] 아빌라, 상동
[76] Thomas Aquinas, Summa theologiae, Ia, 98, I ad 3, vol. 13, p. 153.
[77] Lewis, Medieval Political Ideas, p. 135.
[78] Giles of Rome, De regimine principum (Rome, 1556), bk. ii, pt. iii, ch. 6, p. 114r–v
[79] Andrew Rimas, Evan Fraser,,Empires of Food: Feast, Famine, and the Rise and Fall of Civilizations, 2010
[80] Diana Wood, 1 PRIVATE PROPERTY VERSUS COMMUNAL RIGHTS: THE CONFLICT OF TWO LAWS in Medieval Economic Thought,cup, 2002
[81] D.Wood, 상동
[82] Thomas Aquinas, De regimine Judaeorum, trans. Lewis, Medieval Political Ideas, 1, p. 111.
[83] D.Wood, 상동
[84] Aristotle, Politics, ii, v, 8, 1263a, p.50
[85] 홉즈, 리바이어던, 21장, Of the Liberty of Subjects 중
[86] Stanford Encyclopedia of Philosophy, "The Capability Approach", https://plato.stanford.edu/entries/capability-approach/
[87] 아리스토텔레스. 니코마코스 윤리학, 제1권, 7장
[88] 4마르크스, The German Ideology. 1845, "The Illusions of German Ideology" 중

[89] 그린, Lectures on the Principles of Political Obligation and Other Writings p.199

[90] 스탠포드대, “property and ownership”, https://plato.stanford.edu/entries/property/

[91] D. R. Johnson, Reflections on the bundle of rights, Vermont Law Review Vol. 32:247, 2007

[92] 5장 재산 27절

[93] D. Benjamin Barros, Property and Freedom, New York University Journal of Law & Liberty, Vol. 4, 2009

[94] 밀턴 프리드먼, 자본주의와 자유 경제적 자유와 정치 자유 p.15

[95] 법철학, §270

[96] 법철학, §154

[97] R.Bellamy. Hegel and liberalism, History of European Ideaa. Vol. 8, No. 6. pp. 693~708. 1987.

[98] 법철학,.§ 71

[99] Armen A. Alchian & Harold Demsetz, Production, Information Costs, and Economic Organization, 62 Am. Econ. Rev. 777 (1972).

[100] Oliver Hart & Sandy Grossman,, The Costs and Benefits of Ownership: A Theory of Vertical and Lateral Integration, Journal of Political Economy 94(4): 691~719

[101] Margaret M. Blair, What must corporate directors do? Maximizing shareholder value versus creating value through team production, 브루킹스연구소 보고서 2015.6.15, https://www.brookings.edu/research/what-must-corporate-directors-do-maximizing-shareholder-value-versus-creating-value-through-team-production/)

[102] M.Blair, 상동

[103] Lynn Stout, The shareholder value myth, p.37

[104] 위키, 가톨릭 사회교리,

https://en.wikipedia.org/wiki/Catholic_social_teaching
[105] Thomas Storck, A Giant Among Catholic Economists, http://www.newoxfordreview.org/reviews.jsp?did=0205-storck
[106] Heinrich Pesch, Ethics and the national economy, 5장 소유 및 재화 취득, Ihs Press, 2003
[107] 존 로크, 통치론, 5장 재산에 관하여. 27절 Section 27
[108] 로크, 통치론, 28절
[109] 강명관, 어제의 노비와 오늘의 비정규직, http://www.hani.co.kr/arti/culture/culture_general/304576.html
[110] 유스티니아누스 법전, 제1권, III, 4, http://thelatinlibrary.com/law/institutes.html
[111] Hobbes 리바이어던, 17장
[112] Oliver J. Thatcher & Edgar H. Mcneal, A SOURCE BOOK FOR MEDIÆVAL HISTORY, SELECTED DOCUMENTS ILLUSTRATING THE HISTORY OF EUROPE IN THE MIDDLE AGE, http://www.gutenberg.org/files/42707/42707-h/42707-h.htm#mh165
[113] 위키, Marsilius of Padua, https://en.wikipedia.org/wiki/Marsilius_of_Padua
[114] M.Luther, Secular Authority: To What Extent it Should be Obeyed, 1523
[115] 스피노자, 신학정치론, 17장 [1]
[116] David Ellrman, Inalienable Rights: A Litmus Test for Liberal Theories of Justice, Law and Philosophy (2010) 29:571~599
[117] David Ellrman, 상동
[118] David Ellerman, On Property Theory, Journal of Economic Issues, Sept. 2014
[119] http://old.ica.coop/en/whats-co-op/co-operative-identity-values-principles
[120] 국제협동조합연맹(ICA), Facts and

figures,https://ica.coop/en/facts-and-figures

[121] Karen Zimbelman, Orientation to Co-ops and to Wheatsville Co-opfor Co-op Employees, National Cooperative Grocers Association, 2007

[122] Ryan Gibson, Devron Kobluk, & Lori Gould, The co-oprative movement: A historical overview and relevance to northen& aboriginal communities, RDI Working Paper #2005-1, 2005

[123] 협동조합 공식블로그, [협동조합 해외사례] Mondragon Corporation(역사편)

[124] 위키피디아, Mondragon Corporation, https://en.wikipedia.org/wiki/Mondragon_Corporation

[125] José Luis Lafuente & Fred Freundlich, The MONDRAGON Cooperative Experience: Humanity at Work, Harvard Business Review, 2012, https://hbr.org/2012/06/how-to-change-capitalism-one

[126] Ted Howard, Owning Your Own Job Is a Beautiful Thing:Community Wealth Building in Cleveland, Ohio, Investing in what works for America's communities: Open Forum: Voices and Opinions from Leaders in Policy, the Field, and Academia., 2013

[127] 조동걸, 협동조합운동사, 민족문화백과대사전, http://encykorea.aks.ac.kr/Contents/Item/E0063490

[128] Marjorie Kelly, Steve Dubb, BROAD-BASED OWNERSHIP MODELS As Tools for JOB CREATION & COMMUNITY DEVELOPMENT, The Democracy Collaborative,2016, http://creativecommons.org/licenses/by-nc/3.0/deed.en_US

[129] Christopher Mackin, Employee Ownership: The Road to Shared Prosperity, https://www.thenation.com/article/employee-ownership-road-shared-prosperity/

[130] 이강연, '사원주주제'는 윈-윈-윈 시스템, 내일신문, 2004

[131] 위키피디아, 켈소, http://en.wikipedia.org/wiki/Louis_O._Kelso

[132] Patricia Hetter Kelso, AFTERWORD II WHAT LOUIS KELSO KNEW, Beyster Institute, 2006,
http://www.kelsoinstitute.org/pdf/whatlouiskelsoknew.pdf
[133] Marjorie Kelly, Steve Dubb, 상동
[134] Xinyue Zhou, Kathleen D. Vohs, Roy F. Baumeister, The Symbolic Power of Money Reminders of Money Alter Social Distress and Physical Pain, Psychological Science 20(6):700-6 · June 2009
[135] Karl Marx, Economic and Philosophic Manuscripts of 1844, "The Power of Money"
[136] 브레히트, Lied von der belebenden Wirkung des Geldes, 희곡Die Rundköpfe und die Spitzköpfe중, 1932
[137] Fyodor Dostoevsky, The Idiot, Wordsworth Classics, p.115
[139] 투키디데스 펠로폰네소스 전쟁사 제1권. 142장 2~3
[140] Ludwig Geiger, Adalbert von Chamissos sämtliche Werke,2017, pp 228~229
[141] 셰익스피어, 〈아테네인 티몬〉, 제4막, 제3장
[142] Adelbert von Chamisso, Sämtliche Werke, 1권 (Hanser 1975 927페이지)
[143] Charles A.E Goodhart, The two concepts of money: implications for the analysis of optimal currency areas, European Journal of Political Economy Volume 14, Issue 3, August 1998, Pages 407-432
[144] 위키백과,리디아,
https://ko.wikipedia.org/wiki/%EB%A6%AC%EB%94%94%EC%95%84
[145] Webster's New World College Dictionary, coin,
http://www.yourdictionary.com/coin#websters?direct_search_result=yes
[146] Mark S. Peacock,The origins of money in Ancient Greece: the political economy of coinage and exchange, Cambridge Journal of Economics 30: 637–50, 2006
[147] The first coins – no 'means of market exchange' but 'means of gift

exchange'?,
https://rwer.wordpress.com/2015/11/02/the-first-coins-no-means-of-market-exchange-but-means-of-gift-exchange/

[148] Charles A.E Goodhart, 상동

[149] David M. Schaps, The Invention of Coinage in Lydia, in India, and in China, XIV International Economic History Congress, Helsinki 2006,Session 30

[150] David Graeber, What is Debt? – An Interview with Economic Anthropologist David Graeber,
https://www.nakedcapitalism.com/2011/08/what-is-debt-%e2%80%93-an-interview-with-economic-anthropologist-david-graeber.html

[151] 행정학용어 표준화연구회, 관료제 [官僚制, bureaucracy, Bürokratie] 이해하기 쉽게 쓴 행정학용어사전, 2010., 새정보미디어

[152] 나무위키, 관료제,
https://namu.wiki/w/%EA%B4%80%EB%A3%8C%EC%A0%9C

[153] Max Weber, Economy and Society, 1968, pp.968

[154] P. N. Ure, THE ORIGIN OF TYRANNY, CUP, PP2-3

[155] P. N. Ure, 상동, 5장 Lydia

[156] Wikipedia, Investment theory of party competition
https://en.wikipedia.org/wiki/Investment_theory_of_party_competition

[157] Martin Gilens and Benjamin I. Page, Testing Theories of American Politics: Elites, Interest Groups, and Average Citizens, Perspectives on Politics 12(3):564-581 2014년9월

[158] 헤로도토스, 역사, 제1권 99

[159] wikipedia, Deioces, https://en.wikipedia.org/wiki/Deioces

[160] 아리스토텔레스, 『정치학』, 1313

[161] 아리스토텔레스, 『정치학』, 1314b

[162] 플라톤, 《국가(國家)》 제7권, 514A-515A

[163] 플라톤, 국가, 507b

[164] wikipedia, Sophist, https://en.wikipedia.org/wiki/Sophist

[165] 마르크스, 경제철학수고 1844, Critique of Hegel's Philosophy in General, https://www.marxists.org/archive/marx/works/1844/manuscripts/hegel.htm)

[166] Marc Shell, 1 The ring of gyges

[167] Hudson, M. 2003. "The Creditary/Monetarist Debate in Historical Perspective," in S. A. Bell and E. J. Nell (eds), The State, the Market, and the Euro: Chartalism versus Metallism in the Theory of Money, Edward Elgar, Cheltenham. 39–76. http://michael-hudson.com/2003/03/the-creditarymonetarist-debate-in-historical-perspective/

[168] 아리스토텔레스, 윤리학, 1133a

[169] R.Seaford, Money and the Early Greek Mind: Homer, Philosophy. Tragedy .pp49

[170] Seaford 상동, 49-50

[171] Seaford, 상동, pp 30-34

[172] Seaford 상동, 27-30

[173] Seaford, 상동, 23-26, 40

[174] Seaford 상동, 40

[175] Alla Semenova, The origins of money: evaluating chartalist and metallist theories in the context of ancient Greece and Mesopotamia, 제6장, Thesis (Ph.D.)--Dept. of Economics and Social Science Consortium. University of Missouri—Kansas City, 2011

[176] Alla Semenova, The origins of money: evaluating chartalist and metallist theories in the context of ancient Greece and Mesopotamia, Thesis (Ph.D.)--Dept. of Economics and Social Science Consortium. University of Missouri—Kansas City, 2011

[177] Seaford, 상동, 6장

[178] Semenova, Thesis

[179] Seaford 상동 2장

[180] Alla Semenova, L. Randall Wray, The Rise of Money and Class Society: The Contributions of John F. Henry, Levy Economics Institute, Working Papers Series No. 832, 2015

[181] Leslie Kurke, Coins, Bodies, Games, and Gold: The Politics of Meaning in Archaic Greece, PUP,1999

[182] 위키피디아, Metalism, https://en.wikipedia.org/wiki/Metallism

[183] Carl Menger, On the Origins of Money, Economic Journal, volume 2,(1892) p. 239-55.
http://socserv.mcmaster.ca/econ/ugcm/3ll3/menger/money.txt

[184] Graeber, David, On the invention of money: notes on sex, adventure, monomaniacal sociopathy, and the true function of economics, 2011,
http://www.nakedcapitalism.com/2011/09/david-graeber-on-the-invention-of-money-%E2%80%93-notes-on-sex-adventure-monomaniacal-sociopathy-and-the-true-function-of-economics.html) 320

[185] Goodhart, Charles A. E., 1998. "The two concepts of money: implications for the analysis of optimal currency areas," European Journal of Political Economy, Elsevier, vol. 14(3), pages 407-432, August.

[186] Wikipedia, Chartalism, https://en.wikipedia.org/wiki/Chartalism

[187] 아담스미스, 국부론 제2권 제2장 :On Money considered as a particular Branch of the general Stock of the Society, or of the Expense of maintaining the National Capital

[188] Pavlina R. Tcherneva's, Chartalism and the tax-driven approach to money, Philip Arestis, Malcolm C. Sawyer (eds), A Handbook of

Alternative Monetary Economics (Edward Elgar 2006
[189] L. Randall Wray,(Introduction to an Alternative History of Money, Levy Economics Institute, Working Paper No. 717,2012)
[190] Wray, L. Randall, The Neo-Chartalist Approach to Money (July 1, 2000). https://ssrn.com/abstract=1010334
[191] 위키피디아, Greek tragedy, https://en.wikipedia.org/wiki/Greek_tragedy
[192] radicalanthropology, Coinage and early Greek thought, 2013년 11월호, radicalanthropologygroup.org/sites/default/files/journal/ra_journal_nov_2013_1-5.pdf) 335
[193] Richard Seaford, Money makes the (Greek) world go round, The Times Literary Supplement, 2009.6.17., http://www.prometheas.org/Newsletters/2009_September_newsletter.htm)
[194] Seaford, Richard, Money and the Early Greek Mind: Homer, Philosophy, Tragedy published by Cambridge University Press, 2003
[195] 『니코마코스 윤리학』. 1133b
[196] 짐멜 돈의 철학 중, "돈과 매춘 간의 전형적인 관계" yp.378, Routledge Third edition 2004
[197] 아리스토텔레스, 정치학, [128a]
[198] 헤로도토스, 역사, 제6권 132강(講)
[199] 투키디데스, 펠로폰네소스 전쟁 제6권 18강, 시실리 원정, 431 B.C.E
[200] 위키피디아, 솔론, http://en.wikipedia.org/wiki/Solon
[201] 솔론, 단편, 13.1-32, 65-76 (West)
[202] 솔론, 단편 4
[203] 아이스킬로스, 아가멤논(Herbert Weir Smyth 역), 1132
[204] 아리스토텔레스 정치학 1256b
[205] 상동, 1257b 20
[206] (https://en.wikipedia.org/wiki/Tetradrachm#/media/File:SNGCop_039.jpg)

[207] 위키피디아, Owl of Athena,
https://en.wikipedia.org/wiki/Owl_of_Athena
[208] Cristian Violatti, Ionia, https://www.ancient.eu/ionia/
[209] Elizabeth Vandive, HERODOTUS: THE FATHER OF HISTORY, 5. The Ionian Enlightenment, https://www.tapatalk.com/groups/teachingcompanyfr/5-the-ionian-enlightenment-t822.html
[210] https://www.etymonline.com/word/cosmos
[211] 아리스토텔레스, 형이상학, 983b, http://www.perseus.tufts.edu/hopper/text?doc=Perseus:text:1999.01.0052:book=1:section=983b
[212] 카를로 로벨리, 첫번째 과학자, 아낙시만드로스 과학적 사고의 탄생, 이희정 역, 푸른지식, 2017
[213] 아리스토텔레스, 천체론(De caelo 295b10 ff
[214] 플라톤, 파이돈 (Phaedo), 108e
[215] 상동, 109a
[216] Kahn, Charles H, Anaximander and the origins of Greek cosmology, p.88 .p.94
[217] 아리스토텔레스, 자연학, 203b3-14
[218] 상동 204b 25-29
[219] 플리키오스, 아리스토텔레스의 자연학에 대한 주석, 24 .13-21
[220] 아리스토텔레스, 니코마코스 윤리학, 1132a 2
[221] R.Seaford, Money and the Early Greek Mind: Homer, Philosophy, Tragedy, CUP, 2004
[222] Wittgenstein, Philosophical Investigations 1953: 226e
[223] 하이젠베르크, 물리학과 철학, p.35
[224] John, Burnet, 초기 그리스 철학, fr. 29
[225] R.Seaford, Money and the early Greek Thought

[226] 네이버 지식백과, 델포이 성역,
https://terms.naver.com/entry.nhn?docId=1532633&cid=43109&categoryId=43109

[227] DeGrood, David H. "The Thunderbolt, Interpenetration and Heraclitus," in Dialectics and Revolution. Volume 1 by David H. DeGrood (Amsterdam: B.R. Grüner Publishing Co., 1978), Chapter I, pp. 13-48. (Philosophical Currents; v. 21

[228] Michael Hudson, From Sacred Enclave to Temple to City,
http://michael-hudson.com/1999/03/from-sacred-enclave-to-temple-to-city/)

[229] S.A.Zalenga, The Lost Science of Money: The Mythology of Money, The Story of Power, American Monetary Institute;2002

[230] Zalenga,상동, pp36~37

[231] Wray, L. Randall, The Neo-Chartalist Approach to Money, Working Paper No. 10 2000, https://ssrn.com/abstract=1010334

[232] Burns, A. R. 1927. Money and Monetary Policy in Early Times. 79-80

[233] Wray, 상동

[234] Encyclopedia of Money, Temple of Juno Moneta,
http://encyclopedia-of-money.blogspot.com/2014/12/temple-of-juno-moneta.html)

[235] Michelle Yang Hong, The influence of Buddhism on accounting in medieval China, PhD thesis, University of Wollongong,2014,
https://ro.uow.edu.au/theses/4213/

[236] 김철수, 불교의 말법사상과 삼계교의 사회 활동성, 동양사회사상 제1집, 1998.10, 255-287 (33 pages)

[237] Wikipedia, Mount of piety,
https://en.wikipedia.org/wiki/Mount_of_piety

[238] (New Advent, Montes Pietatis,
http://www.newadvent.org/cathen/10534d.htm

[239] Brian McCall, Unprofitable Lending: Modern Credit Regulation and the Lost Theory of Usury, Cardozo Law Review, Vol. 30, No. 2, 2008. https://papers.ssrn.com/sol3/papers.cfm?abstract_id=1098954

[240] Carl Menger, On the Origins of Money, Economic Journal, volume 2,(1892) p. 239-55

[241] David Graeber, On the Invention of Money – Notes on Sex, Adventure, Monomaniacal Sociopathy and the True Function of Economics,
http://www.nakedcapitalism.com/2011/09/david-graeber-on-the-invention-of-money-%E2%80%93-notes-on-sex-adventure-monomaniacal-sociopathy-and-the-true-function-of-economics.html) 430

[242] David Graeber, Debt: The first five thousand years, Mute and Eurozine,2009,
https://www.eurozine.com/debt-the-first-five-thousand-years/

[243](David Graeber, On the Invention of Money

[244] L. Randall Wray, The Neo-Chartalist Approach to Money, The Levy Economics Institute Working Paper No. 10, July 2000

[245] 잉햄, 돈의 본성, p.29

[246] Knapp, THE STATE THEORY OF MONEY, 1924. p.38

[247] 그래버, 부채 첫 5000년, 부글북스, 2011 p.406

[248] 그래버, 상동, p.446-p.448

[249] Devin Singh, Monetized Philosophy and Theological Money: Uneasy Linkages and the Future of a Discourse, The Future of Continental Philosophy of Religion, Clayton Crockett, B. Keith Putt, and Jeffrey W. Robbins, eds., 140-53. Bloomington: Indiana University Press, 2014.

[250] Wikipedia, Monarchianism, https://en.wikipedia.org/wiki/Monarchianism

[251] Giorgio Agamben, "The Power and the Glory", 11th B.N. Ganguli Memorial Lecture, CSDS, 11th January 2007.

[252] Devin Singh, Incarnating the Money-Sign: Notes on an Implicit Theopolitics, Implicit Religion 14:2 (2011): 129-140

[253] Devin Singh, Divine Currency:The Theological Power of Money in the West 제3장,, Stanford University Press;, 2018

[254] https://www.etymonline.com/word/Character

[255] Tertullian, Against Marcion,4.38

[256] 니사의 그레고리우스, 교리강화(The Great Catechism)제12장, NPNF (V2-05),1934

[257] 니사의 그레고리우스, 교리강화 5장, 21장

[258] 오리게네스, Homilies on Genesis and Exodus, p.295, The Catholic University of America Press, 2002

[259] 오리게네스, 상동, p.296

[260] 그레고리우스, 교리강화 22장

[261] 그레고리우스, 상동, 24장

[262] 그레고리우스, 상동,23장

[263] Kanayama Yasuhira Yahei,金山弥平 The Birth of Philosophy as 哲學 (Tetsugaku) in Japan, Tetsugaku, International Journal of the Philosophical Association of Japan Volume 1 2017

[264] Kanayama Yasuhira Yahei, 상동

[265] Kanayama Yasuhira Yahei, 상동

[266] 이철승, 우리철학의 현황과 과제(1) -근대 전환기 '철학' 용어의 탄생과 외래철학의 수용 문제를 중심으로-, 인문학연구 제52집, 016

[267] 정수일, 실크로드사전, 알레니[Giulio Aleni], 창비, 2013

[268] 위키피디아, Yan Fu, https://en.wikipedia.org/wiki/Yan_Fu)

[269] Kanayama Yasuhira Yahei, 상동

[270] Inaga Shigemi(稲賀繁美), Philosophy, Ethics and Aesthetics in the Far-Eastern Cultural Sphere: Receptions of the Western Ideas and Reactions to the Western Cultural Hegemony, Questioning Oriental

Aesthetics and Thinking: Conflicting Visions of "Asia" under the Colonial Empires = 東洋美学と東洋的思惟を問う：植民地帝国下の葛藤するアジア像 38pp.31 - 45, 2011-03-31, 国際日本文化研究センター, International Research Center for Japanese Studies

[271] Chen Haijing, A Study of Japanese Loanwords in Chinese, M.A. Thesis (EAL4090 – 60 ECTS),UNIVERSITY OF OSLO, Autumn, 2014

[272] 박상표, 미아리에서 청와대까지 넘쳐나는 같기도(?) '철학', 월간참여사회, 2007년 6월호

[273] 이철승, 상동

[274] Robert Lopez, The Commercial Revolution of the Middle Ages, 950-1350, CUP, 1976

[275] Charles H.Haskins, The rise of universities. The Clover Lectures in Brown University, 1923

[276] 칼 마르크스, 『유태인 문제에 대하여』, Deutsch-Französische Jahrbücher,1844

[277] 위키피디아, Seven deadly sins, https://en.wikipedia.org/wiki/Seven_deadly_sins

[278] Richard Newhauser, "Avarice and the Apocalypse," in The Apocalyptic Year 1000: Religious Expectation and Social Change, 950-1050, ed. Richard Landes, Andrew Gow and David C. Van Meter (Oxford: Oxford University Press, 2003), 109-119.

[279] Barbara H. Rosenwein and Lester K. Little, 'Social Meaning in the Monastic and Mendicant Spiritualities', Past & Present 63, 1974

[280] 위키백과, 아시시의 프란체스코, https://ko.wikipedia.org/wiki/%EC%95%84%EC%8B%9C%EC%8B%9C%EC%9D%98_%ED%94%84%EB%9E%80%EC%B9%98%EC%8A%A4%EC%BD%94

[281] Ivor Grattan-Guinness, Numbers, Magnitudes, Ratios, and Proportions in Euclid's Elements: How Did He Handle Them?, Historia Mathematica 23(4):355-375,1996

[282] Antoni Malet, Renaissance notions of number and magnitude, Universitat Pompeu Fabra, Departament d'Humanitats, c. Ramon Trias Fargas 25, 08005

[283] 아리스토텔레스, 윤리학, 제5권

[284] 아리스토텔레스, 윤리학, 제5권 제5장

[285] 아리스토텔레스, 윤리학, 상동

[286] 아리스토텔레스 상동

[287] M. Clagett. The Science of Mechanics in the Middle Ages. University of Wisconsin Press, 1959

[288] A.G. Molland, 'The Geometrical Background to the Merton School'에서 인용, The British Journal for the History of Science vol. 4, no. 2 (1968), p. 110.

[289] Victor J. Katz 외, Sourcebook in the Mathematics of Medieval Europe and North Africa, p.194

[290] J. Buridan, The Impetus Theory of Projectile Motion. Transl., intr., and annotated by Marshall Clagett, in Grant (ed.), Source Book, pp. 275-76

[291] 나무위키, 장 뷔리당, https://namu.wiki/w/%EC%9E%A5%20%EB%B7%94%EB%A6%AC%EB%8B%B9

[292] Annelise Maier, On the Threshold of Exact Science, p. 89. 1982

[293] 갈릴레오, Dialogue Concerning the Two Chief World Systems, translated by Stillman Drake, University of California Press, 1953, pp. 186~87 (Second Day).

[294] 장 뷔리당, 지구 자전에 관하여, BOOK, II, QUESTION 22

[295] 니콜 오렘, Tractus de configurationibus qualitatum et motum, 제1부, 제1장

[296] 위키피디아, Nicole Oresme, https://en.wikipedia.org/wiki/Nicole_Oresme

[297] 니콜 오렘, Tractus de configurationibus qualitatum et motum, 제1부, 제1장

[298] 갈릴레오, 〈신과학의 대화〉, 176

http://galileoandeinstein.physics.virginia.edu/tns_draft/tns_160to243.html
[299] Stefan Kirschner, Nicole Oresme,Stanford Encyclopedia of Philosophy,2017, https://plato.stanford.edu/entries/nicole-oresme/
[300] Davis, Edward B. "Newton's rejection of the 'Newtonian world view': the role of divine will in Newton's natural philosophy." Science and Christian Belief 3, no. 2: 103-117. 1991.
[301] Adam Frank, About Time: Cosmology and Culture at the Twilight of the Big Bang Free Press, 2012, pp.85
[302] Nicole Oresme, Le Livre du ciel et du monde. A. D. Menut and A. J. Denomy, ed. and trans. Madison: University of Wisconsin Press, 1968. p.169
[303] 니콜 오렘,《아리스토텔레스 천지론 주해 Commentaire aux livres du Ciel et du Monde d'Aristote》, 제2권, 5장
[304] Joel Kaye, Economy and Nature in the 14th century, p.16-17
[306] J.Kaye, The impact of monev on the development of fourteenth-century scientific thought, Journal of Medieval History Volume 14, Issue 3, September 1988, Pages 251-270
[307] Wittgenstein, Philosophical Investigations 1953: 226e
[308] Andrew Janiak, Newton as philosoper, CUP, 2008, p.30
[309] 엥겔스, Engels to Pyotr Lavrov In London,1875
[310] John Ruskin, Unto This Last, the Cornhill Magazine 1860, p.24
[311] F.Soddy, Cartesian Economics: The Bearing of Physical Science uponState Stewardship, Two Lectures to the Student Unions of Birkbeck College and The LondonSchool of Economics.1921
[312] 소디, 상동

찾아보기

ㅅ

한찬욱

서경대학교 교수

문명의 행로 도시 소유 돈과 철학

2020년 6월 5일 1판 인쇄
2020년 6월 12일 1판 발행

지은이 · 한찬욱
발행자 · 이영애
발행처 · 공감북스
주 소 · 02011 서울시 중랑구 중랑천로 256
전 화 · 02-971-9683
팩 스 · 02-972-9683
등 록 · 제 25100-2015-18호
등록일 · 2015년 7월 15일
e-mail · sympathybook@naver.com

ISBN 979-11-86898-46-8 (93900)
정 가 35,000원